邮轮旅游法教程

孙思琪 著

Textbook on Cruise Tourism Law

法律出版社
LAW PRESS · CHINA
北京

图书在版编目(CIP)数据

邮轮旅游法教程 / 孙思琪著. -- 北京:法律出版社,2023

ISBN 978-7-5197-8246-7

Ⅰ.①邮… Ⅱ.①孙… Ⅲ.①旅游船-旅游业-法规-中国-高等学校-教材 Ⅳ.①D922.294

中国国家版本馆 CIP 数据核字(2023)第 170148 号

邮轮旅游法教程
YOULUN LÜYOUFA JIAOCHENG

孙思琪 著

策划编辑 张 珺 田 浩
责任编辑 张 珺 田 浩
装帧设计 鲍龙卉

出版发行 法律出版社
编辑统筹 法商出版分社
责任校对 王 丰
责任印制 胡晓雅
经　　销 新华书店

开本 787 毫米×1092 毫米 1/16
印张 21.75 **字数** 381 千
版本 2023 年 10 月第 1 版
印次 2023 年 10 月第 1 次印刷
印刷 唐山玺诚印务有限公司

地址:北京市丰台区莲花池西里 7 号(100073)
网址:www.lawpress.com.cn
投稿邮箱:info@lawpress.com.cn
举报盗版邮箱:jbwq@lawpress.com.cn

销售电话:010-83938349
客服电话:010-83938350
咨询电话:010-63939796

书号:ISBN 978-7-5197-8246-7
定价:92.00 元

凡购买本社图书,如有印装错误,我社负责退换。电话:010-83938349

郵輪旅游法教程

金怡雯題

前　言

本书是作者近年完成的第三部海商法教材，整体延续了此前《海商法导论》及《海上货物运输法教程》的写作体例。我始终认为，邮轮旅游的法律调整首先应属海商法学的研究范畴，原因在于较之其他旅游活动，邮轮旅游法律问题的特殊性几乎完全集中于旅游法与海商法，特别是海上旅客运输法的交集领域。

2020 年上半年，上海海事大学法学院对于硕士研究生国际法学专业开展培养方案修订。当时学校提出的导向之一，是尝试开设学时较少的模块化选修课程。我根据自身的研究方向，即认领开设了 16 学时的“邮轮旅游法”课程，应当也是我国高校法学专业首次开设邮轮旅游法的相关课程。2021 年秋季学期本课程首次开课，教学效果比较理想。此后考虑到中国邮轮旅游市场迟迟未能实现全面复航，2022 年秋季学期本课程停开一轮。本书正是为“邮轮旅游法”及其他高校今后可能开设的类似课程撰写的教材，同时也是基于此前教学使用的讲义修改、完善而成。

我于 2018 年出版的专著《邮轮旅游法律要论》，书名采用“邮轮旅游法律”而非“邮轮旅游法”的表述，目的是避免使人误以为邮轮旅游的法律调整只是旅游法的特别规则。如今 5 年的时间过去，我国学界对于邮轮旅游法律问题的理论研究日渐深入，应当认为已经不复产生此种误解。对于一个多数人已然知晓的事实，也就不再有强调的必要。因此，本书直接采用“邮轮旅游法教程”作为书名。

与《邮轮旅游法律要论》一书相同，本书尝试构建的邮轮旅游法知识体系是以民事法律也即私法为中心，遵循“法律关系→基础合同→典型纠纷→纠纷解决”的逻辑结构。具体而言，本书应有以下四个方面的特征需要稍加说明：

首先，延续《海商法导论》《海上货物运输法教程》的写作体例，本书强调教科书与学术专著应有的体例差异，除讲解知识点的基础内容之外，设有采用不同版式编排的知识拓展、理论探讨、司法实践、案例模型、典型案例等专题板块。但是，由于传统海上旅客运输日渐式微，海上旅客运输合同纠纷诉诸司法的实例少之又少，导致本书第二章“邮轮旅游基础合同：海上旅客运输合同”的知识点讲解未能获得充分的司法实践支撑，部分内容只能转而选择航空运输等其他运输方式的司法实践案例。

其次，考虑到邮轮旅游涉及的法律问题具有突出的实践性，本书在典型纠纷部分详细分析了十余个司法实践案例，分为案例提要、文书索引、案情概要、裁判要旨、理论分析、参考案例等模块，尝试通过真实案例较为完整、准确地呈现邮轮旅游法理论和实践之全貌。尤其对于邮轮旅游经营者之间的纠纷，除最为典型的邮轮船票包销合同外，本书也基于若干案例分析了邮轮船票销售代理的责任承担、岸上观光罚金的性质认定等其他问题，试图通过以案代述的方式克服邮轮旅游法的知识点一定程度上存在的碎片化特征。

再次，本书第二章“邮轮旅游基础合同：海上旅客运输合同”以及第三章“邮轮旅游基础合同：旅游服务合同”，分别对我国关于海上旅客运输合同、旅游服务合同两种特别法典型合同的法律制度进行了颇为深入的分析，其详尽程度应已超出当前绝大多数的学理论著，我自认在一定程度上弥补了国内海商法及旅游法理论研究的不足。特别是关于旅游服务合同，《旅游法》创设的法律规则常有瑕疵，而现有论著作出的解释却又不尽周延。本书对于其中涉及的多数争议问题，也尽量在教科书可以承受的篇幅之内展开了不同程度的探讨。

最后，由于本书第四章“邮轮旅游的典型纠纷”、第五章“邮轮旅游的纠纷管辖与法律适用”的部分内容与拙著《邮轮旅游法律要论》的主题存在重合，使我不得不时常剪贴旧作，但也提醒我在编写上述章节时，尤其注意学术专著与教科书的功能差异，时刻关注知识点的讲解效果。

本书完成交稿之时，我国国际邮轮市场仍未实现全面复航。此种现状固然为本书提供了稳定的写作背景，而不必过多考虑行业实践的发展变化；但是，随着国内疫情防控政策的调整，中国国际邮轮市场注定将在不久的将来全面复航，届时邮轮旅游的行业及法律实践或将迎来快速而复杂的变化，本书可能也将很快面临更新、再版的需要。本书之完成，也意味着我在邮轮旅游法领域的系统研究基本告一段落。当然，随着未来我国国际邮轮市场的发展变化，我仍将不吝贡献自己微薄的智识。

本书涉及的各类资料，截至 2023 年 1 月 31 日。如对本书有任何意见或建议，可以电子邮件的形式通过 sqsun@shmtu.edu.cn 与作者联系。

孙思琪

2023 年 2 月 20 日

简　目

详　目

图目录

表目录

绪　论

邮轮旅游概论

【知识提要】

绪论部分主要讲解与邮轮旅游法关联较为密切的邮轮旅游基本问题：一是邮轮旅游的概念，包括邮轮旅游的定义与名称，特别是“邮轮”与“游轮”两种称谓的相互关系；二是中国邮轮旅游市场概况，即中国邮轮市场的不同发展阶段及其主要特点；三是中国特色的旅行社包船模式，包括邮轮公司直销以及旅行社等代理商分销、包销等邮轮船票的不同销售模式，中国特色包船模式的形成原因，以及包船模式对于中国邮轮旅游市场的影响。

一、邮轮旅游的概念

（一）邮轮旅游的定义

关于邮轮以及邮轮旅游，目前的学理、立法以及实践中存在诸多不同的定义，而且亦常见将二者混同不分的现象，其中较为典型的若干定义如下：

学理论著方面，《中国旅游大辞典》“邮轮旅游业务”词条认为：“邮轮旅游是一种特殊的旅游体验，分为邮轮本身与邮轮航线两方面，是一种以豪华邮轮为载体，以海上巡游为主要形式，船上活动和岸上休闲旅游相结合的高端度假旅游活动。”[①] 其中将邮轮旅游理解为一种旅游形式的同时，却又认为分为邮轮本身和邮轮航线两个方面，即一种旅游活动分为船舶和航线，似乎逻辑上存在一定偏差。

也有观点围绕邮轮认为：“现代意义上的邮轮，是指配备齐全的生活、休闲、娱乐与度

① 邵琪伟主编：《中国旅游大辞典》，上海辞书出版社 2012 年版，第 652 页。

假等各类设施，纯粹用于观光游览与休闲度假等活动，在海洋中航行的大型旅游船舶。”[①]

立法方面，《上海市邮轮旅游经营规范》作为我国首个邮轮旅游专门立法，其中第2条专门规定了邮轮旅游的定义：“本规范所称邮轮旅游是指以海上船舶为旅游目的地和交通工具，为旅游者提供海上游览、住宿、交通、餐饮、娱乐或到岸观光等多种服务的出境旅游方式。”此种定义也存在瑕疵，由于其中将岸上观光也包含在邮轮旅游的范围之内，此时船舶即邮轮便不再是邮轮旅游唯一的旅游目的地和交通工具，而岸上景点也应是旅游目的地之一，岸上观光环节的交通工具则可能是汽车。原上海市旅游局政策法规处编写的《〈上海市邮轮旅游经营规范〉解读》进一步解释认为：

> 目前的邮轮旅游基本是出境旅游，将来可能会有“公海游”“沿海挂靠”等更多形式。因此，本规范的“邮轮旅游”定义仍界定为出境旅游，这是目前规范的需要。无陆上目的地、中转地及沿海挂靠的邮轮旅游可参照本规范。本规范认为以船舶的豪华程度进行法律属性的区分欠缺科学性，而应以船舶的功能进行区分。邮轮与客轮的主要区别应在于邮轮必须具备船上的游览休闲设施、住宿、餐饮、娱乐和到岸观光安排。故本规范中所称的“邮轮旅游”不包括仅以运输为目的而不提供船上旅游服务的海上旅客运输行为。[②]

行业实践方面，邮轮公司的船票条款或称航行合约、票据合同，以及邮轮旅游的保险条款更为常见的做法是对邮轮首先作出定义，而后进一步定义邮轮旅游。例如，安联财产保险（中国）有限公司《附加邮轮旅行定义保险条款（2016版）》第22.23条首先对“邮轮”作出了定义：“指以收费方式合法载客，按照事前公布的航运时间表和固定航线航行，航期2天及以上，船上配备娱乐设施，以在船上娱乐和停靠地观光游览为目的的具有旅游性质的客轮。”其第22.24条则对“邮轮旅行”进行了定义：“指被保险人持有效客票以乘客人身份乘坐邮轮而进行的个人旅行。”

“公主邮轮”《航行合约》第1条则是将“邮轮”和“邮轮旅行”合并进行定义：“‘邮轮’和/或‘邮轮旅行’系指根据本航行合约发出的预订确认中所公布的、从登船港到离船港的预定航程（可依据本航行合约进行修改），并且亦包括邮轮价格中所出售的、附带的或包含的任何邮轮旅行套餐中的任何空运、铁路运输、公路运输或海运和任何陆上住宿部分，以及

---

① 程爵浩主编：《邮轮旅游业概论》，上海浦江教育出版社2015年版，第6页。

② 原上海市旅游局政策法规处：《〈上海市邮轮旅游经营规范〉解读》，载上海市文化和旅游局官网，http://whlyj.sh.gov.cn/zcjd/20181115/0022-34644.html，最后访问日期：2022年12月31日。

与邮轮旅行有关的或在邮轮旅行期间提供的任何由第三方提供的活动、靠岸游览、观光或岸上设施。”[①] 此处将邮轮和邮轮旅行一并定义为“航程”亦有不妥，原因在于邮轮是船舶的种类之一，而邮轮旅游是旅游活动或旅游方式的具体类型。

结合上述的不同定义可以认为，邮轮旅游是指以邮轮为主要旅游目的地和交通工具，为旅客提供海上游览、住宿、交通、餐饮、娱乐、岸上观光等服务的旅游活动。具体而言，邮轮旅游的特征主要体现在以下四个方面：

1. 邮轮旅游是一种旅游活动，但必须依托海上旅客运输实现；

2. 邮轮旅游是以特定类型的船舶，即邮轮作为主要旅游目的地和交通工具，但在岸上观光环节的旅游目的地则是岸上的旅游景点，交通工具通常为汽车；

3. 邮轮旅游的主要旅游项目是海上巡游，但在我国岸上观光同样居于重要地位；

4. 邮轮公司提供的住宿、餐饮以及休闲娱乐服务也是船上服务的重要内容。

（二）邮轮旅游的名称

关于邮轮旅游的名称，争议主要在于“邮轮”和“游轮”两种表述的关系及取舍。

邮轮之所以称为“邮轮”，通常认为与此类船舶最初用于运输邮件的起源有关。例如，《国际邮轮》一书认为：

> 早期的邮轮起源于19世纪上半叶，随着新大陆的发现，英国与新大陆的邮件往来日益频繁。1837年，英国铁行公司（P&O）开办了海上客运兼邮件的船舶运输。1840年，世界上第一家邮轮公司“冠达邮轮”（英国北美皇家邮件船务公司）成立。1850年，英国皇家邮政允许私营船务公司以合约形式，帮助其运载信件和包裹。该政策推动了载客船务公司从“客运型”远洋轮船向“客运兼邮运型”远洋邮轮的转变。邮轮的出现不仅促进了远洋客运的发展，也带动了跨洋旅行的潮流。同时，船务公司发现旅客乘坐的邮轮可以增加利润，因此，开始建造专业的客运船舶，其间著名的“Aquitania号”“Leviathan号”等随着产生。1901年，历史上第一艘以载客为目的的邮轮，“Prinzessin Victoria Luise号”航行于地中海地区。至此，邮轮的传统功能日臻完善并逐渐走向成熟。[②]

但是，也有观点对于邮轮的起源提出不同看法，如皇家加勒比国际游轮全球高级副总裁、

---

① 公主邮轮：《航行合约》，载公主邮轮官网，https://www.princesschina.com/bargain，最后访问日期：2022年12月31日。

② 王学锋主编：《国际邮轮》，中国商务出版社2016年版，第3页。

亚洲区主席刘淄楠明确指出：

> 中文里“邮轮”一词来自冠达的RMS（Royal Mai Ship）。冠达轮船公司把自己的船叫作“皇家邮轮”是因为山姆·冠达（Samuel Cunard）在1839年,也就是“游轮”一词出现200年后，从英国皇家邮政拿到了跨大西洋航运邮件的合同，于是一口气订造了四艘蒸汽机船，往返于利物浦—哈利法克斯—波士顿之间运送邮件，顺便搭载115名乘客。从那时开始到20世纪50年代民用航空业崛起之前的一个世纪里，跨洋班轮是唯一的国际长途客运手段，邮政运输只是捎带，就像现在的民航客运。在当时，冠达也不是唯一一家跨洋轮船公司，还有英国的白星轮船公司，德国的汉堡—美洲轮船公司，加拿大的加拿大—太平洋轮船公司等。跨洋班轮行业里除了冠达，没有公司把自己的船叫作“邮轮”。
>
> 就像“cruise”一词由来已久，人类早就有巡游的欲望、冲动、活动和历史。历史上第一艘游轮据说是19世纪初P&O从英国出发，经伊比利亚半岛（今西班牙和葡萄牙），绕好望角进入印度洋，停靠加尔各答，穿越马六甲海峡抵达嘉庆年间的中国。
>
> 所以，“cruise”从来与“transport”无缘，至多是同过一段路而已。
>
> 1957年，一家从纽约飞往巴黎的喷气波音707飞机给跨洋班轮的棺盖敲下了最后一颗钉子，飞机跨洋只用了7个小时，而跨洋班轮仍需70个小时以上。
>
> 跨洋班轮从来就不是cruise ship，都产生位移，但功能和效用完全不同。20世纪50年代退役下来的跨洋班轮很难转型去做游轮，封闭狭小的船窗、没有休闲的阳光甲板和娱乐设施，深度吃水完全不适应加勒比港口的浅水靠泊。最成功的游轮公司（如皇家加勒比）另起炉灶，打造以巡游为目的的新船。①

皇家加勒比国际游轮在进入中国市场时便在企业名称中有意选择了“游轮”的表述，刘淄楠认为：“皇家加勒比中国团队在开启中国市场业务之初做对的一件事情，是把‘cruise ship’叫‘游轮’而不是‘邮轮’”。②此前也有法学学者在《海商法》修改关于邮轮旅游的立法建议中明确提出应将“邮轮”正名为“游轮”。

目前我国邮轮行业的表述习惯，通常是将国际航行且以旅游休闲为目的的船舶称为“邮轮”，而将内河和沿海航行且以旅游休闲为目的的过夜船舶称为“游轮”。例如，交通运输部

---

① 刘淄楠：《邮轮的“邮”字可以休矣》，载https：//mp.weixin.qq.com/s/J0qWoX2oJEWmAQAeSEDPGg，最后访问日期：2022年12月31日。

② 刘淄楠：《邮轮的“邮”字可以休矣》，载https：//mp.weixin.qq.com/s/J0qWoX2oJEWmAQAeSEDPGg，最后访问日期：2022年12月31日。

针对国内游轮制定了《国内游轮常态化疫情防控工作指南》。[①] 我国各级政府部门制定的立法和政策文件对于国际邮轮业则一致采用“邮轮”的表述。例如，交通运输部等 10 个部门于 2018 年 9 月联合印发了《关于促进我国邮轮经济发展的若干意见》，上海于 2016 年 4 月制定了《上海市邮轮旅游经营规范》，文化和旅游部批复支持上海建设的示范区也称为“中国邮轮旅游发展示范区”。

基于上述原因，无论“邮轮”一词的起源如何，至少目前主管部门、行业以及社会公众对此已经形成习惯用法，“邮轮”已是约定俗成的习称。改变此种习惯用法至少在法律层面并无充分的实际意义。

二、中国邮轮旅游市场概况

（一）中国邮轮旅游市场的发展阶段

中国邮轮旅游市场自 2006 年以来，主要经历了以下较为重要的发展阶段：

1. 2006 年 7 月，上海港国际客运中心邮轮码头开港，歌诗达邮轮爱兰歌娜号在上海开启首个母港航次。

2. 2014 年，中国港口全年接待邮轮 466 艘次，较上年增长 15%；接待邮轮旅客 177.3 万人次，较上年增长 43%，业界称为“井喷式发展”。[②]

3. 2016 年，中国港口全年接待邮轮 1010 艘次，较上年增长 75%；接待邮轮旅客 456.7 万人次，较上年增长 88%。[③]

4. 2017 年，中国港口全年接待邮轮 1181 艘次，较上年增长 17%；接待邮轮旅客 495.4 万人次，较上年增长 18%。[④] 中国邮轮旅游市场首次出现增速放缓，业界认为中国市场进入“战略调整期”或“高质量发展阶段”。

5. 2018 年，中国港口全年接待邮轮 976 艘次，较上年下降 17%；接待邮轮旅客 471.2 万人次，较上年下降 0.58%。[⑤] 中国邮轮旅游市场首先出现负增长。

6. 2020 年 1 月，受新冠疫情影响，中国邮轮旅游市场全面停航。

7. 2023 年 3 月 29 日，交通运输部印发《国际邮轮运输有序试点复航方案》，首先在上海、深圳试点国际邮轮复航。先行复航的邮轮企业主要是中资及中外合资企业，其中上海由蓝梦邮轮的蓝梦之星号于 5 月 26 日复航首个航次，深圳由招商维京游轮的招商伊敦号于 6 月 6 日复航首个航次。2023 年 9 月 18 日，交通运输部发布《交通运输部办公厅关 于做好全面恢

---

① 参见交通运输部《关于印发〈国内游轮常态化疫情防控工作指南（第七版）〉的通知》（交水明电〔2022〕340 号）。
② 参见汪泓主编：《中国邮轮产业发展报告（2016）》，社会科学文献出版社 2016 年版，第 58 页。
③ 参见汪泓主编：《中国邮轮产业发展报告（2017）》，社会科学文献出版社 2017 年版，第 22 页。
④ 参见汪泓主编：《中国邮轮产业发展报告（2018）》，社会科学文献出版社 2018 年版，第 41 页。
⑤ 参见汪泓主编：《中国邮轮产业发展报告（2019）》，社会科学文献出版社 2019 年版，第 34 页。

复国际邮轮运输有关工作的通知》，决定自通知发布之日起全面恢复进出我国境内邮轮港口的国际邮轮运输。

基于上述发展沿革，业界通常将中国邮轮旅游市场的发展分为三个阶段：2006年至2011年的萌芽阶段，年平均增长率36.74%；2012年至2016年的快速成长阶段，年平均增长率72.84%；2017年至今的战略调整阶段。新冠疫情暴发之前，中国已是全球第二大邮轮客源市场，上海吴淞口国际邮轮港是亚洲第一大邮轮母港、世界第四大邮轮母港。

（二）中国邮轮旅游市场的主要特点

直至2020年年初受新冠疫情影响而停航以前，中国邮轮市场主要形成了以下较为稳定的特点：

1. 邮轮企业以外资邮轮公司为主，现有的中资邮轮企业主要包括中国旅游集团和中国远洋海运集团共同出资设立的星旅远洋邮轮，运营鼓浪屿号，以及运营中华泰山号的渤海邮轮。

2. 邮轮以外国籍船舶为主，目前仅有的例外即“招商伊敦号”为中国籍船舶，由招商局集团旗下招商局蛇口工业区控股股份有限公司与维京游轮共同出资设立的招商局维京游轮有限公司运营。

3. 邮轮航线原则上均为同一母港进出的闭环航线，而且多是4天至7天的短途航线，中途挂靠港以日韩港口为主，2017年“萨德”事件后不再前往韩国港口；少数航线停靠越南等东南亚地区的港口。非闭环航线的两种特殊航线：一是不含中途挂靠港的海上游航线；二是停靠两个及以上中国港口的多点挂靠航线，被认为属于或包含中国港口之间的船舶运输业务。由于绝大多数邮轮均为外国籍船舶，此类航线需要受到以下法律、行政法规关于沿海运输权规定的市场准入等政策限制。

《海商法》第4条规定：

> 中华人民共和国港口之间的海上运输和拖航，由悬挂中华人民共和国国旗的船舶经营。但是，法律、行政法规另有规定的除外。
>
> 非经国务院交通主管部门批准，外国籍船舶不得经营中华人民共和国港口之间的海上运输和拖航。

《国际海运条例》第19条规定：

> 外国国际船舶运输经营者从事本章规定的有关国际船舶运输活动，应当遵守本条例有关规定。
>
> 外国国际船舶运输经营者不得经营中国港口之间的船舶运输业务，也不得利用租用的中国籍船舶或者舱位，或者以互换舱位等方式变相经营中国港口之间的船舶运输业务。

《国内水路运输管理条例》第 11 条规定：

> 外国的企业、其他经济组织和个人不得经营水路运输业务，也不得以租用中国籍船舶或者舱位等方式变相经营水路运输业务。
>
> 香港特别行政区、澳门特别行政区和台湾地区的企业、其他经济组织以及个人参照适用前款规定，国务院另有规定的除外。

招商维京游轮的“招商伊敦号”由于是中国籍船舶，可以经营非同一母港进出的航线。例如，“招商伊敦号”2023 年的计划航线即途经上海、浙江舟山、福建厦门、广东深圳的“8 日东南海岸文化之旅”。

知识拓展

邮轮海上游及多点挂靠的法律限制与特别规定

《海商法》第 4 条、《国际海运条例》第 19 条、《国内水路运输管理条例》第 11 条均是关于沿海运输权的规定。沿海运输权（cabotage）是指船舶在一国港口之间从事货物或旅客运输的权利。实行沿海运输权政策的国家，通常是将本国港口之间的运输，限制为仅能由悬挂本国国旗即具有本国国籍的船舶经营或承担。[①] 此项权利是国家赋予的特殊权利，作为涉及国家主权的重要内容，也是国家在航运领域实施国家保护主义的具体表现形式之一。沿海运输权是国际上传统的航运保护政策，目前许多国家仍然实行。[②]

根据上述规定，我国港口之间的海上运输原则上仅能由悬挂五星红旗即中国籍船舶经营，如上海与广州之间的海上运输。但是，交通主管部门即交通运输部在国内运力紧张等特殊情况下，可以批准外国籍船舶从事我国港口之间的海上运输。此项例外规定主要是出于以下两个方面的考虑：

一是少数特殊情况下，我国从事国内运输船舶的运力可能无法满足特定货物类型的运力需要，此时交通运输主管部门可以通过特别批准外国籍船舶经营我国港口之间的海上运输，以此弥补我国船队海上运输能力的不足。[③] 我国既往的国内水路运输实践中，国务院交通主管部门曾经批准允许临时使用外国籍的港机运输船舶、与海洋工程相关的特定运输船舶以及乙

① See Peter Brodie, *Dictionary of Shipping Terms*, Informa Law from Routledge, 2013, p.55.
② 参见司玉琢、张永坚、蒋跃川编著：《中国海商法注释》，北京大学出版社 2019 年版，第 5 页。
③ 参见傅旭梅主编：《中华人民共和国海商法诠释》，人民法院出版社 1995 年版，第 10 页。

烯、液化天然气等特殊运输船舶从事国内水路运输，[①] 主要考虑均是由于当时中国籍船舶无法满足运力需求。

二是我国部分航运企业拥有的一些船舶在巴拿马、百慕大群岛等方便旗国家或地区注册登记而悬挂外国国旗，我国在香港特别行政区和外国设立的独资或合资航运企业下属的船舶很多也悬挂外国国旗。此类船舶的全部或部分股权实际上是由我国企业所有，只是出于实际情况的需要而悬挂外国国旗，故而需要对此类企业及其船舶加以必要的保护，包括在部分情况下由交通运输主管部门特别批准，允许其经营我国港口之间的海上运输。

邮轮海上游，通常是指旅客登船以我国港口为始发港出发，到达我国领海以外的专属经济区和公海进行巡游，并在不停泊任何挂靠港的情况下，返回同一始发港的邮轮旅游航线。此种航线被认为属于或包含中国港口之间的船舶运输业务，需要受沿海运输权相关法律规定和政策的限制。2021 年海南省人民政府办公厅印发的《海南邮轮港口中资方便旗邮轮海上游航线试点管理办法（试行）》[②] 第 3 条规定了邮轮海上游的定义："本办法所称海上游航线是指从海南海口、三亚邮轮港出发，在经批准的水域范围内航行，并返回始发港口，期间不再停靠其他港口的航线。"邮轮海上游也是国外邮轮产业发达地区普遍存在的邮轮航线形式。

目前我国关于邮轮海上游的试点主要集中于海南地区，适用对象主要是中资邮轮运输经营主体及其经营的方便旗邮轮，但也一定程度上拓展至外资邮轮经营主体。2020 年 4 月 29 日通过、2020 年 5 月 1 日起施行的全国人民代表大会常务委员会《关于授权国务院在中国（海南）自由贸易试验区暂时调整适用有关法律规定的决定》决定：

> 暂时调整适用《中华人民共和国海商法》第四条第二款的有关规定，将中国（海南）自由贸易试验区港口开展中资方便旗邮轮海上游业务的邮轮企业（经营主体）及邮轮的市场准入许可、仅涉及中国（海南）自由贸易试验区港口的外籍邮轮多点挂靠航线许可权限由国务院交通运输主管部门下放至海南省交通运输主管部门。基于海南海域情况及海南国际邮轮发展状况，在五星红旗邮轮投入运营前，允许中资邮轮运输经营主体在海南三亚、海口邮轮港开展中资方便旗邮轮海上游业务。由海南省人民政府制定具体管理办法，组织相关部门及三亚、海口市人民政府依职责落实监管责任，加强对试点经营主体和邮轮运营的监管。

2020 年 6 月 28 日发布的《国务院关于在中国（海南）自由贸易试验区暂时调整实施有

---

① 参见赵晓光、何建中、宋德星主编：《国内水路运输管理条例释义》，人民交通出版社 2012 年版，第 67 页。
② 琼府办〔2021〕32 号。

关行政法规规定的通知》[①]也决定：

暂时调整实施《中华人民共和国国际海运条例》第二十二条第二款和《国内水路运输管理条例》第十一条的有关规定，允许仅涉及中国（海南）自由贸易试验区港口的外籍邮轮运营多点挂靠航线业务。基于海南海域情况及海南国际邮轮发展状况，在五星红旗邮轮投入运营前，允许中资邮轮运输经营主体在海南三亚、海口邮轮港开展中资方便旗邮轮海上游业务。由海南省人民政府制定具体管理办法，组织相关部门及三亚、海口市人民政府依职责落实监管责任，加强对试点经营主体和邮轮运营的监管。

上述规定对于《海商法》第4条、《国际海运条例》第19条、《国内水路运输管理条例》第11条规定的沿海运输权作出了以下两个方面的特别规定：

一是允许外国籍邮轮开展多点挂靠业务，且不要求邮轮的经营者是中资企业，但多点挂靠的港口仅限于中国（海南）自由贸易试验区范围以内的港口。此处多点挂靠是指外国籍邮轮在国际航线运营中，连续挂靠我国两个或两个以上沿海港口，承载的游客下船观光后回船继续旅行，最终完成整个国际航程的运输安排。2021年9月14日海南省人民政府办公厅发布的《外籍邮轮在海南自由贸易港开展多点挂靠业务管理办法》[②]第3条规定："本办法所称仅涉及海南自由贸易港港口的外籍邮轮多点挂靠业务（以下简称海南自由贸易港多点挂靠业务），是指外籍邮轮在航线运营中，连续挂靠仅涉及海南自由贸易港两个以上沿海港口，最终完成整个航程的运输安排。"早在2009年交通运输部已经尝试特许外国籍邮轮在我国开展多点挂靠业务，《关于外国籍邮轮在华特许开展多点挂靠业务的公告》[③]第一部分关于基本原则规定："外国籍邮轮在华多点挂靠，其在我国两个以上沿海港口间的运输，在性质上属于国内运输，须经特案批准方可开展。经批准开展外国籍邮轮在华多点挂靠业务的经营人，不得允许我国港口间承载的旅客离船不归。"但是，此项规定在当时并未大规模付诸实践。

二是允许中资方便旗邮轮在海南三亚、海口邮轮港开展邮轮海上游业务。但是，邮轮的经营者必须是中资企业，港口则限定为三亚、海口邮轮港，同时设置了时间限制，即以五星红旗邮轮投入运营以前为条件。

① 国函〔2020〕88号。

② 海南省人民政府办公厅《关于印发〈外籍邮轮在海南自由贸易港开展多点挂靠业务管理办法〉的通知》（琼府办〔2021〕47号）。

③ 交通运输部公告2009年第44号。

4. 邮轮旅客以中老年人为主，其次是携孩子出游的亲子客群体，而后是蜜月游、闺蜜游等客户群体。[①] 而且，中国邮轮旅游市场的旅客复乘率较低。

5. 除海上赌场等少数项目外，邮轮旅客对于船上消费的兴趣不高，而对于岸上观光环节的购物消费具有强烈需求。根据《2019 中国邮轮发展报告》的统计数据，仅有 21.6% 的旅客曾有船上消费的经历，其中 43.6% 选择船上娱乐项目，35.8% 选择免税商店。[②]

6. 邮轮船票的主要销售渠道是旅行社包销，且绝大多数均是包含岸上观光环节的包价邮轮旅游产品，而邮轮公司直销船票的比例较小。

三、中国特色的旅行社包船模式

（一）邮轮船票的销售模式

邮轮船票的销售模式主要分为邮轮公司直销和旅行社等代理商承销。邮轮公司直销是由邮轮公司作为邮轮船票的提供者直接向旅客进行销售；旅行社等代理商承销则是通过以旅行社为典型的代理商进行船票销售。

旅行社等代理商承销又可分为代销和包销。

代销是指旅行社等代理商通过与邮轮公司签订邮轮船票代销合同，代为销售邮轮船票，并根据销售数量按照一定比例赚取佣金。国际上通行的邮轮船票销售模式以邮轮公司直销和旅行社等销售商代销为主，旅客虽然可能通过旅行社等销售商代订邮轮旅游产品，但销售商与邮轮公司之间一般只是委托代理关系，销售商以佣金为主要利润来源。旅行社除此以外并不深度参与邮轮旅游的经营活动。（如图 1 所示）

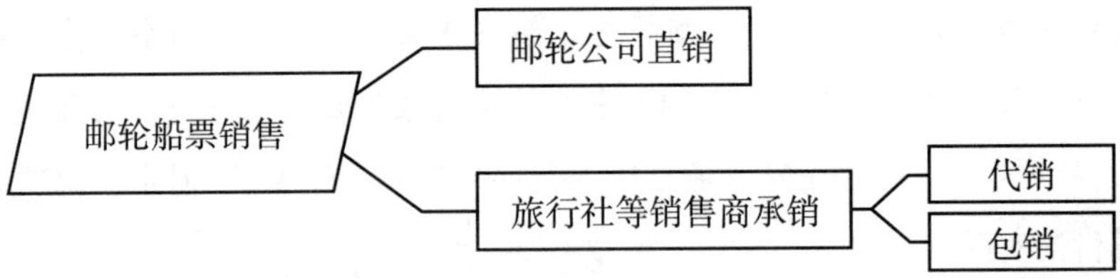

图 1　邮轮船票销售模式

包销是指旅行社在邮轮船票开始销售之前即与邮轮公司议定舱位订购价格，通过预付一定款项订购邮轮公司提供的全部或部分邮轮舱位；旅行社在订购舱位后将会根据市场需求

① 参见中国交通运输协会邮轮游艇分会、上海海事大学亚洲邮轮学院、中国港口协会邮轮游艇码头分会编：《2019 中国邮轮发展报告》，旅游教育出版社 2019 年版，第 44 页。

② 参见中国交通运输协会邮轮游艇分会、上海海事大学亚洲邮轮学院、中国港口协会邮轮游艇码头分会编：《2019 中国邮轮发展报告》，旅游教育出版社 2019 年版，第 45 页。

以及自身资源设计包价邮轮旅游产品并进行定价，邮轮船票通常与旅行社提供的岸上观光等旅行项目以及签证、领队等服务打包销售。[①]旅行社的利润来源主要是采购邮轮船票与销售邮轮包价旅游产品之间的差价，以及岸上观光环节的返佣，而非委托代理关系下的佣金。

旅行社包销邮轮船票的销售模式俗称“包船模式”。虽然邮轮旅游实践根据旅行社包销邮轮船票的比例不同存在对应的行业俗称，其中严格意义上的包船仅指旅行社包销特定航次的全部船票，即包销比例为100%，但包销比例不同在法律层面并无实质区别，原因在于邮轮旅游的民事法律调整关注的是邮轮旅游经营者与单个旅客之间的法律关系。（见表1）

表1 旅行社包销邮轮船票不同比例的行业术语

行业术语	包销比例
包船	100%
大切舱	$50\% < x < 100\%$
半包船	50%
切舱	$x < 50\%$

邮轮旅游包船模式与传统模式的主要区别如表2所示：

表2 邮轮旅游包船模式与传统模式的主要区别

经营模式	包船模式	传统模式
邮轮船票销售渠道	●旅行社包销	●邮轮公司直销 ●旅行社等销售商代销
旅行社参与程度	●旅行社取代邮轮公司成为旅客直接面对的经营者	●旅行社等销售商只是邮轮公司的代理人
旅行社利润来源	●采购邮轮船票与销售包价邮轮旅游产品的差价 ●岸上观光环节的返佣	●销售船票的佣金

（二）中国特色包船模式的形成原因

中国邮轮旅游市场形成旅行社包船模式的主要原因在于，外商投资邮轮公司作为旅行社经营出境旅游业务的市场准入限制。《旅行社条例》第23条规定：“外商投资旅行社不得

① 参见“上海国际邮轮旅游人才培训基地”教材编委会编：《国际邮轮产品运营和服务规范》，中国旅游出版社2017年版，第141~145页。

经营中国内地居民出国旅游业务以及赴香港特别行政区、澳门特别行政区和台湾地区旅游的业务，但是国务院决定或者我国签署的自由贸易协定和内地与香港、澳门关于建立更紧密经贸关系的安排另有规定的除外。”

国务院原法制办工交商事法制司、原国家旅游局政策法规司组织编写的《〈旅行社条例〉释义》一书认为：“作为旅行社经营业务范围之一的出境旅游，在现阶段仍然具有一定的特殊性，包括旅行社组织出境旅游目的地的范围由国务院批准，旅游者在境外需要更多的服务和保障，以及在境外的行程活动安排不得违反我国法律、法规，而不论该活动是否违反目的地当地法律等。”[①]

根据上述规定，外商投资邮轮公司虽然可以通过申请取得旅行社资格，但不得申请经营我国内地居民的出境旅游业务。目前在我国市场经营的邮轮公司绝大多数为外商投资，邮轮旅游产品几乎均为出境旅游。而且，我国旅客对于岸上观光尤其是其中的购物环节需求很高，对于邮轮旅游产品的认知尚与国外传统邮轮文化存在一定差距，导致邮轮公司直接销售不包含岸上观光项目的船票意义大为减弱，必须转而通过旅行社销售包价邮轮旅游产品，从而形成了有别于国际邮轮市场的旅行社包船模式。

2016 年 12 月 28 日《旅行社条例（修订草案送审稿）》仍持相同立场，其中第 30 条规定：“除国务院决定或者我国签署的自由贸易协定，以及内地与香港特别行政区、澳门特别行政区关于建立更紧密经贸关系的安排和大陆与台湾地区海峡两岸经济合作框架协议另有规定外，外商投资旅行社不得经营出境旅游、边境旅游业务；外商向具有出境旅游、边境旅游业务经营范围的旅行社投资的，旅行社应当办理工商变更登记，原许可的旅游主管部门应当取消其出境旅游、边境旅游业务的经营范围，并换发旅行社业务经营许可证。”

此后，虽然《旅行社条例》第 23 条设置的市场准入限制在自由贸易试验区以及部分省市曾有不同程度的调整，但总体而言对于邮轮旅游市场的影响相对有限。例如，2017 年 12 月 25 日《国务院关于在自由贸易试验区暂时调整有关行政法规、国务院文件和经国务院批准的部门规章规定的决定》（国发〔2017〕57 号）决定：“暂时停止实施相关内容，[②]允许在自由贸易试验区内注册的符合条件的中外合资旅行社经营中国内地居民出境旅游业务（台湾地区除外），由国务院旅游主管部门制定相关管理办法。”《自由贸易试验区外商投资准入特别管理措施（负面清单）（2020 年版）》也未设置关于旅行社业务的特别管理措施。

① 赵晓光、张坚钟主编：《〈旅行社条例〉释义》，人民交通出版社 2009 年版，第 107 页。
② 即《旅行社条例》第 23 条。

中国邮轮旅游市场受新冠疫情影响而停航期间，国务院也曾多次决定调整实施《旅行社条例》第23条。2021年10月18日发布的国务院《关于同意在北京市暂时调整实施有关行政法规和经国务院批准的部门规章规定的批复》[①]决定："允许在京设立并符合条件的外商投资旅行社从事除台湾地区以外的出境旅游业务。"2022年10月8日发布的国务院《关于同意在天津、上海、海南、重庆暂时调整实施有关行政法规规定的批复》[②]也决定："允许在上海、重庆设立并符合条件的外商投资旅行社从事除台湾地区以外的出境旅游业务。"

（三）包船模式对中国邮轮旅游市场的影响

基于邮轮旅游的包船模式，旅行社将包括邮轮船票、岸上观光在内的旅游产品打包作为包价旅游产品向旅客出售，旅行社取代邮轮公司成为旅客首先直接面对的旅游经营者。旅行社深度参与邮轮旅游经营活动，导致的直接结果是邮轮旅游基础法律关系的复杂化，形成了旅客、邮轮公司、旅行社三方法律关系的基本结构。

无论是发达国家抑或是发展中国家，禁止外资进入的部门往往是关系到国家安全或者影响人民日常生活，从而涉及公共利益的部门。[③]外国资本的投资自由化需求与东道国基于国家主权及保护本国产业安全考量而对外资进入实施的限制，属于外资准入制度的一体两面。[④]然而，国际邮轮市场总体而言仍属寡头垄断市场，大型邮轮公司的数量本就不多，目前在我国市场经营的外商投资邮轮公司不足10家。邮轮旅游又是相对独立的专门市场领域，针对外资邮轮公司放开市场准入对我国出境旅游市场的整体影响甚小，尚不至于妨碍我国的公共利益。因此，至少对于邮轮旅游领域，具备开放外资旅行社经营出境旅游市场准入的现实条件和客观需求。

历年的《中国邮轮产业发展报告》即"邮轮绿皮书"曾经多次指出包船模式对于中国邮轮旅游市场造成的负面影响：

> 整体来看，中国早期邮轮包船销售模式的确促进了邮轮旅游产业的快速发展，但随着中国邮轮市场的爆发式增长，邮轮公司开始不断增加邮轮运力，市场原先的供需平衡状态逐渐被打破，开始出现邮轮供给大于邮轮需求的局面，导致包船门槛一再降低，邮轮市场开始不断出现低价竞争现象。这种低价竞争从某种意义上来说，已经影响到邮轮船票市场的价格体系，扰乱了市场秩序，这使得原本一些中高端的

---

① 国函〔2021〕106号。
② 国函〔2022〕104号。
③ 参见余劲松主编：《国际投资法》（第3版），法律出版社2007年版，第139页。
④ 参见李科珍：《我国外资准入制度的现状、问题及其重构》，载《北方法学》2011年第1期，第153页。

邮轮旅游产品也逐渐沦为低端邮轮旅游产品，从而压缩了旅行社的盈利空间，并最终导致邮轮旅游服务品质下降，降低了游客的体验满意度。[①]

分销渠道在任何一种商业业态中都占据着重要的地位。中国独有的"包船模式"带来种种弊病，如价格战、产品服务质量降低、游客满意度降低、包船的价格与散卖航次的价格倒挂、包船商与邮轮公司的利润受到影响、包船商与邮轮公司的纠纷以及游客霸船事件多次出现。[②]

目前邮轮公司对包船方的选择和管控能力较强，但在较多层次体系中，对销售链末端的管理不足，导致销售平台的可信赖性较低，一旦其中某个环节出现问题，就会产生纠纷事件。并且各个邮轮公司对下游零售商的管理较为欠缺，对船票价格、舱位几乎处于失控的状态，使整个销售链系统风险系数大幅度上升。目前邮轮船票是"期货交易"，而不是"现货交易"，游客在出行前才可以获得船票。但邮轮产品不同于其他商品，游客为准备邮轮出行付出了较大的时间成本、金钱成本等，若出游没有成行，会导致游客产生损失，较容易出现纠纷事件。在较长的邮轮分销环节中，存在旅行社向邮轮公司提交游客信息不全或不真实现象，主要是层级较多信息传递失真，或是旅行社出于自我保护，提供虚假信息。这使邮轮公司及时掌握游客的个人信息较为困难，存在一定的漏洞，在邮轮公司处理问题时难以及时联系到游客，处理紧急事件较为被动。[③]

根据上海海事法院2017年的统计数据，当时由旅行社包船并转售给旅客的比例达到市场总额的98%，[④]包船模式占据绝对的主导地位；《2019中国邮轮发展报告》指出："中国邮轮市场有一些邮轮品牌的直销业务已发展得较为成熟，直销比例占整船销售的20%。"[⑤]但是，此种企业经营意义上的直销很多仍是通过旅行社以包价旅游产品的形式销售船票，而不是真正由邮轮公司直接向旅客销售船票，只是邮轮公司与旅行社的业务关系更为紧密，故而至少在法律层面形成的法律关系仍与包船模式无异。

---

① 汪泓主编：《中国邮轮产业发展报告（2016）》，社会科学文献出版社2016年版，第17页。
② 汪泓主编：《中国邮轮产业发展报告（2017）》，社会科学文献出版社2017年版，第38页。
③ 汪泓主编：《中国邮轮产业发展报告（2018）》，社会科学文献出版社2018年版，第58页。
④ 参见上海海事法院：《上海海事法院涉船员权益保护海事审判情况通报》，上海海事法院2017年版，第12页。
⑤ 中国交通运输协会邮轮游艇分会、上海海事大学亚洲邮轮学院、中国港口协会邮轮游艇码头分会编：《2019中国邮轮发展报告》，旅游教育出版社2019年版，第44页。

第一章

邮轮旅游的基础法律关系

【知识提要】

本章主要讲解邮轮旅游的基础法律关系：一是邮轮旅游基础法律关系诸说，包括邮轮公司承运人说即二元论、旅行社承运人说即一元论、无承运人说三种主要观点；二是邮轮公司承运人说的主要依据；三是邮轮旅游包船模式的三方法律关系，即旅客与旅行社之间的邮轮旅游服务合同，旅客与邮轮公司之间的海上旅客运输合同，邮轮公司与旅行社之间的邮轮船票包销合同，此外还涉及邮轮船票销售代理的责任承担、岸上观光罚金的性质认定等邮轮公司与旅行社等经营者之间的其他常见纠纷。

邮轮旅游的基础法律关系，其中“基础”一语是指一般情况下旅客以及邮轮公司、旅行社等邮轮旅游经营者之间必然形成的法律关系，即邮轮旅游不可或缺的服务项目形成的法律关系。此类服务项目通常包括海上运输服务，住宿服务，基本自助餐以及指定餐厅的晚宴等餐饮服务，游泳、健身、文艺演出等休闲娱乐服务。

其他法律关系的形成均以基础法律关系的存在为前提，如旅客额外支付费用形成的美容、游艺、网络等服务，以及商品买卖、医疗服务，乃至赌博涉及的法律关系。

由于包船模式至今仍是我国邮轮旅游市场的主要经营模式，以下除另有说明外，对于邮轮旅游基础法律关系的分析均以包船模式为基础。

第一节　邮轮旅游基础法律关系诸说

基础法律关系至今仍是我国邮轮旅游法律研究最为主要的理论争议。关于邮轮旅游包船模式基础法律关系的学理分歧，争议焦点在于海上旅客运输合同的承运人识别，也就是邮轮公司和旅行社同为邮轮旅游的主要经营者，究竟何者应当被认定为承运人。据此学理上主要形成了两种截然不同的观点，即“邮轮公司承运人说”或称“旅行社非承运人说”，以及“旅行社承运人说”。二者同时又被分别称为“二元论”和“一元论”，原因在于前者主张邮轮公司构成承运人的观点，意味着旅客与旅行社和邮轮公司两类邮轮旅游经营者之间分别存在不同的合同关系，也即二元合同模式。此外，亦有个别学者持有“无承运人说”等其他观点。

一、邮轮公司承运人说（二元论）

邮轮公司承运人说主张旅客、邮轮公司、旅行社三方之间分别存在三个基础合同：

1. 旅客与旅行社之间直接签订邮轮旅游服务合同，属于《旅游法》第五章专门规定的“旅游服务合同”的具体类型；

2. 旅客与邮轮公司之间主要存在通过船票证明的海上旅客运输合同，属于《海商法》第五章专门规定的“海上旅客运输合同”，同时此种合同关系具有混合属性，可能涉及旅店、餐饮、娱乐等其他服务合同类型；

3. 邮轮公司和旅行社之间订有邮轮船票包销合同，属于无名合同即非典型合同。

邮轮公司作为海上旅客运输合同的承运人，同时在邮轮旅游服务合同下也构成《旅游法》第111条第6项规定的履行辅助人：“履行辅助人，是指与旅行社存在合同关系，协助其履行包价旅游合同义务，实际提供相关服务的法人或者自然人。”邮轮公司主要是实际提供海上旅客运输及船上服务。

上述观点较为典型的是孙思琪、戎逸在《邮轮旅游法律关系的立法范式与理论辨正》一文中认为：

> 旅行社、邮轮公司、旅游者三方之间的法律关系，相应的合同基础分别是邮轮旅游合同、邮轮船票证明的海上旅客运输合同以及邮轮船票销售合同。[①]

此外，《上海市邮轮旅游经营规范》的立法模式也以此种观点为基础。《上海市邮轮旅游经营规范》第11~13条分别是“邮轮船票”、“邮轮船票销售、代理合同”以及“邮轮旅游合同”。原上海市旅游局政策法规处编写的《〈上海市邮轮旅游经营规范〉解读》也认为：

---

① 孙思琪、戎逸：《邮轮旅游法律关系的立法范式与理论辨正》，载《中国海商法研究》2017年第3期，第85页。

邮轮公司向旅游者销售邮轮船票，构成了一种合同关系。这种合同关系以船票为体现形式。用船票来明确、体现邮轮公司与旅游者的合同关系，得到绝大多数意见征求单位的认可，也符合邮轮业和船舶客运业的长期惯例。旅行社代理邮轮公司进行船票销售，为委托代理行为，其行为法律后果仍由邮轮公司直接承担，不改变邮轮公司与旅游者之间的合同关系。①

二、旅行社承运人说（一元论）

主张一元论的不同学者对于旅客与旅行社之间订立的合同也有不同称谓，包括邮轮船票合同、② 邮轮合同、③ 邮轮旅游合同 ④ 等，但均认为此种合同属于混合合同中的类型结合合同，⑤ 即一方当事人所负的数个给付义务属于不同的合同类型，彼此之间居于同值地位，而对方当事人仅负有单一的对待给付或不负任何对待给付的合同。⑥ 具体而言，旅行社承运人说认为旅客与旅行社之间订立的混合合同兼具旅游服务合同和海上旅客运输合同的内容，⑦ 故而旅行社作为海上旅客运输合同的当事人构成承运人，⑧ 邮轮公司此时相应降格为实际承运人。⑨

持有此种观点的学者主要包括郭萍、陈琦、吕方园等。从学说史的角度考察，一元论较早见于吕方园的博士学位论文《运输视角下邮轮法律问题研究》，此后郭萍陆续发表的《对

① 原上海市旅游局政策法规处：《〈上海市邮轮旅游经营规范〉解读》，载上海市文化和旅游局官网，http://whlyj.sh.gov.cn/zcjd/20181115/0022-34644.html，最后访问日期：2022 年 12 月 31 日。

② 参见吕方园：《运输视角下邮轮法律问题研究》，大连海事大学海商法学专业 2015 年博士学位论文，第 33 页。

③ 参见郭萍：《邮轮合同法律适用研究——兼谈对我国〈海商法〉海上旅客运输合同的修改》，载《法学杂志》2018 年第 6 期，第 76 页。

④ 参见陈琦：《邮轮旅游法律规制的理论困境与制度因应》，载《大连海事大学学报（社会科学版）》2018 年第 6 期，第 12 页。

⑤ 参见吕方园：《运输视角下邮轮法律问题研究》，大连海事大学海商法学专业 2015 年博士学位论文，第 47~48 页；郭萍：《对邮轮合同法律性质的探究及思考》，载《中国海商法研究》2016 年第 1 期，第 60~61 页；陈琦：《邮轮旅游法律规制的理论困境与制度因应》，载《大连海事大学学报（社会科学版）》2018 年第 6 期，第 12 页。

⑥ 参见韩世远：《合同法总论》（第 4 版），法律出版社 2018 年版，第 74 页。

⑦ 参见吕方园：《运输视角下邮轮法律问题研究》，大连海事大学海商法学专业 2015 年博士学位论文，第 48 页；郭萍：《对邮轮合同法律性质的探究及思考》，载《中国海商法研究》2016 年第 1 期，第 60~61 页；陈琦：《邮轮旅游法律规制的理论困境与制度因应》，载《大连海事大学学报（社会科学版）》2018 年第 6 期，第 13 页。

⑧ 参见陈琦：《中国海上旅客运输法完善的动因、问题与建议——以〈海商法〉第五章的修改为核心》，载《大连海事大学学报（社会科学版）》2017 年第 5 期，第 8 页。

⑨ 参见郭萍：《邮轮合同法律适用研究——兼谈对我国〈海商法〉海上旅客运输合同的修改》，载《法学杂志》2018 年第 6 期，第 83 页；陈琦：《邮轮旅游法律规制的理论困境与制度因应》，载《大连海事大学学报（社会科学版）》2018 年第 6 期，第 13 页。

邮轮合同法律性质的探究及思考》《邮轮合同法律适用研究——兼谈对我国〈海商法〉海上旅客运输合同的修改》,以及陈琦的《中国海上旅客运输法完善的动因、问题与建议——以〈海商法〉第五章的修改为核心》《邮轮旅游法律规制的理论困境与制度因应》等论文总体而言均持此种观点。

例如，郭萍在《邮轮合同法律适用研究——兼谈对我国〈海商法〉海上旅客运输合同的修改》一文中认为：

> 旅行社包船游代理模式是指旅客通过旅行社而非直接同邮轮公司办理登船旅游手续，旅行社和乘客之间签订邮轮旅游服务协议，旅行社与邮轮公司再通过包船协议约定由邮轮公司实际完成邮轮旅游活动，因此在旅客与邮轮公司之间不存在直接的邮轮合同法律关系。
>
> …………
>
> 我国《海商法》借鉴1974年《雅典公约》，在旅客运输合同中明确了承运人是指以本人或委托他人以本人名义与旅客订立海上旅客运输合同的人。接受承运人委托从事旅客运送或部分运送的人，包括接受转委托从事此项运送的其他人，是实际承运人。这种法律制度及相关法律关系的安排特别适合于目前的邮轮旅游活动。如果将邮轮合同列入《海商法》调整，不论旅行社是以全包或者半包的方式，也不论其与邮轮公司的协议如何，旅行社都可以视为航次租船合同的承租人，均不影响旅行社在邮轮合同之下扮演“承运人”角色，然后将邮轮合同的实际履行交由邮轮公司完成，因此邮轮公司扮演“实际承运人”的角色。①

陈琦在《邮轮旅游法律规制的理论困境与制度因应》一文中也认为：

> 邮轮旅游下三方的合同关系和主体地位的认定应视不同情况分别进行：在包船邮轮旅游模式下，由旅行社和旅客作为双方主体成立邮轮旅游合同；在邮轮公司直营模式下，则由邮轮公司和旅客作为合同的双方主体。不过，需要强调的是，邮轮公司虽在不同的销售模式下具有不同的主体地位，但这并不影响其与旅客之间基于法律规定成立海上旅客运输法律关系的判断。作为邮轮旅游服务的实际提供者，邮轮公司即使不能成为合同的对方主体，也将基于《海商法》或《1974年雅典公约》的规定而当然地成为实际承运人，从而对旅客负有海上旅客运输合同项下的全部

① 郭萍：《邮轮合同法律适用研究——兼谈对我国〈海商法〉海上旅客运输合同的修改》，载《法学杂志》2018年第6期，第82~83页。

义务。[①]

此外，交通运输部于 2018 年 3 月 23 日下发的《海商法（修订征求意见稿）》在第六章“海上旅客运输合同”增设的第三节“邮轮旅游的特别规定”也明显受到此种观点的影响。[②] 例如，其中第 168 条第 1 款规定：“除依据本章第一百五十一条规定外，邮轮旅游票价包含岸上旅游项目及费用的，承运人责任期间包括旅客在岸上旅游的期间”。此处将承运人的责任期间拓展至岸上观光环节，显然是基于混合合同的理解而将岸上观光一并视为承运人的责任范围，而实践中岸上观光环节多由旅行社经营。

三、无承运人说

除以上两种学说外，另有一种较为特殊的观点，即主张包船模式既无承运人、实际承运人，亦无船票存在，故而可以暂且称为“无承运人说”。此种观点认为：

> 在包切舱模式下承运人缺失。首先，旅行社不是承运人，因为旅行社与旅客之间签订的是旅游服务合同，而非海上、水上旅客运输合同。根据《1974 年雅典公约》第一条第一款第（a）项、《海商法》第一百零八条第（一）项、《水路旅客运输规则》第八条第五款的规定，承运人只能是与旅客订立邮轮旅游运输合同的那一方（一般为邮轮经营公司）。显然，旅行社不是那一方（承运人）。其次，邮轮经营公司不是承运人，因为它未与旅客订立邮轮旅游运输合同或其他任何合同。最后，邮轮船东公司（假设与经营公司不是同一家）不是承运人，因为它未与旅客订立邮轮旅游运输合同或其他任何合同。
>
> 由于承运人缺失，船票必定空缺，因为只有承运人才能依据法律在邮轮旅游运输合同下向旅客签发船票。此外，由于承运人缺失，实际承运人亦缺失，因为只有接受承运人委托直接向旅客提供邮轮旅游运输服务的那一方才能符合实际承运人的法律定义。因此，旅行社包切舱模式下没有承运人、船票和实际承运人。业界有人认为旅行社可被视为承运人，但此种观点与法律规定相悖。假设旅行社可被视为承运人（我们不认同），它也没有签发船票的资质、能力和软硬件设备。[③]

---

① 陈琦：《邮轮旅游法律规制的理论困境与制度因应》，载《大连海事大学学报（社会科学版）》2018 年第 6 期，第 13 页。

② 郭萍系《海商法》修改工作组海上旅客运输合同分组组长，陈琦、吕方园均为组员。

③ 林江：《邮轮经济法律规制研究：上海宝山实践分析》，复旦大学出版社 2019 年版，第 94 页。

此种观点的另一基础是认为我国邮轮船票制度使用的登船凭证不是船票，[①] 但又同时主张“登船凭证证明邮轮经营公司与旅客之间在邮轮旅游运输方面存在法律关系”。[②] 此种观点明显与民事法律，特别是合同法律的基本原理相左，对于船票制度的理解也多有偏颇。具体而言，无承运人说至少存在以下问题：

1. 运输合同作为诺成合同，只要当事人意思表示一致即告成立。合同关系的成立也并不要求双方必须直接签订合同。证明海上旅客运输合同成立的船票作为包价邮轮旅游产品的组成部分，经由旅行社而向旅客进行销售，旅客与邮轮公司之间仍可循此途径成立合同关系。此亦客票作为运输合同成立证明的价值所在。而且，旅客与邮轮公司关于合同订立的要约和承诺程序不可谓不明确，稍显特殊之处只是要约是由旅行社代表邮轮公司作出。但是，旅行社作为包价旅游的组织者，代理各项具体服务要素的经营者本是旅行社经营包价旅游的基本手段和方式，虽然旅行社在包船模式下并不仅仅是邮轮公司的代理人。因此，包船模式并不否认或者影响旅客与邮轮公司之间成立合同关系。

2. 既然认可旅客与邮轮公司之间存在运输法律关系，此种民事法律关系的具体类型只能是合同关系，也即通过缔结海上旅客运输合同成立。合同的本质在于合意，合同关系也是由主体、客体以及内容三个部分组成，故而不可能仅有一方当事人。具体至海上旅客运输合同的场合，此种合同无法脱离作为当事人之一的承运人而存在。也即一旦成立运输关系，承运人便也必然存在。旅客与邮轮公司之间成立的海上旅客运输合同关系决定了承运人只能是邮轮公司。

3. 上海自 2017 年 12 月开始试点邮轮船票制度，目的之一应是克服长期以来船票隐形化造成旅客与邮轮公司之间法律关系模糊的弊端，也即促使船票“显形”；《关于上海试点邮轮船票制度的通知》列明的工作目标也包括“明确邮轮公司与旅客之间的法律关系”。[③] 此项试点工作最为主要的内容之一便是统一使用上海港邮轮登船凭证，故而主张登船凭证不是船票的观点明显与制度设计的基本目标相悖，并无可靠而充分的理论或实践依据。交通运输部、公安部、文化和旅游部、海关总署、移民局《关于推广实施邮轮船票管理制度的通知》[④] 更是明确指出：“邮轮船票是邮轮旅客运输合同成立的证明。购票人可以直接向邮轮运输企业及其代理，或通过有资质的旅行社购买邮轮船票。”

---

① 参见林江：《邮轮经济法律规制研究：上海宝山实践分析》，复旦大学出版社 2019 年版，第 90~91 页。
② 林江：《邮轮经济法律规制研究：上海宝山实践分析》，复旦大学出版社 2019 年版，第 95 页。
③ 沪交航〔2017〕1464 号。
④ 交水规〔2019〕11 号。

第二节　邮轮公司承运人说的主要依据

一、旅行社以中介职能为核心职能

包价旅游合同的标的是旅行社提供的旅游服务。旅行社业是颇为典型的中介服务产业。旅行社在旅游产品的供应者和消费者之间发挥媒介作用，[①] 故而中介职能应是旅行社的核心职能之一。具体而言，旅行社的业务活动可以大致分为三个方面：一是设计、开发和销售旅游产品，二是接待旅游者，三是处理各类中介服务。其中，中介服务主要是指为旅游者代办旅游涉及的护照、签证等旅行证件，代为订购各类交通票证和住宿，代向海关办理申报、检验手续等。[②] 除此之外，旅行社虽然亦有部分生产职能，但并非指生产包价旅游包含的单项产品，而是限于旅游产品的发现以及整体产品的生产，即将其他旅游经营者提供的单项产品组合为以旅游路线、旅游日程形式存在的复合产品，从而改变产品的存在形态。[③] 此一职能也被称为组装职能。[④]

我国《旅行社条例》第 2 条第 2 款规定："本条例所称旅行社，是指从事招徕、组织、接待旅游者等活动，为旅游者提供相关旅游服务，开展国内旅游业务、入境旅游业务或者出境旅游业务的企业法人。"学理上针对该条规定的三类经营活动，一般认为招徕是指开展宣传、推销业务，招揽旅游者；组织是指规划、选定旅游线路和沿途观光、休闲、娱乐、餐饮等旅游项目，并向其他服务提供者事先订购涉及的交通、住宿等要素，配合自身的导游或领队服务，形成由自身和履行辅助人提供服务的组合并以总价打包销售；接待则是指根据合同约定为旅游者提供交通、住宿、餐饮、观光等要素组合而成的旅游服务。[⑤]

《旅行社条例实施细则》第 2 条第 1 款将其进一步规定为六种具体服务类别：

> 《条例》第二条所称招徕、组织、接待旅游者提供的相关旅游服务，主要包括：
>
> （一）安排交通服务；
>
> （二）安排住宿服务；

---

① 参见谢彦君：《基础旅游学》（第 4 版），商务印书馆 2015 年版，第 123 页。
② 参见邵琪伟主编：《中国旅游大辞典》，上海辞书出版社 2012 年版，第 251 页。
③ 参见戴斌、张杨主编：《旅行社管理》（第 4 版），高等教育出版社 2018 年版，第 12 页。
④ 参见李晓标、解程姬主编：《旅行社经营与管理》，北京理工大学出版社 2015 年版，第 17 页。
⑤ 参见王天星、杨富斌编著：《旅游法教程》，中国人民大学出版社 2015 年版，第 61 页。

（三）安排餐饮服务；

（四）安排观光游览、休闲度假等服务；

（五）导游、领队服务；

（六）旅游咨询、旅游活动设计服务。

上述服务中除导游、领队服务和旅游咨询、旅游活动设计服务两类是由旅行社自行提供外，交通、住宿、餐饮以及观光游览、休闲度假四类服务均强调了旅行社提供的服务内容只是安排上述项目，而不是直接经营此类服务。因此，旅行社实质上并非服务产品全部要素的直接提供者，而对交通、食宿等只是提供安排此类服务的旅游服务，[①] 也即中介服务。2016 年 8 月公布的《旅行社条例（修订草案送审稿）》第 3 条第 3 款更是直接规定："下列情形不属于经营旅行社业务：（一）交通、景区和住宿经营者在其交通工具上或者经营场所内，提供交通、住宿、餐饮等单项或者多项服务的；……"

旅游活动许多时候包含"吃、住、行、游、购、娱"等事项，涉及的环节多、链条长、责任主体多元化。虽然并非所有包价旅游一概涉及上述环节，但交通运输通常属于必不可少的项目。[②] 但是，传统上旅行社无论在学理抑或实践之中却并未被认作运输服务的承运人。以包价旅游最常涉及的航空运输为例，如果旅行社向旅客销售的包价旅游产品包含航空客票，承运人仍是航空公司而非旅行社。旅行社或是作为民用航空运输销售代理，或是为旅客代订航空运输服务，但在航空旅客运输合同的订立环节只是合同一方当事人的代理人，而不构成航空运输的承运人。旅行社在包船模式下具有的职能以及负担的义务较之传统包价旅游并无差异，仍不构成海上旅客运输的承运人。因此，旅行社以中介职能为其核心职能，包价旅游合同的标的分为两个部分：一是组织安排由履行辅助人提供的住宿、餐饮、游览、娱乐等具体服务的中介服务，二是导游、领队等少数确由旅行社自行提供的旅游服务。

二、邮轮旅游服务合同不含海上旅客运输合同的条款

关于旅客与旅行社订立邮轮旅游服务合同的具体内容，以我国邮轮旅游市场重心所在的上海地区为例，目前实践中采用的示范文本主要分为两种：一是普遍适用于各类出境旅游的《上海市出境旅游合同示范文本（2013 版）》；二是专门针对邮轮旅游制定的《上海市邮轮旅游合同示范文本（2015 版）》。

前者由于普遍适用于各类出境旅游，除非当事人之间另行订立补充条款，否则不可能包

---

① 参见赵晓光、张坚钟主编：《〈旅行社条例〉释义》，人民交通出版社 2009 年版，第 44 页。
② 参见王利明：《合同法研究》（第 4 卷）（第 2 版），中国人民大学出版社 2017 年版，第 586 页。

含海上旅客运输合同的内容；后者主要是针对邮轮旅游的特殊性而将旅游服务合同的内容具体化，如前者涉及的旅游产品名称、途经地点、游览交通等事项分别被修改为邮轮产品名称、邮轮途中停靠港口、岸上游览交通，但在具体条款内容方面并不涉及海上旅客运输。值得注意的是，《上海市邮轮旅游合同示范文本（2015 版）》第 8 条第 2 款系专门针对航程变更的规定：

> 因发生不可抗力情形或者乙方、履行辅助人已尽合理注意义务仍不能避免的事件，可能导致邮轮行程变更或取消部分停靠港口等情况时，按以下约定方式处理。
>
> 1. 行程前发生的，甲方可以按（1）或（2）选择（二选一）
>
> □（1）甲方同意邮轮行程变更或取消部分停靠港口等，按以下约定处理：
>
> ①在不减少行程自然天数的情况下，启航延迟、港口停靠时间缩短、返航延迟抵达：船方提供餐食和各项服务，乙方退还旅游费用总额的________%。
>
> ②无法停靠目的地港口：退还该港口的港务费以及未发生的岸上观光费用。
>
> ③行程自然天数减少：扣除已实际支付且不可退还的费用后，按照减少行程的自然天数所占计划行程的百分比退还旅游费用。
>
> □（2）甲方不同意邮轮行程变更或取消部分停靠港口等上述约定，解除本合同；乙方应当在扣除已实际支付且不可退还的费用后，将余款________元退还甲方。
>
> 2. 行程中发生的，按上述（1）的约定处理。

上述条款实际只是将《旅游法》第 67 条关于旅游行程变更的规定转化为合同条款，该条规定：

> 因不可抗力或者旅行社、履行辅助人已尽合理注意义务仍不能避免的事件，影响旅游行程的，按照下列情形处理：
>
> （一）合同不能继续履行的，旅行社和旅游者均可以解除合同。合同不能完全履行的，旅行社经向旅游者作出说明，可以在合理范围内变更合同；旅游者不同意变更的，可以解除合同。
>
> （二）合同解除的，组团社应当在扣除已向地接社或者履行辅助人支付且不可退还的费用后，将余款退还旅游者；合同变更的，因此增加的费用由旅游者承担，减少的费用退还旅游者。
>
> （三）危及旅游者人身、财产安全的，旅行社应当采取相应的安全措施，因此支出的费用，由旅行社与旅游者分担。
>
> （四）造成旅游者滞留的，旅行社应当采取相应的安置措施。因此增加的食宿费用，由旅游者承担；增加的返程费用，由旅行社与旅游者分担。

上述合同条款的重点在于包价旅游合同的变更、解除以及相应的费用退还，而非关于海上旅客运输合同变更的约定，也不调整承运人与旅客之间的权利义务关系。只是由于航程变更是邮轮旅游行程变更最为典型、主要的情形，故而针对邮轮旅游的特殊性进行了具体化处理，但适用于一般陆上包价旅游的合同示范文本亦有可能依据《旅游法》第67条设置类似条款。例如，原国家旅游局和原国家工商行政管理总局联合制定的《大陆居民赴台湾地区旅游合同（示范文本）》第13条“因不可抗力或者已尽合理注意义务仍不能避免的事件解除合同”规定：

> 行程开始前因不可抗力或者赴台游旅行社、履行辅助人已尽合理注意义务仍不能避免的事件，影响旅游行程，合同不能继续履行的，赴台游旅行社和旅游者均可以解除合同；合同不能完全履行，旅游者不同意变更的，可以解除合同。合同解除的，赴台游旅行社应当在扣除已向地接社或者履行辅助人支付且不可退还的费用后，将余款退还旅游者。

比较《上海市出境旅游合同示范文本（2013版）》和《上海市邮轮旅游合同示范文本（2015版）》第5条第2款规定的旅行社的权利和义务，多数内容均可一一对应，只是后者增加了两项内容：

1. 第5条第2款第1项规定：“乙方提供的邮轮船票或凭证、邮轮旅游产品说明、登船相关文件、已订购服务清单，应由甲方确认，作为本合同组成部分。”其中虽有“邮轮船票……作为本合同组成部分”的表述，但此种条款设置应属示范文本的设计缺陷。不仅此项条款的内容本身并不属于旅行社的权利和义务，而且目前上海地区采用的船票明确记载承运人是邮轮公司，直接向旅客出具船票的也是邮轮公司而非旅行社，故而实践中在绝大多数情况下其实并不存在“旅行社提供的邮轮船票或凭证”。而且，由于船票证明的合同与邮轮旅游服务合同的当事人不尽相同，即使约定船票作为邮轮旅游服务合同的组成部分，旅行社也未必可以享有船票及其条款设置的权利。

2. 第5条第2款第5项规定：“当发生延误或不能靠港等情况时，乙方应当及时向甲方发布信息，告知具体解决方案。”此处规定的告知义务，本身也是法律规定旅行社应当负有的义务，而与承运人和旅客之间的权利义务关系无关。例如，《旅游法》第67条第1项规定：“因不可抗力或者旅行社、履行辅助人已尽合理注意义务仍不能避免的事件，影响旅游行程的，按照下列情形处理：（一）合同不能继续履行的，旅行社和旅游者均可以解除合同。合同不能完全履行的，旅行社经向旅游者作出说明，可以在合理范围内变更合同；旅游者不同意变更的，可以解除合同。”

因此，实践中旅行社与旅客订立的包价旅游合同并不包含海上旅客运输合同的条款，也即未与海上旅客运输合同发生混合。包船模式下旅行社负有的合同义务亦无运输合同的内容，实与一般包价旅游无异。

三、邮轮船票记载的承运人为邮轮公司

根据目前全国推广实施的邮轮船票管理制度，其中的“邮轮登船凭证（样张）”（如图 2 所示）明确显示“承运人”一栏应当记载“某某某邮轮有限公司”，即邮轮公司为承运人。上海港邮轮登船凭证示例如图 3 所示。

图 2　邮轮登船凭证（样张）

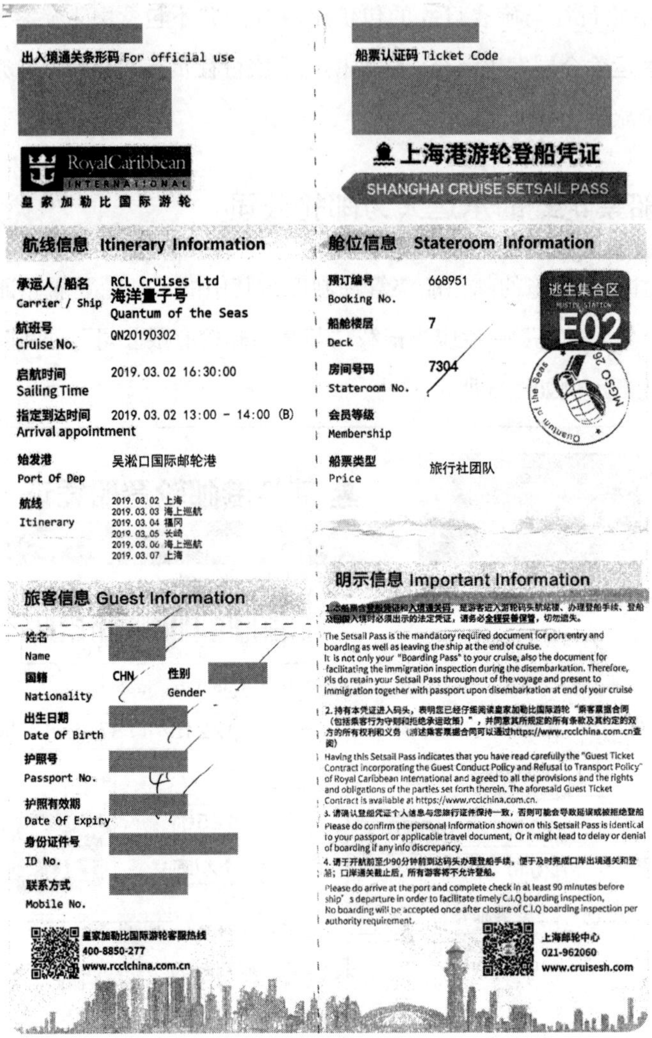
[redacted]
出入境通关条形码 For official use
[redacted]
Royal Caribbean INTERNATIONAL
皇家加勒比国际游轮

航线信息 Itinerary Information

承运人/船名 Carrier / Ship: RCL Cruises Ltd 海洋量子号 Quantum of the Seas
航班号 Cruise No.: QN20190302
启航时间 Sailing Time: 2019.03.02 16:30:00
指定到达时间 Arrival appointment: 2019.03.02 13:00 - 14:00 (B)
始发港 Port Of Dep: 吴淞口国际邮轮港
航线 Itinerary:
2019.03.02 上海
2019.03.03 海上巡航
2019.03.04 福冈
2019.03.05 长崎
2019.03.06 海上巡航
2019.03.07 上海

旅客信息 Guest Information

姓名 Name: [redacted]
国籍 Nationality: CHN 性别 Gender: [redacted]
出生日期 Date Of Birth: [redacted]
护照号 Passport No.: [redacted]
护照有效期 Date Of Expiry: [redacted]
身份证件号 ID No.: [redacted]
联系方式 Mobile No.: [redacted]

皇家加勒比国际游轮客服热线
400-8850-277
www.rcclchina.com.cn

[redacted]
船票认证码 Ticket Code
[redacted]
上海港游轮登船凭证
SHANGHAI CRUISE SETSAIL PASS

舱位信息 Stateroom Information

预订编号 Booking No.: 668951
船舶楼层 Deck: 7
房间号码 Stateroom No.: 7304
会员等级 Membership:
船票类型 Price: 旅行社团队

逃生集合区 MUSTER STATION E02

Quantum of the Seas MGSO 26

明示信息 Important Information

1.本船票含登船凭证和入境通关码，是游客进入游轮码头航站楼、办理登船手续、登船及回国入境时必须出示的法定凭证，请务必全程妥善保管，切勿遗失。
The Setsail Pass is the mandatory required document for port entry and boarding as well as leaving the ship at the end of cruise.
It is not only your "Boarding Pass" to your cruise, also the document for facilitating the immigration inspection during the disembarkation. Therefore, Pls do retain your Setsail Pass throughout of the voyage and present to immigration together with passport upon disembarkation at end of your cruise

2.持有本凭证进入码头，表明您已经仔细阅读皇家加勒比国际游轮"乘客票据合同（包括乘客行为守则和拒绝承运政策）"，并同意其所规定的所有条款及其约定的双方的所有权利和义务（前述乘客票据合同可以通过https://www.rcclchina.com.cn查阅）
Having this Setsail Pass indicates that you have read carefully the "Guest Ticket Contract incorporating the Guest Conduct Policy and Refusal to Transport Policy" of Royal Caribbean International and agreed to all the provisions and the rights and obligations of the parties set forth therein. The aforesaid Guest Ticket Contract is available at https://www.rcclchina.com.cn.

3.请确认登船凭证个人信息与您旅行证件保持一致，否则可能会导致延误或被拒绝登船
Please do confirm the personal information shown on this Setsail Pass is identical to your passport or applicable travel document, Or it might lead to delay or denial of boarding if any info discrepancy.

4.请于开航前至少90分钟前到达码头办理登船手续，便于及时完成口岸出境通关和登船；口岸通关截止后，所有游客将不允许登船。
Please do arrive at the port and complete check in at least 90 minutes before ship's departure in order to facilitate timely C.I.Q boarding inspection, No boarding will be accepted once after closure of C.I.Q boarding inspection per authority requirement.

上海邮轮中心
021-962060
www.cruisesh.com

图3 上海港邮轮登船凭证示例

《关于推广实施邮轮船票管理制度的通知》也明确指出：

邮轮船票是邮轮旅客运输合同成立的证明。购票人可以直接向邮轮运输企业及其代理，或通过有资质的旅行社购买邮轮船票，购票时应提供真实准确的乘船人有效出境入境证件等信息。

邮轮船票由邮轮运输企业签发，可采用书面、电子或其他符合规定的形式。邮轮船票应载明承运人名称、船舶名称、乘船人姓名和出境入境证件、航线始发港、途经港和到达港、舱室等级、票价、乘船日期、登船时间和地点（港口码头）等基本信息。

> 邮轮运输企业签发邮轮船票前，应以便于知悉的方式向购票人提供邮轮旅客运输合同文本，并就合同中的退改签、承运人免责和责任限制、法律适用和管辖权条款等内容予以重点提示，确保购票人知悉。

根据上述通知的内容，邮轮船票作为运输合同的证明是由邮轮公司签发，邮轮公司理应构成运输合同的承运人。

四、旅行社的经营范围不含海上旅客运输

从企业经营范围的角度看，出境旅游是作为一项独立的业务种类进行登记，而与海上旅客运输并列，可以说明出境旅游业务包含的安排海上旅客运输与海上旅客运输业务之间存在本质区别。

经营包价邮轮旅游的旅行社的经营范围绝大多数并不包括海上旅客运输，原因并非旅行社存在超出经营范围的违法行为，而是海上旅客运输本就不是旅行社经营的业务，正如多数旅行社的经营范围也不包含航空旅客运输，至多涉及航空机票销售代理。旅客除与旅行社订有包价旅游合同外，借由旅行社的中介职能也与具体服务要素的经营者之间同时存在运输合同、旅店服务合同、餐饮服务合同等合同关系，而旅行社并非此类合同的当事人，只是作为媒介帮助旅客与具体服务要素经营者订立合同。

经营包价邮轮旅游的旅行社经营范围及邮轮公司经营范围示例分别如图 4、图 5 所示：

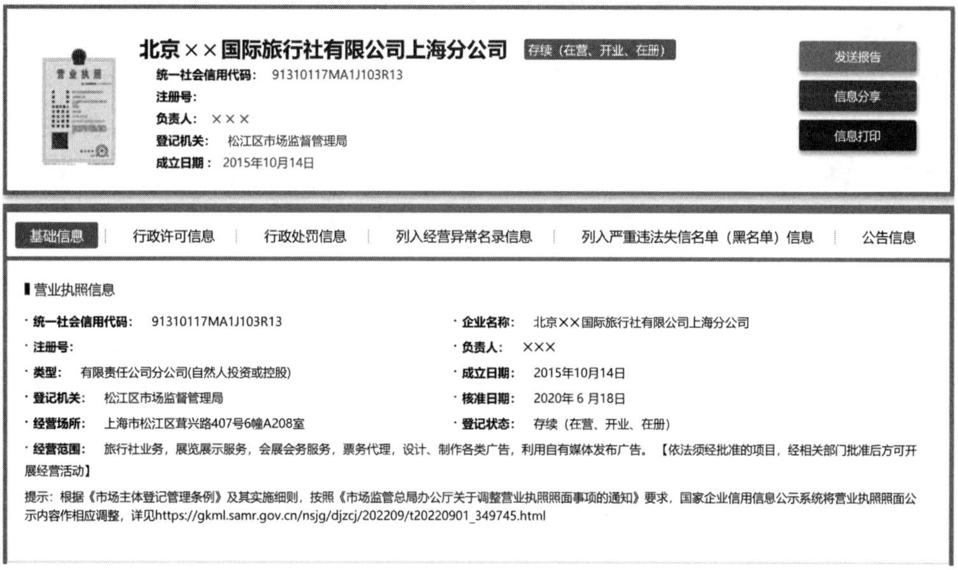

图 4　经营包价邮轮旅游的旅行社经营范围示例

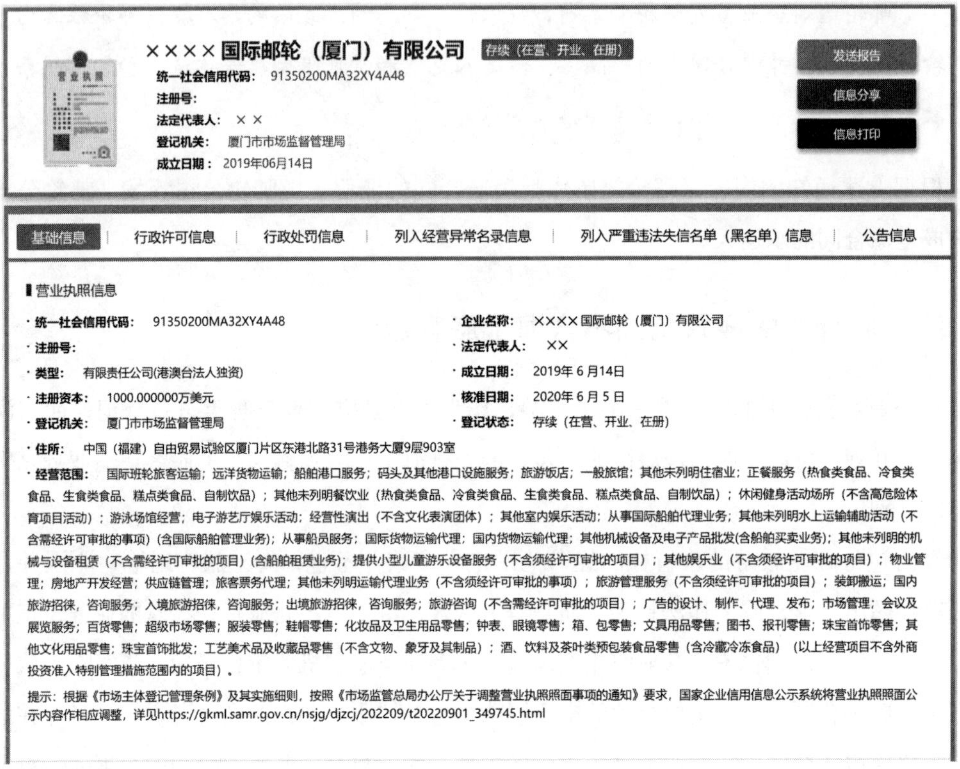

××××国际邮轮（厦门）有限公司 存续（在营、开业、在册）

统一社会信用代码：91350200MA32XY4A48
注册号：
法定代表人：× ×
登记机关：厦门市市场监督管理局
成立日期：2019年06月14日

发送报告
信息分享
信息打印

基础信息 | 行政许可信息 | 行政处罚信息 | 列入经营异常名录信息 | 列入严重违法失信名单（黑名单）信息 | 公告信息

▌营业执照信息

· 统一社会信用代码：91350200MA32XY4A48
· 企业名称：××××国际邮轮（厦门）有限公司
· 注册号：
· 法定代表人：××
· 类型：有限责任公司(港澳台法人独资)
· 成立日期：2019年6月14日
· 注册资本：1000.000000万美元
· 核准日期：2020年6月5日
· 登记机关：厦门市市场监督管理局
· 登记状态：存续（在营、开业、在册）
· 住所：中国（福建）自由贸易试验区厦门片区东港北路31号港务大厦9层903室
· 经营范围：国际班轮旅客运输；远洋货物运输；船舶港口服务；码头及其他港口设施服务；旅游饭店；一般旅馆；其他未列明住宿业；正餐服务（热食类食品、冷食类食品、生食类食品、糕点类食品、自制饮品）；其他未列明餐饮业（热食类食品、冷食类食品、生食类食品、糕点类食品、自制饮品）；休闲健身活动场所（不含高危险体育项目活动）；游泳场馆经营；电子游艺厅娱乐活动；经营性演出（不含文化表演团体）；其他室内娱乐活动；从事国际船舶代理业务；其他未列明水上运输辅助活动（不含需经许可审批的事项）(含国际船舶管理业务)；从事船员服务；国际货物运输代理；国内货物运输代理；其他机械设备及电子产品批发(含船舶买卖业务)；其他未列明的机械与设备租赁（不含需经许可审批的项目）(含船舶租赁业务)；提供小型儿童游乐设备服务（不含须经许可审批的项目）；其他娱乐业（不含须经许可审批的项目）；物业管理；房地产开发经营；供应链管理；旅客票务代理；其他未列明运输代理业务（不含须经许可审批的事项）；旅游管理服务（不含须经许可审批的项目）；装卸搬运；国内旅游招徕，咨询服务；入境旅游招徕，咨询服务；出境旅游招徕，咨询服务；旅游咨询（不含需经许可审批的项目）；广告的设计、制作、代理、发布；市场管理；会议及展览服务；百货零售；超级市场零售；服装零售；鞋帽零售；化妆品及卫生用品零售；钟表、眼镜零售；箱、包零售；文具用品零售；图书、报刊零售；珠宝首饰零售；其他文化用品零售；珠宝首饰批发；工艺美术品及收藏品零售（不含文物、象牙及其制品）；酒、饮料及茶叶类预包装食品零售（含冷藏冷冻食品）（以上经营项目不含外商投资准入特别管理措施范围内的项目）。

提示：根据《市场主体登记管理条例》及其实施细则，按照《市场监管总局办公厅关于调整营业执照照面事项的通知》要求，国家企业信用信息公示系统将营业执照照面公示内容作相应调整，详见https://gkml.samr.gov.cn/nsjg/djzcj/202209/t20220901_349745.html

图5　邮轮公司经营范围示例

五、立法与司法实践认可邮轮公司为承运人

目前我国的立法和司法实践，总体上均认为邮轮公司为承运人。立法方面最为典型的当属《上海市邮轮旅游经营规范》。作为我国首个邮轮旅游专门立法的规范性文件，《上海市邮轮旅游经营规范》的核心制度设计即“两个功能、三个合同”，其中的合同之一便是邮轮公司作为承运人而与旅客通过邮轮船票证明形成的合同关系：

> 本规范的核心制度设计是“两个功能、三个合同”。“两个功能”指邮轮兼具旅游目的地和交通工具两种功能。“三个合同”指本规范用三种合同关系梳理、界定了邮轮旅游的主要法律关系。1. 邮轮船票——邮轮公司与旅游者之间的合同关系。邮轮公司向旅游者销售邮轮船票，构成了一种合同关系。这种合同关系以船票为体现形式。用船票来明确、体现邮轮公司与旅游者的合同关系，得到绝大多数意见征求单位的认可，也符合邮轮业和船舶客运业的长期惯例。旅行社代理邮轮公司进行船票销售，为委托代理行为，其行为法律后果仍由邮轮公司直接承担，不改变邮轮

公司与旅游者之间的合同关系。2. 邮轮船票销售、代理合同。邮轮公司和旅行社应当就邮轮船票销售、代理签订书面合同，以明确双方的委托代理关系，本质是商事合同，但因其与另两个合同关系有密切联系，故本规范亦对此加以规范。船票销售代理模式无论是单卖船票还是“切舱”“包舱”，只是船票销售数量、付款方式的差别，只要不将船票打包成一价式的包价旅游产品，均不改变船票销售的委托代理的基础法律关系。3. 邮轮旅游合同。旅行社将邮轮船票和岸上观光活动打包成包价旅游产品向旅游者销售的，构成《旅游法》所称的包价旅游产品，应当与旅游者签订包价旅游合同——邮轮旅游合同。可以参照、使用上海市工商局、上海市旅游局制定的《上海市邮轮旅游合同示范文本（2015 版）》。①

至于司法实践，上海海事法院在被称为“中国邮轮旅客公海人身侵权第一案”的蓝宝石公主号案②中也认为旅客与邮轮公司之间存在海上旅客运输合同关系：

虽然本案原告和被告之间没有以船票为凭证的运输合同证明，但双方事实上存在海上旅客运输合同关系，被告的身份符合公约“履行承运人”的规定，依法可以享有承运人的赔偿责任限额。

但是，暂且不论原告取得的房卡等用于登船的凭证或文件是否属于实质意义上的船票，既然认定“双方事实上存在海上旅客运输合同关系”，根据“承运人系指由其或以其名义订立运输合同的人”的定义，被告嘉年华公司的法律地位应是承运人，而非实际承运人或者判决书所称的履行承运人。旅客与实际承运人之间应无直接的海上旅客运输合同关系。

部分邮轮公司、旅行社在诉讼中也主张承运人应为邮轮公司。例如，在徐某某与上海同程美辰国际旅行社有限公司旅游合同纠纷案③中，旅行社认为皇家加勒比游轮公司系邮轮的承运人：

皇家加勒比游轮公司向本院提供了国际班轮运输经营资格登记证、与案外人 RCL 游轮有限公司签订的服务协议及安全管理证书，以证明皇家加勒比游轮公司并非海洋量子号邮轮的实际运营方，仅为提供票务的服务方。同程美辰旅行社、浙

① 原上海市旅游局政策法规处：《〈上海市邮轮旅游经营规范〉解读》，载上海市文化和旅游局官网，http://whlyj.sh.gov.cn/zcjd/20181115/0022-34644.html，最后访问日期：2022 年 12 月 31 日。

② 参见羊某某与英国嘉年华邮轮有限公司、浙江省中国旅行社集团有限公司海上、通海水域人身损害责任纠纷案，上海海事法院（2016）沪 72 民初 2336 号民事判决书。

③ 参见上海市徐汇区人民法院民事判决书，（2019）沪 0104 民初 13176 号。

江飞扬旅游公司认为服务协议中包含了揽客内容，故皇家加勒比游轮公司具有承运人的资质，在本案中应承担监护人责任之外的侵权责任。

上海携程国际旅行社有限公司在俞某江与上海携程国际旅行社有限公司旅游合同纠纷案[①]中也认为邮轮公司系承运人：

被告上海携程国际旅行社有限公司辩称：首先，原告在旅游过程中发生意外，被告在无过错的情况下对原告受伤给予关心照顾，联系救护车辆将原告送往医院治疗，并垫付了救护车费。原告住院期间，被告派员前往医院探望。被告在道义上尽到义务。其次，被告受伤系自身原因所致，与被告没有任何关系，被告不应承担任何责任。再次，原告受伤发生于邮轮上，邮轮公司为承运人，运输合同相对方非被告，原告不应向被告主张权利。最后，原告无论追究违约责任还是追究侵权责任，均已过诉讼时效。基于上述理由，原告诉请缺乏法律依据，请求法院予以驳回。

此外，上海海事法院的审判调研成果则认为邮轮公司在邮轮旅游服务合同下的法律地位是履行辅助人，也在一定程度上说明了邮轮公司是海上旅客运输服务的提供者：

对于游客而言，旅行社是包价旅游合同的相对方，邮轮公司是实际提供旅游服务的履行辅助人。而根据旅行社与邮轮之间船票购买或者代理关系，旅行社与邮轮公司之间成立船票销售或者代理的合同关系。[②]

第三节　邮轮旅游包船模式的三方法律关系

邮轮旅游包船模式的三方法律关系，是指旅客、邮轮公司、旅行社三方主体之间形成的法律关系，主要包括以下三个基础合同：

1. 邮轮旅游服务合同：旅客与旅行社直接订立的合同。

2. 海上旅客运输合同：旅行社向旅客销售的包价邮轮旅游产品包含邮轮船票，船票证明旅客与邮轮公司之间存在海上旅客运输合同，同时包含旅店、餐饮、娱乐等服务合同的内

---

① 参见上海市长宁区人民法院民事判决书，（2014）长民一（民）初字第 6782 号。

② 王冰：《邮轮旅游法律关系各方主体身份认定及损害赔偿责任承担》，载上海海事法院官网，https://shhsfy.gov.cn/hsfyytwx/hsfyytwx/spdy1358/jpal1435/2019/09/11/2c9380996cbfa7bd016d1bb2f288507f.html?tm=1625818016364，最后访问日期：2022 年 12 月 1 日。

容，属于类型结合的混合合同。

3. 邮轮船票包销合同：旅行社与邮轮公司订立的商事合同。

邮轮旅游包船模式的三方法律关系如图 6 所示：

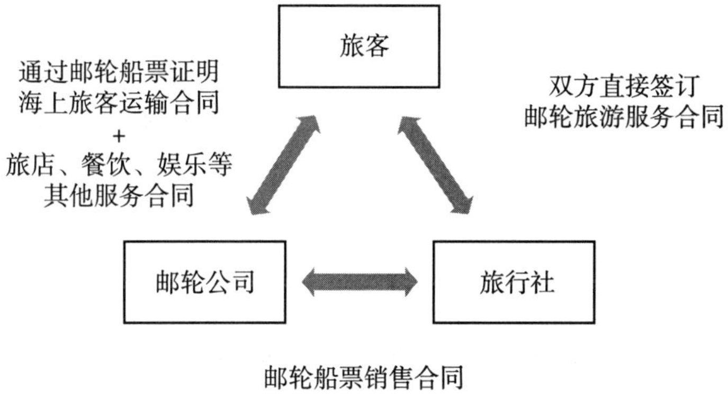

图 6　邮轮旅游包船模式的三方法律关系

至于邮轮公司直销模式，根据目前我国实践将邮轮旅游产品定位为包价旅游产品的通行做法，邮轮公司如果具备出境旅游业务经营资质，应是作为旅行社与旅客订立合同，故而双方之间首先存在旅游服务合同，同时包含海上旅客运输合同以及旅店、餐饮、娱乐等其他服务合同的内容，即实现了包船模式下旅客与旅行社、邮轮公司之间的两个合同的混合，邮轮公司既是旅行社也是承运人。如果由旅行社代销邮轮船票或包价邮轮旅游产品，旅行社只是作为邮轮公司的代理人。

一、旅客与旅行社：邮轮旅游服务合同

旅客通过与旅行社直接订立邮轮旅游服务合同参加邮轮旅游活动，旅行社也是旅客直接面对的邮轮旅游经营者。

邮轮旅游服务合同属于《旅游法》第五章专门规定的“旅游服务合同”的具体类型，而且性质上属于包价旅游合同。《旅游法》第 111 条第 3 项规定：“包价旅游合同，是指旅行社预先安排行程，提供或者通过履行辅助人提供交通、住宿、餐饮、游览、导游或者领队等两项以上旅游服务，旅游者以总价支付旅游费用的合同。”根据《旅游法》的规定，旅游服务合同的当事人称为旅游者和旅行社。调整旅游服务合同的主要规范性文件还包括《最高人民法院关于审理旅游纠纷案件适用法律若干问题的规定》。

实践中邮轮旅游服务合同大多基于示范文本订立，如上文已经提及的《上海市出境旅

游合同示范文本（2013 版）》和《上海市邮轮旅游合同示范文本（2015 版）》，而且目前已经逐步开始通过旅游电子合同等电子平台签订合同。

邮轮公司在邮轮旅游服务合同下的法律地位是履行辅助人。《旅游法》首次在我国立法中引入了履行辅助人的概念，其第 111 条第 6 项规定：“履行辅助人，是指与旅行社存在合同关系，协助其履行包价旅游合同义务，实际提供相关服务的法人或者自然人。”但是，《旅游法》规定的履行辅助人仍与传统民法原理上履行辅助人的概念存在一定区别。

司法实践

邮轮旅游服务合同下邮轮公司的履行辅助人地位

● 上海海事法院在蒋某某与皇家加勒比 RCL 游轮有限公司、浙江省国际合作旅行社有限公司上海分公司海上人身损害责任纠纷案[①]中认为，邮轮公司构成包价旅游合同的履行辅助人：

> 蒋某某与国际合作旅行社订立的出境旅游合同为包价旅游合同，国际合作旅行社系组团社，温州旅游公司为地接社，皇家加勒比游轮与温州旅游公司存在船票销售合同关系，实际提供了邮轮游览服务，是协助履行包价旅游合同义务的履行辅助人。

● 上海市长宁区人民法院在兰某琴与山东招商国际旅行社有限公司上海聚游国际旅行社分公司旅游合同纠纷案[②]中也认为，邮轮公司是包价旅游合同的履行辅助人：

> 在邮轮方没有提供事发当时视频资料情况下，根据兰某琴方提供的事发当时的照片，互动活动被安排在一个空间不大的场合，人员众多，缺乏安全防护设施，在船员与游客互动时，由于活动空间局促，难以保证活动的安全性。兰某琴摔倒被挤压受伤，与该项活动缺乏安全措施有关，活动组织方具有过错，应当承担相应责任。活动的组织方为邮轮公司，而从旅游合同主体角度考量，邮轮公司是履行辅助人，现兰某琴向聚游旅行社主张权利，符合法律规定。聚游旅行社在履行

① 参见上海海事法院（2017）沪 72 民初 136 号民事裁定书；上海市高级人民法院（2018）沪民终 85 号民事判决书。

② 参见上海市长宁区人民法院（2016）沪 0105 民初 22073 号民事判决书；上海市第一中级人民法院（2018）沪 01 民终 3763 号民事判决书。

法定的安全保障义务方面存在缺陷，构成违约，兰某琴要求聚游旅行社承担赔偿责任，法院予以支持。聚游旅行社没有证据证明旅行社领队事先就该项活动向旅游者做出过说明或者警示，虽然事发后旅行社领队协助救助、聚游旅行社帮助保险理赔，但聚游旅行社提出的免责主张，法院难以采纳。旅行社承担赔偿责任后可以向履行辅助人追偿。

二、旅客与邮轮公司：海上旅客运输合同等服务合同

基于旅客与旅行社直接订立的邮轮旅游服务合同，旅行社向旅客销售的包价邮轮旅游产品包含邮轮船票，船票证明了旅客与邮轮公司之间存在海上旅客运输合同。《海商法》第110条规定："旅客客票是海上旅客运输合同成立的凭证。"从海上旅客运输合同订立的角度看，旅行社应是邮轮公司的代理人，但旅行社在包船模式下的法律地位不限于邮轮公司的代理人，同时也是邮轮旅游服务合同的当事人。

知识拓展

邮轮船票管理制度

考察邮轮船票管理制度在我国的发展，早在2014年的交通运输部《关于促进我国邮轮运输业持续健康发展的指导意见》中[①]便已提出"推进邮轮船票销售和凭票上船制度的建立"；2018年交通运输部等10个部门联合下发的《关于促进我国邮轮经济发展的若干意见》再次提出"研究建立邮轮船票管理制度"；2018年全国交通运输工作会议明确"建立邮轮船票制度"属于工作重点之一，2019年又将"推广邮轮船票制度"列入工作重点。

上海经由交通运输部水运局授权，选定皇家加勒比国际游轮根据《上海邮轮船票制度（试点）实施工作方案》开展邮轮船票制度试点，首先于2017年12月试点三个航次，并于2018年1月末延伸至皇家加勒比国际游轮特定邮轮的全部航次。同时，上海市交通委员会、原上海市旅游局、上海出入境边防检查总站于2017年12月23日共同发布《关于上海试点邮轮船票制度的通知》，[②]要求2018年3月31日起上海港所有邮轮旅客必须凭票

① 交水发〔2014〕68号。
② 沪交航〔2017〕1464号。

进港登船。

2019年8月21日，交通运输部、公安部、文化和旅游部、海关总署、移民局5个部门发布了《关于推广实施邮轮船票管理制度的通知》，决定在全国范围内推广实施邮轮船票管理制度。不同于上海试点阶段的“邮轮船票制度”，此次全国范围推广明确将此项制度定名为“邮轮船票管理制度”。但是，此后2020年年初新冠疫情暴发导致中国国际邮轮市场全面停航，邮轮船票管理制度的推广实施同样受到影响。

根据交通运输部水运局发布的《〈交通运输部 公安部 文化和旅游部 海关总署 移民局关于推广实施邮轮船票管理制度的通知〉政策解读》，推广实施邮轮船票管理制度的目的主要是为稳妥解决我国邮轮市场旅客、旅行社、邮轮公司三方权利义务关系不清晰、承运人责任主体不明确等系列问题，保障邮轮运输公共安全，规范邮轮运输经营行为，维护各方合法权益，提升邮轮运输服务水平。[①]

根据《关于推广实施邮轮船票管理制度的通知》，邮轮船票管理制度的主要内容分为五个方面：一是推广邮轮船票直销，二是实施凭证上船，三是实施乘客信息提前申报与共享，四是推广使用行李信息条，五是加强部门协作监管。

海上旅客运输合同主要受《海商法》第五章“海上旅客运输合同”的调整。海上旅客运输合同的当事人是旅客与承运人。实践中船方涉及的企业关系往往较为复杂，多数情况下存在实际承运人，多为邮轮公司设立的船务公司、船舶管理公司等主体。

由于旅客与旅行社之间并非直接订立海上旅客运输合同，故而双方就此不存在书面的合同文本。海上旅客运输合同的主要内容体现为船票条款，即承运人制定的用以确定承运人和旅客之间的权利和义务的文件，通常长期公布在邮轮公司的官方网站，实践中存在乘客条款、旅客船票合同、航行合约等不同称谓。此类条款具有格式条款的性质。

旅客与邮轮公司之间通过船票证明的合同属于类型结合的混合合同，除海上旅客运输合同外同时含有旅店、餐饮、娱乐等服务合同的内容。此类合同虽然在实体法上属于无名合同，但在程序法上却已有部分规定。例如，《民事案件案由规定》第137条“服务合同纠纷”分别在第9项、第11项、第12项规定了旅店服务合同纠纷、餐饮服务合同纠纷、娱乐服务合同纠纷。

---

① 参见交通运输部水运局：《〈交通运输部 公安部 文化和旅游部 海关总署 移民局关于推广实施邮轮船票管理制度的通知〉政策解读》，载交通运输部官网，https://www.mot.gov.cn/zhengcejiedu/ylcpglzd/，最后访问日期：2022年12月31日。

知识拓展

邮轮休闲娱乐服务经营者的法律地位

现代邮轮被称为“浮动式度假酒店”(floating resort),属于较为典型的休闲旅游,即以休闲、娱乐、度假为目的的旅游活动,[①]因而休闲娱乐服务对于邮轮旅游具有不可替代的重要意义。所谓休闲娱乐活动，是指人们为了达到调节身心、恢复体力、振作精神以及扩大社会交往等目的，而在闲暇时间利用一定场地、环境、设施设备进行的休闲性和消遣性活动。[②]邮轮休闲娱乐服务经营者，主要是指除邮轮公司、旅行社的受雇人和代理人外，经与邮轮公司订立合同，而在船上提供休闲娱乐服务的经营者。

邮轮公司制定的船票条款通常将休闲娱乐服务经营者归入独立合同人。例如，皇家加勒比国际游轮《乘客票据合同》第 5 条“医疗护理和其他个人服务”规定：

> 本游轮、交通工具或其他地方的任何特许服务项目（包括但不限于礼品店、Spas、美容沙龙、艺术品展、摄影服务或正装特许经营店），均是独立合同方或由独立合同方承包商自行运营，提供该等服务仅是为乘客便利之目的。尽管承运人有权就上述服务的安排收取费用并获取收益，但上述所有人员或实体应被视为是独立合同方，而并非是作为承运人的代理人或代表行事。对于该等人员或实体所提供的任何医护服务、疏于提供医护服务、诊断、误诊、实际或被指控的治疗失当、建议、检查或其他服务，承运人均无须承担任何责任。乘客确认：本游轮上的美发化妆师、美甲师、艺术品拍卖人、礼品店工作人员、Spa 工作人员、婚礼规划师及提供其他商品和个人服务的提供者均为独立合同方的员工，承运人无须对上述人员的任何行为承担任何责任。[③]

独立合同人（independent contractor）是英美法的概念，独立合同人虽然承担特定工作，但可以自由从事该工作并自主选择完成任务的方法。[④]由于独立合同人是基于自己之判断而

---

① 参见邵琪伟主编：《中国旅游大辞典》，上海辞书出版社 2012 年版，第 629 页。

② 参见姚丹丽、柴勤芳：《现代邮轮休闲娱乐活动类型及发展前景探析》，载《世界海运》2016 年第 6 期，第 4 页。

③ 皇家加勒比国际游轮：《乘客票据合同》，载皇家加勒比国际游轮官网，https://www.rcclchina.com.cn/content/brand/passenger/repeat，最后访问日期：2023 年 1 月 28 日。

④ 参见薛波主编：《元照英美法词典》，北京大学出版社 2017 年版，第 682 页。

行事，故而与代理人、受雇人存在明显区别。如果独立合同人在执行工作任务的过程中从事不法行为，合同相对人通常并不对此承担责任。[①] 因此，独立合同人是为开展某项事务而与他人签订合同，但不受合同相对人的控制，合同相对人也无权对其进行控制的人。[②] 邮轮休闲娱乐服务经营者符合英美法下独立合同人的内涵。

我国民商事法律尚无独立合同人的概念，而大陆法系与独立合同人类似的概念应是承揽人，各国法律普遍存在区分承揽人和雇佣人的传统做法。我国《民法典》第三编“合同”第十七章虽然专门规定了承揽合同，但其中规定的承揽行为内涵相对较小，主要限于加工、定作、修理、复制、测试、检验等事项。[③] 相较而言，比较法上关于承揽合同标的范围的规定却普遍较为宽泛。例如，德国《民法》第631条“在承揽合同的情形下的合同类型上的义务”规定：“（1）因承揽合同，承揽人有义务完成所约定的工作，定作人有义务支付所约定的报酬。（2）承揽合同的标的，既可以是某物的制作或变更，也可以是其他由劳动或劳务给付引起的结果。”据此德国民法上承揽合同的标的范围相当广泛，大凡设备安装、维修、洗涤、汽车修理、照片冲洗、钥匙配制、金属加工、鉴定意见、计划、翻译、市场研究、艺术演出、电脑程序的制作、建筑设计、树木砍伐、旅客运输等，均可以作为承揽合同的标的，[④] 甚或旅游合同也是作为与承揽合同类似的合同加以规定。[⑤] 邮轮公司与休闲娱乐服务经营者之间的合同关系也不例外。因此，承揽合同在德国法上具有较高的多样性，可以覆盖社会生活的方方面面。[⑥] 对于我国法律与比较法之间在承揽合同标的范围上的差异，尤其是不提供工作成果的服务合同，在我国通常被纳入委托合同的范围。[⑦]

考察邮轮公司与休闲娱乐服务经营者之间的合同关系，仍与委托合同多有不同。委托合同的目的是由受托人为委托人处理事务或管理事务，[⑧] 而休闲娱乐服务经营者与邮轮公司订立合同显然是为了达成合作关系，取得船上休闲娱乐服务的经营权，进而开展自身相对独立的经营活动。虽然委托合同的受托人享有一定的事务处理权，即受托人可以处理委托人事

---

① See Bryan A. Garner ed., *Black's Law Dictionary*, Thomson Reuters, 2014, p.888.

② 参见［美］小詹姆斯·A. 亨德森、理查德·N. 皮尔森、道格拉斯·A. 凯萨、约翰·A. 西里西艾诺：《美国侵权法：实体与程序》，王竹、丁海俊、董春华、周玉辉译，北京大学出版社2014年版，第137页。

③ 《民法典》第770条第1款规定：“承揽合同是承揽人按照定作人的要求完成工作，交付工作成果，定作人支付报酬的合同”；第2款规定：“承揽包括加工、定作、修理、复制、测试、检验等工作。”

④ 参见陈卫佐译注：《德国民法典》（第4版），法律出版社2015年版，第249页。

⑤ 德国《民法》第二编“债务关系法”第八章“各种债务关系”第九节为“承揽合同和类似的合同”，其中第一目是“承揽合同”，第二目是“旅行合同”。

⑥ 参见杜景林、卢谌：《德国民法典全条文注释》，中国政法大学出版社2014年版，第521页。

⑦ 参见王利明：《合同法研究》（第3卷）（第3版），中国人民大学出版社2015年版，第409页。

⑧ 参见梁慧星主编：《中国民法典草案建议稿附理由·合同编》，法律出版社2012年版，第698页。

务的权限，[①] 但《民法典》仍然要求受托人应当按照委托人的指示处理委托事务，[②] 并按要求报告处理情况，[③] 从而与独立合同人，尤其是休闲娱乐服务经营者颇为自由的经营权限存在一定差距。而且，对于有偿委托的情形，应当是由委托人向受托人支付报酬，[④] 但邮轮公司与休闲娱乐服务经营者之间却并非报酬支付关系。尤其对于在船上销售化妆品、奢侈品等商品的经营者，往往是由经营者在销售收入中提取一定比例作为经营权的对价支付给邮轮公司。因此，邮轮休闲娱乐服务经营者并不符合受托人在我国法律之下应当具有的主要特征。

邮轮公司与休闲娱乐服务经营者之间的合同关系更为接近俗称的外包合同，即将任务交给外单位或外部人员承包，[⑤] 从而将内部某些非核心生产活动或职能通过合同方式转移至外部服务提供者，[⑥] 发包人与承包人签订的是具有民事合同性质的外包合同。[⑦] 参考原对外经济贸易部、原国家工商行政管理局《关于承包经营中外合资经营企业的规定》(已失效)，承包经营应当是指企业与承包者通过订立承包合同，将企业的全部或部分经营管理权在一定期限内交给承包者，由承包者对约定事项进行经营管理，承包者在承包经营期内承担经营风险并获取企业的部分收益。邮轮休闲娱乐服务经营者符合上述特征，故而在我国法律之下应认定为外包合同的承包人为宜，与邮轮公司之间构成承包人和发包人的关系。至于双方之间签订的具有外包合同性质的邮轮休闲娱乐经营合同，由于外包合同或称承包合同均不属于《民法典》以及特别民事法律规定的有名合同，应当归入无名合同的范畴。

此外，邮轮休闲娱乐服务经营者作为为旅客提供娱乐、购物等服务的经营者，根据《旅游法》第 111 条第 1 项也属于旅游经营者：“旅游经营者，是指旅行社、景区以及为旅游者提供交通、住宿、餐饮、购物、娱乐等服务的经营者。”但是，《旅游法》虽然有多处提及旅游经营者，对于旅游经营者的调整却以公法性规范为主，民事法律规范较为集中的第五章“旅游服务合同”并未涉及旅游经营者。

---

① 参见崔建远：《合同法》(第 3 版)，北京大学出版社 2016 年版，第 650 页。

② 《民法典》第 922 条规定：“受托人应当按照委托人的指示处理委托事务。需要变更委托人指示的，应当经委托人同意；因情况紧急，难以和委托人取得联系的，受托人应当妥善处理委托事务，但是事后应当将该情况及时报告委托人。”

③ 《民法典》第 924 条规定：“受托人应当按照委托人的要求，报告委托事务的处理情况。委托合同终止时，受托人应当报告委托事务的结果。”

④ 《民法典》第 928 条第 1 款规定：“受托人完成委托事务的，委托人应当按照约定向其支付报酬。”第 2 款规定：“因不可归责于受托人的事由，委托合同解除或者委托事务不能完成的，委托人应当向受托人支付相应的报酬。当事人另有约定的，按照其约定。”

⑤ 参见中国社会科学院语言研究所词典编辑室编:《现代汉语词典》(第 7 版)，商务印书馆 2016 年版，第 1342 页。

⑥ 参见杨海：《中国服务外包知识产权风险和适用法律研究》，载《现代管理科学》2010 年第 5 期，第 72 页。

⑦ 参见贾秀芬：《派遣与外包的法律性质与区分基准》，载《中国劳动》2016 年第 19 期，第 16 页。

三、邮轮公司与旅行社：邮轮船票包销合同

邮轮公司与旅行社之间订立的邮轮船票包销合同，主要内容通常包括邮轮公司应为旅行社预留的舱房数量、邮轮行程、旅行社采购船票的价格、旅行社销售船票未达约定数量时的罚金或类似费用、旅行社安排岸上观光环节的管理费用、旅行社应向邮轮公司预先支付的小费、付款方式、邮轮公司的免责等。邮轮船票包销合同在性质上应是无名合同即非典型合同，而不属于委托合同或航次租船合同。

（一）邮轮船票包销合同与相关合同的区别

1. 邮轮船票包销合同与委托合同的区别

邮轮船票包销合同与委托合同最为主要的区别之一，应是对价支付也即财产给付的不同。对于有偿委托合同，由于合同是以受托人为委托人处理事务为目的，因而委托人须向受托人支付报酬，实践中通常称为佣金。邮轮船票包销合同是由旅行社向邮轮公司支付特定数量船票的对价，故而并不涉及佣金。例如，邮轮船票包销合同可能约定：“采购方应严格按本协议约定向邮轮方支付采购金额。如果采购方未能按照本协议的约定向邮轮方支付任何一项款项的，除邮轮方享有的其他权利和救济方法外，邮轮方有权向采购方每天收取到期未付款项的千分之一作为逾期付款违约金，直到邮轮方获得全部款项为止。”

邮轮船票包销合同通常也明确约定邮轮公司不负有支付佣金的义务。例如：“本协议中规定的所有费用均不含佣金。采购方同意：邮轮方无需向采购方或其它任何第三方当事人支付任何佣金。采购方同意将上述规定告知由采购方联系或聘用的所有销售舱位或协助销售舱位的人员。”船票包销模式之下旅行社的盈利来源并非佣金，而是船票销售的差价，即从邮轮公司购买船票的价格附加邮轮旅游产品其他成本之后形成的成本价和最终售出产品的结算价之间的差额，以及岸上观光环节的返佣。

此外，邮轮船票包销合同通常设有“额定住宿金额”或类似规定，旅行社若未能满足该规定，则须按照缺额人数支付相应的罚金或类似费用。例如，邮轮船票包销合同关于额定住宿金额可能约定：“额定住宿金额基于邮轮至少接待3000名游客而定。如果本次巡游的游客人数不足3000人，邮轮公司将遭受船上收入损失，采购方应按缺少的人数向邮轮公司支付每人160美元，作为对于邮轮公司船上收入损失的补偿。”

2. 邮轮船票包销合同与航次租船合同的区别

主张邮轮船票包销合同的性质是航次租船合同的观点认为：

如果将邮轮合同列入《海商法》调整，不论旅行社是以全包或者半包的方式，也不论

其与邮轮公司的协议如何，旅行社都可以视为航次租船合同的承租人，均不影响旅行社在邮轮合同之下扮演“承运人”角色，然后将邮轮合同的实际履行交由邮轮公司完成，因此邮轮公司扮演“实际承运人”的角色。

目前立法上作为典型合同进行规范的航次租船合同均是用于货物运输。例如，《海商法》第92条规定：“航次租船合同，是指船舶出租人向承租人提供船舶或者船舶的部分舱位，装运约定的货物，从一港运至另一港，由承租人支付约定运费的合同。”其中明确设有“装运约定的货物”的限定。《海商法》关于航次租船合同的规定位于第四章“海上货物运输合同”之下，故而该法规定的航次租船合同仅能用于货物运输。国际上通行的航次租船合同标准格式《1994年统一件杂货租船合同》即《1994年金康格式》也仅适用于货物运输，该格式第1条明确规定船舶应当“装载第12栏所列的承租人有义务装运的满舱满载货物”。当然，船舶的租用本质上并不必然用于货物运输，亦可用于旅客运输甚至其他用途，如开设海上餐厅或作为其他娱乐场所。BIMCO早在1998年便已制定了邮轮航次租船的标准格式“CRUISEVOY”。

但是，邮轮船票包销合同与航次租船合同的合同目的存在根本区别。一般认为三种租船合同中只有航次租船合同是完全以运输为目的，具有运输合同的性质。[①] 因此，承租人在邮轮航次租船合同下的主给付应是支付运费或租金。例如，CRUISEVOY第5条第a款即规定：“In consideration for the chartering of the Vessel for the Cruise, the Charterers shall pay hire to the Owners under this Charter Party in the currency and the amount stated in Box 13.”虽然旅行社在邮轮船票包销合同下的主给付义务也是支付对价，但目的并非实现旅客的运输，而是赚取采购船票与将其作为包价邮轮旅游产品组成部分销售的差价。因此，邮轮船票包销合同通常在序言部分说明，合同目的是约定邮轮公司授予旅行社销售邮轮船票的资格。例如，合同可能约定：“邮轮方已获得邮轮公司授予其合法销售邮轮__________号舱房的资质，并为该邮轮舱房的经销商”；或者约定：“邮轮公司在此授予旅行社代理非独家代理权，旅行社代理仅可在中国大陆地区境内向散客和团队消费者宣传和销售邮轮公司运营的邮轮产品及其他相关服务。”

此外，邮轮船票包销合同通常还会明确约定邮轮公司与旅行社之间不存在船舶租用关系。例如，邮轮船票包销合同可能约定：“本协议中的任何条款均不得被解释为采购方已租赁了邮轮，邮轮公司将作为本邮轮的经营者，就本邮轮的航行和管理事宜，以及对客人、

---

① 参见王肖卿：《租船业务与术语》，厦门大学出版社2013年版，第10页。

货物和船员的运送事宜，保留所有相关权利并承担所有相关义务（Nothing in this Agreement shall be construed as a charter of the Vessel to the Purchaser and Cruise Line shall retain all its rights and be subject to all its obligations as operator, including but not limited to, the itinerary, navigation and management of the Vessel and to the carriage of guests, cargo and crew）”。

（二）邮轮船票包销合同的典型纠纷

围绕邮轮船票包销合同产生的纠纷，较为典型的应是舟山群岛国际邮轮港有限公司与上海大昂天海邮轮旅游有限公司海事海商纠纷案。与常见的邮轮船票包销合同稍有不同的是，本案中包销邮轮船票的经营者是邮轮港口而非旅行社，但其中的法律关系及争议焦点实际上与旅行社包销邮轮船票并无明显不同。

1. 案例提要

本案是邮轮旅游经营者之间的纠纷。邮轮公司与邮轮港口之间约定此前邮轮船票包销合同欠款的50%作为后续航次包船合作的立约定金。定金罚则的适用不以存在过错为前提。而且，邮轮公司此后因其自身原因宣告结束营业，旗下唯一一艘邮轮也已转让，导致双方当事人再无订立邮轮船票包销合同的可能。此时应当认定邮轮公司存在过错，并且构成故意而非过失。邮轮公司应当根据定金罚则双倍返还定金。此外，预付款的交付是一方履行主合同义务的行为，而双方当事人仅成立定金合同而无主合同，故而定金不宜认定为预付款。

2. 文书索引

上海海事法院（2018）沪72民初3653号民事判决书。

3. 案情概要

原告：舟山群岛国际邮轮港有限公司

被告：上海大昂天海邮轮旅游有限公司

2015年1月9日，原、被告双方签订《邮轮舱房供应协议》，原告向被告采购2015年6月9日至20日天海新世纪号“舟山—济州—舟山”“舟山—福冈—八代—济州—舟山”“舟山—长崎—济州—上海”三个航次的舱房。被告在上述供应期内向原告提供每个航次的886间舱房，无论原告是否实际使用或实际登船人数如何，原告均应向被告全额支付所有舱房的费用。

2015年5月，韩国爆发中东呼吸综合征（MERS）疫情，引发旅客恐慌而出现退票情况，导致上船旅客人数减少。同时，涉案协议第一个航次6月9日至11日的行程因大雾而取消。上述情况使原告遭受了较大损失。

2016年3月9日，原告员工向被告员工发送电子邮件，内容如下：“3月1日在贵公司就关于2015年度遗留旧账问题，与贵方进行了友好协商，就贵方提出的解决方案，其中所遗留款项中的45%作为我方下一步包船订金。经我司高层磋商后提出希望所遗留的款项金额是否全额可作为我方下一步包船之预付订金，恳请贵方给予考虑，并给予回复！”

2016年3月9日，被告员工回复电子邮件，内容如下：“贵公司的邮件，我们已经收悉。经过我们的内部研究，我们同意将欠款金额的50%作为贵公司下一步包船合作定金，而贵公司应于3月11日之前将所有包船欠款付清。我们对于贵公司提出的全部金额作为下一步包船定金的要求无法满足。”

2016年3月11日，原告员工回复电子邮件，内容如下：“经贵我双方多次友好协商，对于最后解决方案，我方将付清合同余款后，贵方将书面确认其中的50%作为贵我双方下一步合作包船我方预付贵方之订金。贵我双方口头约定扣除订金部分后剩余之50%贵方会在下一步合作中一并优惠补助。以上方案贵方若无疑义，我方将即刻上报上级领导，得到批复后将于3月18日前将所遗款项全部汇清！”

2016年3月11日，被告员工回复电子邮件，内容如下：“贵公司的邮件，我们已经收悉。经过我们的内部研究，我们同意将欠款金额的50%作为贵公司下一步包船合作定金，而贵公司应于3月18日之前将所有包船欠款付清。我们对于贵公司提出的全部金额作为下一步包船定金的要求无法满足。我们也希望能和舟山港建立长期的合作关系，才给予如此力度的支持政策。”

2016年3月16日，原告员工回复电子邮件，内容如下：“回函收悉！基于贵我双方冀望长期合作的良好基础和美好愿望，经双方的友好协商，我方将2015年因市场严重失衡及MERS疫情冲击造成重大亏损局面暂缓支付的相关款项于3月18日前给予结清。”

原告于2016年3月17日付清欠款，被告亦予以确认。2017年7月，原、被告双方通过电子邮件围绕天海新世纪号邮轮的舟山航次运营进行多次报价和协商，但因价款和线路安排等原因未能就包船合作达成协议。此后原、被告双方多次沟通定金使用方案，但均未达成一致。原告因此于2018年7月16日诉至法院请求判令被告双倍返还定金，并确认原告享有天海新世纪号的船舶优先权。

被告辩称认为：基于双方邮件沟通，被告仅表示同意将欠款金额的50%作为下一步合作的定金，并未放弃对该欠款的50%作为应付而实际上因为转为定金而少付的款项，该欠款的50%的金额仅为垫付定金，不能视为被告放弃了该部分尾款。

此外，虽然原告在往来邮件中主要使用“订金”一词，而被告使用“定金”一词，但双方当事人在庭审中均主张对应的价款是指定金。

4. 裁判要旨

上海海事法院认为，原、被告双方的争议焦点主要集中于两个方面：一是案涉包船定金合同是否成立及生效；二是案涉包船定金合同是否应当适用定金罚则。此外，本案还涉及的争议是原告应否享有天海新世纪号的船舶优先权。

（1）案涉包船定金合同是否成立及生效

2016 年 3 月，原、被告双方通过多次电子邮件沟通最终达成一致，即双方同意原告于 3 月 18 日前将最后一笔欠款全部付清，被告同意将该欠款金额的 50% 作为原告下一步包船合作的定金。3 月 17 日原告将最后一笔欠款付给被告。至此原、被告双方就涉案《邮轮舱房供应协议》最后一笔欠款的支付和补偿达成一致，同时双方也约定将该欠款的 50% 作为原告下一步包船合作的定金。原告支付了相应的款项，所以本案的包船定金合同成立，且自原告 3 月 17 日支付之日起生效。根据原、被告双方的电子邮件往来内容，均可认定双方就最后一笔欠款的支付和补偿达成了一致，被告愿意作出补偿的意思表示明确。而且，截至 2018 年 3 月，被告从未拒绝原告的补偿要求，对于原告履行协议亏损的事实也从未否定。

（2）案涉包船定金合同是否应当适用定金罚则

原、被告双方在庭审中均确认本案的定金为立约定金。原最高人民法院《关于适用〈中华人民共和国担保法〉若干问题的解释》第 115 条规定：“当事人约定以交付定金作为订立主合同担保的，给付定金的一方拒绝订立主合同的，无权要求返还定金；收受定金的一方拒绝订立合同的，应当双倍返还定金。”① 本案定金担保的主合同即为原、被告双方所称的后续包船合同，但原、被告双方对于后续包船的航线、时间、舱房数量以及价格等重要合同条件均无具体约定，由此导致事后双方虽就包船事宜多次协商，但均未能达成后续的包船合同。双方对此均无过错。

原告主张本案立约定金担保的后续包船合同是指天海新世纪号的包船合同，而该船现已转让，被告已不可能同原告签订包船合同，因而被告应当双倍返还定金。但是，原、被告双方在电子邮件中根本未就后续包船确定具体邮轮，《邮轮舱房供应协议》也未约定邮轮名称。因此，法院对于原告的主张不予采纳。本案因不可归责于当事人双方的事由，导致包船合同未能订立，不应适用定金罚则。

---

① 《民法典》第 586 条第 1 款规定：“当事人可以约定一方向对方给付定金作为债权的担保。定金合同自实际交付定金时成立。”第 587 条规定：“债务人履行债务的，定金应当抵作价款或者收回。给付定金的一方不履行债务或者履行债务不符合约定，致使不能实现合同目的的，无权请求返还定金；收受定金的一方不履行债务或者履行债务不符合约定，致使不能实现合同目的的，应当双倍返还定金。”

此外，法院认为：根据本案的证据，特别是原、被告双方电子邮件的往来内容，双方对于“订金”抑或“定金”似乎并不在意，也从未体现适用定金罚则的意思表示。因此，客观上将相应款项理解为后续包船的预付款似乎更为合情合理。既然双方后续包船未能成行，被告理应向原告返还该笔预付款。

（3）原告应否享有天海新世纪号的船舶优先权

《海商法》第21条规定：“船舶优先权，是指海事请求人依照本法第二十二条的规定，向船舶所有人、光船承租人、船舶经营人提出海事请求，对产生该海事请求的船舶具有优先受偿的权利。”现无任何证据可以证明被告是天海新世纪号的船舶所有人、光船承租人或船舶经营人，且原告的诉请也不属于《海商法》第22条规定的海事请求，[①] 因而原告不应享有天海新世纪号的船舶优先权。

法院依据原《合同法》第6条（诚实信用原则），[②] 原《担保法》第89条（定金及其法律效力）、[③] 第90条（定金的成立），[④] 原《最高人民法院关于适用〈中华人民共和国担保法〉若干问题的解释》第115条（定金罚则），《海商法》第21条（船舶优先权）、第22条（船舶优先权担保的海事请求）和《民事诉讼法》原第64条第1款（现第67条第1款）（举证责任）[⑤] 的规定，判令被告返还定金，但对原告的其他诉讼请求不予支持。

5. 理论分析

本案所称包船合同，即邮轮船票包销合同，是指邮轮公司与旅行社等邮轮旅游经营者之间围绕包销邮轮船票也即舱位而订立的合同。本案原、被告双方的电子邮件往来内容显示，双方关于欠款的50%作为未来包船合作的定金具有明确的意思表示，显然已经就此达成一致约定，故而定金合同的成立无待讨论。本案的争议焦点在于是否应当适用定金罚则，即被告应否向原告双倍返还定金。

---

① 《海商法》第22条第1款规定：“下列各项海事请求具有船舶优先权：（一）船长、船员和在船上工作的其他在编人员根据劳动法律、行政法规或者劳动合同所产生的工资、其他劳动报酬、船员遣返费用和社会保险费用的给付请求；（二）在船舶营运中发生的人身伤亡的赔偿请求；（三）船舶吨税、引航费、港务费和其他港口规费的缴付请求；（四）海难救助的救助款项的给付请求；（五）船舶在营运中因侵权行为产生的财产赔偿请求。”

② 原《合同法》第6条规定：“当事人行使权利、履行义务应当遵循诚实信用原则。”

③ 原《担保法》第89条规定：“当事人可以约定一方向对方给付定金作为债权的担保。债务人履行债务后，定金应当抵作价款或者收回。给付定金的一方不履行约定的债务的，无权要求返还定金；收受定金的一方不履行约定的债务的，应当双倍返还定金。”

④ 原《担保法》第90条规定：“定金应当以书面形式约定。当事人在定金合同中应当约定交付定金的期限。定金合同从实际交付定金之日起生效。”

⑤ 《民事诉讼法》原第64条第1款（现第67条第1款）规定：“当事人对自己提出的主张，有责任提供证据。”

定金是指合同当事人为了确保合同履行，依据法律规定或双方当事人的约定，由当事人一方在合同订立时或者订立后、履行前，按照合同标的额的一定比例，预先向对方当事人给付的金钱或其他替代物。[①] 定金的基本功能是担保，此种担保功能是通过作为惩罚性规则的定金罚则实现，即一旦出现违约行为，违约方为定金给付方时无权要求对方返还定金，违约方为定金收受方时则须双倍返还定金。[②] 除原《最高人民法院关于适用〈中华人民共和国担保法〉若干问题的解释》第115条外，原《合同法》第115条同样规定了定金罚则："当事人可以依照《中华人民共和国担保法》约定一方向对方给付定金作为债权的担保。债务人履行债务后，定金应当抵作价款或者收回。给付定金的一方不履行约定的债务的，无权要求返还定金；收受定金的一方不履行约定的债务的，应当双倍返还定金。"《民法典》第587条也规定："债务人履行债务的，定金应当抵作价款或者收回。给付定金的一方不履行债务或者履行债务不符合约定，致使不能实现合同目的的，无权请求返还定金；收受定金的一方不履行债务或者履行债务不符合约定，致使不能实现合同目的的，应当双倍返还定金。"

定金在我国现行法上除作为典型的债权担保形式外，同时具有违约责任承担方式的性质。[③] 因此，虽然学理上通常多将定金分为违约定金、成约定金、证约定金、解约定金、立约定金等类型，[④] 但定金本质上皆为违约定金，只是在此基础之上另有不同作用或谓功能的分野。[⑤] 本案所涉定金为立约定金，即为保证正式缔约而交付的定金。立约定金实为预约的违约定金，[⑥] 故而也应适用定金罚则自不待言，但争点在于定金罚则的适用是否以过错为前提。

上海海事法院对本案作出的评析认为：

> 立约定金适用的归责原则应当是过错原则，只有当事人无正当理由拒绝订立合同或假借订立合同恶意进行磋商的情况下，才能适用定金罚则。虽然《合同法》第107条规定："当事人一方不履行合同义务或者履行合同义务不符合约定的，应当承担继续履行、采取补救措施或者赔偿损失等违约责任。"这个条文被认为采取了严格责任原则，即不要求行为人主观上有过错，有违约行为即应承担违约责任。然而在合同法上，过错责任原则不会被完全取代。《合同法》第107条的规范，仅旨

① 参见崔建远：《合同法》（第3版），北京大学出版社2016年版，第225页。
② 参见张忠野：《论私法自治下定金罚则的有限适用》，载《政治与法律》2012年第9期，第124~126页。
③ 参见姚明斌：《违约金论》，中国法制出版社2018年版，第232页。
④ 参见崔建远主编：《合同法》（第6版），法律出版社2016年版，第160~161页。
⑤ 参见隋彭生：《律师民法业务思维》，中国政法大学出版社2015年版，第213页。
⑥ 参见韩世远：《合同法总论》（第4版），法律出版社2018年版，第841页。

在提纲挈领性地宣誓违约的法律后果，违约损害赔偿的归责原则只能从关于损害赔偿的特别规定中去寻找。[①]

持有类似观点的学者不在少数。例如，崔建远认为：

违约定金具有预付违约金的性质，它是为制裁债务不履行而交付的。正因为违约定金系为制裁债务不履行而交付的，所以，定金罚则的生效以存在可归责于当事人的事由为要件。当合同因不可归责于当事人的事由而不能履行时，任何当事人都不应受到制裁，定金应当返还。[②]

论者时常称引的论据是《最高人民法院关于审理商品房买卖合同纠纷案件适用法律若干问题的解释》第 4 条。该条规定："出卖人通过认购、订购、预订等方式向买受人收受定金作为订立商品房买卖合同担保的，如果因当事人一方原因未能订立商品房买卖合同，应当按照法律关于定金的规定处理；因不可归责于当事人双方的事由，导致商品房买卖合同未能订立的，出卖人应当将定金返还买受人。"

仅从原《合同法》第 115 条的文义分析，只要当事人一方客观上存在不履行约定的债务的行为，即应受到定金罚则的制裁，而不论违约一方主观上是否存在过错。原《担保法》第 89 条的表述亦然;《民法典》第 587 条也只是增加了"致使不能实现合同目的"的程度要求。而且，定金是对当事人一方违约行为的制裁，而原《合同法》第 107 条规定："当事人一方不履行合同义务或者履行合同义务不符合约定的，应当承担继续履行、采取补救措施或者赔偿损失等违约责任。"《民法典》第 577 条的规定相同。[③] 因此，我国现行法规定的违约责任是无过错责任即严格责任，不论违约的合同当事人主观上有无过错，除非存在依照合同约定或者法律规定可以免除责任的事由，否则必须承担违约责任。[④] 既然违约责任并非过错责任，定金作为与违约金相似的债的担保方式，自然亦非过错责任。因此，本案定金罚则的适用应当严格遵守原《合同法》第 115 条和原《担保法》第 89 条的文义，只以一方当事人不履行合同为条件。但是，如果合同的不履行是由于不可抗力或意外事件所致，此时不应适用定金

① 谢振衔、陆迪春：《邮轮包船立约定金纠纷中定金罚则的适用问题》，载上海海事法院官网，https://shhsfy.gov.cn/hsfyytwx/hsfyytwx/spdy1358/jpal1435/2019/11/11/09b080ba6e45e678016e49e244400014.html?tm=1588152925742，最后访问日期：2022 年 12 月 31 日。

② 崔建远：《合同法》（第 3 版），北京大学出版社 2016 年版，第 232 页。

③ 《民法典》第 577 条规定："当事人一方不履行合同义务或者履行合同义务不符合约定的，应当承担继续履行、采取补救措施或者赔偿损失等违约责任。"

④ 参见全国人大法工委研究室编写组编：《中华人民共和国合同法释义》，人民法院出版社 1999 年版，第 171 页。

罚则，当事人一方交付的定金应当予以返还。[①]

本案原告请求返还定金的基本背景之一，应是被告上海大昂天海邮轮旅游有限公司已于2018年3月20日宣布将于当年秋季结束营业。而且，被告经营的邮轮自始至终仅有天海新世纪号一艘，此后不久也已转让，故而双方商谈包船事宜的目标邮轮应当颇为明确，原告主张被告已不可能与其签订包船合同也属事实，不能仅以《邮轮舱房供应协议》以及双方电子邮件往来未明确涉及邮轮船名便轻易予以否定。从合同解释的角度考察，当事人订立合同均为达到一定目的，合同的各项条款及其用语均是达到合同目的的手段，确定合同用语的含义乃至整个合同的内容自然均须考虑合同目的。[②] 此即合同目的解释的要求。本案原、被告双方订立《邮轮舱房供应协议》以及定金合同的目的，均为包销被告能够向乙方提供的邮轮舱位，故而所指邮轮只能是天海新世纪号。

民法上的过错分为故意与过失。能够设想到行为的结果，并在知道行为具有义务违反性的情况下仍愿接受结果者，即为故意行为人。因此，故意是指在存有违法性意识的情况下对于结果发生的知道与意愿。[③] 本案被告决定结束营业，必然明确知晓将会导致无法履行其与原告订立的定金合同。而且，虽然被告此前的经营状况不甚理想，但被告结束营业并非不可抗力等不可归责于被告的原因导致，也不是陷入破产等情形，而是完全基于被告的自主意愿主动结束营业。因此，被告虽然对于此前因价款和线路安排等原因未能就包船合作与原告达成协议不存在过错，但其结束营业的行为对于后续无法达成包船合作的终局结果却明显存在过错，而且属于故意而非过失。即使参照《最高人民法院关于审理商品房买卖合同纠纷案件适用法律若干问题的解释》第4条的规定，也可构成“因当事人一方原因未能订立合同”的情形。定金罚则的适用是否以过错为前提的理论分歧，本质上并不影响定金罚则在本案的适用，被告理应依据定金罚则向原告双倍返还定金。

此外，本案定金不宜理解为后续包船的预付款。原《担保法》第89条第2句规定：“债务人履行债务后，定金应当抵作价款或者收回。”《民法典》第587条第1句的规定与其相同。定金虽有一定的预付作用，但仍应与预付款严格区分。所谓预付款，是指双方当事人商定在合同履行前给付的部分价款。预付款的交付在性质上是一方履行主合同义务的行为，也即尽管履行期尚未到来，但一方自愿提前履行合同义务、给付部分价款，而对方愿意接受此种对其有利的提前履行。此亦是预付款不能适用定金罚则的原因。[④] 而且，定金与预付款在数额

① 参见高圣平：《担保法论》，法律出版社2009年版，第609页。
② 参见崔建远：《合同解释论：规范、学说与案例的交互思考》，中国人民大学出版社2020年版，第206页。
③ 参见王洪亮：《债法总论》，北京大学出版社2016年版，第241页。
④ 参见王利明：《合同法研究》（第2卷）（第3版），中国人民大学出版社2015年版，第732~733页。

限制、适用范围等其他方面均有明显不同。[①]因此，预付款的存在以主合同成立为前提。既然认为本案原、被告双方成立的是定金合同而非包船合同或谓船票包销合同，对应款项只能认定为定金，而不可能构成预付款。

（三）邮轮旅游经营者之间的其他纠纷

除邮轮公司与旅行社等经营者之间围绕邮轮船票包销合同产生的纠纷外，邮轮旅游经营者之间也常发生一些其他类型的纠纷。此类纠纷虽然不是围绕邮轮船票包销合同本身，但也均是基于中国特色的旅行社包船模式而产生。

1. 邮轮船票销售代理的责任承担

湖北省扬子江国际旅行社有限公司上海分公司与南京途牛国际旅行社有限公司合同纠纷。

（1）案例提要

本案是邮轮旅游经营者之间的纠纷。邮轮船票销售代理作为委托人与包销船票的旅行社签订了《旅游者（团）委托接待合同》，而更多场合船票销售代理只是邮轮公司的代理人，可能作为受托人与旅游者乃至旅行社签订旅游代办合同。一审法院和二审法院均认定台风天气对于航程变更导致的取消停靠港口不构成不可抗力，理由是气象部门已经作出天气预报。但是，构成不可抗力要求的不能预见应以合同订立当时为基准，故而台风天气对于邮轮旅游的航程变更而言通常均可构成不可抗力，船票销售代理一般不应为此承担责任。

（2）文书索引

江苏省南京市玄武区人民法院（2019）苏 0102 民初 371 号民事判决书；

江苏省南京市中级人民法院（2019）苏 01 民终 8319 号民事判决书。

（3）案情概要

原告：湖北省扬子江国际旅行社有限公司上海分公司

被告：南京途牛国际旅行社有限公司

原告系千禧号邮轮境内代理人，主要在境内面向批发商、旅行运营商、零售旅行社以及直接向消费者销售邮轮旅游产品，提供邮轮旅游产品的订票服务。

被告以自己名义向原告订购千禧号 2016 年 9 月 29 日上海港始发的“上海—镜港—金泽—京都—上海 6 晚 7 天”邮轮旅游产品，双方订有《旅游者（团）委托接待合同》。《旅游者（团）委托接待合同》及其从合同《销售促进协议》约定：原告委托被告销售旅游

---

① 参见高圣平：《担保法论》，法律出版社 2009 年版，第 595 页。

产品和服务，如果造成被告损失应由原告赔偿被告；如果不可抗力导致双方无法履行合同，根据不可抗力的影响部分或全部免除违约责任；行程安排、接待标准如果发生变更，如航次、车次、舱位、作息、时间、酒店标准、房型、景点等，原告应当及时通知被告；因不可抗力导致变更行程引发投诉，应由双方依据与旅客签订的旅游服务合同的相关条款协商解决。

2016 年 9 月 29 日，千禧号从上海出发，依次停靠镜港、金泽，但因受台风“暹芭”影响，未停靠京都即返回上海。案外人北京途牛国际旅行社有限公司（以下简称北京途牛公司）因此向旅客赔偿费用 192 元 / 人。

台风“暹芭”于 2016 年 9 月 28 日凌晨 2 时在西北太平洋洋面形成，于 10 月 5 日消散。中央气象台台风网记载，2016 年 9 月 28 日凌晨 2 时，热带风暴“暹芭”风速达 18 米 / 秒；9 月 29 日至 30 日，风速达 23 米 / 秒；10 月 1 日凌晨 5 时，风速达 25 米 / 秒，加强为强热带风暴；10 月 1 日 20 时，风速达 33 米 / 秒，加强为台风；10 月 2 日 8 时，风速达 52 米 / 秒，加强为超强台风，风速最高达 60 米 / 秒；10 月 4 日 19 时，风速降为 48 米 / 秒，减弱为强台风；10 月 5 日 5 时，风速降为 38 米 / 秒，减弱为台风；10 月 5 日 11 时，风速降为 28 米 / 秒，减弱为强热带风暴。关于台风“暹芭”，原告未向被告及游客作出通知。

被告与北京途牛公司之间订有《旅游产品委托采购协议》，约定由被告向北京途牛公司提供其从第三方采购的旅游产品或资源，北京途牛公司向被告支付相应款项。

被告由于邮轮未停靠京都而遭遇旅客索赔后，要求原告承担赔付责任，否则拒绝向原告支付任何邮轮旅游产品的订购款项。原告认为自身提供的是订舱服务，被告要求原告承担损失缺乏事实及法律依据，因而诉至法院请求判令被告支付邮轮客票款项。

（4）裁判要旨

① 江苏省南京市玄武区人民法院一审判决

一审法院江苏省南京市玄武区人民法院认为，原、被告双方的争议焦点主要集中于两个方面：一是案涉订舱业务是否属于《旅游者（团）委托接待合同》的约定业务：二是被告应当支付款项的范围。

关于案涉订舱业务是否属于《旅游者（团）委托接待合同》的约定业务：《旅游者（团）委托接待合同》约定，原告委托被告销售邮轮旅游产品和服务；被告选择原告作为供应商之一，被告根据实际需要选择原告提供的邮轮旅游产品和服务。因此，如果案涉订舱业务属于原告提供的邮轮旅游产品或服务，也就属于《旅游者（团）委托接待合同》的约定业务，争议焦点的核心在于认定案涉订舱业务的性质。千禧号邮轮已非传统意义上运输货物或旅客的交通工具，而是集海上游览、休闲、观光、食宿、交通等多种功能于一体的休闲娱乐设施，故而原告向被告提供的也非传统意义上的客运船票，而是包括了海上游览、休闲、观光、食宿、交通等多种服务在内的邮轮旅游产品，当然属于《旅游者（团）委托接待合同》的约定业务，合同双方应受《旅游者（团）委托接待合同》的约束。原告与邮轮公司之间的代理关系，并不影响原、被告之间权利和义务的认定。

关于被告应当支付款项的范围，千禧号因受台风“暹芭”影响而未实际停靠京都港，因而在京都未产生港务费，原告收取港务费缺乏事实依据。原告提出未能停靠京都系受台风“暹芭”影响，属于不可抗力。所谓不可抗力，是指不能预见、不能避免、不能克服的客观情况。不可抗力因素必须同时满足客观情况、不能预见、不能避免、不能克服四项要件。本案中的“暹芭”台风，属于沿海地区季节性气候现象，虽在订立合同时尚无法预见，但在航次行程开始前已经通过天气预报预知，原告作为专业从事旅游业务的企业法人，应当具备完整地应对台风的措施及方案，包括关注天气预报、通知公示、安全警示、备选行程预案等，并通过采取适当措施避免或减少台风对合同履行可能产生的影响，故而本案中“暹芭”台风不构成履行合同的不可抗力。被告提出京都的港务费为 193 元 / 人，但被告提交的证据仅能证明该费用为北京途牛公司面对旅客投诉而赔偿的费用，无法证明是港务费，不应作为港务费的计算依据。根据该航次港务费单价 775 元 / 人，结合航次停靠的港口数量，再参考被告提交的其他邮轮因受“暹芭”台风影响而变更或取消停靠港口所退还港务费的标准，法院酌定京都的港务费为 100 元 / 人。

一审法院依据原《合同法》第 107 条（违约责任）、[①]《民事诉讼法》原第 144 条（现第 147 条）（缺席判决），[②] 判令被告支付扣除上述港务费后的剩余款项。

② 江苏省南京市中级人民法院二审判决

原告提起上诉认为：原告为被告提供的服务是代为订邮轮舱位也即客票的服务，属于旅游行业的单项委托，并非《旅游法》《旅行社条例》等所指的包价旅游服务，也非旅游接待服务。被告未将岸上观光服务交由原告提供，原告实际提供的仅是单一的订舱服务。因此，原告已经完全履行合同义务。邮轮航行过程中因台风影响而改变航线或取消个别停靠港的责任应在旅客与邮轮公司即承运人之间解决。一审法院错误地将邮轮公司在履行海上旅客运输

---

① 原《合同法》第 107 条规定：“当事人一方不履行合同义务或者履行合同义务不符合约定的，应当承担继续履行、采取补救措施或者赔偿损失等违约责任。”《民法典》第 577 条也规定：“当事人一方不履行合同义务或者履行合同义务不符合约定的，应当承担继续履行、采取补救措施或者赔偿损失等违约责任。”

② 《民事诉讼法》原第 144 条（现第 147 条）规定：“被告经传票传唤，无正当理由拒不到庭的，或者未经法庭许可中途退庭的，可以缺席判决。”

合同过程中因台风影响而未停靠京都的责任判归原告，判决由原告承担退还京都港务费的义务。原告早在气象台初次预报“暹芭”台风之前10日即已履行完毕了为旅客预定舱位的合同义务。针对因台风造成的停靠港减少，责任主体均为邮轮公司；客票系由旅客直接持有，邮轮公司认可的权利主体也是旅客自身，邮轮公司不会选择、事实上也没有通过票务销售渠道对旅客进行赔付。

二审法院江苏省南京市中级人民法院认为：原告主张双方之间系代为预定邮轮舱位的服务合同，属于旅游行业的单项委托，但对此未能提供证据证明。因此，二审法院依据《民事诉讼法》原第170条第1款第1项（现第177条第1款第1项）（二审裁判维持原判），[①] 判决驳回上诉，维持原判。

（5）理论分析

本案的争议焦点核心在于原告作为邮轮船票销售代理，应否承担航程变更导致取消停靠港口的港务费。这具体又可分为两个层面：一是原、被告双方订立的《旅游者（团）委托接待合同》的性质认定，属于旅游代办合同还是委托合同等其他类型的合同；二是如果属于委托合同等其他类型的合同，本案涉及的台风天气是否构成不可抗力，进而能否全部或部分免除原告的赔偿责任。

本案原告是邮轮公司的船票销售代理，但根据一审判决披露的《旅游者（团）委托接待合同》的具体内容，其与被告也即包销船票的旅行社订立的合同体现的权利义务关系却并不符合旅游代办合同抑或邮轮船票销售合同。

原、被告双方订立的合同以“委托接待合同”为名，其中约定：原告委托被告销售旅游产品和服务，如果造成被告损失应由原告赔偿被告。此种责任承担的约定有别于船票销售代理作为邮轮公司的代理人通常应当承担的责任限度,但符合委托合同的特征。原《合同法》第407条规定：“受托人处理委托事务时，因不可归责于自己的事由受到损失的，可以向委托人要求赔偿损失。”《民法典》第930条也规定：“受托人处理委托事务时，因不可归责于自己的事由受到损失的，可以向委托人请求赔偿损失。”此种规定是根据委托合同的特征而设置。受托人处理委托事务，委托人应对事务处理的结果负责，而受托人不应承担事务处理的后果，也即不应由于接受委托代替委托人处理事务而造成自身损失，除非损失是因其自身过错造成。[②] 而且，此项损害赔偿责任对于委托人不以可归责事由即故意或过失为要求，属

① 《民事诉讼法》原第170条第1款第1项（现第177条第1款第1项）规定：“第二审人民法院对上诉案件，经过审理，按照下列情形，分别处理：（一）原判决、裁定认定事实清楚，适用法律正确的，以判决、裁定方式驳回上诉，维持原判决、裁定。”

② 参见全国人大法工委研究室编写组编:《中华人民共和国合同法释义》，人民法院出版社1999年版，第603页。

于无过错责任。[1] 原、被告双方订立的合同既已有此约定，原告理应赔偿被告由于取消停靠港口而遭受旅客索赔产生的损失。至于台风天气能否构成不可抗力进而免除此种赔偿责任，则应根据台风对于合同履行的具体影响进行判断。

不同于本案原、被告双方订立的《旅游者（团）委托接待合同》，船票销售代理在更多场合的普遍情况只是作为邮轮公司的代理人。无论销售方式是代销还是包销，只要船票销售代理对外销售的邮轮旅游产品不含岸上观光内容，其与邮轮公司之间形成的法律关系均为委托关系。邮轮公司应就海上旅客运输和船上服务向旅客承担责任，邮轮公司与旅客之间直接形成合同关系。[2]

《旅游法》第五章“旅游服务合同”的规定虽然主要是针对包价旅游合同，但也设置了少数关于旅游代办合同的规定。学理上一般认为旅游代办合同的性质属于委托、居间合同。旅游代办合同与包价旅游合同的主要区别之一就是责任不同。旅行社作为旅游代办合同的当事人一般处于受托人的地位，如果运输企业、餐馆、宾馆等主体不履行义务，旅游者通常应向此类主体主张违约责任，除非旅行社未尽到受托人的义务。[3] 本案被告虽然也是旅行社，但是以自己名义向原告订购邮轮船票，故而同样能够成立旅游代办合同。而且，旅游代办合同双方当事人的法律地位与本案订立的《旅游者（团）委托接待合同》恰好相反，即旅行社一方是受托人而非委托人。《旅游法》第 74 条第 1 款规定：“旅行社接受旅游者的委托，为其代订交通、住宿、餐饮、游览、娱乐等旅游服务，收取代办费用的，应当亲自处理委托事务。因旅行社的过错给旅游者造成损失的，旅行社应当承担赔偿责任。”因此，旅行社作为旅游代订合同的当事人承担的是过错责任。船票销售代理如果对于航程变更导致的取消停靠港口没有过错，不应承担赔偿责任。

《海商法》第 110 条规定：“旅客客票是海上旅客运输合同成立的凭证。”《关于推广实施邮轮船票管理制度的通知》也规定：“邮轮船票是邮轮旅客运输合同成立的证明。”因此，旅客与邮轮公司之间基于邮轮船票直接成立了海上旅客运输合同关系，旅客可以依据船票径直向邮轮公司主张违约责任。

如果旅行社将船票与岸上观光等其他服务打包作为包价旅游产品向旅客销售，邮轮公司构成旅行社的履行辅助人。《旅游法》第 71 条第 1 款规定：“由于地接社、履行辅助人的原因导致违约的，由组团社承担责任；组团社承担责任后可以向地接社、履行辅

---

① 参见韩世远：《合同法学》，高等教育出版社 2010 年版，第 561 页。

② 参见“上海国际邮轮旅游人才培训基地”教材编委会编：《国际邮轮产品运营和服务规范》，中国旅游出版社 2017 年版，第 171 页。

③ 参见王利明：《合同法研究》（第 4 卷）（第 2 版），中国人民大学出版社 2017 年版，第 573 页。

助人追偿。”根据《旅游法》第70条第1款前段确立的无过错责任原则，旅行社提供的服务只要存在违反合同约定的客观情况即应向旅客承担违约责任。[①] 至于旅行社最终是否实际承担责任，则应依据旅行社与履行辅助人的关系确定。[②] 因此，旅客同样可以依据包价旅游合同直接要求旅行社承担责任，旅行社承担责任后可向履行辅助人也即邮轮公司追偿。

值得注意的是，本案涉案航线是以上海为母港，故而还应适用《上海市邮轮旅游经营规范》。[③] 其第18条“纠纷解决”第1款规定：“旅行社和国际船舶代理企业代理销售邮轮船票，因邮轮公司未按照合同约定提供相关服务产生的和旅游者之间的邮轮旅游纠纷，由邮轮公司负责纠纷解决；因旅行社和国际船舶代理企业在销售船票过程中未依法履行告知义务产生的纠纷，由旅行社和国际船舶代理企业负责纠纷解决。”本款规定同样亦可印证航程变更导致取消港口停靠原则上应由邮轮公司承担责任，而非船票销售代理。

2. 岸上观光罚金的性质认定

北京华美欧国际旅游有限责任公司与河南省中国旅行社集团有限公司合同纠纷案。

（1）案例提要

本案是邮轮旅游经营者之间的纠纷。旅行社之间关于转包邮轮船票订立的《分销邮轮舱位协议书》约定了“上岸游览罚金”。此笔款项在我国邮轮旅游实践中更多被称为“岸上游管理费”或者“团队管理费用”，性质上是旅行社依托邮轮公司提供的邮轮旅游服务经营岸上观光项目的对价，而非用于担保旅客不得擅自上岸游览。旅行社一旦组织旅客参加岸上观光项目，即应支付该笔费用。

（2）文书索引

北京市东城区人民法院（2015）东民（商）初字第15629号民事判决书；

北京市第二中级人民法院（2016）京02民终3788号民事判决书。

（3）案情概要

原告：北京华美欧国际旅游有限责任公司

---

① 《旅游法》第70条第1款前段规定：“旅行社不履行包价旅游合同义务或者履行合同义务不符合约定的，应当依法承担继续履行、采取补救措施或者赔偿损失等违约责任；造成旅游者人身损害、财产损失的，应当依法承担赔偿责任。”

② 参见杨富斌、苏号朋主编：《中华人民共和国旅游法释义》，中国法制出版社2013年版，第239~240页。

③ 《上海市邮轮旅游经营规范》第3条规定：“本规范适用于邮轮公司、旅行社、国际船舶代理企业、邮轮码头等经营主体在本市行政区域内从事以上海港为母港的邮轮相关的邮轮旅游经营的行为。”

被告：河南省中国旅行社集团有限公司

2014年2月28日，原告与被告签订《分销邮轮舱位协议书》，就分销歌诗达新维多利亚号2014年6月4日至8日韩国济州4晚5天航次事宜达成协议。协议约定原告分销邮轮舱位459间，分销舱房总金额为3,709,440元，上岸游览罚金为235,008元；被告分销邮轮舱位229间，分销舱房总金额为1,847,040元，上岸游览罚金为117,248元。原告负责与案外人天津国际邮轮母港有限公司签订包船合同，被告需向原告支付分销舱位总金额的资金至原告账户，再由原告统一支付给天津国际邮轮母港有限公司。

《分销邮轮舱位协议书》约定第一批定金369,408元需在签订协议时支付，第二批定金554,112元需在2014年3月20日前支付，第三批定金554,112元需在2014年4月4日前支付，第四批定金369,408元需在2014年5月4日前支付，另需在2014年5月4日前支付上岸游览罚金为117,248元。被告分别于2014年2月28日向原告付款369,408元，2014年3月20日付款554,112元，2014年4月4日付款554,112元，但始终未支付第四批定金和上岸游览罚金。双方确认涉案舱次已经完成行程。

原告诉至法院请求判令被告支付第四批定金和上岸游览罚金。被告辩称认可第四批定金，但不认可上岸游览罚金。上岸游览罚金的性质是担保旅客不得擅自离船上岸游览，而该款项并未实际发生，因此原告无权主张。而且，华美欧公司也未向案外人天津国际邮轮母港有限公司承担上岸游览罚金的合同义务，被告也不应承担该义务。

（4）裁判要旨

①北京市东城区人民法院一审判决

一审法院北京市东城区人民法院认为，原、被告双方签订的《分销邮轮舱位协议书》系双方的真实意思表示，不违反国家强制性法律法规的规定，应当认定为合法有效。双方均应基于诚信原则，全面履行承诺的义务。一方不履行合同义务或者履行合同义务不符合约定，应当承担继续履行、赔偿损失等违约责任。涉案舱次已经完成行程，被告应当依约支付所欠分销舱位款。上岸游览罚金的支付为被告自愿承诺，且被告作为主营旅游业务的企业，理应对该笔款项的发生及性质具有充分的预见及认识。因此，被告关于该款项未实际发生而原告无权主张的意见，法院不予采纳。

一审法院依据原《合同法》第8条（依法成立的合同效力）、[①]第60条（严格履行与诚实

① 原《合同法》第8条第1款规定："依法成立的合同，对当事人具有法律约束力。当事人应当按照约定履行自己的义务，不得擅自变更或者解除合同。"第2款规定："依法成立的合同，受法律保护。"《民法典》第465条第1款规定："依法成立的合同，受法律保护。"第2款规定："依法成立的合同，仅对当事人具有法律约束力，但是法律另有规定的除外。"

信用原则）、[1]第 107 条（违约责任），判令被告支付第四批定金和上岸游览罚金。

② 北京市第二中级人民法院二审判决

被告提起上诉认为：上岸游览罚金的性质是担保旅客不得擅自上岸游览。被告的旅客并未违反规定擅自上岸游览，原告无权要求被告支付上岸游览罚金。禁止谋取非法利益是合同当事人应当遵守的基本原则。原告没有证据证明其向案外人天津国际邮轮母港有限公司支付了上岸游览罚金，故而原告没有损失，假借合同谋取非法利益不应得到支持。

原告答辩认为：旅行社支付上岸游览罚金是我国邮轮出境旅游存在的惯例，目的并非担保旅客不得擅自离船上岸。旅客在邮轮旅游的绝大部分时间是在船上度过，邮轮未靠岸期间旅客无法擅自离船上岸，据此该笔款项虽然名为上岸游览罚金，但不存在旅客擅自上岸游览的可能性，不可能是用于担保旅客不得擅自离船上岸。国外邮轮公司在到达游览港口后，往往组织旅客上岸参观、购物，但在中国邮轮市场上岸参观和购物项目均由国内旅行社全面承包。设置上岸游览罚金的目的，一是弥补国外邮轮公司在上岸参观和购物部分的损失，二是支付当地海关部门的清关费用。因此，只要旅行社在行程中存在组织旅行团上岸游览的项目，即应支付上岸游览罚金，而且必须在邮轮启航前付清。

二审法院北京市第二中级人民法院认为：二审期间双方的主要争议焦点是上岸游览罚金的目的是否为担保旅客不得擅自上岸游览，以及被告是否应当承担向原告支付该笔款项的法律责任。被告参与了涉案邮轮出境旅游项目的舱位分销业务，对于邮轮出境旅游的实际操作流程和惯例应当熟知。原告主张邮轮出境旅游的性质决定了邮轮未靠岸期间旅客不可能擅自离船上岸游览，因而不存在旅客擅自上岸游览的可能性，该笔款项不可能是用于担保旅客不得擅自离船上岸，此种主张具有合理性。被告虽然主张涉案上岸游览罚金的目的是担保旅客不得擅自上岸游览，但未举证予以证明，故对上诉主张不予支持。因此，二审法院依据《民事诉讼法》第 170 条第 1 款第 1 项（现第 177 条第 1 款第 1 项）（二审裁判维持原判），判决驳回上诉，维持原判。

（5）理论分析

本案的争议焦点核心在于原、被告双方订立的《分销邮轮舱位协议书》约定的“上岸游览罚金”性质如何认定。

岸上观光项目是邮轮旅游的重要组成部分，不仅能为邮轮公司带来较为丰厚的收入，同

① 原《合同法》第 60 条第 1 款规定：“当事人应当按照约定全面履行自己的义务。”第 2 款规定：“当事人应当遵循诚实信用原则，根据合同的性质、目的和交易习惯履行通知、协助、保密等义务。”《民法典》第 509 条第 1 款规定：“当事人应当按照约定全面履行自己的义务。”第 2 款规定：“当事人应当遵循诚信原则，根据合同的性质、目的和交易习惯履行通知、协助、保密等义务。”

时也是邮轮公司实现盈亏平衡的重要因素。[①] 但是，由于《旅行社条例》第 23 条规定的市场准入限制，外商投资邮轮公司作为旅行社原则上不得经营我国内地居民的出境旅游业务，导致必须通过旅行社销售包价邮轮旅游产品，故而岸上观光项目往往也作为包价邮轮旅游产品的组成部分而由旅行社经营。旅行社的利润来源除采购邮轮船票与销售邮轮包价旅游产品之间的差价外，主要就是岸上观光项目的返佣。因此，邮轮公司通常会与旅行社约定一笔款项，作为旅行社依托邮轮公司提供的邮轮旅游服务经营岸上观光项目的对价。此笔款项一般称为“岸上游管理费”或者“团队管理费用”（group management fee）。

例如，邮轮公司与旅行社订立的邮轮船票包销合同可能约定：“CRUISE LINE typically offers to its guests on board a vessel a variety of shore excursions offered by third parties. If Purchaser were to arrange for shore excursions for the Guests at one or more ports of calls, Purchaser agrees to pay $__________ USD to CRUISE LINE as group management fee, and if the guest number exceeds __________, Purchaser shall pay $__________ USD per person per night.”[②] 或者约定：“邮轮公司有权向其船上旅客提供来自于第三方的陆上短途游览项目。如果采购方需要为旅客在一个或多个港口自行安排陆上短途游览项目，则采购方同意向邮轮方支付岸上游管理费用总计__________元（大写__________元）。”

如果岸上观光项目是由旅行社自行经营，岸上游管理费有时便被称为“岸上观光罚金”，[③] 也即本案合同所称“上岸游览罚金”。因此，该笔款项不能望文生义地理解为处罚特定违反合同行为的罚款。而且，正如原告在诉讼期间所称，旅客参加邮轮旅游期间的多数时间位于船上，即使参加岸上观光也应受到港口国的出入境管理限制，故而不存在旅客擅自离船上岸的可能性，自然也就不必设置担保此类行为不会发生的罚金。本案判决披露的《分销邮轮舱位协议书》内容也未显示合同作出了类似付款条件的约定。因此，只要邮轮公司与旅行社订立的邮轮船票包销合同约定了岸上游管理费，旅行社一旦组织旅客参加岸上观光项目，即应支付该笔费用。一审法院和二审法院对于上岸游览罚金的性质认定合理恰当。

（6）参考案例

广东省佛山市禅城区人民法院审理的邓某粤与南京市途牛国际旅行社有限公司佛山

---

① 参见“上海国际邮轮旅游人才培训基地”教材编委会编:《国际邮轮旅游销售实务》，中国旅游出版社 2014 年版，第 85 页。

② 中文条款一般译为：“游轮公司通常向其船上游客提供来自于第三方的陆上短途游览项目。如果采购方要为游客在一个或多个港口安排陆上短途游览项目，采购方同意向游轮公司支付团队管理费用总计__________美元，如果游客数量多于__________人，则采购方应按每人每晚__________美元支付团队管理费用。”

③ 参见“上海国际邮轮旅游人才培训基地”教材编委会编：《国际邮轮产品运营和服务规范》，中国旅游出版社 2017 年版，第 88 页。

分公司、南京市途牛国际旅行社有限公司旅游合同纠纷案[①]中，被告旅行社主张其已支出的每个舱位成本为6561.6元=7700元（舱位费）+249.2元（团队管理费）+436.1元（税费）+62.3元（燃油附加费）-1386元（18%的佣金）-500元（特价），其中“团队管理费”即为岸上游管理费。

宁波市海曙区人民法院审理的胡某安与浙江飞扬国际旅游集团股份有限公司旅游合同纠纷案[②]中，邮轮旅游费用包括邮轮船票、船上免费餐厅的餐食及免费娱乐设施、港务费、领队服务费、名单费、岸上观光管理费等。受到台风天气影响取消停靠港口后，法院判令被告旅行社应向原告旅客退还的费用包括岸上观光管理费384元。

① 参见广东省佛山市禅城区人民法院（2015）佛城法民二初字第1253号民事判决书。
② 参见浙江省宁波市海曙区人民法院（2015）甬海民初字第1408号民事判决书。

第二章
邮轮旅游基础合同：海上旅客运输合同

【知识提要】

本章主要讲解作为邮轮旅游基础合同的海上旅客运输合同：一是海上旅客运输合同概述，包括海上旅客运输合同的定义、性质、标的、当事人与关系人，以及海上旅客运输合同法的法源及强制性；二是海上旅客运输合同的订立、变更与解除；三是海上旅客运输合同当事人的义务与权利，包括承运人的义务与权利，以及旅客的义务与权利。

第一节　海上旅客运输合同概述

一、海上旅客运输合同的定义

海上旅客运输合同（contract of carriage of passengers by sea）是运输合同的一种具体类型。运输合同在我国台湾地区通常称为“运送合同”。《民法典》第 809 条规定了运输合同的定义：“运输合同是承运人将旅客或者货物从起运地点运输到约定地点，旅客、托运人或者收货人支付票款或者运输费用的合同。”

海上旅客运输合同在我国属于特别法上的典型合同，即主要由作为民事特别法的《海商法》进行专门规定。关于海上旅客运输合同的定义，《海商法》第 107 条规定：“海上旅客运输合同，是指承运人以适合运送旅客的船舶经海路将旅客及其行李从一港运送至另一港，由旅客支付票款的合同。”

至于国际公约的定义，《1974年海上旅客及其行李运输雅典公约》（Athens Convention relating to the Carriage of Passengers and their Luggage by Sea, 1974）即《1974年雅典公约》第1条第2款也规定："'运输合同'系指由承运人或以其名义订立的海上旅客运输或旅客及其行李运输的合同。"[①]

根据上述立法规定可以认为，海上旅客运输合同是指承运人以适合运输旅客的船舶经海路将旅客及其行李从起运地点运输至约定地点，由旅客支付票款的合同。

理论探讨

《海商法》第五章能否适用于"闭环路线"的邮轮运输？

目前，我国邮轮旅游多为"闭环路线"，即始发港和目的港为我国的同一邮轮母港，中途挂靠其他国家或地区的港口。但是，"闭环路线"并非邮轮旅游的本质特征。邮轮旅游作为单程运输方式在国际上颇为普遍。最为典型的便是新冠疫情期间曾经暴发聚集性感染疫情的钻石公主号，其中一位旅客便是在日本横滨上船，而后在香港下船。

针对邮轮旅游的闭环路线，部分观点主张航行线路不同是邮轮旅游与海上旅客运输的主要区别之一。例如，郭萍在《邮轮合同法律适用研究——兼谈对我国〈海商法〉海上旅客运输合同的修改》一文中认为：

> 邮轮航线从一港出发，在海上航行或者按照约定挂靠中途港，最终返回启运港，实现"闭环线路"。海上旅客运输合同航线则是从原点至另外一点海上运送的"直线线路"或非闭环线路。[②]

由于《海商法》第107条关于海上旅客运输合同的定义采取了"从一港运送至另一港"的表述，似乎要求始发港与目的港必须是不同港口，因而部分观点主张"闭环路线"的邮轮运输应当排除在《海商法》第五章"海上旅客运输合同"的适用范围之外。例如，陈琦在《邮轮旅游法律规制的理论困境与制度因应》一文中认为：

---

① 本书所引《1974年雅典公约》的中文译文，采用中国人大网刊载的版本，其中"实际承运人"等部分术语参考我国《海商法》而采用了意译的方式。参见《1974年海上旅客及其行李运输雅典公约》，载中国人大网，http://www.npc.gov.cn/wxzl/gongbao/2000-12/28/content_5003110.htm，最后访问日期：2022年12月1日。

② 郭萍：《邮轮合同法律适用研究——兼谈对我国〈海商法〉海上旅客运输合同的修改》，载《法学杂志》2018年第6期，第78页。

从实然法角度考虑，同港往返的邮轮旅游在现行法下不能纳入《海商法》第五章中调整应当是确定的。[①]

《海商法》第107条上述表述的形成具有一定的偶然性，应当认为属于立法漏洞，而不是有意为之。《海商法》第五章吸收了《1974年雅典公约》的主要内容，但公约关于海上旅客运输合同的定义并无始发港和目的港必须不同的限制；《民法典》第809条关于运输合同的定义也只是表述为“从起运地点运输到约定地点”，起运地点和约定地点理应可以相同。

从司法裁判的角度，上述法律漏洞可以采用目的性扩张的方法加以填补。所谓目的性扩张，是指为了贯彻立法目的，对于法律条文作出超出文义的解释，使其包括原本未包括的案型。目的性扩张是在存在明显法律漏洞的情况下，法官填补法律漏洞的方法，也是基于法律的目的考量而进行的操作。法官在适用法律时，发现有关法律规范因涵盖的案件种类过于狭窄，不能实现特定法律调整目的的要求时，可以从立法目的出发，扩大有关法律规定的适用范围，将特定案件类型纳入法律规定的适用范围之内。易言之，法律条文涵盖的案件，如果根据立法本意来看，在表述上显得过于狭窄，法官可以从探求立法目的出发，将法律规定适用的案件类型予以扩张。[②]

《海商法》第五章是为调整基于海上旅客运输而在旅客和承运人之间形成的民事合同关系，始发港和目的港是否相同并不影响运输关系的形成，故而将“闭环路线”的邮轮运输纳入《海商法》第五章的调整范围完全符合该章的立法目的，可以通过目的性扩张的方法填补《海商法》第107条的法律漏洞。

二、海上旅客运输合同的性质

（一）双务、有偿合同

海上旅客运输合同原则上是双务合同、有偿合同。双务合同是指双方当事人互负具有对价意义的债务的合同，即双方互负居于给付与对待给付关系之义务的合同；有偿合同是指双方当事人在从合同缔结到债务履行的整个过程之中，均须作出相互具有对价性质的付出的合同，即一方享有合同规定的权益，必须向对方偿付相应的代价。[③]

① 陈琦：《邮轮旅游法律规制的理论困境与制度因应》，载《大连海事大学学报（社会科学版）》2018年第6期，第11页。

② 参见王利明：《法律解释学导论：以民法为视角》（第2版），法律出版社2017年版，第611~612页。

③ 参见韩世远：《合同法总论》（第4版），法律出版社2018年版，第76~79页。

海上旅客运输合同的双方当事人，旅客负有的主给付义务是支付票款，承运人负有的主给付义务是将旅客从起运地点运输到约定地点，双方互负对价性债务。因此，海上旅客运输合同原则上应是双务合同、有偿合同。

海上旅客运输合同也存在属于单务合同、无偿合同的例外情形，包括旅客按照规定免票、持优待票或经承运人许可无票乘船等情形，[①] 如经承运人同意根据海上货物运输合同随船护送货物的人员。[②] 但是，此时无偿乘船的旅客与付费购票的旅客应当享有同等的权利，除非是未经承运人许可而无票乘船的人员，因为此时其与承运人之间并未形成海上旅客运输合同关系。

（二）不要式、诺成合同

海上旅客运输合同应是不要式合同、诺成合同。不要式合同是指法律或当事人未要求具备特定形式的合同；诺成合同是仅依当事人的意思表示一致即可成立的合同。[③]

《民法典》第469条第1款规定："当事人订立合同，可以采用书面形式、口头形式或者其他形式。"我国合同法贯彻合同自由原则，以不要式合同为原则，要式合同为例外。《海商法》第五章"海上旅客运输合同"以及《民法典》第三编"合同"第十九章"运输合同"均未对于合同的形式作出特别规定。因此，海上旅客运输合同应属不要式合同。

《民法典》第483条规定："承诺生效时合同成立，但是法律另有规定或者当事人另有约定的除外。"我国合同法对于各类合同以诺成合同为原则，而以需要交付标的物或完成其他现实交付方能成立的实践合同为例外。关于客运合同应属诺成合同还是实践合同，我国学理上不无争议。《海商法》第五章"海上旅客运输合同"对此未作规定；但是，《民法典》第814条规定："客运合同自承运人向旅客出具客票时成立，但是当事人另有约定或者另有交易习惯的除外。"此前原《合同法》第293条采取的表述是"交付客票"，[④]《民法典》第814条修改为"出具客票"，二者的区别应当在于前者侧重于实体客票的交付，而后者能够涵盖交付电子客票乃至无需交付客票的各类情形。

《合同法》时代的通说观点认为，原《合同法》第293条不是将实际交付客票作为客运合同的成立条件，而只是表明交付客票可以证明合同成立。双方当事人只需就旅客购票事项达成合意，合同即告成立。[⑤] 例如，王利明认为：

① 参见《民法典》第823条第2款。

② 参见《海商法》第108条第3项。

③ 参见韩世远：《合同法总论》（第4版），法律出版社2018年版，第82~84页。

④ 原《合同法》第293条规定："客运合同自承运人向旅客交付客票时成立，但当事人另有约定或者另有交易习惯的除外。"

⑤ 参见王利明：《合同法研究》（第3卷）（第3版），中国人民大学出版社2015年版，第504页。

客运合同成立一般不需要当事人订立正式的书面合同，但旅客需要交付票款，承运人向旅客交付车票。如何理解该条所规定的“客运合同自承运人向旅客交付客票时成立”？客运合同属于诺成合同还是实践合同？对此有两种不同的观点：一种观点认为，客运合同是实践合同，必须交付客票时才成立，即使当事人达成合意，并不能认为该种合同成立，而只有在承运人交付车票的情况下，合同才成立。另一种观点认为，客运合同是诺成合同，车票只是合同存在的一种证据。合同仍然应当以达成合意之日起成立。笔者认为，客运合同应当属于诺成合同。理由在于：

第一，从体系解释来看，虽然《合同法》第 293 条规定客运合同自承运人向旅客交付客票时成立，但是我国《民用航空法》第 111 条规定：“客票是航空旅客运输合同订立和运输合同条件的初步证据。旅客未能出示客票、客票不符合规定或者客票遗失，不影响运输合同的存在或者有效。”所谓初步证据，是指客票只不过是证明合同成立的凭证，即使当事人之间并未支付客票但有其他证据证明客运合同成立的，当事人之间也可以成立运输关系。由此可见，客运合同是诺成合同，而非实践合同。客票只是客运合同成立的凭证。

第二，如果将交付客票作为客运合同的成立要件，那么交付客票在性质上即属于承运人的先合同义务。同样，旅客交付票款作为对待给付义务也将成为先合同义务，将直接与客运合同中旅客的“合同类型上义务”相矛盾，构成“体系违反”。事实上，旅客支付票款属于履行其主给付义务，而不是先合同义务。

第三，随着互联网技术的发展，传统的购票方式也发生了变化，在航空运输等合同的订立过程中，旅客可以通过网上订票的方式与航空公司就出行日期、票价、保险等事项达成合意，一旦当事人意思表示一致，合同就宣告成立，客票的交付并不是合同的成立要件。[①]

《民法典》第 814 条调整表述后，虽然出具客票的时点仍然可能稍晚于双方意思表示达成一致的时间，但通说观点依旧认为客运合同仍然应属诺成合同。例如，韩世远认为：

客运合同自承运人向旅客出具客票时成立，但是当事人另有约定或者另有交易习惯的除外（《民法典》第 814 条）。原《合同法》第 293 条规定向旅客“交付”客票时成立，这有两个问题。其一，随着互联网技术的发展，传统的购票方式发生了很大变化，客票的无纸化成为普遍趋势。旅客在客运合同订立过程中，可以通过网

---

① 王利明：《合同法研究》（第 3 卷）（第 3 版），中国人民大学出版社 2015 年版，第 516~517 页。

上购票的方式与承运人达成出行日期、票价等事项的合意，一旦意思表示一致，承运人出具电子票据合同即宣告成立，有时甚至旅客都不需要接收电子票据，出示身份证件即可乘坐。因此,《民法典》第 814 条修改为“出具”客票时成立。其二,“交付”客票容易引起歧义：客运合同是诺成合同还是要物合同？如果将“向旅客交付客票”作为合同成立的一项成立要件，无疑这种合同也就成了要物合同（可以比较《民法典》第 890 条保管合同自保管物“交付”时成立）。但是，这样理解会带来一系列的麻烦：交付客票不是合同义务而是先合同义务，旅客支付票价（通常与交付客票同时履行）也同样不是合同义务而是先合同义务了，这直接与运输合同中旅客的“合同类型上义务”相矛盾，构成“体系违反”，因而不可取。《民法典》第 814 条明确了“出具”客票时为合同的成立时点,虽不同于“承诺生效时合同成立”(《民法典》第 483 条)，仍不妨认为客运合同为诺成合同。[①]

（三）承揽合同

关于运输合同是否应当归入承揽合同，理论上存在一定争议。《民法典》第 770 条规定了承揽合同的定义：“承揽合同是承揽人按照定作人的要求完成工作，交付工作成果，定作人支付报酬的合同。”通说观点认为运输合同应是承揽合同的具体类型。

承揽合同以完成一定工作为目的，而运输合同的目的是将旅客或者货物运输至约定地点，符合承揽合同的特征。《民法典》合同编的体例编排一定程度上也体现了承揽合同与运输合同的此种关系，其中第十七章至第十九章分别为“承揽合同”“建设工程合同”“运输合同”，即将建设工程合同和运输合同作为两类特殊的承揽合同，安排在一般的承揽合同规则之后。例如，韩世远认为运输合同是“特殊的承揽合同”：

> 运输合同中承运人除了提供运输的劳务之外，还应保障旅客或者货物安全且按时到达目的地（《民法典》第 811 条），[②] 故具有承揽的性质。因而,《民法典》在“建设工程合同”章后规定了“运输合同”。对于运输合同，该法虽未如建设工程合同那样规定可以适用承揽合同的有关规定，[③] 但按照合同性质，在此未作规定场合，适用承揽合同的有关规定，理所应当。[④]

---

① 韩世远：《合同法学》（第 2 版），高等教育出版社 2022 年版，第 507 页。
② 《民法典》第 811 条规定：“承运人应当在约定期限或者合理期限内将旅客、货物安全运输到约定地点。”
③ 《民法典》第 808 条规定：“本章没有规定的，适用承揽合同的有关规定。”
④ 参见韩世远：《合同法学》（第 2 版），高等教育出版社 2022 年版，第 505 页。

但是，也有观点认为运输合同不同于承揽合同，因为运输合同的旅客、托运人并非需要承运人交付的物化的工作成果，而是需要承运人完成运输行为。[①] 然而，承揽合同的工作成果不限于有形的成果，也可以是无形的成果。

（四）消费者合同

海上旅客运输合同原则上还应具有消费者合同的性质。我国现行法律仅有《涉外民事关系法律适用法》第 42 条采用了"消费者合同"的表述，[②] 但并未给出消费者合同的定义。《消费者权益保护法》第 2 条前段规定，"消费者为生活消费需要购买、使用商品或者接受服务，其权益受本法保护"。该条虽是关于调整范围的规定，但也同时明确了消费者的基本含义，即为生活消费需要购买、使用商品或者接受服务者，其中的"生活消费"应当是指为生存、发展及享受需要而购买、使用商品或接受服务的行为。[③] 据此只要提供商品或者服务的一方是从事市场经营活动，购买商品或者接受服务的一方是为了个人或者家庭终极消费需要，而不是为了从事生产经营或者职业活动需要，[④] 即属于《消费者权益保护法》的调整范围，双方此时订立的合同便也属于消费者合同。因此，消费者合同是指合同当事人的一方为消费者，另一方为经营者的合同。[⑤] 海上旅客运输合同当事人的旅客一方为消费者，而承运人一方为经营者，符合消费者合同的内涵。

但是，部分特殊情况形成的海上旅客运输合同关系也存在例外。例如，随船护送货物的人与货物承运人之间，依据《海商法》第 108 条第 3 项由法律拟制形成的合同，[⑥] 由于旅客接受海上旅客运输服务的目的并非为个人或者家庭的终极消费需要，而是为了护送交由承运人运输的货物，此时合同并不具有消费者合同的性质。

三、海上旅客运输合同的标的

包括海上旅客运输合同在内，运输合同是以运输行为为标的。旅客运输合同不存在标的物，但在行李运输的场合标的物是行李。《海商法》第 108 条第 4 项规定了行李（luggage）的定义："'行李'，是指根据海上旅客运输合同由承运人载运的任何物品和车辆，但是活动

---

① 参见魏振瀛主编：《民法》（第 7 版），北京大学出版社、高等教育出版社 2017 年版，第 538 页。

② 《涉外民事关系法律适用法》第 42 条规定："消费者合同，适用消费者经常居所地法律；消费者选择适用商品、服务提供地法律或者经营者在消费者经常居所地没有从事相关经营活动的，适用商品、服务提供地法律。"

③ 参见中国消费者权益保护法学研究会：《消费者权益保护法学》，中国社会出版社 2017 年版，第 15 页。

④ 参见李适时主编：《中华人民共和国消费者权益保护法释义》，法律出版社 2013 年版，第 13 页。

⑤ 参见韩世远：《合同法总论》（第 4 版），法律出版社 2018 年版，第 905 页。

⑥ 《海商法》第 108 条第 3 项规定："'旅客'，是指根据海上旅客运输合同运送的人；经承运人同意，根据海上货物运输合同，随船护送货物的人，视为旅客。"

物除外。”《1974 年雅典公约》第 1 条第 5 款也规定：

“行李”系指承运人根据运输合同运输的任何物品或车辆，但不包括：

（a）根据租船合同、提单或主要与货物运输有关的其他合同所运输的物品和车辆，和

（b）活动物。

海上旅客运输合同的行李分为自带行李和非自带行李。《海商法》第 108 条第 5 项规定了自带行李的定义：“‘自带行李’，是指旅客自行携带、保管或者放置在客舱中的行李。”《1974 年雅典公约》第 1 条第 6 款也规定，“‘自带行李’系指旅客在其客舱内的行李，或其他由其携带、保管或控制的行李。除适用本条第 8 款和第 8 条者外，自带行李包括旅客在其车内或车上的行李”。公约原文采用的表述是“cabin luggage”，直译应为“客舱行李”。除自带行李以外的行李均为非自带行李。

四、海上旅客运输合同的当事人与关系人

合同关系具有相对性，即合同关系是存在于特定当事人之间的权利义务关系，原则上仅在合同当事人之间发生效力，而不及于第三人。因此，海上旅客运输合同涉及的众多主体也基于合同的相对性分为两个部分，即合同当事人以及当事人以外的关系人。

（一）海上旅客运输合同的当事人

海上旅客运输合同的当事人是旅客和承运人。

旅客（passenger）是多数情形下海上旅客运输合同的消费者一方。《海商法》第 108 条第 3 项规定了旅客的定义：“‘旅客’，是指根据海上旅客运输合同运送的人；经承运人同意，根据海上货物运输合同，随船护送货物的人，视为旅客。”据此旅客分为两类：一是承运人直接根据海上旅客运输合同运送的合同相对人，此时旅客构成消费者；二是作为海上货物运输合同的托运人一方随船护送货物的人，也由法律拟制视为旅客，但此时旅客不构成消费者。《1974 年雅典公约》第 1 条第 4 款也规定：

“旅客”系指：

（a）根据运输合同，船舶运输的任何人，或

（b）经承运人同意，船舶运输的伴随由不受本公约制约的货物运输合同所规定的车辆或活动物的任何人。

承运人（carrier）是海上旅客运输合同的经营者一方。《海商法》第 108 条第 1 项规定

了承运人的定义："'承运人'，是指本人或者委托他人以本人名义与旅客订立海上旅客运输合同的人。"《1974 年雅典公约》第 1 条第 1 款第（a）项也规定，"'承运人'系指由其或以其名义订立运输合同的人，不论该项运输实际由其实施或由实际承运人实施"。

（二）海上旅客运输合同的关系人

海上旅客运输合同的关系人主要是指实际承运人。

《海商法》第 108 条第 2 项规定了实际承运人的定义："'实际承运人'，是指接受承运人委托，从事旅客运送或者部分运送的人，包括接受转委托从事此项运送的其他人。"此处定义中的"委托"，与我国立法上委托合同的"委托"存在一定区别。《民法典》第 919 条规定："委托合同是委托人和受托人约定，由受托人处理委托人事务的合同。"但是，海上旅客运输中承运人在与旅客订立合同前，与实际承运人之间较少存在此种事先约定。特别是委托合同具有一定的人身依赖属性，即委托合同的订立通常以委托人与受托人之间的相互信任关系为前提，而承运人与实际承运人之间关系的形成，通常只是基于业务经营的实际情况而由船东以外的主体与旅客订立海上旅客运输合同。

《1974 年雅典公约》第 1 条第 1 款第（b）项也规定，"'实际承运人'系指除承运人外，实际实施全部或部分运输的船舶所有人、承租人或经营人"。此处"实际承运人"应属意译，公约原文采用的表述是"performing carrier"，直译应为"履约承运人"。

五、海上旅客运输合同法的法源

（一）国内立法

1.《海商法》

海上旅客运输合同在我国适用的最为主要的国内立法是《海商法》。《海商法》于 1992 年 11 月 7 日由第七届全国人民代表大会常务委员会第二十八次会议通过，自 1993 年 7 月 1 日起施行。

《海商法》专设了第五章"海上旅客运输合同"，即第 107~126 条，主要是参照《1974 年雅典公约》及其 1976 年议定书制定。不同于《海商法》第四章"海上货物运输合同"不适用于我国港口之间的海上货物运输，《海商法》第五章"海上旅客运输合同"不仅适用于国际海上旅客运输，而且适用于我国港口之间的国内海上旅客运输即沿海旅客运输，但不适用于内陆水域的旅客运输。

2.《民法典》

《立法法》第 103 条前段规定了"特别法优于一般法"规则，"同一机关制定的法律、行政法规、地方性法规、自治条例和单行条例、规章，特别规定与一般规定不一致的，适用特别规定”。根据此项规则，《海商法》关于海上旅客运输合同未有规定时，应当适用一般民事法律的规定，主要就是《民法典》。

《民法典》第三编“合同”第二分编“典型合同”专设第十九章“运输合同”，分为一般规定、客运合同、货运合同、多式联运合同等四节。但是，该章规定整体上同时适用于包括水路、公路、铁路、航空以及货物、旅客在内的各类运输方式，故而其中多为相对简单的原则性规定，适用于海上旅客运输合同的可操作性不强。包括《民法典》在内，我国法律对于海上旅客运输合同的适用顺序如图7所示：

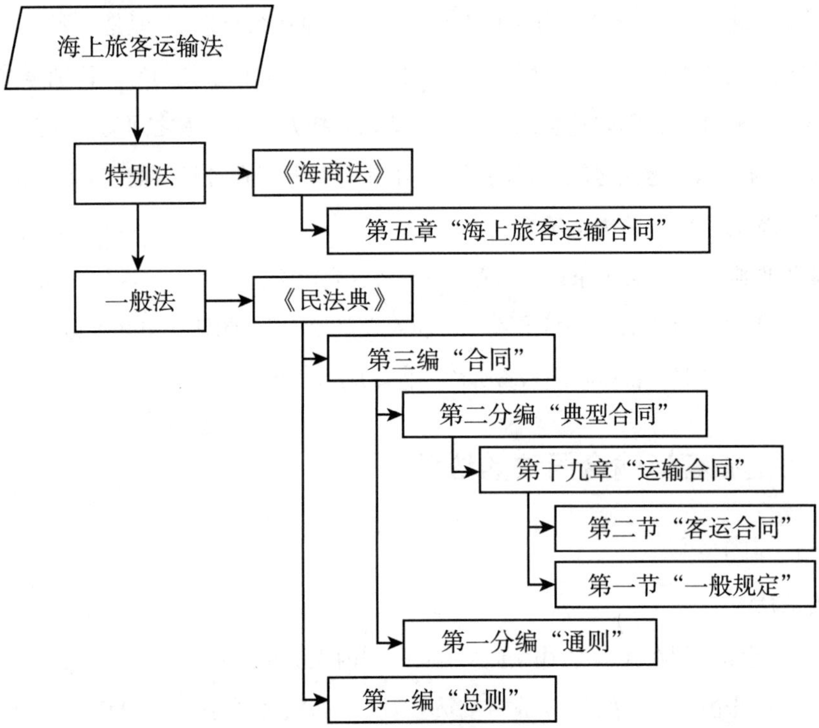

图7　中国国内法律对于海上旅客运输合同的适用顺序

注：图中各个法源按照自上而下的顺序适用。

此外，《民法典》关于运输合同的规定还可适用于不属于《海商法》适用范围的我国内陆水域的旅客运输。

3.《水路旅客运输规则》

《水路旅客运输规则》是原交通部制定的部门规章，1995年12月12日发布，1997年8月26日、2014年1月2日两次修正，实践中通常简称为“客规”。

《水路旅客运输规则》共分为十章，包括总则，运输合同及作业合同的订立，旅客运输合同的履行，行李运输合同的履行，作业合同的履行，代理业务，客运费用，运输发生意外情况的处理，运输、作业合同争议的处理，附则。《水路旅客运输规则》的规定较为详细，但由于立法年代久远，不少内容仍然显得陈旧、过时，无法充分适应水路旅客运输实践的发展变化。

《水路旅客运输规则》适用于我国港口之间的国内海上旅客运输即沿海旅客运输，以及内陆水域的旅客运输，但不适用于国际海上旅客运输，也即与《海商法》第五章的适用范围在国内海上旅客运输部分存在交集。

（二）国际公约

国际公约对于海上旅客运输法的统一切实发挥作用，始自《1974 年雅典公约》。虽然此前曾经陆续产生了 1961 年《统一海上旅客运输某些规则的国际公约》（International Convention for the Unification of Certain Rules relating to the Carriage of Passengers by Sea）、1967 年《统一海上旅客行李运输的国际公约》（International Convention for the Unification of Certain Rules relating to Carriage of Passenger Luggage by Sea），但均收效甚微。前者于 1965 年 6 月 4 日生效，截至 2023 年 1 月共有 11 个参加国，包括阿尔及利亚、古巴、刚果民主共和国、埃及、法国、海地、伊朗、马达加斯加、摩洛哥、秘鲁、瑞士、突尼斯；后者至今尚未生效，仅有阿尔及利亚、古巴 2 个国家参加。

1.《1974 年雅典公约》

《1974 年雅典公约》由国际海事委员会（Comité Maritime International, CMI）组织制定，1974 年 12 月 13 日通过，1987 年 4 月 28 日生效。1994 年 3 月 5 日，第八届全国人民代表大会常务委员会第六次会议决定我国加入《1974 年雅典公约》。

截至 2023 年 1 月，约有 26 个国家或地区参加了《1974 年雅典公约》，包括比利时、中国、埃及、德国、希腊、波兰、西班牙、瑞士、英国等。

2.《1974 年雅典公约 1976 年议定书》

《1974 年海上旅客及其行李运输雅典公约议定书》（Protocol to the Athens Convention relating to the Carriage of Passengers and their Luggage by Sea, 1974，以下简称《1974 年雅典公约 1976 年议定书》）于 1976 年 11 月 19 日通过，1989 年 4 月 30 日生效。1994 年 3 月 5 日，第八届全国人民代表大会常务委员会第六次会议决定我国在加入《1974 年雅典公约》的同时，加入《1974 年雅典公约 1976 年议定书》。

《1974 年雅典公约》规定的承运人单位赔偿责任限额，采用的计算单位为金法郎即金本位，以黄金作为定值标准。由于黄金本身的价格根据市场供求关系自由涨落，承运人赔偿限额的实际价值不能保持稳定。《1974 年雅典公约 1976 年议定书》主要是为应对此种情况，而将承运人单位赔偿责任限额的计算单位从金法郎修改为特别提款权（Special Drawing Right, SDR）。

截至 2023 年 1 月，约有 16 个国家或地区参加了《1974 年雅典公约 1976 年议定书》，包括阿根廷、巴哈马、中国、波兰、瑞士、乌克兰等。

3.《1974 年雅典公约 1990 年议定书》

《1974 年海上旅客及其行李运输雅典公约的 1990 年议定书》（Protocol of 1990 to amend the Athens Convention relating to the Carriage of Passengers and their Luggage by Sea, 1974，以下简称《1974 年雅典公约 1990 年议定书》）通过于 1990 年 3 月 29 日，至今尚未生效。我国未参加该议定书。

《1974 年雅典公约 1990 年议定书》的主要内容是大幅提高承运人的单位赔偿责任限额，其中第 2 条第 2 款规定：

> 承运人对每位旅客的死亡或人身伤害的责任，在任何情况下对每次运输不得超过 175000 个计算单位。如果按照受理法院的法律，损害赔偿费是以分期付款的方式偿付，则这些支付的等值本金价值不得超过所述的限额。
>
> 第 2 条第 3 款规定：
>
> 1. 承运人对随身行李的灭失或损坏的责任，在任何情况下对每位旅客每次运输不得超过 1800 个计算单位。
>
> 2. 承运人对车辆包括车中或车上的所有行李的灭失或损坏的责任，在任何情况下对每辆车每次运输不得超过 10000 个计算单位。
>
> 3. 承运人对本条第 1 款和第 2 款所述者以外的行李的灭失或损坏的责任，在任何情况下对每位旅客每次运输不得超过 2700 个计算单位。
>
> 4. 承运人和旅客可以商定，承运人的责任，对于每辆车的损坏，应有不超过 300 个计算单位的免赔额；对其它行李的灭失或损坏，应有不超过每位旅客 135 个计算单位的免赔额；此种款项应从灭失或损坏中减除。

截至 2023 年 1 月，共有 3 个国家参加了《1974 年雅典公约 1990 年议定书》，即埃及、卢森堡、汤加。

4.《2002 年雅典公约》

《1974 年海上旅客及其行李运输雅典公约的 2002 年议定书》（Protocol of 2002 to the

Athens Convention relating to the Carriage of Passengers and their Luggage by Sea, 1974）于2002年11月1日通过，2014年4月23日生效。由于该议定书是对《1974年雅典公约》较大幅度的修改，修改后的公约称为《2002年海上旅客及其行李运输雅典公约》（以下简称《2002年雅典公约》）。我国未加入该议定书。

截至2023年1月，约有31个国家或地区参加了《2002年雅典公约》，包括比利时、丹麦、欧盟、芬兰、法国、德国、希腊、爱尔兰、荷兰、挪威、葡萄牙、俄罗斯、西班牙、瑞典、英国等。

《2002年雅典公约》的修改重点体现在加重承运人的责任，包括在承运人责任的归责原则中引入无过错责任原则，同时大幅提高承运人的单位赔偿责任限额，并且设立了强制责任保险和财务担保以及针对责任保险人和财务保证人的直接诉讼制度，具体内容如下：

（1）承运人责任的归责原则

《2002年雅典公约》对于承运人责任采取更为严格的归责原则，一般认为主要考量分为两个方面：一是航空旅客运输承运人责任制度的变革。二是船舶污染损害赔偿已采无过错责任或谓严格责任原则，且保险市场相应的责任保险体制也已基本成熟；而人类对于旅客人身损害赔偿责任的自我评价，应当高于船舶污染，或者至少处于同等水平。①

关于承运人责任的归责原则，《2002年雅典公约》第3条第1~4款规定：

1. 除非承运人能够证明事故属于下列原因造成，就航运事故导致的旅客人身伤亡造成的损失，承运人在每位旅客每次事故不超过250000计算单位的范围内承担责任；

（a）由于战争行为、敌对行为、内战、武装暴动、或特殊的、不可避免的和不可抗拒性质的自然现象所造成，或

（b）完全由于第三人故意的行为或者不行为造成的，除非承运人证明造成损失的事故发生不是由于其过失或者疏忽，对于超过上述责任限制的损失，承运人应继续承担责任。

2. 对于非由航运事故导致的旅客人身伤亡造成的损失，如果造成损失的事故是由于承运人的过失或者疏忽，承运人应当承担责任。索赔人对过失或疏忽负有举证责任。

3. 对于自带行李灭失或损害造成的损失，如果造成损失的事故是由于承运人

① 参见黄裕凯：《2002年国际海上旅客及其行李运送雅典公约》，台北，五南图书出版股份有限公司2012年版，第86~87页。

的过失或疏忽，承运人应当承担责任。由航运事故造成的损失应当推定承运人具有过失或疏忽。

4. 对于自带行李以外其他行李的灭失或损害造成的损失，除非承运人证明造成损失的事故发生不是由于其过失或疏忽，其应承担责任。

根据上述规定，承运人责任的归责原则分为以下五个层次：

第一，承运人责任根据损害是否由航行事故（shipping incident）导致而适用不同的归责原则。关于航行事故的定义，《2002 年雅典公约》第 3 条第 5 款第（a）项规定，“‘航运事故’系指沉没、倾覆、船舶碰撞或搁浅、船上发生的爆炸或火灾，或船舶缺陷。”承运人对于航行事故造成损害的责任总体而言采取更为严格的归责原则。

第二，对于航行事故导致的旅客人身损害，承运人在 25 万 SDR 的赔偿责任限额以内承担无过错责任，除非承运人证明事故属于以下两种情形：一是由于战争行为、敌对行为、内战、武装暴动，或者异常而不可避免、不可抗拒的自然现象造成；二是完全由于第三人故意的作为或不作为造成。至于超出 25 万 SDR 赔偿责任限额的损失，承运人承担过错推定责任，即除非承运人证明自身不存在过错，否则应当承担损害赔偿责任。

第三，对于非航行事故导致的旅客人身损害，承运人承担过错责任，即索赔人应当证明承运人存在过错，否则承运人不承担损害赔偿责任。

第四，对于自带行李的损失，如果是由于航行事故导致，承运人承担过错推定责任，即除非承运人证明自身不存在过错，否则应当承担损害赔偿责任；如果是由于非航行事故导致，承运人承担过错责任，即索赔人应当证明承运人存在过错，否则承运人不承担损害赔偿责任。

第五，对于非自带行李的损失，承运人承担过错推定责任，即除非承运人证明自身不存在过错，否则应当承担损害赔偿责任。原因在于非自带行李主要是承运人保管的行李，故而承运人责任理应采用更为严格的归责原则，且由承运人承担举证责任。

（2）承运人的单位赔偿责任限额

关于承运人对于旅客人身损害的单位赔偿责任限额，《2002 年雅典公约》第 7 条规定：

1. 根据第 3 条承运人对旅客的人身伤亡的赔偿责任，每名旅客每次特定事故不应超过 400000 计算单位。按照受理案件法院地法律、损害赔偿金是以分期付款方式偿付的，则这些付款的等值本金价值不得超过所述的限额。

2. 如果成员国国内法规定了责任限额，而且其不低于第 1 款规定的金额，成员国可以通过具体国内法规范规定第 1 款责任限制的适用。根据本款规定做出选择的成员国，应将其采用的责任限制或没有责任限制的事实通知秘书长。

根据上述规定，除了第3条第1款规定的航行事故无过错责任原则的25万SDR责任限额，承运人对于旅客人身损害的单位赔偿责任限额为40万SDR。同时根据第2款的规定，公约的成员国可以在国内立法中规定更高的责任限额。

关于承运人对于行李灭失或损坏的单位赔偿责任限额，《2002年雅典公约》第8条规定：

> 1. 承运人对自带行李灭失或损坏的责任，在任何情况下不得超过每位旅客每次运输2250计算单位。
>
> 2. 承运人对车辆，包括车内或车上的所有行李灭失或损坏所承担的责任，在任何情况下不得超过每一车辆每次运输12700计算单位。
>
> 3. 承运人对本条第1款和第2款所述者以外的行李灭失或损坏的责任，在任何情况下不得超过每位旅客每次运输3375计算单位。
>
> 4. 承运人和旅客可以商定承运人的免赔额，但对每一车辆损害的免赔额不应超过330计算单位，对其他行李的灭失或损坏的免赔额不应超过每位旅客149计算单位。此种免赔额应从灭失或损坏中减除。

根据上述规定，承运人对于自带行李、车辆、其他行李灭失或损坏的单位赔偿责任限额分别为2250 SDR、12,700 SDR、3375 SDR。此外，承运人可以与旅客约定免赔额，但对于车辆不得超过每辆330 SDR，对于车辆以外的其他行李不得超过每位旅客149 SDR。

（3）强制责任保险、财务担保与直接诉讼

根据《2002年雅典公约》第4–1条的规定，如果在公约参加国登记并获准载运12名以上旅客的船舶运输旅客，且该运输属于公约的适用范围，任何实际履行全部或部分运输的承运人应当维持保险或其他财务担保，以保证根据公约应对旅客人身损害承担的无过错责任的赔偿限额，即以每名旅客每一事故25万SDR为最低限额，投保责任保险或者提供银行或类似金融机构出具的保证等财务担保。同时，船上应当携带公约参加国主管当局签发的有效的保险或财务担保证书，否则参加国不应允许船舶悬挂其国旗营运。

《2002年雅典公约》为保障强制责任保险和财务担保制度的有效实施，同时在第4–1条第10款规定：旅客人身损害的索赔人可对责任保险人或财务保证人直接提出索赔诉讼，但后者有权援引承运人的免责事由和单位赔偿责任限制，即使承运人或履约承运人丧失了单位赔偿责任限制和免责的权利。此外，责任保险人或财务保证人可以主张旅客人身损害是由于被保险人有意的不当行为造成，还有权要求承运人和实际承运人参加旅客人身损害索赔人对其提起的诉讼。[1] 此种规定主要是对居于相对弱势地位的旅客的倾斜保护。

六、海上旅客运输合同法的强制性

《海商法》第 126 条第 1 款规定：

> 海上旅客运输合同中含有下列内容之一的条款无效：
> （一）免除承运人对旅客应当承担的法定责任；
> （二）降低本章规定的承运人责任限额；
> （三）对本章规定的举证责任作出相反的约定；
> （四）限制旅客提出赔偿请求的权利。

根据上述规定，海上旅客运输法具有一定程度的强制性，即合同双方当事人的意思自治受到适当的限制，具体表现为合同中的以下条款属于无效条款：

1. 免除承运人对于旅客应当承担的法定责任。此处法定责任主要是指承运人对于旅客人身损害以及行李灭失或损坏的损害赔偿责任。例如，如果海上旅客运输合同约定，承运人对于旅客行李的灭失或损坏一概不承担责任，此种条款即属无效。

2. 降低承运人的单位赔偿责任限额。降低承运人单位赔偿责任限额的本质也是减轻承运人的责任。例如，《海商法》第 117 条第 1 款第 1 项规定承运人对于旅客人身损害的单位赔偿责任限额为每名旅客 46,666 SDR。如果海上旅客运输合同约定，承运人对于旅客人身损害赔偿享有每名旅客 10,000 SDR 的免赔额，即属降低承运人责任限额的无效条款。

3. 针对举证责任作出相反的约定。《海商法》第五章关于举证责任的规定主要体现在第 114 条、第 115 条。虽然改变举证责任的约定理论上也可能是将旅客的举证责任重新分配至承运人，但就旅客和承运人在海上旅客运输合同订立中的谈判地位而言，由于旅客在多数情况下居于相对弱势的地位，实际情况通常均是承运人将自身依据法律规定负有的举证责任转嫁至旅客，从而提高旅客索赔的难度，达到减轻自身责任的效果。例如，根据《海商法》第 114 条第 4 款的规定，承运人对于非自带行李的灭失或损坏承担过错推定责任，即应由承运人承担自身不存在过错的举证责任。如果海上旅客运输合同约定，除非旅客举证证明承运人对于非自带行李的灭失或损坏存在过错，否则承运人不承担赔偿责任，即属针对举证责任作出相反约定的无效条款。

---

① 参见司玉琢主编：《海商法》（第 4 版），法律出版社 2018 年版，第 195 页。

4. 限制旅客提出赔偿请求的权利。旅客对于承运人、实际承运人等主体提出损害赔偿请求的权利，不能通过合同约定剥夺或者限制。例如，邮轮旅游中承运人通常要求旅客将在岸上观光环节购买的酒类等物品寄存。如果海上旅客运输合同约定，旅客对于在岸上观光环节购买而未寄存的物品的灭失或损坏一概不得提出索赔请求，即属限制旅客赔偿请求权利的无效条款。

上述海上旅客运输合同条款无效的情形，主要是出于保护旅客权益而避免承运人利用合同条款减轻自身责任。同时，《海商法》第126条第2款规定："前款规定的合同条款的无效，不影响合同其他条款的效力。"因此，如果海上旅客运输合同中存在此类条款，只是导致此类条款本身无效，而不会影响合同整体或者其他条款的效力。

第二节 海上旅客运输合同的订立、变更与解除

一、海上旅客运输合同的订立

海上旅客运输合同的订立除应遵循合同订立的一般程序，即通常表现为要约和承诺外，《民法典》第814条关于客运合同的成立时间规定："客运合同自承运人向旅客出具客票时成立，但是当事人另有约定或者另有交易习惯的除外。"海上旅客运输的客票在实践中通常称为船票。

司法实践

客运合同的成立时间

成都铁路运输中级法院在中国国际航空股份有限公司与纪某玲、同程网络科技股份有限公司航空旅客运输合同纠纷案[①]中认为：

> 《中华人民共和国民法典》第八百一十四条规定，客运合同自承运人向旅客出具客票时成立。本案中，案涉航空旅客运输合同自承运人国航公司向纪春玲出具客票时成立，合同成立后，纪春玲向国航公司支付机票费用，国航公司应按合同约定

① 参见成都铁路运输第一法院（2021）川7101民初224号民事判决书；成都铁路运输中级法院（2021）川71民终82号民事判决书。

的时间将纪春玲安全运输到约定地点，后纪春玲因自身原因无法使用所购机票申请退票退款，导致案涉航空旅客运输合同无法履行，构成违约，故国航公司收取的退票费，实质是收取双方约定的违约金。

上述规定与我国邮轮旅游的实践做法存在区别。包船模式下是由旅行社向旅客销售船票，而船票的实际出具通常是在邮轮开航前数日。例如，皇家加勒比国际游轮实行在线值船制度，要求旅客须最晚在登船日 72 小时前完成在线值船，并及时打印船票。因此，旅客与旅行社订立邮轮旅游服务合同可能距离邮轮公司出具船票间隔较长的时间，而不是由邮轮公司即时出具船票。如果认定海上旅客运输合同在承运人出具船票时方才成立，将会导致旅客与邮轮公司的法律关系在很长一段时间内处于不稳定状态。基于包船模式下邮轮旅游服务合同与海上旅客运输合同密切的关联关系，应当认为邮轮旅游包船模式下存在行业交易习惯，邮轮旅游服务合同成立的时间也是海上旅客运输合同的成立时间，除非旅行社包销邮轮船票并未经由邮轮公司授权或认可。此亦符合旅行社代理邮轮公司与旅客订立合同应当产生的法律效果。

关于船票的功能，《海商法》第 110 条规定："旅客客票是海上旅客运输合同成立的凭证。"而且，船票不仅是海上旅客运输合同成立的证明，同时也是合同内容的证明。合同是内容与形式的统一体，合同内容和合同形式是合同的一体两面，合同条款即是二者的连结点。[①] 既然船票在形式上具有证明合同成立的功能，船票记载事项相应也成为合同条款即合同内容的组成部分。

客票或船票示例如图 8、图 9 所示。

图 8　中铁渤海 1 号客票示例

① 参见韩世远：《合同法总论》（第 3 版），法律出版社 2011 年版，第 119 页。

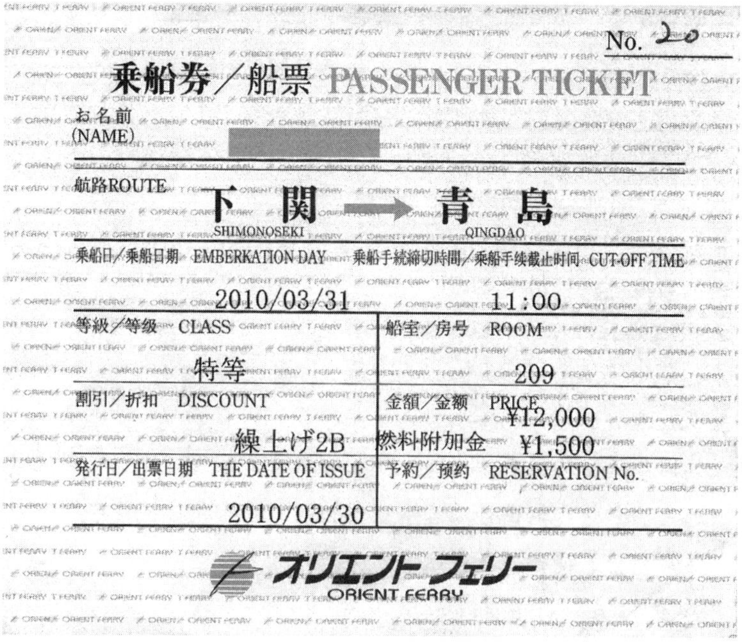

No. 20

乗船券／船票 PASSENGER TICKET

お名前 (NAME) [redacted]

航路ROUTE 下関 → 青島
SHIMONOSEKI　QINGDAO

乗船日／乗船日期 EMBERKATION DAY　乗船手続締切時間／乘船手续截止时间 CUT-OFF TIME
2010/03/31　11:00

等級／等级 CLASS 特等　船室／房号 ROOM 209

割引／折扣 DISCOUNT 繰上げ2B　金額／金额 PRICE ¥12,000
燃料附加金 ¥1,500

発行日／出票日期 THE DATE OF ISSUE 2010/03/30　予約／预约 RESERVATION No.

オリエントフェリー ORIENT FERRY

图 9　奥林汽船船票示例

理论探讨

邮轮登船凭证是否构成客票？

关于目前我国邮轮船票管理制度使用的登船凭证，部分观点认为登船凭证不是船票。例如，林江在《邮轮经济法律规制研究：上海宝山实践分析》一书中认为：

> 登船凭证是在上海诞生的与邮轮旅游经济相关的创新事物，意在弥补旅行社包切舱模式下船票的空缺，协调在该种模式下邮轮经营公司、旅行社和旅客之间的权利和义务关系。登船凭证不是船票，但在实务中可发挥船票的主要功能。

首先可以肯定的是，法律规定的客票或船票在实践中未必一定采用“客票”或“船票”作为名称，即名称不是判断邮轮登船凭证是否构成客票的标准。我国邮轮船票管理制度的初衷之一，是为克服长期以来由于船票隐形导致的旅客与邮轮公司之间法律关系的模糊状态，促使船票“显形”。《关于上海试点邮轮船票制度的通知》确立的工作目标即有“明确邮轮公司与旅客之间的法律关系”：

> 以规范邮轮运输经营行为，维护各方合法权益，保障邮轮运输公共安全，提升邮轮运输服务水平为目的，通过建立邮轮船票管理制度，完善船票售票、出票、验票的全流程管理，明确邮轮公司与旅客之间的法律关系，实现邮轮旅客运输实名售票，实名验票，凭票进港，凭票登轮。
>
> 《〈交通运输部 公安部 文化和旅游部 海关总署 移民局关于推广实施邮轮船票管理制度的通知〉政策解读》进一步指出：
>
> 实践中，邮轮船票包括但不限于登船凭证，还可以包括发票、行李信息条、主要乘客条款等。参照境外其他航线和民航业做法，明确登船凭证是乘客进港登船的通行凭证，应使用规范的样式和内容，邮轮运输企业及港口可在登船凭证背面注明进出港口、通关须知等邮轮出行注意事项。为便利乘客快速便捷登船和出入境，登船凭证上可集成船票和便捷通关认证等电子化信息。
>
> 因此，至少根据目前我国实行的邮轮船票管理制度，应当认为登船凭证是邮轮船票最为主要的表现形式。

二、海上旅客运输合同的变更与解除

《海商法》关于海上旅客运输合同的变更与解除未作特别规定，相关规定主要见于《民法典》第三编“合同”第十九章“运输合同”。

（一）旅客自身原因导致的变更与解除

《民法典》第816条规定：“旅客因自己的原因不能按照客票记载的时间乘坐的，应当在约定的期限内办理退票或者变更手续；逾期办理的，承运人可以不退票款，并不再承担运输义务。”

> **司法实践**
>
> **旅客自身原因导致的客运合同变更与解除**
>
> - 上海市浦东新区人民法院在刘某斌与中国东方航空股份有限公司航空旅客运输合同纠

纷案[1]中认为：

根据法律规定，旅客因自己的原因不能按照客票记载的时间乘坐的，应当在约定的期限内办理退票或者变更手续；逾期办理的，承运人可以不退票款，并不再承担运输义务。现刘某斌未实际乘坐上述航班，亦未在退票有效期内申请退票，故东方航空公司不同意退还刘某斌税费及积分的意见，有合同依据，综上，刘某斌要求东方航空公司返还税费100元及东方航空6000里程积分，并要求东方航空公司赔礼道歉的诉讼请求，不予支持。

● 广州铁路运输法院在刘某霞与中国南方航空股份有限公司航空旅客运输合同纠纷案[2]中认为：

本案为航空旅客运输合同纠纷。原告刘某霞自购买被告南航公司2019年12月29日广州飞往毕节CZ3941航班机票时起，双方之间建立航空旅客运输合同关系，且合法有效，双方均应按照合同约定和法律、行政法规的规定履行合同义务。《中华人民共和国合同法》第二百九十五条规定："旅客因自己的原因不能按照客票记载的时间乘坐的，应当在约定的时间内办理退票或者变更手续。逾期办理的，承运人可以不退票款，并不再承担运输义务。"本案中，南航公司已依约完成涉案航班的运输义务，刘某霞关于三段航程相互关联，因12月28日航班的取消影响其12月29日的行程，属于非自愿退票的情形，南航不应收取退票手续费的主张，首先，刘某霞分别于不同的时间购买了12月28日的两张机票与12月29日的涉案机票，上述三张机票也非联程客票，所涉及的并非同一运输合同关系；其次，刘某霞提供的证据亦不足以证明12月28日航班取消对12月29日航班所造成的必然影响，其在起诉状及庭审中所陈述的理由均是其个人主观原因，不属于非自愿退票情形。故刘某霞主张退还240元退票手续费的诉请，无事实及法律依据，本院不予支持。

本条主要针对旅客由于自身原因需要办理退票或变更手续的情形，其中旅客自身原因主要是指旅客健康状况、工作原因、个人延误等个人因素导致的无法按照船票载明时间乘船的情形。[3]

---

① 参见上海市浦东新区人民法院（2021）沪0115民初51333号民事判决书；上海市第一中级人民法院（2021）沪01民终13915号民事判决书。

② 参见广州铁路运输法院（2022）粤7101民初132号民事判决书。

③ 参见谢鸿飞、朱广新主编：《民法典评注·合同编　典型合同与准合同》（第3册），中国法制出版社2020年版，第238页。

如果旅客与承运人约定了办理退票或变更手续的期限，旅客应在约定的期限之内办理；如果旅客办理手续超出了约定的期限，承运人可以在不退票款的同时不再承担运输义务，即船票作废；如果双方未约定期限，基于上述条文的反对解释，旅客应当可以在任意时间办理退票或变更手续，但实践中邮轮公司等承运人通常均会明确规定并公布办理退票或变更手续的期限及对应费用。

旅客办理退票或变更手续，可能需要按照办理时间、船票价格等因素支付一定比例的费用。邮轮公司通常会在官方网站公布邮轮船票的退改政策。例如，皇家加勒比国际游轮在新冠疫情期间实行“无忧退改计划”，其中规定：

> 针对2021年8月31日（含）前在“皇家加勒比国际游轮”中国大陆地区的官方渠道，包括官方网站、微信小程序、飞猪旗舰店和官方预订电话预订2022年3月15日（含）前出发的“皇家加勒比国际游轮”品牌下的中国母港航次，皇家加勒比宣布将进一步升级原有的退改保证政策，宾客最晚在开航2天前免费改签，开航7天前宾客更是可以实现全额退款。选择改签的宾客可选择2021年至2022年出发的中国母港航次，具体政策请见无忧退改计划。[①]

至于其他时间航次的退改，旅客需要支付一定比例的费用：

> 中国出发航次取消政策：
>
> 开航45天（不含）之前取消订单，可全额退款；
>
> 开航前第45–30天取消订单，将收取1000元人民币/人作为取消费用；
>
> 开航前第29–8天取消订单，收取船费全款的50%作为取消费用（不包括港务税费）；
>
> 开航前第7–0天取消订单，收取船费全款的100%作为取消费用（不包括港务税费）。
>
> 船或航次修改政策：
>
> 开航前45天之前允许客人更改船或航次。同房所有客人应按照新航次的实时价格支付船票费用及港务税费。
>
> 进入开航前45天（含）之内，不再接受船或航次的修改；如更改则将视为取

① 载皇家加勒比国际游轮官网，https://www.rcclchina.com.cn/Rccl.CustomPage/Faq/Detail/158.html?shipCategory=%E6%B5%B7%E6%B4%8B%E5%A5%87%E8%BF%B9%E5%8F%B7&shipSubCategory=%E4%B8%AD%E5%9B%BD%E4%B8%8A%E6%B5%B7%E5%87%BA%E5%8F%91，最后访问日期：2022年12月31日。

消后的重新预订，并根据上述取消政策收取相应的取消费用。[①]

此外，邮轮旅游服务合同通常也会约定旅客解除合同应当支付的违约金。例如，《上海市邮轮旅游合同示范文本（2015版）》第9条第1款规定：

> 乙方在行程前30日以内（含第30日，下同）提出解除合同的，向甲方退还全额旅游费用（不得扣除签证／签注等费用），并按下列标准向甲方支付违约金：
>
> 1. 行程前___日至___日，支付旅游费用总额____%的违约金；
> 2. 行程前___日至___日，支付旅游费用总额____%的违约金；
> 3. 行程前___日至___日，支付旅游费用总额____%的违约金；
> 4. 行程前___日至___日，支付旅游费用总额____%的违约金；
> 5. 行程开始当日，支付旅游费用总额____%的违约金。
>
> 如上述违约金不足以赔偿甲方的实际损失，乙方应当按实际损失对甲方予以赔偿。
>
> 乙方应当在解除合同通知到达日起____个工作日内，向甲方全额退还已收旅游费用并支付违约金。

虽然此种违约金是针对邮轮旅游服务合同，但此时合同解除的法律效果应当及于旅行社作为代理人订立的海上旅客运输合同。

（二）承运人不能正常运输导致的变更与解除

《民法典》第820条规定："承运人应当按照有效客票记载的时间、班次和座位号运输旅客。承运人迟延运输或者有其他不能正常运输情形的，应当及时告知和提醒旅客，采取必要的安置措施，并根据旅客的要求安排改乘其他班次或者退票；由此造成旅客损失的，承运人应当承担赔偿责任，但是不可归责于承运人的除外。"

司法实践

承运人不能正常运输导致的客运合同变更与解除

● 北京市第三中级人民法院在孙某与中国国际航空股份有限公司航空旅客运输合同纠纷

① 载皇家加勒比国际游轮官网，https://www.rcclchina.com.cn/Rccl.CustomPage/Faq/Detail/158.html?shipCategory=%E6%B5%B7%E6%B4%8B%E5%A5%87%E8%BF%B9%E5%8F%B7&shipSubCategory=%E4%B8%AD%E5%9B%BD%E4%B8%8A%E6%B5%B7%E5%87%BA%E5%8F%91，最后访问日期：2022年12月31日。

案[①]中认为：

根据《中华人民共和国民法典》第八百二十一条规定，承运人擅自降低服务标准的，应当根据旅客的请求退票或者减收票款;提高服务标准的，不得加收票款。第八百二十条规定，承运人应当按照有效客票记载的时间、班次和座位号运输旅客。承运人迟延运输或者有其他不能正常运输情形的，应当及时告知和提醒旅客，采取必要的安置措施，并根据旅客的要求安排改乘其他班次或者退票；由此造成旅客损失的，承运人应当承担赔偿责任，但是不可归责于承运人的除外。

本案中，国际航空公司作为承运人将孙某购买的头等舱客票变更为公务舱客票，属于降低服务标准的情形。在这种情况下，孙某作为旅客享有请求退票和减收票价的选择权。通过孙某和国际航空公司坐席的电话录音可以看出，孙某已经作出解除运输合同、退还票款的意思表示，作出意思表示时尚在客票的有效期内。孙某因双方对赔偿标准存在争议，故未在客票有效期内在国际航空公司处提交非自愿退票申请。但孙某在与国际航空公司坐席电话的沟通中已明确表示了要求退还票款的意思表示。故一审对于孙某主张的退还预订机票使用的150000里程及2220税费的请求予以支持，并无不当。

孙某购买了北京飞往巴黎的头等舱机票，而因国际航空公司调整机型未能按照约定为孙某提供头等舱，对于该长途飞行而言，舱位类型会对飞行旅程体验产生较大影响，孙某因而未能出行，确实会给孙某造成一定损失，国际航空公司应当就损失承担赔偿责任,一审对于赔偿数额酌情确定为800元,处理并无不当,二审予以维持。

● 北京市第三中级人民法院在程某荣与中国国际航空股份有限公司、浙江飞猪网络技术有限公司航空旅客运输合同纠纷案[②]中认为：

《民法典》第八百二十条规定：“承运人应当按照有效客票记载的时间、班次和座位号运输旅客。承运人迟延运输或者有其他不能正常运输情形的，应当及时告知和提醒旅客，采取必要的安置措施，并根据旅客的要求安排改乘其他班次或者退票；由此造成旅客损失的，承运人应当承担赔偿责任，但是不可归责于承运人的除外。”

当事人对自己提出的诉讼请求所依据的事实或者反驳对方诉讼请求所依据的事实，应当提供证据加以证明，但法律另有规定的除外。在作出判决前，当事人未

① 参见北京市顺义区人民法院（2022）京0113民初4220号民事判决书；北京市第三中级人民法院（2022）京03民终8935号民事判决书。

② 北京市顺义区人民法院（2022）京0113民初1296号民事判决书；北京市第三中级人民法院（2022）京03民终4684号民事判决书。

> 能提供证据或者证据不足以证明其事实主张的，由负有举证证明责任的当事人承担不利的后果。
>
> 本案中，飞猪公司根据与国航公司之间的协议约定，经授权向程某荣出具机票，故程某荣与国航公司之间形成了航空旅客运输合同关系。因国航公司原因导致该航班取消，国航公司应当及时告知和提醒程某荣采取必要的安置措施，并根据程某荣的要求安排改乘其他班次或者退票。国航公司向程某荣发送了短信通知，列举了部分解决问题的方式，并告知如有疑问可致电咨询，更多自助服务可登录网站。与此同时，程某荣购买机票的飞猪公司（国航公司的机票代理销售商，亦是程某荣订购机票和申请改签、退票的互联网平台服务方）亦向程某荣发送了航班取消及后续处理途径的短信通知，该通知中明确告知程某荣可以选择非自愿全额退款的方式。程某荣作为完全民事行为能力人，在发生国航公司原因导致该航班取消并收到国航公司及飞猪公司短信提示情况下，其有权了解并选择适合自己的安置措施，且根据程某荣所提交的与其女儿的聊天记录显示，程某荣是在作出选择后，才告知其女儿，其女儿表示退票，因此在国航公司、飞猪公司已进行告知且程某荣有途径了解航班取消后其享有何种权利的情况下，程某荣以不知道可以退款为由进行抗辩缺乏依据。在可以选择全额退款或首次改签免费的情况下，程某荣已经选择改签，因此其自行选择改签的行为属于同意变更运输合同内容。程某荣在改签之后再行要求退款，应当按照变更后的运输合同约定处理，其要求按照变更前的合同约定进行非自愿全额退款的主张缺乏依据。据此，一审法院认为程某荣要求退还手续费的依据不足并驳回程某荣的诉讼请求并无不当，本院予以维持，并对程某荣的相关上诉意见不予采纳。

根据上述规定，如果承运人发生迟延运输或者其他不能正常运输的情形，旅客可以要求改乘其他班次或者退票，即变更或解除海上旅客运输合同，且不考虑发生不能正常运输的原因系承运人自身原因还是不可抗力等其他原因。此外，如果迟延运输或者其他不能正常运输的情形导致了旅客遭受损失，承运人应当承担赔偿责任，但不可归责于承运人的除外，即此时承运人的责任为过错责任原则。此处不可归责于承运人的原因主要是指不可抗力和旅客自身原因。[①]

上述规定与邮轮旅游的特殊性明显不符：邮轮旅游涉及的海上旅客运输不属于公共运输。同一邮轮公司在同一邮轮母港通常每周仅有一个班次，故而要求承运人在迟延运输的情

① 参见谢鸿飞、朱广新主编：《民法典评注·合同编　典型合同与准合同》（第3册），中国法制出版社2020年版，第255页。

形下安排旅客换乘其他班次并不现实。邮轮旅游与海上特殊风险密切相关，受到台风等恶劣天气的影响而发生航程变更，特别是迟延开航并不鲜见。如果动辄允许旅客主张退票，未免过于苛责邮轮公司，不仅不符合海上特殊风险对于法律调整的特殊需要，也将影响邮轮旅游市场正常的经营秩序。而且，航程变更作为当前我国邮轮旅游实践最为突出的纠纷类型，天气原因一般均能构成不可抗力，符合法定免责事由。此时应在海上旅客运输合同的双方当事人之间合理分摊损失，而不宜允许旅客随意退票。类似的问题同样存在于航空旅客运输。目前我国关于邮轮旅游纠纷的司法实践较少援引上述规定。

（三）承运人变更服务标准导致的变更与解除

《民法典》第821条规定："承运人擅自降低服务标准的，应当根据旅客的请求退票或者减收票款；提高服务标准的，不得加收票款。"

根据上述规定，如果承运人擅自即未经与旅客协商一致而降低服务标准，如邮轮公司擅自变更船舶导致可以提供的船上休闲娱乐服务类型大幅减少，此时旅客可以要求减收票款或者退票，即变更或解除海上旅客运输合同。此处减收票款的幅度应与承运人降低服务标准的程度相当，即与承运人违约行为造成的旅客利益损失对应。[①] 但是，如果承运人擅自提高服务标准，不得向旅客加收票款，但此时旅客不享有合同解除权即退票的权利。

此外，《民法典》第566条第2款规定："合同因违约解除的，解除权人可以请求违约方承担违约责任，但是当事人另有约定的除外。"据此合同解除并不排斥违约责任的主张。如果旅客退票后仍有损失，可向承运人主张赔偿损失。[②]

第三节　海上旅客运输合同当事人的义务与权利

一、承运人的义务与权利

（一）承运人的主要义务

《海商法》第五章"海上旅客运输合同"对于承运人的规定主要偏重违反合同义务产生的法律责任，而对义务本身规定较少，相关规定主要仍是见于《民法典》第三编"合同"第

① 参见谢鸿飞、朱广新主编：《民法典评注·合同编　典型合同与准合同》（第3册），中国法制出版社2020年版，第260页。

② 参见谢鸿飞、朱广新主编：《民法典评注·合同编　典型合同与准合同》（第3册），中国法制出版社2020年版，第259~260页。

十九章“运输合同”。

1. 及时运输的义务

《民法典》第 811 条规定：“承运人应当在约定期限或者合理期限内将旅客、货物安全运输到约定地点。”

本条主要是关于运输时间的规定。承运人应在约定或者合理的期限之内将旅客安全运输到约定的地点。此处合理期限通常认为是指一个普通旅客对于具备合理注意、应有谨慎的承运人可以惯常或正常期望的运输期限。①

邮轮旅游对于运输期限均有明确约定，此种约定首先体现在邮轮旅游服务合同，而后承运人出具的登船凭证即船票也会明确记载邮轮停靠各个港口的日期。因此，邮轮公司作为承运人在绝大多数情况下具体负有的是在约定期限内将旅客安全运输至约定的挂靠港、目的港的义务。

此外，《民法典》第 820 条规定：“承运人应当按照有效客票记载的时间、班次和座位号运输旅客。承运人迟延运输或者有其他不能正常运输情形的，应当及时告知和提醒旅客，采取必要的安置措施，并根据旅客的要求安排改乘其他班次或者退票；由此造成旅客损失的，承运人应当承担赔偿责任，但是不可归责于承运人的除外。”据此承运人负有提供与合同约定相符的舱位或座位的义务；至于迟延运输等无法正常运输的情形，承运人负有三项具体义务：一是及时告知和提醒无法正常运输的情形，二是采取必要的安置措施，三是根据旅客要求安排改乘其他航次或退票。

2. 按照约定或通常航线运输的义务

《民法典》第 812 条规定：“承运人应当按照约定的或者通常的运输路线将旅客、货物运输到约定地点。”

本条主要是关于运输路线的规定。承运人应按约定或通常的航线将旅客运输至约定地点。此处通常的运输航线一般认为是指两港之间距离最近的航线。但是，邮轮旅游的情况稍有不同，原因在于邮轮旅游涉及的海上运输包含海上观光游览的目的，加之需要停靠约定的挂靠港进行岸上观光，故而通常的运输航线不能仅考虑港口之间的距离。邮轮公司既要按时停靠约定的挂靠港、目的港，也应确保邮轮在海上巡游的时间。例如，邮轮在公海航行的时间久暂，决定了船上赌场可以经营的具体时长，从而与部分旅客的休闲娱乐需求存在直接关联。

邮轮旅游对于航线均有明确约定，此种约定首先体现在邮轮旅游服务合同中，而后承

① 参见谢鸿飞、朱广新主编：《民法典评注·合同编 典型合同与准合同》（第 3 册），中国法制出版社 2020 年版，第 211 页。

运人出具的登船凭证即船票也会明确记载航线。航程变更也是邮轮旅游最为常见的纠纷类型之一。

3. 安全运输的义务

《民法典》第819条规定："承运人应当严格履行安全运输义务，及时告知旅客安全运输应当注意的事项。旅客对承运人为安全运输所作的合理安排应当积极协助和配合。"

司法实践

客运合同承运人的安全运输义务

朝阳市双塔区人民法院在李某云与朝阳市公共交通有限责任公司、中华联合财产保险股份有限公司朝阳中心支公司公路旅客运输合同纠纷案[①]中认为：

> 本案系公路旅客运输合同纠纷，公路旅客运输过程中承运人应当严格履行安全运输义务，将旅客安全运输至目的地，如果非因旅客自身健康原因或者故意、重大过失造成的在运输过程中的伤亡外，承运人应当承担赔偿损失的违约责任。本案中，原告李某云乘坐被告朝阳市公共交通有限责任公司公交车辆出行，双方已形成公路旅客运输合同，在履行公路旅客运输合同过程中，双方均应按约履行各自义务，原告李某云是在乘坐被告车辆过程中，因车辆急刹车导致李某云从座位上脱落受伤，从而遭受经济损失，被告朝阳市公共交通有限责任公司应当对原告李某云的损失承担赔偿责任。

本条主要是关于安全运输的规定，承运人据此负有两个方面的义务：一是保障运输安全的义务；二是告知义务，即及时向旅客告知安全运输应当注意的事项，如邮轮旅游中较为典型的便是在旅客上船后举行安全演习，告知救生衣的使用方法、紧急情况下逃生的注意事项等。例如，皇家加勒比国际游轮官方网站说明：

> 根据《国际海上生命安全公约》（SOLAS）的规定，救生演习必须在乘客登船的24小时内进行。对于搭乘皇家加勒比船队的任何游轮的乘客，必须在登船当日，在游轮离港之前接受救生演习的训练。时间一般在登船日当天下午4时左右，届时

① 参见辽宁省朝阳市双塔区人民法院（2022）辽1302民初3620号民事判决书。

请您根据船上广播提醒，及时到船卡上标明的指定区域进行逃生演习。[①]

本条同时规定了旅客的对应义务，即旅客对于承运人为安全运输作出的合理安排，也负有积极协助和配合的义务。

4. 尽力救助旅客的义务

《民法典》第 822 条规定："承运人在运输过程中，应当尽力救助患有急病、分娩、遇险的旅客。"

司法实践

客运合同承运人尽力救助旅客的义务

● 广东省高级人民法院在史某刚、陈某英与广州市陆运有限公司公路旅客运输合同纠纷案[②]中认为：

史某刚、陈某英的女儿史某洁乘坐陆运公司的客车从贵州前往广东，史某洁与陆运公司已形成公路旅客运输合同关系。史某洁在客车行驶途中发病，根据《中华人民共和国合同法》第三百零一条"承运人在运输过程中，应当尽力救助患有急病、分娩、遇险的旅客"的规定，尽力救助患病旅客是陆运公司的法定义务。本案中，携带史某洁的成人陈某芬向陆运公司的司乘人员求助后，司乘人员虽然在高速公路的最近一个出口将客车驶出公路，但没有搭载陈某芬和史某洁到最近的三水医院以争取救治时间，而是任凭陈某芬和史某洁自行搭载三轮车前往医院，在履行救助义务上存在疏忽，应当承担相应的赔偿责任。从本案的实际情况看，史某洁的死亡是其自身健康原因所致。比较导致史某洁死亡的原因力，其自身疾病是主要原因，陆运公司在履行救助义务上的疏忽是次要原因。由此，二审判决酌定陆运公司赔偿 10000 元，处理恰当。史某刚、陈某英认为陆运公司没有提供必要的协助和救助义务，请求陆运公司承担 10% 至 15% 的损失，缺乏事实和法律依据。

● 长沙铁路运输法院在胡某与中国铁路武汉局集团有限公司铁路旅客运输合同纠纷案[③]

① 载皇家加勒比国际游轮官网，https://www.rcclchina.com.cn/content/faq，最后访问日期：2022 年 12 月 31 日。

② 参见广东省广州市中级人民法院（2013）穗中法民二终字第 238 号民事判决书；广东省高级人民法院（2014）粤高法民申字第 498 号民事裁定书。

③ 参见长沙铁路运输法院（2022）湘 8601 民初 91 号民事判决书。

中认为：

《中华人民共和国民法典》第八百一十一条规定，承运人应当在约定期限或者合理期限内将旅客、货物安全运输到约定地点。第八百二十三条第一款规定，承运人应当对运输过程中旅客的伤亡承担赔偿责任；但是，伤亡是旅客自身健康原因造成的或者承运人证明伤亡是旅客故意、重大过失造成的除外。第八百二十二条规定，承运人在运输过程中，应当尽力救助患有急病、分娩、遇险的旅客。本案中，原告持K932次列车车票乘车，在旅客运输合同履行期间发生人身伤害，要求被告按照铁路旅客运输合同承担民事责任，现没有证据证明原告的损伤是由于其自身健康原因或故意、重大过失造成的，因此被告对原告的人身损害应当承担违约赔偿责任。同时，综合本案证据和已查明事实，原告作为有完全行为能力的成年人，在乘车时向高于自己身高的上铺攀爬时，应当预见可能发生的危险，并加以相应的审慎注意义务，现原告因疏忽大意造成摔伤，主观上存在过失，应当减轻被告的赔偿责任。另外，事发时列车车厢内处于静止和光线明亮状态、没有其他明显不利于安全的情形发生，列车已通过广播播报形式进行了安全提醒，在事发后被告第一时间通过广播寻医，妥善安置被告躺卧休息、联系120急救并协助原告就医，已经充分履行了救助义务。综合本案的情况，本院确定被告承担30%的赔偿责任。

●重庆市第四中级人民法院在冉某光、陶某辽、陶某月、陶某源与四川广安宁祥运业（集团）有限公司、邻水县新世纪运业有限公司公路旅客运输合同纠纷案[①]中认为：

《中华人民共和国合同法》第三百零一条规定："承运人在运输过程中，应当尽力救助患有急病、分娩、遇险的旅客。"第三百零二条第一款规定："承运人应当对运输过程中旅客的伤亡承担损害赔偿责任，但伤亡是旅客自身健康原因造成的或者承运人证明伤亡是旅客故意、重大过失造成的除外。"从法律规定看，《合同法》第三百零一条规定了承运人在旅客患有急病、分娩、遇险时的救助义务；第三百零二条规定了承运人对旅客在运输过程中的伤亡承担无过错赔偿责任，但伤亡是旅客自身健康原因造成的或者承运人证明伤亡是旅客故意、重大过失造成的例外。所以，本案应当严格按照上述两条规定予以评判。

① 参见重庆市黔江区人民法院（2019）渝0114民初5993号民事判决书；重庆市第四中级人民法院（2020）渝04民终1271号书。

本案中，陶某祥在高速公路服务区下车上厕所属于公路旅客运输合同履行中的行为，承运人的驾驶人员在得知陶某祥昏倒在厕所后，及时前往查看并报警、报医，尽到了合理的救助义务，不能强求承运人在不明陶某祥昏倒后的基本情况就撇下同乘旅客将陶某祥送医，是否送医以及是否有送医的必要应由医务专业人员予以判断。

根据上述规定，承运人在运输过程中负有尽力救助患有急病、分娩、遇险旅客的义务。此项义务对于承运人而言既是道德义务也是法律义务，同时也是公序良俗原则的具体要求，故而承运人未履行此项义务同样需要承担违约责任。

尤其需要注意的是承运人履行救助义务的限度，由于承运人并非专业救助机构，救助义务的履行应当仅限于承运人的救助能力范围之内，特别是承运人在救助过程中的注意义务不应高于专业救助机构。对于承运人为履行救助义务而支出的合理费用，承运人可以要求被救助的旅客承担；对于因承运人履行救助义务而造成他人损害的情形，承运人应当承担损害赔偿责任，但如果承运人已尽相应的注意义务，却仍造成旅客损害，承运人不应承担赔偿责任。[①] 邮轮旅游由于具有享受型消费的属性，而且旅客在船时间更长，船上配备的医疗设施及人员配备通常较之一般客轮更为完备。

此外，无论是邮轮或一般客轮，承运人对于登船旅客通常均有不同程度的健康限制。例如，中日国际轮渡有限公司就其经营的新鉴真号规定：

（1）公司不接受孕期24周以上的孕妇、重病患者、精神病患者及传染病患者乘船，未成年人单独乘船需签署保证书，不接受未满12周岁的儿童单独乘船。

（2）孕期在24周以内的孕妇乘船，需征得您医生的同意并出具“孕期诊断书”及“适航证明”。

（3）年龄在75周岁以上的老年乘客乘船，需要出具县级以上医院开具的“健康证明”，以证明其身体状况达到适航要求。

（4）上述旅客在上船前需签署“旅客告知书”，在船期间旅客因自身原因造成的意外和不测，船公司不承担责任！公司保留不接受上述相关客人乘船的权力。[②]

---

① 参见谢鸿飞、朱广新主编：《民法典评注·合同编　典型合同与准合同》（第3册），中国法制出版社2020年版，第261~263页。

② 载中日国际轮渡有限公司官网，https://www.chinjif.com/col/col24988/index.html，最后访问日期：2022年12月31日。

皇家加勒比国际游轮官方网站也说明：

健康方面，乘客应保证：其和随其旅行的其他人员的身体情况均适合旅行，且该旅行不会对其或他人产生任何危险；

在游轮巡游/游轮观光活动开始之日或其后行程的任何时间里妊娠将超过23周（进入第24周或以上）的乘客，不得预定游轮巡游或登船。

至游轮行程结束之日妊娠将不超过23周的孕妇，需要出具医院证明（该证明须含有该孕妇怀孕周数并加盖医院公章），在登船当天到主管柜台报备、填写相关表格后方可登船。但游轮公司保留是否允许乘客登船的最终决定权。

乘客如因怀孕需取消预订的，仍遵循预订原有的退改政策。[①]

（二）承运人的责任期间

承运人的责任期间（period of responsibility），是指承运人对于旅客及其行李应当承担责任的时间区间。

《海商法》第五章采用的是“运送期间”的表述，其中第111条规定：

海上旅客运输的运送期间，自旅客登船时起至旅客离船时止。客票票价含接送费用的，运送期间并包括承运人经水路将旅客从岸上接到船上和从船上送到岸上的时间，但是不包括旅客在港站内、码头上或者在港口其他设施内的时间。

旅客的自带行李，运送期间同前款规定。旅客自带行李以外的其他行李，运送期间自旅客将行李交付承运人或者承运人的受雇人、代理人时起至承运人或者承运人的受雇人、代理人交还旅客时止。

根据上述规定，承运人的责任期间分为两个部分，即分别对于旅客和行李的责任期间。

司法实践

海上旅客运输合同承运人的责任期间

● 青岛海事法院在张某荣与青岛永顺达交通旅游开发有限公司、青岛积米崖交通旅游有限责任公司海上、通海水域旅客运输合同纠纷案[②]中认为：

---

① 载皇家加勒比国际游轮官网，https://www.rcclchina.com.cn/content/faq，最后访问日期：2022年12月31日。

② 参见青岛海事法院（2018）鲁72民初1653号民事判决书。

旅客运输合同关系的相对方是否应对原告受伤承担赔偿责任。综合原告和被告积米崖公司提供的证人证言及司法意见书鉴定意见，可以认定原告受伤系在登轮时右脚掉在船舶和码头之间的夹缝被挤压所致，根据《中华人民共和国海商法》第一百一十一条规定，“海上旅客运输的运送期间，自旅客登船时起至旅客离船时止”，原告在持票通过验票程序后开始登轮，其旅客运输合同开始履行，无证据表明原告对其遭受的伤害存在过错，承运人积米崖公司应履行其合同义务，承担在其实际控制区域对原告的安全保障义务，并将原告安全地送达目的地。《中华人民共和国合同法》第三百零二条规定，承运人应当对运输中旅客的伤亡承担损害赔偿责任，故积米崖公司应对原告的受伤承担赔偿责任。

● 厦门海事法院在王某荣与福建省龙海市浮宫航运公司海上旅客运输合同纠纷案[①]中认为：

《中华人民共和国海商法》（以下简称《海商法》）第一百一十一条规定，海上旅客运输的运送期间是自旅客登船时起至旅客离船时止。原告在登船后受伤，属于被告运送期间发生的责任事故。《合同法》第二百九十条规定，承运人应当在约定期间或者合理期间内将旅客、货物安全运输到约定地点。本案中，被告在装货操作中打开舱盖后，未对乘客进行登船引导和足够的提醒及警示，导致乘客在登船后掉入货舱受伤，具有明显的过错。因被告违反了《合同法》第二百九十条的规定，应对原告承担违约赔偿责任，赔偿其因人身受伤所遭受的损失。

1. 承运人对于旅客的责任期间

承运人对于旅客的责任期间是自旅客登船时起至旅客离船时止，即旅客在船的全部期间，同时存在以下两种例外情况：

（1）如果船票的价格包含接送费用，承运人的责任期间包括承运人经水路将旅客从岸上接至船上，以及从船上送至岸上的期间。此种情形主要是指船舶未靠泊码头，而是停靠锚地等其他地点的情形，我国目前的邮轮旅游通常不存在此种情形。

（2）旅客在港站内、码头上或者在港口其他设施内的时间不属于责任期间。旅客或其行李在此期间遭受的损害通常应由旅行社或港口经营人根据法律承担。

① 参见厦门海事法院（2014）厦海法商初字第559号民事判决书。

司法实践

海上旅客运输合同承运人责任期间的例外情形

山东省青岛市市北区人民法院在高某兰与大连福慧国际旅行社有限公司青岛分公司、青岛邮轮母港开发建设有限公司、大连山海慧夕阳红国际旅行社有限公司青岛分公司身体权、健康权纠纷案[①]中，对于旅客登船前在码头发生的人身损害认为：

> 2018年9月，高某兰参加福慧旅行社组织的境外（日本）豪华游轮旅游团，在青岛上游轮。2018年9月2日高某兰到达码头后，欲上游轮之前不慎摔倒受伤，被送往山东大学齐鲁医院（青岛）进行治疗。后高某兰在医院住院5天，并进行了手术治疗。……法院认为，高某兰参加福慧旅行社组织的旅游活动，福慧旅行社作为专业的旅游活动组织者，尤其是在老年团的旅游活动中，应尽到更高的安全保障义务，充分考虑老年游客的自身特点，保障老年游客在旅游期间的人身安全。现高某兰在旅行开始时不慎摔倒受伤，福慧旅行社对此存在安全保障义务不足的过错，应按照过错比例赔偿高某兰的相应损失。高某兰作为成年人，其也应当具有自我安全防范意识，尽到基本的自身安全保障义务。现经综合考虑，法院认为高某兰的责任比例为50%，福慧旅行社的责任比例为50%。夕阳红旅行社并非本次旅游活动的组织者，其对于高某兰的受伤也不存在过错，故高某兰要求夕阳红旅行社承担连带赔偿责任，没有事实和法律依据，法院对此不予支持。邮轮母港公司亦非本次旅游活动的组织者，高某兰也未提交证据证明邮轮母港公司对于高某兰的受伤存在过错，故高某兰要求邮轮母港公司承担连带赔偿责任，没有事实和法律依据，法院对此不予支持。

旅客在邮轮旅游期间如果离船参加岸上观光，承运人的责任期间将因此而中断，直至旅客重新登船后继续计算。

2. 承运人对于行李的责任期间

承运人对于行李的责任期间进一步分为自带行李和非自带行李两个部分：

---

① 参见山东省青岛市市北区人民法院（2019）鲁0203民初4906号民事判决书；山东省青岛市中级人民法院（2019）鲁02民终11563号民事判决书。

（1）承运人对于自带行李的责任期间与对于旅客的责任期间相同，即也是自旅客登船时起至旅客离船时止。原因在于此类行李是由旅客自行保管，故而在传统海上旅客运输中的在船时间与旅客相同。但是，旅客在邮轮旅游中存在离船进行岸上观光的期间。此时旅客通常仅随身携带必要的个人物品，而将其他自带行李仍然置于船上客房内。此时旅客虽已离船，但多数自带行李仍处于承运人的掌管之下。如果按照现行《海商法》的规定，对于该部分行李仍然适用与旅客相同的责任期间，似乎不符合责任期间作为承运人掌管行李的全部期间的基本原理。

（2）承运人对于非自带行李的责任期间，自旅客在运送期间将行李交付承运人或其受雇人、代理人时起，至承运人或其受雇人、代理人将行李交还旅客时止。对于邮轮旅游而言，承运人通常要求旅客将岸上观光期间购买的酒类等物品在登船时交由船方保管，而后在旅客离船前交还，此类物品即属典型的非自带行李。例如，皇家加勒比国际游轮的酒精类饮品政策规定：

> 所有酒精及非酒精类饮料均不能放入托运行李内，必须随身携带上船。
>
> 若托运行李中装有饮料（包括酒精及非酒精饮料），行李将不会被送到舱房，起航后客人需要到指定的二次安全检查区域自取行李。若发现客人所携带的酒精饮料不符合携带条件或者超过携带数量，未开封的酒精饮料将由船方暂为保存并在航线最后一天（或在续航航行的最后一个航线的最后一天）归还至客人房间。已经被开封的含酒精容器将会被丢弃并不会被归还。
>
> 所有在停靠港口或船上免税商店购买的酒精饮料将由船方暂为保存，并在航线最后一天（或在续航航行的最后一个航线的最后一天）归还至客人房间。①

《1974年雅典公约》采用对于运输进行定义的方式，但规定的承运人责任期间实质上与《海商法》一致，其中第1条第8款规定：

> “运输”包括下列期间：
>
> （a）对旅客及其自带行李而言，运输包括旅客及／或其自带行李在船舶上的期间，或登、离船舶期间，和旅客及其自带行李从岸上水运至船舶上或从船舶上水运上岸的期间，但以该种运输费用已包括在客票票价之内或用于此种辅助运输的船舶已由承运人交旅客支配为条件。但对旅客而言，“运输”不包括旅客在海运港站或

① 载皇家加勒比国际游轮官网，https://www.rcclchina.com.cn/content/faq，最后访问日期：2022年12月31日。

码头上或在其他港口设施之中或之上的期间；

（b）对自带行李而言，如该行李已由承运人或其雇用人或代理人接收但尚未还给旅客，则运输也包括旅客在海运港站或码头上或其他港口设施之中或之上的期间；

（c）对自带行李以外的其他行李而言，指自承运人或其雇用人或代理人在岸上或在船上接收行李之时起至承运人或其雇用人或代理人将该行李交还之时止的期间。

（三）承运人责任的归责原则

1. 归责原则的概念与种类

归责原则是指基于一定的归责事由而确定责任成立的法律原则，也即基于一定的归责事由而确定行为人是否承担责任的法律原则。具体至合同法领域，归责原则是指基于一定的归责事由而确定违约责任成立的法律原则。[①]

归责原则主要分为以下两种类型：

（1）过错责任原则：除非法律另有规定，任何人因且仅因过错，即故意或过失侵害他人民事权益造成损害，方才承担损害赔偿责任。[②] 此时过错是行为人承担损害赔偿责任的唯一事由。过错责任的特殊情形是过错推定责任，即在损害事实发生后，基于特定的客观事实或条件而推定行为人存在过错，从而减轻或免除受害人对于过错的证明责任，并由被推定者证明自己不存在过错。[③]

（2）无过错责任原则：不论行为人对于损害的发生是否存在过错，只要行为人侵害了他人的民事权益并造成了损害，即应承担损害赔偿责任。[④] 英美法系或国际海事公约对此更多称为“严格责任原则”。

上述过错责任原则与无过错责任原则中的过错，是对行为人主观心理状态的否定性评价，分为故意和过失。[⑤] 故意是指行为人追求损害结果发生或者明知损害结果发生概率较大而放任自己行为，从而引发损害结果发生的主观心理状态；[⑥] 过失是指行为人对于损害结果的发生应当注意或者能够注意却未能注意的主观心理状态。

《民法典》第577条规定：“当事人一方不履行合同义务或者履行合同义务不符合约定的，

---

① 参见崔建远：《合同法》（第3版），北京大学出版社2016年版，第336页。
② 参见程啸：《侵权责任法》（第3版），法律出版社2021年版，第112页。
③ 参见程啸：《侵权责任法》（第3版），法律出版社2021年版，第112页。
④ 参见程啸：《侵权责任法》（第3版），法律出版社2021年版，第123页。
⑤ 参见程啸：《侵权责任法》（第3版），法律出版社2021年版，第119页。
⑥ 参见张新宝：《中国民法典释评·侵权责任编》，中国人民大学出版社2020年版，第7页。

应当承担继续履行、采取补救措施或者赔偿损失等违约责任。”由于其中未出现“但当事人能够证明自己没有过错的除外”之类的措辞，故而被认为是采取了无过错责任原则，或谓严格责任原则。同时，《民法典》也对部分典型合同采取了过错责任原则。例如，《民法典》第 897 条针对保管合同保管人的责任规定：“保管期内，因保管人保管不善造成保管物毁损、灭失的，保管人应当承担赔偿责任。但是，无偿保管人证明自己没有故意或者重大过失的，不承担赔偿责任。”《民法典评注》一书就此指出：

> 本法合同编在归责原则上主要采用严格责任原则。违反保管合同的责任，在归责原则上具有特殊性，即原则上应采过错责任，在例外情况下，采严格责任。本条规定，保管期内，因保管人保管不善造成保管物毁损、灭失的，保管人应当承担赔偿责任。但是，无偿保管人证明自己没有故意或者重大过失的，不承担赔偿责任。此处规定的“保管不善”即指保管人主观上具有过错或保管人没有尽到善良管理人的注意义务。从这里的规定可以看出，保管人合同损害赔偿责任实行过错责任原则。[①]

《民法典》对于客运合同的承运人责任采取的归责原则是无过错责任原则与过错责任原则并用，其中承运人对于旅客人身损害的责任实行无过错责任原则，《民法典》第 823 条第 1 款规定：“承运人应当对运输过程中旅客的伤亡承担赔偿责任；但是，伤亡是旅客自身健康原因造成的或者承运人证明伤亡是旅客故意、重大过失造成的除外。”第 2 款规定：“前款规定适用于按照规定免票、持优待票或者经承运人许可搭乘的无票旅客。”因此，船上人员无论是否持有船票，或者持有的船票是否属于赠票或优待票，只要不是以船员身份登船或者未经承运人许可擅自登船，均属于法律规定的旅客。同时，承运人对于旅客随身携带物品的灭失或损坏的责任实行过错责任原则，《民法典》第 824 条第 1 款规定：“在运输过程中旅客随身携带物品毁损、灭失，承运人有过错的，应当承担赔偿责任。”

司法实践

客运合同承运人对于旅客人身损害的无过错责任原则

青海省西宁市中级人民法院在任某梅、胡某丽、胡某智与湟中公交运输有限责任公司、

---

① 谢鸿飞、朱广新主编：《民法典评注·合同编　典型合同与准合同》（第 4 册），中国法制出版社 2020 年版，第 59 页。

中国平安财产保险股份有限公司青海分公司公路旅客运输合同纠纷案[①]中认为：

死者胡某忠乘坐湟中公交公司的车辆，双方形成了客运合同关系，承运人湟中公交公司负有将胡某忠安全运送到目的地的义务。关于胡某忠下车时摔倒受伤后死亡，湟中公交公司应否承担赔偿责任的问题，《中华人民共和国合同法》第三百零二条第一款规定："承运人应当对运输过程中旅客的伤亡承担赔偿责任；但伤亡是旅客自身健康原因造成的或者承运人证明伤亡是旅客故意、重大过失造成的除外。"《中华人民共和国民法通则》第一百零六条第三款规定："没有过错，但法律规定应当承担民事责任的，应当承担民事责任。"根据上述法律规定，在客运合同中，旅客无须举证承运人是否具有过错，在运输过程中发生旅客伤亡，承运人即应赔偿。本案中，公交车视频显示，胡某忠下车时被同时下车的其他乘客挤下车摔倒在地，胡某忠下车过程仍属于客运的组成部分，承运人湟中公交公司应承担赔偿责任；同时，车载监控视频显示车内乘客较多且拥挤，湟中公交公司未能安排跟车安保执勤人员疏导乘客有序流动，帮助年老体弱人员安全乘车，以及通过广播提醒告知乘客上下车辆时注意安全，湟中公交公司疏于采取安全防范措施，是发生本案事故的主要原因。另诉讼中湟中公交公司亦未提交胡某忠死亡系因自身疾病所致的相关证据。根据《最高人民法院关于审理人身损害赔偿案件适用法律若干问题的解释》第二条第三款规定："适用民法通则第一百零六条第三款规定确定赔偿义务人的赔偿责任时，受害人有重大过失的，可以减轻赔偿义务人的赔偿责任。"故在客运合同中，承运人承担无过错责任时，旅客对其伤亡存在重大过失情形的，可以减轻承运人的赔偿责任。

司法实践

客运合同承运人对于行李灭失或损害的过错责任原则

辽宁省沈阳市中级人民法院在胡某与宫某鸣财产损害赔偿纠纷案[②]中认为：

① 参见青海省湟中县人民法院（2020）青 0122 民初 719 号民事判决书；青海省西宁市中级人民法院（2020）青 01 民终 1372 号民事判决书。

② 参见辽宁省沈阳市铁西区人民法院（2021）辽 0106 民初 5575 号民事判决书；辽宁省沈阳市中级人民法院（2021）辽 01 民终 18035 号民事判决书。

《中华人民共和国民法典》第八百二十四条规定，在运输过程中旅客随身携带物品毁损、灭失，承运人有过错的，应承担赔偿责任。本案中，上诉人胡某以及同乘人均为视力残疾人，作为特殊的乘客本应得到承运人的特殊照顾，但承运人并未采取相应的有效措施，对其携带物品并未妥善加以放置，导致上诉人的轮椅丢失，对此被上诉人作为承运人存在过错，应对财产损失承担赔偿责任，而上诉人在此过程中，并无过错，不须承担赔偿责任。

2.《海商法》关于承运人责任归责原则的规定

《海商法》第114条第1款、第2款规定：

在本法第一百一十一条规定的旅客及其行李的运送期间，因承运人或者承运人的受雇人、代理人在受雇或者受委托的范围内的过失引起事故，造成旅客人身伤亡或者行李灭失、损坏的，承运人应当负赔偿责任。

请求人对承运人或者承运人的受雇人、代理人的过失，应当负举证责任；但是，本条第三款和第四款规定的情形除外。

根据上述规定，《海商法》对于海上旅客运输合同的承运人责任采取过错责任原则，同时在以下两种情况下采取过错推定责任原则：

（1）航行事故引起的旅客人身损害或者自带行李灭失或损坏，航行事故是指船舶的沉没、碰撞、搁浅、爆炸、火灾或船舶的缺陷。《海商法》第114条第3款规定："旅客的人身伤亡或者自带行李的灭失、损坏，是由于船舶的沉没、碰撞、搁浅、爆炸、火灾所引起或者是由于船舶的缺陷所引起的，承运人或者承运人的受雇人、代理人除非提出反证，应当视为其有过失。"

（2）非自带行李的灭失或损坏。《海商法》第114条第4款规定："旅客自带行李以外的其他行李的灭失或者损坏，不论由于何种事故所引起，承运人或者承运人的受雇人、代理人除非提出反证，应当视为其有过失。"

司法实践

海上旅客运输合同承运人责任的归责原则与举证责任

- 最高人民法院在李某敏与中远海运客运有限公司海上、通海水域旅客运输合同纠纷案[①]中认为：

关于原判决认定中远客运公司对李某文的死亡不承担赔偿责任是否缺乏证据证明的问题

其一，《中华人民共和国海商法》第一百一十四条第一款规定：“在本法第一百一十一条规定的旅客及其行李的运送期间，因承运人或者承运人的受雇人、代理人在受雇或者受委托的范围内过失引起事故，造成旅客人身伤亡或者行李灭失、损坏的，承运人应当负赔偿责任。”第二款规定：“请求人对承运人或者承运人的受雇人、代理人的过失，应当负举证责任；但是，本条第三款和第四款规定的情形除外。”依据上述两款法律规定，承运人对旅客的人身伤亡承担赔偿责任的归责原则是过失责任原则，且旅客一方须对承运人的过失承担举证责任。李某敏在原审中针对案涉船舶栏杆和安全网所进行的更换，主张船舶存在安全隐患以及中远客运公司存在过失。中远客运公司对此作出了合理解释。在李某敏未提交进一步证据的情况下，原判决认定中远客运公司不存在过失，并无不当。

其二，《中华人民共和国海商法》第一百一十五条第二款规定：“经承运人证明，旅客的人身伤亡或者行李的灭失、损坏，是由于旅客本人的故意造成的，或者旅客的人身伤亡是由于旅客本人健康状况造成的，承运人不负赔偿责任。”本院注意到，原审法院在审理过程中，从大连市公安局海运分局调取了《关于普陀岛轮乘警中队“11·16”事件中出警、处警的工作报告》、询问笔录、监控录像等证据，双方当事人对上述证据的真实性、合法性、关联性均无异议。原审法院依据包括上述证据在内的全案证据，认定李某文自行跳海死亡具有高度可能性，符合民事诉讼证据认证规则。因此，对李某文的死亡，中远客运公司不负赔偿责任。

● 青岛海事法院在齐某岩与青岛轮渡有限责任公司海上、通海水域旅客运输合同纠纷案[②]中认为：

齐某岩购票乘坐青岛轮渡渡船，双方已构成海上旅客运输合同关系。根据《海商法》第一百一十四条第一款，“在本法第一百一十一条规定的旅客及其行李的运

① 参见山东省高级人民法院（2019）鲁民终 1649 号民事判决书；最高人民法院（2020）最高法民申 2596 号民事裁定书。

② 参见青岛海事法院（2015）青海法海商初字第 1186 号民事判决书；山东省高级人民法院（2016）鲁民终 1414 号民事判决书。

送期间，因承运人或者承运人的受雇人、代理人在受雇或者受委托的范围内的过失引起事故，造成旅客人身伤亡或者行李灭失、损坏的，承运人应当负赔偿责任”。对举证责任，同条第二款规定，“请求人对承运人或者承运人的受雇人、代理人的过失，应当负举证责任；但是，本条第三款和第四款规定的情形除外。”同条第三款规定，“旅客的人身伤亡或者自带行李的灭失、损坏，是由于船舶的沉没、碰撞、搁浅、爆炸、火灾所引起或者是由于船舶的缺陷所引起的，承运人或者承运人的受雇人、代理人除非提出反证，应当视为其有过失”。对于“船舶的缺陷”，在本案中可作广义解释。齐某岩在青岛轮渡船上跌伤，据齐某岩主张是因为船舱内地面湿滑，致齐某岩摔倒。但齐某岩主张船舱地面湿滑，并没有提供证据证明。由青岛轮渡提供的船舱内监控表面看，无法认定齐某岩摔倒时地面是否有水湿，而齐某岩确是在未与第三人接触时自己脚下一滑倒地。本案中齐某岩的主张——地面湿滑，属于“船舶的缺陷”，应由承运人即本案青岛轮渡提出反证，青岛轮渡虽提供了视频录像，但尚不能排除齐某岩因地面湿滑而摔伤的事实，因此本次事故的发生，应从法律上视为青岛轮渡有过失，青岛轮渡应对齐某岩的人身伤害承担赔偿责任。

● 青岛海事法院在徐某与威东航运公司旅客运输合同纠纷案[①]中认为：

本案原告徐某与被告威东航运之间依法形成了相应的海上旅客运输合同关系。本案原、被告对双方存在海上旅客运输合同关系皆无异议，对于原告徐某在客轮上发生了受伤事实，被告威东航运也无异议，只是认为原告徐某受伤的原因是其个人没有尽到注意义务，存在过失所致。按照《中华人民共和国海商法》第一百一十四条第一款“在本法第一百一十一条规定的旅客及其行李的运送期间，因承运人或者承运人的受雇人、代理人在受雇或者受委托的范围内的过失引起事故，造成旅客人身伤亡或者行李灭失、损坏的，承运人应当负赔偿责任”，以及第一百一十五条第一款“经承运人证明，旅客的人身伤亡或者行李的灭失、损坏，是由于旅客本人的过失或者旅客和承运人的共同过失造成的，可以免除或者相应减轻承运人的赔偿责任”的规定，基于海上旅客运输合同纠纷而形成的诉讼，在承运人对运输合同本身及乘客受伤事实无异议的前提下，只有承运人提供足够证据证实乘客的受伤是因自

① 参见青岛海事法院（2014）青海法海商初字第382号民事判决书。

身的故意或重大过失所造成的才能免除法律责任。本案中，由于被告威东航运没有提供证据证明其主张，因此，其不应承担相应违约责任的答辩，本院无法予以支持。原告徐某要求被告威东航运承担相应违约责任的主张，符合相应法律规定，本院予以支持。

《海商法》的制定早于我国除原《民法通则》外的绝大多数民事法律，而《海商法》全文对于承运人的主观心理状态均采“过失”而非“过错”的表述。虽然过错分为故意和过失两种情形，但并不意味着承运人在故意的情形下不必承担责任。根据举轻以明重的法律漏洞填补方法，承运人在过失的情形下尚且不能免责，对于主观心理状态更为严重的故意情形，自然也应承担赔偿责任。

《1974 年雅典公约》第 3 条关于承运人责任归责原则的规定与《海商法》一致：

1. 对因旅客死亡或人身伤害和行李灭失或损坏造成的损失，如造成此种损失的事故发生在运输期间，而且是因承运人或其在职务范围内行事的雇用人或代理人的过失或疏忽所致，则承运人负有责任。

2. 对于造成灭失或损坏的事故发生在运输期间及灭失或损坏的程度，索赔人应负举证之责。

3. 如果旅客的死亡或人身伤害或自带行李的灭失或损坏系因船舶沉没、碰撞、搁浅、爆炸或火灾或船舶的缺陷所致，或与此有关时，除非提出反证，否则应当推定为承运人或其在职务范围内行事的雇用人或代理人的过失或疏忽。对于其他行李的灭失和损坏，不论造成灭失和损坏事故的性质如何，除非提出反证，否则应当推定为此种过失或疏忽。在所有其他情况下，索赔人应对过失或疏忽负举证之责。

（四）承运人的单位赔偿责任限制

1. 承运人单位赔偿责任限制的概念

承运人的赔偿责任限制是指对于承运人不能免责的原因造成的旅客人身损害、行李灭失或损坏，将其赔偿责任在数额上限定在一定范围之内。承运人对于旅客人身损害、行李灭失或损坏的赔偿责任限额，以旅客人数、车辆数量等单位进行计算，故而称为承运人的单位赔偿责任限制（package limitation of liability）。

民事损害赔偿的最高原则是完全赔偿原则，力求促使受害人恢复到尚未遭受侵害时应处之状态，[1] 也即“赔偿被害人所受之损害，俾于赔偿之结果，有如损害事故未曾发生者然”。[2] 但是，海上运输活动具有较大的特殊风险，海商法基于鼓励航运业发展的特殊价值目标，突破民法的完全赔偿原则，给予承运人限制自身赔偿责任的权利，以此在承运人与旅客双方之间尽量实现利益的实质平衡。因此，承运人单位赔偿责任限制的本质是承运人赔偿责任的部分免除。

2. 承运人的单位赔偿责任限额

《海商法》第 117 条第 1 款规定：

> 除本条第四款规定的情形外，承运人在每次海上旅客运输中的赔偿责任限额，依照下列规定执行：
>
> （一）旅客人身伤亡的，每名旅客不超过 46666 计算单位；
>
> （二）旅客自带行李灭失或者损坏的，每名旅客不超过 833 计算单位；
>
> （三）旅客车辆包括该车辆所载行李灭失或者损坏的，每一车辆不超过 3333 计算单位；
>
> （四）本款第（二）、（三）项以外的旅客其他行李灭失或者损坏的，每名旅客不超过 1200 计算单位。

根据上述规定，承运人的单位赔偿责任限额分为四个方面：（1）旅客人身损害，每名旅客不超过 46,666 SDR；（2）自带行李灭失或损坏，每名旅客不超过 833 SDR；（3）车辆及其所载行李灭失或损坏，每一车辆不超过 3333 SDR；（4）其他行李灭失或损坏，每名旅客不超过 1200 SDR。

承运人的单位赔偿责任限额另有以下三项例外情况：

（1）旅客和承运人可以约定对于行李的免赔额，其中对于车辆不得超过 117 SDR，对于车辆以外的其他行李不得超过 13 SDR。《海商法》第 117 条第 2 款规定：“承运人和旅客可以约定，承运人对旅客车辆和旅客车辆以外的其他行李损失的免赔额。但是，对每一车辆损失的免赔额不得超过 117 计算单位，对每名旅客的车辆以外的其他行李损失的免赔额不得超过 13 计算单位。在计算每一车辆或者每名旅客的车辆以外的其他行李的损失赔偿数额时，应当扣除约定的承运人免赔额。”

（2）旅客和承运人可以约定高于法律规定的单位赔偿责任限额，但必须采用书面形式，

① 参见程啸：《侵权责任法》（第 3 版），法律出版社 2021 年版，第 664 页。
② 参见曾世雄：《损害赔偿法原理》（第 3 版），詹森林续著，台北，新学林出版股份有限公司 2005 年版，第 17 页。

且不得约定低于法律规定的限额，即可以加重承运人的责任，但不得减轻承运人的责任。《海商法》第 117 条第 3 款规定："承运人和旅客可以书面约定高于本条第一款规定的赔偿责任限额。"

（3）国内海上旅客运输即我国港口之间的海上旅客运输，承运人的单位赔偿责任限额适用原交通部 1993 年 12 月 17 日发布的《中华人民共和国港口间海上旅客运输赔偿责任限额规定》。[①]《海商法》第 117 条第 4 款规定："中华人民共和国港口之间的海上旅客运输，承运人的赔偿责任限额，由国务院交通主管部门制定，报国务院批准后施行。"《中华人民共和国港口间海上旅客运输赔偿责任限额规定》第 3 条的具体规定如下：

> 承运人在每次海上旅客运输中的赔偿责任限额，按照下列规定执行：
>
> （一）旅客人身伤亡的，每名旅客不超过 4 万元人民币；
>
> （二）旅客自带行李灭失或者损坏的，每名旅客不超过 800 元人民币；
>
> （三）旅客车辆包括该车辆所载行李灭失或者损坏的，每一车辆不超过 3200 元人民币；
>
> （四）本款第（二）项、第（三）项以外的旅客其他行李灭失或者损坏的，每千克不超过 20 元人民币。
>
> 承运人和旅客可以书面约定高于本条第一款规定的赔偿责任限额。

上述规定发布于 1993 年《海商法》施行后，距今已逾三十年，其中规定的旅客人身损害的单位赔偿责任限额数额较低，仅为每名旅客 4 万元。我国司法实践中也有根据物价变化适当提高限额的判例，但其合法性值得商榷。

司法实践

国内海上旅客运输承运人的单位赔偿责任限额

● 宁波海事法院在王某、贺某、贺某 1、贺某 2 与舟山市普陀区东极海运有限公司海上人身损害责任纠纷案[②]中认为：

> 我国《海商法》第一百一十七条规定，中华人民共和国港口之间的海上旅客

① 1993 年 12 月 17 日交通部令第 6 号发布。

② 参见宁波海事法院（2019）浙 72 民初 1422 号民事判决书；浙江省高级人民法院（2020）浙民终 70 号民事判决书。

运输，承运人的赔偿责任限额，由国务院交通主管部门制定，报国务院批准后施行。据此，经国务院批准，交通部发布了《中华人民共和国港口间海上旅客运输赔偿责任限额规定》第三条规定，承运人在每次海上旅客运输中的赔偿责任限额，按照下列规定执行：（一）旅客人身伤亡的，每名旅客不超过4万元人民币。该规定系交通部根据法律的授权，在本部门权限范围内制定，虽然于1993年发布，距今已有二十多年，但经查证，该规定目前系仍有法律效力的规范性法律文件，应在本案中予以适用。故根据该规定，被告享有对每名旅客人身伤亡不超过4万元的赔偿责任限额，本院认定被告在4万元额度内对原告承担赔偿责任。

二审法院浙江省高级人民法院也认为：

我国《海商法》第一百一十七条规定，中华人民共和国港口之间的海上旅客运输，承运人的赔偿责任限额，由国务院交通主管部门制定，报国务院批准后施行。据此，经国务院批准，交通部发布了《中华人民共和国港口间海上旅客运输赔偿责任限额规定》，经查该规定系行政法规，至今有效，一审判决根据该规定第三条认定东极公司在4万元额度内对王某等四人承担赔偿责任并无不当。

● 青岛海事法院在张某荣与青岛永顺达交通旅游开发有限公司、青岛积米崖交通旅游有限责任公司海上、通海水域旅客运输合同纠纷案[①]中根据物价变化提高了单位赔偿责任限额：

根据《海商法》第一百一十七条第四款，"中华人民共和国港口之间的海上旅客运输，承运人的赔偿责任限额，由国务院交通主管部门制定，报国务院批准后施行"。根据1994年1月1日施行的《中华人民共和国港口间海上旅客运输赔偿责任限额规定》第三条，"承运人在每次海上旅客运输中的赔偿责任限额，按照下列规定执行：（一）旅客人身伤亡的，每名旅客不超过40000元人民币"。由于1994年以来物价变化较大，因此对于责任限额4万元，可以考虑物价上涨指数予以相应调整。自1995年至2018年居民价格指数分别为17.1、8.3、2.8、−0.8、−1.4、0.4、0.7、−0.8、1.2、3.9、1.8、1.5、4.8、5.9、−0.7、3.3、5.4、2.6、2.6、2.0、1.4、2.0、1.6、2.1，按1994年为100基数，2018年物价

① 参见青岛海事法院（2015）青海法海商初字第1186号民事判决书；山东省高级人民法院（2016）鲁民终1414号民事判决书。

上升为192.07，则1994年的4万元限额应相应提升为76828元。被告永顺达公司、积米崖公司提出赔偿责任限额请求，是其作为承运人在本案审理中行使该权利，本案的海上旅客运输合同发生在我国港口之间，应根据国家的特殊规定享受赔偿责任限额。因此被告积米崖公司作为承运人应根据责任限额向原告赔偿76828元人民币。

二审法院山东省高级人民法院也认为：

一审法院根据《最高人民法院关于审理人身损害赔偿案件适用法律若干问题的解释》的规定，结合本案中查明的事实，认定齐某岩的实际损失为152925.96元。该数额本应为青岛轮渡因造成齐某岩伤害赔偿的数额，但是，齐某岩的受伤是在乘坐渡轮，履行海上旅客运输合同中遭受的伤害，《中华人民共和国海商法》第五章中对该类民事法律关系作出专门规定，作为致害人的青岛轮渡有权要求依照该章的法律规定对其应负赔偿责任在赔偿责任限额内予以赔偿。一审法院准予青岛轮渡享受赔偿责任限额，是依据现行有效的法律规定作出，并非选择性司法。齐某岩在本案中提供了相似案件的生效判决，提出上述判决均没有判令承运人执行赔偿责任限额，认为本案一审法院作出的判决结果未能遵循“同命同价、同案同判”的标准。本院认为，在每次海上旅客运输中的赔偿责任限额系法律赋予海上旅客运输合同承运人的权利，青岛轮渡作为承运人在本案审理中行使了该权利，齐某岩提供生效裁判文书中，均没有写明承运人援引了上述法律规定要求执行赔偿责任限额，因此，法律适用条件不同，不能认定一审法院适用《中华人民共和国海商法》第一百一十七条第四款及《中华人民共和国港口间海上旅客运输赔偿责任限额规定》未遵循“同命同价、同案同判”的标准。准予海上旅客运输合同承运人执行赔偿责任限额系法律作出的特别规定，该项内容在《最高人民法院关于审理人身损害赔偿案件适用法律若干问题的解释》中没有相应的规定，本案在法律适用时不存在法律冲突现象，因此，齐某岩以一审法院违反新法优于旧法、法律优于法规的法律适用原则主张一审判决适用法律错误的理由不能成立。

结合上述规定，承运人的单位赔偿责任限额如表3所示：

表 3　我国法律规定的海上旅客运输承运人单位赔偿责任限额

损失项目	单位赔偿责任限额	
	国际海上旅客运输	国内海上旅客运输
旅客人身损害	每名旅客 46,666 SDR	每名旅客 4 万元人民币
自带行李灭失或损坏	每名旅客 833 SDR	每名旅客 800 元人民币
车辆及其所载行李灭失或损坏	每一车辆 3333 SDR	每一车辆 3200 元人民币
其他行李灭失或损坏	每名旅客 1200 SDR	每千克 20 元人民币

经《1974 年雅典公约 1976 年议定书》修订后的《1974 年雅典公约》规定的承运人单位赔偿责任限额与《海商法》相同，其中第 7 条关于旅客人身损害的单位赔偿责任限额规定：

1. 承运人对每位旅客的死亡或人身伤害的责任，在任何情况下不得超过每次运输 46666 个计算单位。如果按照受理法院的法律，损害赔偿是以分期付款的方式偿付，则这些支付的等值本金价值不得超过所述的限额。

2. 虽有本条第 1 款的规定，本公约任何当事国的国内法在承运人为该国国民时仍可规定每一旅客的更高赔偿责任限额。

第 8 条关于行李灭失或损坏的单位赔偿责任限额规定：

1. 承运人对随身行李的灭失或损坏责任，在任何情况下不得超过每位旅客每次运输 833 个计算单位。

2. 承运人对车辆包括车中或车上的所有行李的灭失或损坏的责任，在任何情况下不得超过每辆车每次运输 3333 个计算单位。

3. 承运人对本条第 1 款和第 2 款所述者以外的行李的灭失或损坏的责任，在任何情况下不得超过每位旅客每次运输 1200 个计算单位。

4. 承运人和旅客可以商定，承运人的责任，对于每辆车的损坏，应有不超过 117 个计算单位的免赔额；对其他行李的灭失或损坏，应有不超过每位旅客 13 个计算单位的免赔额；此种款项应从灭失或损坏中减除。

上述关于承运人单位赔偿责任限额规定的“计算单位”，是指特别提款权（Special Drawing Rights, SDR）。《海商法》第 277 条规定：“本法所称计算单位，是指国际货币基金组织规定的特别提款权；其人民币数额为法院判决之日、仲裁机构裁决之日或者当事人协议之日，按照国家外汇主管机关规定的国际货币基金组织的特别提款权对人民币的换算办法计算得出的人民币数额。”特别提款权是国际货币基金组织于1969年创设的一种用于补充成员国官方储备的国际储备资产，其价值由美元、欧元、人民币、日元和英镑组成的一篮子储备货币决定。

3. 承运人单位赔偿责任限制权利的丧失

《海商法》第118条第1款规定：“经证明，旅客的人身伤亡或者行李的灭失、损坏，是由于承运人的故意或者明知可能造成损害而轻率地作为或者不作为造成的，承运人不得援用本法第一百一十六条和第一百一十七条限制赔偿责任的规定。”据此，如果承运人的故意或者明知可能造成损失而轻率地作为或不作为，导致了旅客人身损害或者行李灭失或损坏，承运人便丧失了单位赔偿责任限制的权利，即不得主张限制责任，而应进行完全赔偿。

我国学理通说认为，上述规定中的“故意”是指民法上的直接故意，而“明知可能造成损失而轻率地作为或者不作为”是指间接故意，二者共同构成民法上的故意。直接故意是指行为人明知其行为可能发生侵害他人民事权益的后果，仍然有意为之而追求后果发生的主观心理状态；间接故意是指行为人明知其行为可能发生侵害他人民事权益的后果，仍然放任后果发生的主观心理状态。[①] 因此，如果承运人仅是过失的心理状态，即行为人对于侵害他人民事权益的后果发生应当注意或者能够注意而未注意的主观心理状态，仍然能够主张行使单位赔偿责任限制的权利。此种理解符合承运人责任的过错责任原则，即承运人承担责任的前提本是存在过错，故而导致丧失单位赔偿责任限制权利的主观心理状态范围必须小于过错，否则造成的结果将是凡属承运人应当承担责任的情形，均符合丧失单位赔偿责任限制权利的条件，此时承运人将无任何机会能够享有单位赔偿责任限制的权利。

质言之，民法上的过错分为故意和过失，故意又可进一步分为直接故意和间接故意，分别对应《海商法》第118条第1款规定的故意，以及明知可能造成损失而轻率地作为或不作为。如果承运人的主观心理状态是民法上的故意，无论是直接故意还是间接故意，均将丧失单位赔偿责任限制的权利；如果承运人的主观心理状态是过失，仍可享受单位赔偿责任限制。

承运人单位赔偿责任限制丧失条件与过错的关系如图10所示：

① 参见程啸：《侵权责任法》（第3版），法律出版社2021年版，第292页。

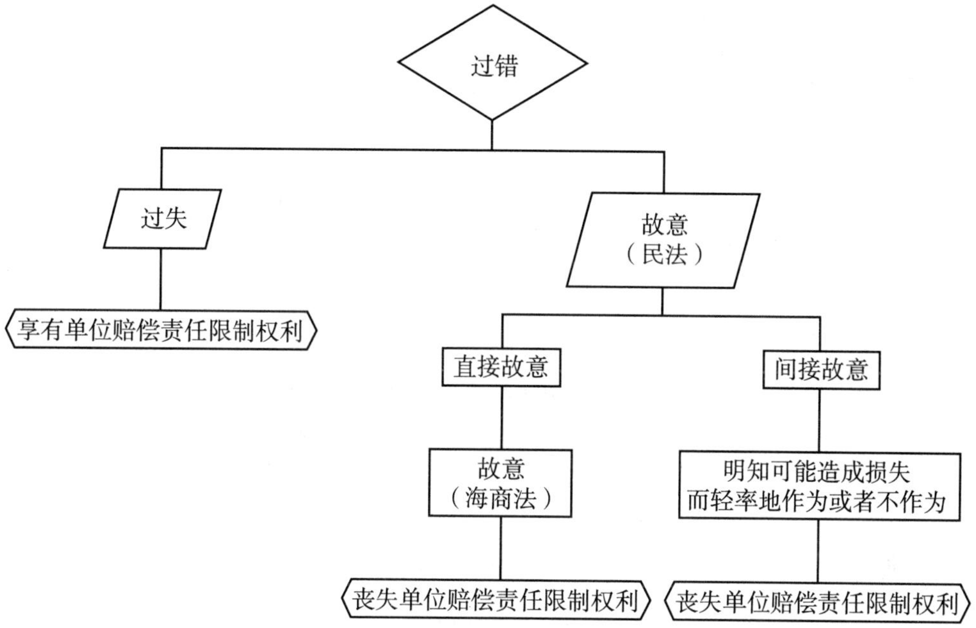

图 10　承运人单位赔偿责任限制丧失条件与过错的关系

国际海商法律实践对于承运人单位赔偿责任限制权利的丧失条件普遍进行限制性解释，目的是保障责任限制的权利不会轻易丧失，避免单位赔偿责任限制制度落空从而破坏立法设计的旅客与承运人双方的利益平衡。

此外，《海商法》第 118 条第 2 款规定："经证明，旅客的人身伤亡或者行李的灭失、损坏，是由于承运人的受雇人、代理人的故意或者明知可能造成损害而轻率地作为或者不作为造成的，承运人的受雇人、代理人不得援用本法第一百一十六条和第一百一十七条限制赔偿责任的规定。"即承运人的受雇人和代理人同样可能丧失单位赔偿责任限制的权利。但是，承运人的受雇人或代理人的直接故意或间接故意，不影响承运人主张单位赔偿责任限制的权利。

《1974 年雅典公约》第 13 条的规定与《海商法》一致：

> 1. 如经证明，损失系承运人故意造成此种损失或明知可能造成此种损失却毫不在意的行为或不为所致，承运人便无权享有第 7 条或第 8 条以及第 10 条第 1 款规定的责任限额的权益。
>
> 2. 如经证明，损失系承运人或实际承运人的雇用人或代理人故意造成此种损失或明知可能造成此种损失却毫不在意的行为或不为所致，该雇用人或代理人便无权享有此种责任限额的权益。

（五）承运人不负赔偿责任的情形

1. 旅客自身原因

《海商法》第 115 条规定：

> 经承运人证明，旅客的人身伤亡或者行李的灭失、损坏，是由于旅客本人的过失或者旅客和承运人的共同过失造成的，可以免除或者相应减轻承运人的赔偿责任。
>
> 经承运人证明，旅客的人身伤亡或者行李的灭失、损坏，是由于旅客本人的故意造成的，或者旅客的人身伤亡是由于旅客本人健康状况造成的，承运人不负赔偿责任。

本条主要规定旅客自身与有过错的情况。对比本条第 1 款的表述，第 2 款未明确如果旅客人身损害或行李灭失、损坏是由旅客的故意和承运人的过错共同造成，或者旅客人身损害是由于旅客自身健康状况和承运人的过错共同造成，承运人可以完全不负赔偿责任，还是仅能根据旅客自身原因的原因力比例相应减轻赔偿责任。例如，由于船员驾驶船舶操纵不当，导致邮轮与他船发生碰撞，旅客的笔记本电脑因碰撞跌落而发生损坏，损坏本身可以通过维修完全修复，但旅客为更换一台新的电脑，故意进一步暴力破坏电脑，导致电脑完全损坏无法修复。

根据民事损害赔偿与有过错的基本原理，本条规定仍应理解为如果旅客人身损害或者行李灭失或损坏完全是由于旅客的故意或过失造成，以及旅客人身损害完全是由于旅客自身健康状况的原因，承运人不负赔偿责任；如果旅客和承运人均有过错，应当根据旅客的过错程度减轻承运人的责任。此外，如果承运人主张存在本条规定的旅客本人的故意或过失，以及旅客自身健康状况，应由承运人承担举证责任。

司法实践

承运人对于旅客自身原因导致的损害不负赔偿责任

● 厦门海事法院在王某荣与福建省龙海市浮宫航运公司海上旅客运输合同纠纷案[①]中认为：

① 参见厦门海事法院（2014）厦海法商初字第 559 号民事判决书。

《海商法》第一百一十五条第一款规定："经承运人证明，旅客的人身伤亡或者行李的灭失、损坏，是由于旅客本人的过失或者旅客和承运人的共同过失造成的，可以免除或者相应减轻承运人的赔偿责任。"本案中，从被告提供的有关船舱门离货舱盖之间距离的照片判断，二者之间有一定距离。而且，原告妻子林某兰在向公安机关反映情况时，也表明原告因没有注意到船舱的木板被拿掉了，不小心一脚踩空就掉到船舱底下。这说明，作为登船的乘客，在中午时分光线充足的情况下，进入舱门时如果足够小心和谨慎，注意到货舱盖打开的情况下，则可能避免受伤事故的发生。因此，本院认为原告自身对于受伤也具有一定的过失，应相应减轻被告的赔偿责任。根据本案实际情况，本院酌定原告对损害发生应负担20%的责任，故被告应赔偿原告80%的损失，计183133.46元 ×80%=146506.77元。

● 最高人民法院在秦某飞与渤海轮渡股份有限公司海上、通海水域旅客运输合同纠纷案[①]中认为：

《中华人民共和国海商法》第一百一十五条第二款规定："经承运人证明，旅客的人身伤亡或者行李的灭失、损坏，是由于旅客本人的故意造成的，或者旅客的人身伤亡是由于旅客本人健康状况造成的，承运人不负赔偿责任。"一审、二审法院根据《居民死亡医学证明》等证据认定秦某东死亡系心源性猝死并无不当。渤海轮渡公司对旅客本人健康状况造成的人身伤亡不应负赔偿责任。秦某东发病时处在涉案船舶"禁止开放"区域内，且法医鉴定意见称秦某东从发病到死亡仅30分钟左右。综合上述情况，一审、二审判决认定渤海轮渡公司没有违反及时救助义务，不应承担赔偿责任，具有事实和法律依据。

《民法典》第592条第2款也规定："当事人一方违约造成对方损失，对方对损失的发生有过错的，可以减少相应的损失赔偿额。"第823条第1款针对客运合同专门规定："承运人应当对运输过程中旅客的伤亡承担赔偿责任；但是，伤亡是旅客自身健康原因造成的或者承运人证明伤亡是旅客故意、重大过失造成的除外。"

《1974年雅典公约》第6条的规定与《海商法》基本一致，但未明文规定故意的情形："如经承运人证明，旅客的死亡或人身伤害或其行李的灭失或损坏系因该旅客的过失或疏忽所造

① 参见辽宁省高级人民法院（2016）辽民终693号民事判决书；最高人民法院（2017）最高法民申1838号民事裁定书。

成或促成，则受理案件的法院可按该法院地的法律规定，全部或部分免除承运人的责任。”

2. 贵重物品灭失或损坏

《海商法》第 116 条规定：

> 承运人对旅客的货币、金银、珠宝、有价证券或者其他贵重物品所发生的灭失、损坏，不负赔偿责任。
>
> 旅客与承运人约定将前款规定的物品交由承运人保管的，承运人应当依照本法第一百一十七条的规定负赔偿责任；双方以书面约定的赔偿限额高于本法第一百一十七条的规定的，承运人应当按照约定的数额负赔偿责任。

根据上述规定，承运人对于旅客的贵重物品发生的灭失或损坏原则上不负赔偿责任。除非旅客与承运人约定将贵重物品交由承运人保管，此时承运人应按非自带行李承担责任，同时双方可以约定高于法律规定的单位赔偿责任限额。

上述规定的主要考量分为两个方面：一是传统海上旅客运输的票价大多不高，基于合同权利义务平衡的考虑，承运人收取有限的票款，不应承担过重的责任。[①] 例如，新冠疫情暴发以前，新鉴真号往返“上海—神户—大阪”航线的客运班轮，单程最低票价仅为 1300 元人民币或 20,000 日元，而且往返船票同时预订时返程票价还将减半计算；渤海轮渡集团股份有限公司下属的渤海翠珠、渤海晶珠、渤海钻珠、渤海玛珠等船，“烟台—大连”航线的坐席票价仅为 190 元。如果要求承运人对于贵重物品的损失承担赔偿责任，将使承运人暴露在难以承担的巨大风险之下。二是贵重物品是否存在、价值如何，通常在举证方面存在较大的困难，[②] 对于物品灭失的情形尤其如此。

但是，此种规定对于邮轮旅游也有一定的不适应性。邮轮旅游有别于传统海上旅客运输，具有鲜明的休闲服务特征，旅游或船票费用也远比传统海上旅客运输的票款高昂。例如，招商伊敦号 2023 年 5 月 7 日至 14 日的“8 日东南海岸文化之旅”，途经上海、浙江舟山、福建厦门、广东深圳，价格最低的房型船票价格为每人 12,522 元，即使是折扣价格也高达每人 7156 元。而且，承运人及其工作人员接触旅客贵重物品的频率更高，乘务人员每日进入旅客房间进行打扫也已成为邮轮服务的必备项目，偶尔造成贵重物品损坏在所难免。此时仍然一概允许承运人对于旅客贵重物品的损失不承担责任，似乎不尽合理。

---

① 参见司玉琢、胡正良主编：《〈中华人民共和国海商法〉修改建议稿条文、参考立法例、说明》，大连海事大学出版社 2003 年版，第 337 页。

② 参见黄裕凯：《2002 年国际海上旅客及其行李运送雅典公约》，台北，五南图书出版股份有限公司 2012 年版，第 121 页。

《1974年雅典公约》第5条的规定与《海商法》一致："承运人对货币、流通证券、黄金、银器、珠宝、装饰品、艺术品或其他贵重物品的灭失或损坏不负责任，除非出于双方同意的安全保管目的，此种贵重物品已交由承运人保管。在此情况下，除按第10条第1款商定了更高限额外，承运人的责任以第8条第3款规定的赔偿限额为限。"

（六）承运人的主要权利

1.票款请求权

票款请求权是承运人基于海上旅客运输合同享有的最为主要的权利，票款也是承运人提供运输服务获得的对价。

《民法典》第813条规定："旅客、托运人或者收货人应当支付票款或者运输费用。承运人未按照约定路线或者通常路线运输增加票款或者运输费用的，旅客、托运人或者收货人可以拒绝支付增加部分的票款或者运输费用。"据此，旅客应当支付的票款仅限于当事人之间约定的票款金额。如果承运人未按约定路线或通常路线运输导致票款增加，旅客可以拒绝支付增加部分的票款。

《海商法》第112条还规定："旅客无票乘船、越级乘船或者超程乘船，应当按照规定补足票款，承运人可以按照规定加收票款；拒不交付的，船长有权在适当地点令其离船，承运人有权向其追偿。"针对旅客无票乘船、越级乘船或者超程乘船等情形，承运人有权要求旅客补足票款；如果旅客拒不支付，船长可以在适当地点要求旅客离船，而且旅客离船后承运人仍可追讨旅客尚未补足的票款。

旅客负有的对应义务是按照有效船票记载的时间、班次和座位号乘船，上述规定列举的无票乘船、越级乘船、超程乘船均属违反此项义务的情形。《民法典》第815条也规定：

> 旅客应当按照有效客票记载的时间、班次和座位号乘坐。旅客无票乘坐、超程乘坐、越级乘坐或者持不符合减价条件的优惠客票乘坐的，应当补交票款，承运人可以按照规定加收票款；旅客不支付票款的，承运人可以拒绝运输。
>
> 实名制客运合同的旅客丢失客票的，可以请求承运人挂失补办，承运人不得再次收取票款和其他不合理费用。

关于其中第2款规定的实名制客票丢失的情形，目前我国的邮轮船票均为实名制，而且采用电子文件的形式，旅客可以多次下载、打印登船凭证，故而不存在遗失以及挂失补办的情况。

2. 违禁品和危险品的处置权

《海商法》第 113 条规定：

旅客不得随身携带或者在行李中夹带违禁品或者易燃、易爆、有毒、有腐蚀性、有放射性以及有可能危及船上人身和财产安全的其他危险品。

承运人可以在任何时间、任何地点将旅客违反前款规定随身携带或者在行李中夹带的违禁品、危险品卸下、销毁或者使之不能为害，或者送交有关部门，而不负赔偿责任。

旅客违反本条第一款规定，造成损害的，应当负赔偿责任。

根据上述规定，如果旅客携带了违禁品或危险品，承运人有权在任何时间、地点处置此类物品，具体方式包括卸离船舶、销毁、使之不能为害、送交有关部门。如果旅客携带此类物品导致承运人或者其他主体遭受损害，还应承担赔偿责任。

《民法典》第 818 条也规定：

旅客不得随身携带或者在行李中夹带易燃、易爆、有毒、有腐蚀性、有放射性以及可能危及运输工具上人身和财产安全的危险物品或者违禁物品。

旅客违反前款规定的，承运人可以将危险物品或者违禁物品卸下、销毁或者送交有关部门。旅客坚持携带或者夹带危险物品或者违禁物品的，承运人应当拒绝运输。

邮轮公司通常均会明确规定禁止旅客携带的物品，如皇家加勒比国际游轮将禁止携带的物品分为非法毒品及非法物品、刀具及利器、枪支弹药及武器、武术及自卫器械、五金工具、爆炸物品、易燃物及发热物、腐蚀性化学制品及其他危险物品。[①]

二、旅客的义务与权利

（一）旅客的主要义务

除支付票款以及按照船票记载乘船的义务外，旅客的义务主要分为三个方面，即按照约定携带行李的义务、禁止携带违禁品和危险品的义务、行李灭失或损坏的通知义务。

---

① 载皇家加勒比国际游轮官网，https://www.rcclchina.com.cn/content/faq，最后访问日期：2022 年 12 月 31 日。

1. 按照约定携带行李的义务

《民法典》第 817 条规定："旅客随身携带行李应当符合约定的限量和品类要求；超过限量或者违反品类要求携带行李的，应当办理托运手续。"

根据上述规定，旅客随身携带行李在数量、重量、品类等方面应当符合与承运人的约定。例如，皇家加勒比国际游轮规定："登船规定的行李最大重量为 90 公斤。此外也请谨记国际及国内班机对行李携带量的限制条件。"[①]

如果旅客携带超过限量或者违反品类要求的行李，应当办理托运手续。《民法典》第 824 条第 2 款规定："旅客托运的行李毁损、灭失的，适用货物运输的有关规定。"但是，由于本款规定来自《民法典》，如果海上旅客运输合同的旅客托运的行李发生灭失、损坏，适用货物运输的规定应当是指《民法典》第三编"合同"关于货运合同的规定，而不包括《海商法》第四章关于海上货物运输合同的规定。

邮轮旅游实践中所称托运稍有不同，通常是指邮轮公司在登船日将旅客的行李送至舱房，以及在离船日送至船下，而不是行李在运输全程交由邮轮公司保管。例如，皇家加勒比国际游轮规定：

> 上船时行李托运：
>
> 登船当天，客人抵达游轮码头后，先在登船大厅对面的白色帐篷进行行李托运。（请务必牢记房间号、护照等重要证件不要放在行李箱中托运）
>
> 完成托运后，进入大厅办理登船手续。任意一个柜台均可，换取船卡后方可排队过安检登船。
>
> 上船途中所有客人的护照原件会被船方收走保管，所有客人在靠港上下船时只有护照复印件，这也是在日韩购物免税的唯一凭证，请妥善保管好护照复印件。
>
> 一般情况，在航程的倒数第二天，船上广播会通知所有客人在舱房所在层的电梯处领取护照原件，届时请注意听船上广播。
>
> 下船时行李托运：
>
> 在下船的前一天晚上，请将打包的行李放在您的舱房门口，船上的工作人员会办理您的行李托运。请不要忘记也需要在行李上贴行李条。请不要将第二天的必备用品打包，如需要替换的衣服等。[②]

---

① 载皇家加勒比国际游轮官网，https://www.rcclchina.com.cn/content/faq，最后访问日期：2022 年 12 月 31 日。

② 载皇家加勒比国际游轮官网，https://www.rcclchina.com.cn/content/faq，最后访问日期：2022 年 12 月 31 日。

2. 禁止携带违禁品和危险品的义务

《海商法》第113条第1款规定:“旅客不得随身携带或者在行李中夹带违禁品或者易燃、易爆、有毒、有腐蚀性、有放射性以及有可能危及船上人身和财产安全的其他危险品。”

此项义务也与旅客按照约定携带行李的义务密切相关。根据上述规定，旅客不得携带违禁品或危险品登船，否则不仅承运人对于此类物品享有处置权，如果造成损失旅客还应承担赔偿责任。《海商法》第113条第3款即规定：“旅客违反本条第一款规定，造成损害的，应当负赔偿责任。”

关于违禁品和危险品的具体类型，如星旅远洋邮轮规定：

> 在此提醒您，严禁携带以下物品：武器和弹药、易爆品、鞭炮和礼花、压缩气或液态气（易燃气体、非易燃气体、制冷剂、刺激性气体和有毒气体）如露营用燃气、闪光弹、发令枪、传染性物质或有毒物质、腐蚀性物质、放射性物、动植物以及可被用作武器的物品。由于码头设备及场地限制，为减少游客在行李托运处等待时间，请出入境游客只托运20寸（34cm×50cm×20cm）及20寸以上行李，其他小件行李请自行携带。
>
> ** 请注意，考虑到邮轮航行安全，请禁止携带航拍器及飞行设备、平衡车、家用电器如：烹饪电器、熨斗、热水器、电热毯、拖线板及其他任何电动工具，以上电器可能会导致电压不稳而产生安全隐患。[①]

3. 行李灭失或损坏的通知义务

《海商法》第119条第1款规定：

> 行李发生明显损坏的，旅客应当依照下列规定向承运人或者承运人的受雇人、代理人提交书面通知：
>
> （一）自带行李，应当在旅客离船前或者离船时提交；
>
> （二）其他行李，应当在行李交还前或者交还时提交。

根据上述规定，如果行李发生明显损坏，旅客应向承运人一方提交书面通知，且应当遵守相应的时间限制，即自带行李的通知应在离船前或离船时提交，非自带行李应在承运人交还行李前或交还时提交。但是，存在以下两种例外情况：

（1）行李损坏不明显或者行李灭失而在上述时间截点难以发现，旅客应在离船或者行

① 载星旅远洋邮轮官网，https://www.aocruise.com/question/normal，最后访问日期：2022年12月31日。

李交还或应当交还之日起 15 日内发出书面通知。《海商法》第 119 条第 2 款规定：“行李的损坏不明显，旅客在离船时或者行李交还时难以发现的，以及行李发生灭失的，旅客应当在离船或者行李交还或者应当交还之日起十五日内，向承运人或者承运人的受雇人、代理人提交书面通知。”

（2）旅客在行李交还时已会同承运人进行联合检查或检验，此时无须另行提交书面通知。《海商法》第 119 条第 4 款规定：“行李交还时，旅客已经会同承运人对行李进行联合检查或者检验的，无需提交书面通知。”

如果旅客未按上述规定提交书面通知，应当视为旅客已经完整无损地收到了行李，但旅客可以通过举证推翻此种推定。

（二）旅客的主要权利

旅客基于海上旅客运输合同享有的权利主要包括以下两项：

1. 要求承运人将其安全地运送至约定地点，包括运输根据双方约定可以免费携带的行李。

2. 旅客人身遭受损害或者行李发生灭失或损坏时，要求承运人赔偿损失的请求权。

第四节　非合同请求

非合同请求（non-contractual claim），是指不是基于违约提出的索赔请求，对于海上旅客运输合同而言主要分为两种情形：

1. 请求人与被请求人之间不存在合同关系，主要是指旅客向承运人的受雇人、代理人以及实际承运人提出索赔请求。

2. 请求人与被请求人之间虽然存在合同关系，但请求人以侵权关系而非合同关系提出索赔请求。例如，海上旅客运输期间行李灭失或损坏，承运人既由于违约行为而侵害了旅客的债权，也由于行李损害而侵害了旅客对于行李的物权，请求人针对后者本应可以基于侵权关系提出索赔请求。

一、违约责任与侵权责任的竞合

如果行为人实施的行为符合多种民事责任的构成要件，可以导致多种民事责任成立，但受害人只能选择其中一种民事责任提出请求，此种现象称为“民事责任竞合”。民事责任竞合在实践中最为常见的当属违约责任与侵权责任的竞合，二者均以赔偿损失为内容，故而债权人不能双重请求，只能择一主张，以防债权人获得不当的利益。[①]

《民法典》第 186 条规定："因当事人一方的违约行为，损害对方人身权益、财产权益的，受损害方有权选择请求其承担违约责任或者侵权责任。"据此，受害人对于违约责任和侵权责任的竞合本可自由选择其中一种请求权行使。

《海商法》第 58 条第 1 款规定："就海上货物运输合同所涉及的货物灭失、损坏或者迟延交付对承运人提起的任何诉讼，不论海事请求人是否合同的一方，也不论是根据合同或者是根据侵权行为提起的，均适用本章关于承运人的抗辩理由和限制赔偿责任的规定。"据此，海上货物运输合同的索赔人虽然针对违约责任和侵权责任仍然可以选择请求权，但适用的法律规范均是《海商法》第四章"海上货物运输合同"的规定，而不是《民法典》第七编"侵权责任"的规定,而且承运人均可援引《海商法》规定的免责事由和单位赔偿责任限制权利。因此,《海商法》第 58 条第 1 款本质上其实否定了违约责任与侵权责任的竞合。

《海商法》第五章关于海上旅客运输合同虽无类似规定，但通常认为旅客如果以侵权为由提出赔偿请求，仍然适用《海商法》第五章"海上旅客运输合同"的规定，承运人一方也仍可援用该章规定的免责事由和单位赔偿责任限制权利。

二、承运人与其他责任主体的责任分担

（一）对承运人受雇人和代理人的索赔

1. 援引承运人的免责事由和单位赔偿责任限制权利

《海商法》第 120 条规定："向承运人的受雇人、代理人提出的赔偿请求，受雇人或者代理人证明其行为是在受雇或者受委托的范围内的，有权援用本法第一百一十五条、第一百一十六条和第一百一十七条的抗辩理由和赔偿责任限制的规定。"据此，如果旅客向承运人的受雇人或代理人提出索赔请求，无论基于违约责任还是侵权责任，受雇人或代理人均可援引承运人的免责事由和单位赔偿责任限制权利。

上述规定是"喜马拉雅条款"（Himalaya Clause）的法定化。喜马拉雅条款导源于 1953 年英国的 Alder 诉 Dickson 案。[②] 该案中喜马拉雅号客船在挂靠比利时安特卫普港时，乘客 Alder 在船上由于舷梯倒塌而受伤。由于旅客客票的免责条款规定承运人对于此类损害免责，

① 参见韩世远：《合同法总论》（第 4 版），法律出版社 2018 年版，第 884~885 页。

② See Adler v. Dickson and Another （1954） 2 Lloyd's Rep. 267.

Alder 便以侵权行为为由直接起诉船长 Dickson 等承运人的受雇人。英国上诉法院判决承运人的受雇人无权援引承运人的免责事由，Alder 由此获得全部赔偿。此后承运人陆续在运输合同中增订条款，规定承运人的受雇人或代理人可以援引承运人的免责事由或者责任限制，此类条款由于该案船名即称为喜马拉雅条款。

《海商法》设置喜马拉雅条款的实际意义其实并不明显，原因在于我国法律本身就有雇员行为由雇主负责、代理人行为由委托人负责的规定。前者主要见于《民法典》第 162 条，[①]后者主要见于《民法典》第 1191 条[②]和第 1192 条。[③]而且，《民法典》的一般规定甚至不考虑受雇人的主观心理状态，即是否存在故意或明知可能造成损失而轻率地作为或不作为。

《1974 年雅典公约》第 11 条的规定与《海商法》一致："如就本公约规定的损失向承运人或实际承运人的雇用人或代理人提起诉讼，这些雇用人或代理人如证明他是在其职务范围内行事，便有权获得援用承运人或实际承运人依照本公约有权援用的抗辩和责任限额。"

2. 单位赔偿责任限制权利的丧失

《海商法》第 118 条第 2 款规定："经证明，旅客的人身伤亡或者行李的灭失、损坏，是由于承运人的受雇人、代理人的故意或者明知可能造成损害而轻率地作为或者不作为造成的，承运人的受雇人、代理人不得援用本法第一百一十六条和第一百一十七条限制赔偿责任的规定。"

根据上述规定，如果承运人的受雇人或代理人存在故意或明知可能造成损失而轻率地作为或不作为的主观心理状态，导致旅客人身损害或者行李灭失或损坏，受雇人或代理人同样也将丧失本可援引的承运人单位赔偿责任限制的权利。

（二）对实际承运人的索赔

《海商法》第 109 条以及第 121~125 条是关于实际承运人的规定。

1. 承运人对于实际承运人行为的责任

《海商法》第 121 条规定："承运人将旅客运送或者部分运送委托给实际承运人履行的，仍然应当依照本章规定，对全程运送负责。实际承运人履行运送的，承运人应当对实际承运人的行为或者实际承运人的受雇人、代理人在受雇或者受委托的范围内的行为负责。"

---

① 《民法典》第 162 条规定："代理人在代理权限内，以被代理人名义实施的民事法律行为，对被代理人发生效力。"

② 《民法典》第 1191 条第 1 款规定："用人单位的工作人员因执行工作任务造成他人损害的，由用人单位承担侵权责任。用人单位承担侵权责任后，可以向有故意或者重大过失的工作人员追偿。"

③ 《民法典》第 1192 条第 1 款规定："个人之间形成劳务关系，提供劳务一方因劳务造成他人损害的，由接受劳务一方承担侵权责任。接受劳务一方承担侵权责任后，可以向有故意或者重大过失的提供劳务一方追偿。提供劳务一方因劳务受到损害的，根据双方各自的过错承担相应的责任。"

除非旅客与承运人双方之间另有约定，承运人委托实际承运人履行海上旅客运输合同，无须征得旅客的同意。根据上述规定，承运人原则上应对实际承运人的行为负责，即承运人对全部运输负责，而实际承运人对其实际承担的运输负责。而且，此处实际承运人不限于实际承运人本人，还包括实际承运人的受雇人和代理人。

《1974 年雅典公约》第 4 条第 1 款、第 2 款也规定：

> 1. 如已委托实际承运人实施全部或部分运输，承运人仍应依照本公约规定，对全部运输负责。此外，实际承运人对其实施的那部分运输，应受本公约的约束，并有援用本公约规定的权利。
>
> 2. 对由实际承运人实施的运输，承运人应对实际承运人及其在职务范围内行事的雇用人和代理人的行为和不为负责。

2. 实际承运人适用关于承运人责任的规定

《海商法》第 109 条规定："本章关于承运人责任的规定，适用于实际承运人。本章关于承运人的受雇人、代理人责任的规定，适用于实际承运人的受雇人、代理人。"

根据上述规定，《海商法》第五章"海上旅客运输合同"关于承运人责任的规定均适用于实际承运人，关于承运人的受雇人和代理人责任的规定适用于实际承运人的受雇人和代理人，包括责任期间、单位赔偿责任限制及其丧失等。

《1974 年雅典公约》第 4 条第 1 款也规定："如已委托实际承运人实施全部或部分运输，承运人仍应依照本公约规定，对全部运输负责。此外，实际承运人对其实施的那部分运输，应受本公约的约束，并有援用本公约规定的权利。"

3. 承运人特别协议对于实际承运人的效力

《海商法》第 122 条规定："承运人承担本章未规定的义务或者放弃本章赋予的权利的任何特别协议，经实际承运人书面明确同意的，对实际承运人发生效力；实际承运人是否同意，不影响此项特别协议对承运人的效力。"

法律为承运人规定的义务和责任均为最低限度的义务和责任，故而旅客和承运人可以约定加重承运人的义务和责任。承运人如果与旅客达成增加自身义务或放弃自身权利的特别约定，则此类约定如果要对实际承运人发生效力，需要经过实际承运人的书面明确同意。但是，即使实际承运人不同意，此种特别约定对于承运人本身仍然有效。

《1974 年雅典公约》第 4 条第 3 款也规定："任何使承运人承担非由本公约所加予的义务或放弃本公约所赋予的权利的特别协议，只有经实际承运人书面明文同意，才能对实际承运人产生影响。"

4. 承运人与实际承运人的连带责任

《海商法》第 123 条规定："承运人与实际承运人均负有赔偿责任的，应当在此项责任限度内负连带责任。"

根据上述规定，如果承运人和实际承运人对于旅客人身损害或者行李灭失或损坏均负有赔偿责任时，二者应当在此项责任的范围之内承担连带责任。

连带责任是指两个以上的债务人就共同负担的债务分别负有全部清偿的责任。[①]《民法典》第 178 条第 1 款规定："二人以上依法承担连带责任的，权利人有权请求部分或者全部连带责任人承担责任。"债权人可以要求各个债务人按照自身责任比例承担责任，也可要求其中任一债务人承担全部责任，债务人承担责任后可按自身的责任比例，向其他连带债务人主张追偿。《民法典》第 178 条第 2 款规定："连带责任人的责任份额根据各自责任大小确定；难以确定责任大小的，平均承担责任。实际承担责任超过自己责任份额的连带责任人，有权向其他连带责任人追偿。"

《1974 年雅典公约》第 4 条第 4 款也规定："如果承运人和实际承运人均负有责任，则在此范围内，他们应负连带责任。"

5. 承运人与实际承运人的赔偿总额

《海商法》第 124 条规定："就旅客的人身伤亡或者行李的灭失、损坏，分别向承运人、实际承运人以及他们的受雇人、代理人提出赔偿请求的，赔偿总额不得超过本法第一百一十七条规定的限额。"

根据上述规定，旅客无论采取何种方式向承运人和实际承运人及其受雇人、代理人提出索赔，获得赔偿的总额不得超过承运人的单位赔偿责任限额，除非其中存在丧失单位赔偿责任限制权利的情形。

《1974 年雅典公约》第 12 条也规定：

> 1. 在实施第 7 条和第 8 条规定的责任限额时，这些限额应适用于任何一名旅客的死亡或人身伤害或其行李灭失或损坏所引起的所有索赔中应得的赔偿总额。
>
> 2. 对由实际承运人实施的运输，从承运人、实际承运人和其在职务范围内行事的雇用人和代理人所取得的赔偿总额，不得超过按本公约规定可从承运人或实际承运人取得的最高金额，但是上述任何人都不应对超过适用于其责任限额的金额负责。

---

① 参见北京大学法学百科全书编委会编：《北京大学法学百科全书：民法学　商法学》，北京大学出版社 2004 年版，第 595 页。

3. 在承运人或实际承运人的雇用人或代理人根据本公约第11条有权援用第7条和第8条规定的责任限额的任何情况下，从承运人或实际承运人以及从该雇用人或代理人所取得的赔偿总额，不得超过这些责任限额。

6. 承运人与实际承运人之间的追偿

《海商法》第125条规定："本法第一百二十一条至第一百二十四条的规定，不影响承运人和实际承运人之间相互追偿。"

根据上述规定，基于承运人与实际承运人之间的连带责任，如果其中一方实际承担的责任超过了自身的责任比例，有权向对方进行追偿。

《1974年雅典公约》第4条第5款也规定："本条的规定不妨害承运人和实际承运人之间的任何追偿权利。"

第三章

邮轮旅游基础合同：旅游服务合同

【知识提要】

本章主要讲解作为邮轮旅游基础合同的旅游服务合同：一是旅游服务合同概述，包括旅游服务合同的概念、性质、标的、当事人与关系人，以及旅游服务合同法的法源；二是旅游服务合同的订立、转让、变更与解除；三是旅游服务合同当事人的义务与权利，包括旅行社的义务与权利，以及旅游者的义务与权利。

第一节　旅游服务合同概述

一、旅游服务合同的概念

旅游服务合同的概念存在广义与狭义之分。广义的旅游服务合同除旅游者与旅行社之间订立的包价旅游合同外，还包括旅游者与其他旅游经营者之间订立的合同，如旅游者与旅游景区经营者之间订立的合同，以及旅游经营者互相之间订立的合同，如地接社与组团社之间订立的合同；狭义的旅游服务合同主要是指包价旅游合同，下文讨论的旅游服务合同原则上也仅限于包价旅游合同。值得注意的是，《民事案件案由规定》从程序法角度规定的合同名称，至今仍是“旅游合同”。

《最高人民法院关于审理旅游纠纷案件适用法律若干问题的规定》（以下简称《旅游纠纷司法解释》）采用了广义旅游服务合同的概念，但排除了旅游经营者之间订立的合同，即合同一方必须是旅游者，其中第 1 条第 1 款规定："本规定所称的旅游纠纷，是指旅游者与旅游经营者、旅游辅助服务者之间因旅游发生的合同纠纷或者侵权纠纷。"

《旅游法》第五章的标题虽是"旅游服务合同"，但其中多数规定均是基于包价旅游合同的立场。而且，《旅游法》第 57 条作为第五章"旅游服务合同"的首个条文规定："旅行社组织和安排旅游活动，应当与旅游者订立合同。"可见《旅游法》第五章规定的旅游服务合同一方当事人应当是旅游者，另一方当事人则应是旅行社。《旅游法》第 111 条关于定义的规定也仅有包价旅游合同，而无旅游服务合同的定义，其中第 3 项规定：

> 包价旅游合同，是指旅行社预先安排行程，提供或者通过履行辅助人提供交通、住宿、餐饮、游览、导游或者领队等两项以上旅游服务，旅游者以总价支付旅游费用的合同。

司法实践

旅游服务合同的范围

云南省高级人民法院在大理茶花国际旅行社有限责任公司昆明分公司与云南中旺国际旅行社有限公司、李某合同纠纷案[①]中认为，旅游经营者之间订立"旅游产品代理销售协议"产生的纠纷，不属于《旅游纠纷司法解释》规定的旅游合同纠纷：

> 本院认为，根据《最高人民法院关于审理旅游纠纷案件适用法律若干问题的规定》第一条规定："本规定所称的旅游纠纷，是指旅游者与旅游经营者、旅游辅助服务者之间因旅游发生的合同纠纷或者侵权纠纷。"同时《民事案件案由规定》中"旅游合同纠纷"属于"服务合同纠纷"项下的第四级案由，即旅游合同是为旅游者提供特定的旅游服务项目的合同。本案诉争的合同为茶花公司与中旺公司签订的《旅游产品代理销售协议》，本案不属于旅游合同纠纷，即不属于云南省高级人民法院指定昆明铁路运输法院管辖的旅游合同纠纷的范畴。

① 参见云南省高级人民法院（2020）云民辖 71 号民事裁定书。

司法实践

旅行社与旅游者订立合同的义务

●湖北省襄阳市中级人民法院在湖北悠程去哪儿国际旅行社有限公司与邱某勤、潘某英、邱某、袁某华、湖北指点江山国际旅行社有限责任公司、安某玲、中国人民财产保险股份有限公司重庆市分公司旅游合同纠纷案①中认为，旅行社负有依法与旅游者签订书面旅游服务合同的义务：

> 关于悠程旅行社对邱某军的死亡是否应当承担违约赔偿责任问题。首先，《中华人民共和国旅游法》第五十七条规定，“旅行社组织和安排旅游活动，应当与旅游者订立合同。”第八十条规定，“旅游经营者应当就旅游活动中的下列事项，以明示的方式事先向旅游者作出说明或者警示：（一）正确使用相关设施、设备的方法；（二）必要的安全防范和应急措施；（三）未向旅游者开放的经营、服务场所和设施、设备；（四）不适宜参加相关活动的群体；（五）可能危及旅游者人身、财产安全的其他情形。”悠程旅行社作为旅游经营者，依法应当签订书面旅游合同，尤其是应当以明示的方式对旅游活动中的安全注意事项予以警示，悠程旅行社没有履行其应尽的法定义务，存在违约行为。

●福建省三明市中级人民法院在三明宝中国际旅行社有限公司与唐某华、三某宝中国际旅行社有限公司永安开辉营业部旅游合同纠纷案②中同样认为：

> 本院认为，《中华人民共和国旅游法》《旅行社条例》等均就加强对旅行社的管理、保障旅游者和旅行社的合法权益作了明确规定，要求旅行社组织和安排旅游活动，应当与旅游者订立合同，但宝中国旅设立的宝中国旅开辉营业部在组织“霞浦、太姥山、九鲤溪三日游”团队旅游活动的过程中，未按规定与旅游者订立书面合同，对引起本案纠纷负有责任。

---

① 参见湖北省襄阳市樊城区人民法院（2017）鄂0606民初4424号民事判决书；湖北省襄阳市中级人民法院（2019）鄂06民终180号民事判决书。

② 参见福建省永安市人民法院（2016）闽0481民初2580号民事判决书；福建省三明市中级人民法院（2018）闽04民终4号民事判决书。

根据上述定义，包价旅游合同主要具有以下三项特征：

1. 旅游行程由旅行社预先安排。邮轮旅游中旅行社在邮轮公司预先安排的邮轮航线的基础上，通常还将安排岸上观光环节的行程。《旅游法》第 59 条进一步规定旅行社负有提供旅游行程单的义务："旅行社应当在旅游行程开始前向旅游者提供旅游行程单。旅游行程单是包价旅游合同的组成部分。"

2. 旅行社自行提供或者通过履行辅助人提供至少两项旅游服务。据此，目前实践中颇为常见的"机加酒"即机票和酒店打包预订，也是典型的包价旅游形式。邮轮旅游中旅行社通常自行提供船上领队、岸上观光游览及导游等服务，而由邮轮公司作为履行辅助人提供船上游览、住宿、餐饮、娱乐等服务。

3. 旅游者以总价支付旅游费用。包价旅游合同通常仅约定旅游费用的总价，或者至少不会逐一列明各项具体服务的单独价格。例如，《上海市邮轮旅游合同示范文本（2015 版）》第 4 条第 1 款规定："旅游费用包括：□邮轮船票费（含邮轮上指定的舱位、餐饮、游览娱乐项目和设施等）；□船上服务费（小费）；□港务费；□签证费；□签注费；□乙方统一安排岸上游览景区景点的门票费、□交通费、□住宿费、□餐费；□其他费用____。"第 2 款规定："甲方应交纳旅游费用______元，大写________________元。"此处只是要求勾选旅游费用包含的项目，而不必列明各个项目的单独价格。

司法实践

包价旅游合同的特征

福建省福州市晋安区人民法院在马某钟与福州八闽国际旅行社有限公司旅游合同纠纷案[①]中认为：

《中华人民共和国旅游法》第一百一十一条第（三）项规定："包价旅游合同，是指旅行社预先安排行程，提供或者通过履行辅助人提供交通、住宿、餐饮、游览、导游或者领队等两项以上旅游服务，旅游者以总价支付旅游费用的合同。"案涉两份旅游合同中原、被告双方均未单独就机票、住宿、餐饮、导游服务等费用逐项约定；

① 参见福建省福州市晋安区人民法院（2019）闽 0111 民初 3753 号民事判决书。

且纸质合同附件中载明报价包含全程航班经济舱机票及税费，“报价包含”四字以“加粗”“突出显示”予以标识提示；原、被告最终确认的旅游费用76390元亦非通过机票、住宿、餐饮、导游服务等费用数额相加得出，故本案符合包价旅游之特征，案涉电子合同属于包价旅游合同。

《民法典》第三编“合同”第二分编“典型合同”未规定旅游服务合同，而《旅游法》专设第五章“旅游服务合同”，故而旅游服务合同属于特别法上的典型合同。同时，包价旅游合同的旅客是消费者，旅行社是经营者，故而也具有消费者合同的性质。

二、旅游服务合同的性质

（一）双务、有偿合同

旅游服务合同原则上是双务合同、有偿合同。双务合同是指双方当事人互负具有对价意义的债务的合同，即双方互负居于给付与对待给付关系之义务的合同；有偿合同是指双方当事人在从合同缔结到债务履行的整个过程之中，均须作出相互具有对价性质的付出的合同，即一方享有合同规定的权益，必须向对方偿付相应的代价。[①]

旅游服务合同的双方当事人，旅游者负有的主给付义务是支付旅游费用，旅行社负有的主给付义务是按照合同约定提供旅游服务，双方互负对价性债务。

旅游服务合同在少数例外情形下也可能属于单务合同、无偿合同，主要是指旅游者通过抽奖等不必支付旅游费用的途径参加旅游的情形。此外，目前实践中存在一些“零团费”的旅行团，旅行社主要是依赖旅游者购物的返佣维持成本。

（二）要式、诺成合同

旅游服务合同应是要式合同、诺成合同。要式合同是指必须依据法律规定或当事人要求的形式而订立的合同；诺成合同是仅依当事人的意思表示一致即可成立的合同。[②]

《旅游法》第58条第1款规定：“包价旅游合同应当采用书面形式。”据此，旅游服务合同应是要式合同，必须采用书面形式订立。

《民法典》第483条规定：“承诺生效时合同成立，但是法律另有规定或者当事人另有约定的除外。”我国合同法对于各类合同以诺成合同为原则，而以需要交付标的物或完成其

① 参见韩世远：《合同法总论》（第4版），法律出版社2018年版，第76~79页。
② 参见韩世远：《合同法总论》（第4版），法律出版社2018年版，第82~84页。

他现实交付方能成立的实践合同为例外。《旅游法》第五章“旅游服务合同”对于旅游服务合同的成立时间未作特别规定。因此，旅游服务合同应是诺成合同，一旦旅游者和旅行社之间就合同的权利义务关系达成一致，旅游服务合同即可成立。[①]

（三）消费者合同

旅游服务合同还应具有消费者合同的性质。消费者合同是指合同当事人的一方为消费者，另一方为经营者的合同。[②]旅游服务合同当事人的旅游者一方为消费者，而旅行社一方为经营者，符合消费者合同的内涵。

不同于海上旅客运输合同，旅游服务合同几乎不存在不属于消费者合同的例外情形。

三、旅游服务合同的标的

旅游服务合同的标的是旅行社的旅游服务行为，但此处对旅游服务的理解存在一定争议。

界定旅游服务合同标的的重点在于，对于交通、住宿、餐饮乃至娱乐等主要由履行辅助人提供的服务项目，旅行社的给付义务也即所谓的提供旅游服务，究竟是指作为中介组织安排此类服务，还是在负责具体提供此类服务的同时将其委托他人，一如运输合同的承运人将运输业务全部或部分委托给实际承运人。此问题看似只是名词之争，但对认定各类旅游活动的基础法律关系，以及由此产生的责任主体、不同主体之间的责任承担规则，乃至涉外关系的法律适用、民事诉讼的地域管辖，均有无法回避的基础性意义。

旅行社在旅游产品的供应者和消费者之间发挥媒介作用，[③]中介职能应是旅行社的核心职能之一。旅游服务合同作为自成一类的典型合同并非运输、餐饮、住宿、娱乐等多种服务合同的简单组合，包价旅游的组织性、整体性特征决定了合同标的的重点在于旅行社提供的中介服务，也即旅行社对于具体服务的组织安排作用。此亦是包价旅游合同作为独立的典型合同类型存在的根基所在。

作为旅游服务合同标的的旅游服务行为，应当分为两个部分：一是导游、领队等少数确由旅行社自行提供的旅游服务；[④]二是组织安排由履行辅助人提供的住宿、餐饮、游览、

---

① 参见王利明：《合同法研究》（第4卷）（第2版），中国人民大学出版社2017年版，第572页。

② 参见韩世远：《合同法总论》（第4版），法律出版社2018年版，第905页。

③ 参见谢彦君：《基础旅游学》（第4版），商务印书馆2015年版，第123页。

④ 此类服务还有可能包括包价旅游以旅游巴士等公路运输为主要交通方式时，旅行社自行提供的运输服务，但实践中此类运输服务仍然不乏由履行辅助人提供的情形。

娱乐等具体服务的中介服务。而且，后者应居于更为主要的地位，因为一旦脱离游览、娱乐等具体服务，导游、领队服务便会由于缺少解说的对象而无所依托。

四、旅游服务合同的当事人与关系人

（一）旅游服务合同的当事人

旅游服务合同的当事人是旅游者与旅行社。

旅游者实际即指旅客，也即旅行的人，[①] 我国旅游合同立法史上也曾采用“旅游人”等表述。例如，1997 年 5 月 14 日《合同法（征求意见稿）》第二十六章为“旅游合同”，其中第 325 条规定：“旅游合同是旅行社提供旅游服务，旅游人支付旅游费用的合同。”[②]

关于旅行社的定义，《旅行社条例》第 2 条第 2 款规定：“本条例所称旅行社，是指从事招徕、组织、接待旅游者等活动，为旅游者提供相关旅游服务，开展国内旅游业务、入境旅游业务或者出境旅游业务的企业法人。”但是，作为旅游服务合同当事人的旅行社，仅限于组团社，即与旅游者订立合同的旅行社，而不包括组团社另行委托的地接社等其他旅行社。《旅游法》第 111 条第 4 项规定：“组团社，是指与旅游者订立包价旅游合同的旅行社。”

司法实践

组团社的认定

上海市第一中级人民法院在四川省中国国际旅行社有限责任公司与李某发、谢某荣、霍某、李某宁生命权、健康权、身体权纠纷案[③]中认为：

一审法院认为：……

关于争议焦点一，本案组团社的确定。根据法律规定，组团社是指与旅游者订立包价旅游合同的旅行社。包价旅游合同，是指旅行社预先安排行程，提供或者通过履行辅助人提供交通、住宿、餐饮、游览、导游或者领队等两项以上旅游服务，

---

① 参见中国社会科学院语言研究所词典编辑室编:《现代汉语词典》(第 7 版)，商务印书馆 2016 年版，第 852 页。
② 参见何勤华、李秀清、陈颐编：《新中国民法典草案总览》，北京大学出版社 2017 年版，第 2029 页。
③ 参见上海市长宁区人民法院（2019）沪 0105 民初 16692 号民事判决书；上海市第一中级人民法院（2020）沪 01 民终 2977 号民事判决书。

旅游者以总价支付旅游费用的合同。旅行社委托其他旅行社代理销售包价旅游产品并与旅游者订立包价旅游合同的，应当在包价旅游合同中载明委托社和代理社的基本信息。本案中，从合同订立来看，四川国旅公司选择地接社，与泰国当地的地接社签署协议，向地接社预订相关的线路行程，北京携程公司作为四川国旅公司的代理人与霍某、李某宁订立旅游合同，其中包含了交通、住宿、餐饮等多项旅游服务，属于包价旅游合同。北京携程公司与霍某、李某宁订立旅游合同时明确涉案旅游产品系由北京携程公司代理招徕，委托社及具体旅游服务提供者均为四川国旅公司，同时四川国旅公司在与北京携程公司签署的《合作协议》中授权北京携程公司利用网络平台代理销售其公司包价旅游产品，北京携程公司属于有权代理。因此，北京携程公司在本案中仅系代理销售旅游产品，且已经按约履行了代理义务，涉案包价旅游合同的相对方系四川国旅公司。从合同的履行来看，四川国旅公司自认由其公司向霍某、李某宁邮寄出行通知书，并在机场召开行前会议，四川国旅公司实际履行了组团社的义务。故四川国旅公司系涉案旅游合同的组团社。四川国旅公司抗辩根据双方合作协议，其公司仅为操作社，并主张北京携程公司系组团社，但双方合作协议中包含了包价旅游产品代理的约定，北京携程公司在本案中已经按约履行了代理义务，现四川国旅公司对此予以否认，并未提供充分证据加以证明，一审法院不予采纳。

…………

关于第一个争议焦点。涉案旅游合同中包含了交通、住宿、餐饮等多项旅游服务，属于包价旅游合同。从合同的签订过程来看，四川国旅公司与北京携程公司签署的《合作协议》中授权北京携程公司利用网络平台代理销售该公司包价旅游产品，系四川国旅公司的代理人，北京携程公司与霍某、李某宁签订旅游合同系履行代理行为，且该旅游合同中也明确北京携程公司系四川国旅公司的代理人，故旅游合同相应的法律后果应当由四川国旅公司承担。从合同履行来看，四川国旅公司与泰国当地地接社签订协议，向地接社预定路线，且四川国旅公司自认其公司向霍某、李某宁邮寄出行通知书，并在机场召开行前会议，其已经实际履行了组团社的义务，并收取了包价旅游的费用。上述事实可以证明四川国旅公司系组团社。四川国旅公司主张其并非组团社、不应当承担责任的主张缺乏事实和法律依据，本院不予采信。

（二）旅游服务合同的关系人

旅游服务合同的关系人主要是指组团社以外的其他旅游经营者。《旅游法》第 111 条第 1 项规定了旅游经营者的概念："旅游经营者，是指旅行社、景区以及为旅游者提供交通、住宿、餐饮、购物、娱乐等服务的经营者。"《旅游纠纷司法解释》第 1 条第 2 款也规定："'旅游经营者'是指以自己的名义经营旅游业务，向公众提供旅游服务的人。"据此，旅游经营者不限于作为旅游服务合同当事人的组团社，也不仅仅包括旅游景区、旅游饭店等旅游服务的主要提供者，凡是为旅游者提供有关旅游服务的经营人员，均属旅游经营者。因此，除组团社以外的旅游经营者均有可能成为旅游服务合同的关系人。

司法实践

旅游经营者的范围

辽宁省营口市中级人民法院在北海圣和龙翔置业发展有限公司与王某春、孔某萍、霍某生命权、健康权、身体权纠纷案[①]中认为，即使是自然人个人负责接待旅游者至旅游景区游玩，也构成旅游经营者：

> 一审法院审理查明：……2017 年 8 月 7 日，王某海和同学商某瑶、段某乐、王某立、唐某远一起在大石桥市兴隆大厦门口，收到被告霍某母亲散发的北海亚特兰蒂斯海乐园宣传单。……王某海和同学们决定由商某瑶扫描宣传单上二维码加被告霍某微信，商讨去北海亚特兰蒂斯旅游一事，微信内容如下：商某瑶问"假如明天去亚特兰蒂斯，现在可以定吗？"霍某答"可以"；商某瑶问"什么时候给钱？"霍某答"现在可以，我们以交钱为准留位置。"商某瑶问"只能微信转吗？"霍某答"嗯，可以交定金"；商某瑶问"现金呢？"霍某答"上车交余款"；商某瑶问"姐，那我们的票怎么给？"霍某答"你不是跟团吗，上车有人收"。经微信协商，双方达成被告霍某接待王某海等同学五人第二天到亚特兰蒂斯海乐园旅游，门票及往返运输每人 100 元，旅游时间为第二天下午 2 时丽华酒店上车，乘坐辽 H933×× 金龙大客车，晚上 8 时 30 分返程，霍某收取定金 100 元，余款 400 元上车后交给司机。协议达成后，王某海等同学五人于 2017 年 8 月 8 日下午，乘坐指定车辆并支付了

① 参见辽宁省大石桥市人民法院（2017）辽 0882 民初 5958 号民事判决书；辽宁省营口市中级人民法院（2018）辽 08 民终 798 民事判决书。

余款400元，后抵达亚特兰蒂斯海乐园。王某海进入海乐园游玩后，从海乐园后门购买2元腕带出园，在北海浴场游泳时溺水死亡。

另查明，亚特兰蒂斯海乐园系被告北海圣和龙翔置业公司经营的景区，其后门出去后即为北海浴场，后门标有“出园（去海边）请购买2元腕带、自备零钱、谢谢合作；出园需买腕带，没买腕带者出园需再次购票入园”字样。被告霍某经由辽宁全宇国际旅行社大石桥分公司购买亚特兰蒂斯海乐园门票，支付门票相应价款后获得电子码信息凭证，持票码在海乐园售票处验证入园。

…………

一审法院认为，旅游经营者，是指旅行社、景区以及为旅游者提供交通、住宿、餐饮、购物、娱乐等服务的经营者。本案被告霍某接待王某海等同学到亚特兰蒂斯海乐园旅游，负责门票及往返运输，其应为旅游经营者；被告北海圣和龙翔置业公司经营亚特兰蒂斯海乐园景区，其应为旅游经营者。

1. 地接社

地接社是与组团社相对的概念。《旅游法》第111条第5项规定：“地接社，是指接受组团社委托，在目的地接待旅游者的旅行社。”

旅行社如果委托地接社履行包价旅游合同的部分义务，即负有披露地接社基本信息的义务，此类信息应当在包价旅游合同中载明。《旅游法》第60条第2款规定：“旅行社依照本法规定将包价旅游合同中的接待业务委托给地接社履行的，应当在包价旅游合同中载明地接社的基本信息。”地接社的基本信息通常包括旅行社的名称、经营范围、地址、联系电话、旅行社业务经营许可证编号，以及经办人的姓名、联系电话等。

例如，《上海市邮轮旅游合同示范文本（2015版）》的使用说明部分第4条即规定：“旅行社委托组团，须事先告知旅游者并在本合同中载明。”同时又于第1条“合同标的”要求填入组团方式：

组团方式（二选一）

□自行组团

□委托组团（委托社全称及经营许可证编号＿＿）。

旅行社还应在合同中填入委托社的全称以及经营许可证编号。

2. 履行辅助人

（1）履行辅助人的概念

履行辅助人是传统民法的概念，也称使用人，是指债务人用于履行自身债务的人，[①]也即债的关系当事人之外辅助债务人履行债务的人。现代社会由于社会分工的发展，个人限于时间、精力、专业技能等方面的不足，许多事务难以亲力为之，往往需要他人行为的协助。借助履行辅助人，可以弥补债务人在时间、精力、专业技能等方面的缺陷，从而便利债务的履行。[②]履行辅助人在传统民法上的范围颇为广泛，凡是辅助债务人履行债务者几乎均属履行辅助人。

《旅游法》首次在我国立法上引入了履行辅助人的概念，其中第111条第6项规定："履行辅助人，是指与旅行社存在合同关系，协助其履行包价旅游合同义务，实际提供相关服务的法人或者自然人。"据此，履行辅助人的概念较之传统民法存在明显限缩，其中尤其值得注意的是以下两个方面：

第一，要求履行辅助人必须与旅行社存在合同关系。旅游实践中旅行社与铁路、航空承运人等公共交通经营者之间通常不存在合同关系，即使是与酒店、餐馆经营者等主体也未必订立合同。虽然也有观点认为《旅游法》第111条第6项规定的"与旅行社存在合同关系"并非履行辅助人的必备要件，而只是对其典型形式的描述，[③]但此种理解至少不符合法条之文义。司法实践中已有案例由于旅行社与公共交通经营者之间不存在合同关系，明确认定公共交通经营者不是履行辅助人。但是，根据《旅游法》第71条第2款的但书规定，公共交通经营者在《旅游法》的立场下似乎又是作为履行辅助人的具体类型。[④]

司法实践

公共交通经营者是否构成履行辅助人

江苏省高级人民法院在孙某忠、孙某与淮安外侨国际旅行社有限公司、江苏全景国际

① 参见王泽鉴：《债法原理》，作者2021年自版，第347页。

② 参见王利明：《债法总则研究》，中国人民大学出版社2015年版，第660页。

③ 参见杨富斌、苏号朋主编：《中华人民共和国旅游法释义》，中国法制出版社2013年版，第237页。

④ 《旅游法》第71条第2款规定："由于地接社、履行辅助人的原因造成旅游者人身损害、财产损失的，旅游者可以要求地接社、履行辅助人承担赔偿责任，也可以要求组团社承担赔偿责任；组团社承担责任后可以向地接社、履行辅助人追偿。但是，由于公共交通经营者的原因造成旅游者人身损害、财产损失的，由公共交通经营者依法承担赔偿责任，旅行社应当协助旅游者向公共交通经营者索赔。"

旅行社有限公司等旅游合同纠纷案[1]中认为：

孙某忠、孙某申请再审称，原审判决认定事实错误，请求依法再审改判支持孙某忠、孙某的原审诉讼请求。外侨公司和全景公司作为旅游经营者，对游客进行安全保障既是其法定义务，也是其合同义务，但二公司在履约过程中未尽到此项义务，导致游客沈某芬死亡，应承担违约责任。具体而言，外侨公司、全景公司存在如下违约情况：1. 进藏之前未履行充分告知提醒义务，导致游客对进藏旅游的注意事项掌握不清楚，准备不充分。2. 未安排人员陪同游客一同返程，在沈某芬病发时未承担任何救助义务，导致沈某芬救助不及时以致死亡。东航公司作为旅行辅助人[2]，在沈某芬病发后未提供任何救助，亦应承担相应赔偿责任。

本院经审查认为……《中华人民共和国旅游法》第一百一十一条第（六）项规定："履行辅助人，是指与旅行社存在合同关系，协助其履行包价旅游合同义务，实际提供相关服务的法人或者自然人"，东航公司与外侨公司、全景公司不存在合同关系，不是旅行辅助人，故原审判决驳回孙某忠、孙某对东航公司的诉讼请求，并无不当。

第二，履行辅助人仅限于法人和自然人，而不包括非法人组织。此种规定与《民法典》关于民事主体的规定明显不同，[3]主要是由于《旅游法》于2013年通过，当时我国民事立法尚无非法人组织的概念。例如，《民法通则》第2条即规定："中华人民共和国民法调整平等主体的公民之间、法人之间、公民和法人之间的财产关系和人身关系。"此种法律漏洞也可通过目的性扩张的方法在司法实践中加以填补，《旅游法》本身并无排除非法人组织作为履行辅助人的立法目的。以原国家旅游局、原国家工商行政管理总局于2014年4月共同制定的《团队出境旅游合同（示范文本）》为例，其中第1条第3款关于履行辅助人的定义较之《旅游法》即增加了"其他组织"的表述："履行辅助人，指与旅行社存在合同关系，协助其履行本合同义务，实际提供相关服务的法人、自然人或者其他组织。"而且，《最高人民法院关于适用〈中华人民共和国民法典〉总则编若干问题的解释》第1条第2款规定："就同一民事关系，其他民事法律的规定属于对民法典相应规定的细化的，应当适用该民事法律的规定。民法典规定适用其他法律的，适用该法律的规定。"基于《民法典》的基本法地位，对于《民

① 江苏省高级人民法院（2018）苏民申3464号民事裁定书。

② 此处应为"履行辅助人"。

③ 例如，《民法典》第2条规定："民法调整平等主体的自然人、法人和非法人组织之间的人身关系和财产关系。"

法典》未明确规定适用其他法律的情形，适用单行法的前提应是单行法的规定属于《民法典》相应规定的细化。[①]《旅游法》第 111 条第 6 项关于履行辅助人概念的规定，其中列举的法人、自然人两类民事主体不是对于《民法典》相应规定的细化，此时应可适用《民法典》作为新法规定的自然人、法人和非法人组织三类民事主体，即非法人组织也可构成履行辅助人。[②]

司法实践

履行辅助人的认定

江苏省淮安市中级人民法院在赵某华与淮安楚风旅行社有限公司、刘某军等旅游合同纠纷案[③]中认为：

> 本院认为，根据《中华人民共和国旅游法》第一百一十一条规定，旅游经营者，是指旅行社、景区以及为旅游者提供交通、住宿、餐饮、购物、娱乐等服务的经营者；组团社，是指与旅游者订立包价旅游合同的旅行社；地接社，是指接受组团社委托，在目的地接待旅游者的旅行社；履行辅助人，是指与旅行社存在合同关系，协助其履行包价旅游合同义务，实际提供相关服务的法人或者自然人。本案中，楚风公司是与赵某华等人订立了《江苏省国内旅游合同》，约定为赵某华等人提供旅游服务的旅行社，应认定为组团社；运通公司与楚风公司签订《散客行程计划确认单》，在目的地负责赵某华等人的相关旅游行程，应为地接社；旭日公司与运通公司存在旅游车租赁合同关系，协助运通公司履行与赵某华等人约定的旅游合同义务，向赵某华等人实际提供运输服务，应认定为履行辅助人。

---

① 参见郭锋、陈龙业、蒋家棣、刘婷：《〈关于适用民法典总则编若干问题的解释〉的理解与适用》，载《人民司法》2022 年第 10 期，第 37 页。

② 此处主要是从实用的角度作出的解释。但是，《最高人民法院民法典总则编司法解释理解与适用》一书关于《最高人民法院关于适用〈中华人民共和国民法典〉总则编若干问题的解释》第 1 条第 2 款认为：“《立法法》第 94 条规定，法律之间对同一事项的新的一般规定与旧的特别规定不一致，不能确定如何适用时，由全国人民代表大会常务委员会裁决。因此，对于《民法典》与其他民商事法律规定‘不一致’的情形，司法解释无权作出规定，本款规定仅限定于其他民商事法律对《民法典》规定具体细化的情形，并不存在上述的‘不一致’问题。这样理解不仅符合《立法法》第 94 条的规定精神，也有利于统一裁判尺度。”贺荣主编：《最高人民法院民法典总则编司法解释理解与适用》，人民法院出版社 2022 年版，第 62 页。

③ 参见江苏省淮安市清浦区人民法院（2016）苏 0811 民初 2554 号民事判决书；江苏省淮安市中级人民法院（2017）苏 08 民终 737 号民事判决书。

此前《旅游纠纷司法解释》还规定了“旅游辅助服务者”的概念，其中第1条第3款规定：“‘旅游辅助服务者’是指与旅游经营者存在合同关系，协助旅游经营者履行旅游合同义务，实际提供交通、游览、住宿、餐饮、娱乐等旅游服务的人。”旅游辅助服务者较之《旅游法》规定的履行辅助人范围稍广。例如，地接社应当属于旅游辅助服务者，但地接社在《旅游法》下是与履行辅助人并列的概念，即不属于履行辅助人的范畴。[①]

邮轮旅游包船模式下最为主要的履行辅助人即是邮轮公司。邮轮公司与旅行社之间订有邮轮船票包销合同，符合《旅游法》关于履行辅助人的定义。

（2）公共交通经营者

公共交通经营者是履行辅助人中较为特殊的一种类型。《旅游法》第71条第2款规定：

> 由于地接社、履行辅助人的原因造成旅游者人身损害、财产损失的，旅游者可以要求地接社、履行辅助人承担赔偿责任，也可以要求组团社承担赔偿责任；组团社承担责任后可以向地接社、履行辅助人追偿。但是，由于公共交通经营者的原因造成旅游者人身损害、财产损失的，由公共交通经营者依法承担赔偿责任，旅行社应当协助旅游者向公共交通经营者索赔。

上述规定以地接社、履行辅助人为原则，而以公共交通经营者为例外，表明公共交通经营者应当属于履行辅助人的范畴。但是，实践中公共交通经营者与旅行社之间通常不存在合同关系，本应不符合《旅游法》第111条第6项关于履行辅助人的定义，可见《旅游法》的内部逻辑存在瑕疵。

司法实践

公共交通经营者的认定

南昌铁路运输中级法院在徐某林、杭州华运国际旅行社有限公司与中国铁路南昌局集团有限公司健康权纠纷案[②]中认为，旅行社的包机、火车专列、旅游大巴等不对旅游者以外的公民开放的交通运输，不属于公共交通：

① 《旅游法》多处将地接社与履行辅助人并举，如第71条第1款规定：“由于地接社、履行辅助人的原因导致违约的，由组团社承担责任；组团社承担责任后可以向地接社、履行辅助人追偿。”

② 参见南昌铁路运输法院（2020）赣7101民初213号民事判决书；南昌铁路运输中级法院（2020）赣71民终132号民事判决书。

> 南昌铁路局系为徐某林与华运旅行社之间旅游合同提供辅助义务的人，华运旅行社主张应适用《中华人民共和国旅游法》第七十一条规定，认定南昌铁路局属于该法条规定的“公共交通经营者”，由南昌铁路局承担徐某林的赔偿责任。本院认为，所谓公共交通，是指向不特定主体开放的交通，如民航、铁路、游轮等，只要凭借有效身份证件，任何一个公民都可以购票和乘坐。而旅行社的包机、火车专列、旅游大巴等，由于仅仅对旅游者开放，对其他公民不开放，不属于公共交通范畴。因此，上诉人华运旅行社主张南昌铁路局属于公共交通经营者的主张，本院不予支持。

此时值得讨论的问题在于邮轮公司是否构成公共交通经营者。《〈上海市邮轮旅游经营规范〉解读》认为：

> 经长期调研和反复听取各方意见，本规范认为就目前邮轮旅游发展现状看，邮轮兼具交通工具和旅游目的地性质，邮轮合同兼具旅游合同和承运合同性质。在邮轮旅游规范中，邮轮公司、旅行社应共同承担相应职责。即使在旅行社包船并将邮轮产品打包成一价式旅游产品情况下，法律上仍不宜将邮轮公司简单界定为旅游辅助服务人，而应按照公共交通经营者的要求，承担承运人的相应责任。①

《旅游法》第 71 条第 2 款之所以针对公共交通经营者作出特别规定，立法机关给出的理由认为：

> 之所以将由于公共交通经营者的原因造成的旅游者的损害，排除在旅行社的责任范围之外，其理由主要在于，与其他履行辅助人不同，旅行社对公共交通经营者基本没有选择余地，更无控制能力。虽然不承担赔偿责任，但由于旅行社组织旅游的特性，因此，法律规定其有义务协助旅游者向公共交通经营者索赔。②

邮轮公司虽然从事班轮运输业务，性质却与陆上或水上公共交通业务存在本质区别，不具有公共服务的属性。旅行社经营邮轮旅游业务，对于邮轮公司享有较为充分的选择空间，可以自由选择与哪一邮轮公司合作，并不欠缺控制能力，故而不宜将邮轮公司认定为公共交

---

① 原上海市旅游局政策法规处：《〈上海市邮轮旅游经营规范〉解读》，载上海市文化中心旅游局官网，http://whlyj.sh.gov.cn/zcjd/20181115/0022-34644.html，最后访问日期：2022 年 12 月 31 日。

② 李飞、邵琪伟主编：《中华人民共和国旅游法释义》，法律出版社 2013 年版，第 177 页。

通经营者。合同法上也有“公共承运人”的相近概念。所谓公共承运人，是指以向不特定的社会公众提供运输服务为业的承运人。[①] 由于公共运输事业属于社会公共事业，直接涉及国计民生，加之公共运输往往是垄断性行业，为了规范承运人的行为，保障公共运输业的正常经营秩序，合同法对于公共承运人通常设置更多的强制性规定。[②] 例如，《民法典》第 810 条规定：“从事公共运输的承运人不得拒绝旅客、托运人通常、合理的运输要求。”邮轮公司提供的相关服务显然并不具备公共运输业所具有的公共性、垄断性特征，相反属于较为典型的享受型消费，甚或不是以运输为其根本目的，而更多作为实现旅游目的的工具。最高人民法院在马士基（中国）航运有限公司、马士基（中国）航运有限公司厦门分公司、厦门瀛海实业发展有限公司国际海上货运代理经营权损害赔偿纠纷再审案[③] 中也明确否定了集装箱班轮运输属于公共运输：

> 《中华人民共和国合同法》第二百八十九条规定：“从事公共运输的承运人不得拒绝旅客、托运人通常、合理的运输要求。”公共运输是指为社会提供公用事业性服务并具有垄断地位的运输。基于公共运输履行着为社会公众提供运输服务的社会职能，具有公益性、垄断性等特征，为维护社会公众利益，我国法律法规除对公共运输规定较严格的市场准入条件和价格管制等监管措施外，还对从事公共运输的承运人规定了强制缔约义务。国际海上集装箱班轮运输是服务于国际贸易的商事经营活动，不属于公用事业，不具有公益性特征。目前，无论在世界某一区域还是整个世界范围内，国际班轮运输具有较强的竞争性，并不具有垄断性。托运人或其货运代理人在运输服务上也具有较大的选择余地，可以选择不同的班轮公司或不同的船舶承运，也可以选择不同的航线、不同的运输方式实现同一运输目的。依照《中华人民共和国国际海运条例》第十六条第一款、第二十条的规定，国际船舶运输经营者经营进出中国港口的国际班轮运输业务，应当依照该条例的规定取得国际班轮运输经营资格；国际班轮运价应当向国务院交通主管部门报备，备案运价包括公布运价和协议运价两种。据此，国际班轮运输业务经营者可以在其运价本载明的运价之外，与货主另行商定运价，也可以在遵守报备制度的前提下随行就市。尽管经营国际班轮运输应当遵守法定的市场准入条件，但国际班轮运价不具有公共运输价格受严格管制的特征。因此，马士基公司从事的国际班轮运输，不属于《中华人民共和

---

① 参见余延满：《合同法原论》，武汉大学出版社 1999 年版，第 647 页。
② 参见马俊驹、余延满：《民法原论》（第 4 版），法律出版社 2010 年版，第 742 页。
③ 参见最高人民法院（2010）民提字第 213 号民事裁定书。

国合同法》第二百八十九条规定的公共运输，瀛海公司主张马士基公司负有强制缔约义务，没有法律依据，本院不予支持。

因此，邮轮公司虽然作为邮轮旅游服务合同的履行辅助人，但不属于公共交通经营者。

典型案例

海事审判十大典型案例（2014年9月2日发布）

马士基（中国）航运有限公司、马士基（中国）航运有限公司厦门分公司、中国厦门外轮代理有限公司与厦门瀛海实业发展有限公司国际海上货运代理经营权损害赔偿纠纷案

（一）案情摘要

马士基（中国）航运有限公司（以下简称马士基公司）在厦门口岸经营国际集装箱班轮运输，中国厦门外轮代理有限公司（以下简称厦门外代）担任马士基公司集装箱运输业务的代理人。在2005年3月3日之前，厦门瀛海实业发展有限公司（以下简称瀛海公司）均能从厦门外代处正常提取马士基公司的集装箱，从事进出口集装箱拖运等陆路运输业务。马士基公司于2005年3月3日通知厦门外代停止向瀛海公司提供马士基公司的集装箱及集装箱铅封。瀛海公司遂以马士基公司等不接受其代理货主订舱托运造成其损失为由向厦门海事法院起诉，请求法院判令马士基公司等向瀛海公司提供货运订舱和相关服务，并不得拒绝瀛海公司接受委托办理与马士基公司等有关的集装箱进出口货运和陆路集装箱运输业务。

（二）裁判结果

厦门海事法院一审认为，国际班轮公司不是公共承运人，不负有法定强制缔约义务，据此判决驳回瀛海公司的诉讼请求。福建省高级人民法院二审认为，马士基公司属于公共承运人，其表示不与瀛海公司发生业务关系，违反了公共承运人的强制缔约义务，遂判决撤销一审判决，责令马士基公司等不得拒绝瀛海公司依业务惯例要求的订舱和相关运输服务。马士基公司及其厦门分公司向最高人民法院申请再审。最高人民法院再审认为：公共运输是指为社会提供公用事业性服务并具有垄断地位的运输。国际海上集装箱班轮运输是服务于国际贸易的商事经营活动，不属于公用事业，不具有公益性，也不具有垄断性、价格受严格管制的特征，故不属于《中华人民共和国合同法》（以下简称《合同法》）第二百八十九条规定的公共运输，其承运人不负有强制缔约义务。最高人民法院于2011年6月28日判决：撤销二审判决，维持一审判决。

（三）典型意义

本案争议焦点为国际班轮运输是否属于《合同法》第二百八十九条规定的“公共运输”。本案再审判决的指导意义是：一是填补了立法空白。对《合同法》第二百八十九条规定“公共运输”作出了具体阐释，明确了公共运输的基本特征，强调《合同法》规定公共运输承运人强制缔约义务的本意是克服其垄断性问题。二是澄清了理论和实务长期存在的认识误区。班轮运输的承运人是英美法或者我国海商法理论上所讲的“公共承运人”(Common Carrier)，不是《合同法》第二百八十九条规定的“从事公共运输的承运人”。三是有效规范了国际航运市场。我国港口集装箱总量多年位居世界第一，中国有10个港口排入全球二十大集装箱港口。本案再审判决为国际航运市场的竞争与发展明确了一项带有普遍意义的规则，具有重要实践意义。

五、旅游服务合同法的法源

（一）法律

原《合同法》起草过程中，曾于1997年5月14日征求意见稿设有第二十六章“旅游合同”，其中第325条规定：“旅游合同是旅行社提供旅游服务，旅游人支付旅游费用的合同。”[①]但相关规定并未保留至最终通过的《合同法》。

2013年4月25日第十二届全国人民代表大会常务委员会第二次会议通过的《旅游法》专设第五章“旅游服务合同”，首次在我国立法上对旅游服务合同作出了专门规定。旅游服务合同在我国由此成为特别法上的有名合同。《旅游法》分为十章，包括总则、旅游者、旅游规划和促进、旅游经营、旅游服务合同、旅游安全、旅游监督管理、旅游纠纷处理、法律责任、附则，此后曾于2016年11月7日、2018年10月26日两次小幅修正。

（二）司法解释

《最高人民法院关于审理旅游纠纷案件适用法律若干问题的规定》由2010年9月13日最高人民法院审判委员会第1496次会议通过，自2010年11月1日起施行；此后为配合《民法典》的施行，2020年12月23日根据最高人民法院审判委员会第1823次会议通过的《最

① 参见何勤华、李秀清、陈颐编：《新中国民法典草案总览》，北京大学出版社2017年版，第2029页。

高人民法院关于修改〈最高人民法院关于在民事审判工作中适用《中华人民共和国工会法》若干问题的解释〉等二十七件民事类司法解释的决定》进行了修正，自2021年1月1日起施行。

现行《旅游纠纷司法解释》目前共计23条，主要规定了纠纷范围、集体旅游、请求权竞合、旅游服务者原因造成违约、保险公司诉讼地位、免责条款效力认定、安全保障义务、告知义务、保密义务、旅游经营者转让合同权利义务、旅游者转让合同权利义务、合同解除后的处理、签约社与地接社的责任、挂靠经营、旅游经营者违约、公共交通工具延误、自行安排活动期间旅游经营者的责任、旅游者脱团时旅游经营者的责任、行李物品的损害赔偿、禁止价格差异、证照纠纷处理、自由行等内容。

第二节　旅游服务合同的订立、转让、变更与解除

一、旅游服务合同的订立

（一）旅游服务合同的形式与内容

《旅游法》第57条规定："旅行社组织和安排旅游活动，应当与旅游者订立合同。"旅游服务合同的订立除应遵循合同订立的一般程序，即通常表现为要约和承诺外，《旅游法》第58条第1款也规定：

> 包价旅游合同应当采用书面形式，包括下列内容：
> （一）旅行社、旅游者的基本信息；
> （二）旅游行程安排；
> （三）旅游团成团的最低人数；
> （四）交通、住宿、餐饮等旅游服务安排和标准；
> （五）游览、娱乐等项目的具体内容和时间；
> （六）自由活动时间安排；
> （七）旅游费用及其交纳的期限和方式；
> （八）违约责任和解决纠纷的方式；
> （九）法律、法规规定和双方约定的其他事项。

根据上述规定，包价旅游合同必须采用书面形式，即为要式合同。以上列举的合同内

容均与合同双方当事人的权利和义务直接相关，但是否属于旅游服务合同的必要条款，即欠缺此类条款合同即无法成立的条款，存在不同观点。例如，王利明在《合同法研究》一书中对此持否定态度：

> 上述条款并非都属于旅游服务合同的必要条款。必要条款是旅游服务合同必须具备的内容，如果缺失该条款的，将导致合同无法成立。而如果合同缺失非必要条款的，当事人有权进行补充。笔者认为，在旅游服务合同中，必要条款应当包括当事人、旅游行程安排和旅游费用的缴纳，因为缺乏这三者中的任何一项，都将导致合同无法成立。如果缺少其他条款的（如自由活动时间安排等），应当根据《合同法》第61条的规定，允许当事人进行补充约定，或依据合同的有关条款或交易习惯确定。[①]

但是，旅游法学界更多倾向于对此持肯定态度。例如，《中华人民共和国旅游法释义》一书认为：

> 本条关于包价旅游合同内容的规定属于强制性规定，而非推荐性规定，旅行社与旅游者签订包价旅游合同就必须包括本条所规定的相应内容，否则即应根据《旅行社条例》规定承担相应的行政责任。如果造成旅游者损失的，还应当承担相应的赔偿责任。[②]

韩玉灵主编的《旅游法教程》一书更是认为：

> 订立包价旅游合同时，旅行社应当向旅游者详细说明前款第二项至第八项所载内容，其中第一至七项即为旅游合同的主要条款，欠缺其中任何一项，旅游合同就不能成立。[③]

此前《旅行社条例》第28条同样规定了旅游服务合同的主要内容：

> 旅行社为旅游者提供服务，应当与旅游者签订旅游合同并载明下列事项：
>
> （一）旅行社的名称及其经营范围、地址、联系电话和旅行社业务经营许可证编号；

---

① 王利明：《合同法研究》（第4卷）（第2版），中国人民大学出版社2017年版，第588页。

② 杨富斌、苏号朋主编：《中华人民共和国旅游法释义》，中国法制出版社2013年版，第169页。

③ 韩玉灵主编：《旅游法教程》（第5版），高等教育出版社2022年版，第310页。

（二）旅行社经办人的姓名、联系电话；

（三）签约地点和日期；

（四）旅游行程的出发地、途经地和目的地；

（五）旅游行程中交通、住宿、餐饮服务安排及其标准；

（六）旅行社统一安排的游览项目的具体内容及时间；

（七）旅游者自由活动的时间和次数；

（八）旅游者应当交纳的旅游费用及交纳方式；

（九）旅行社安排的购物次数、停留时间及购物场所的名称；

（十）需要旅游者另行付费的游览项目及价格；

（十一）解除或者变更合同的条件和提前通知的期限；

（十二）违反合同的纠纷解决机制及应当承担的责任；

（十三）旅游服务监督、投诉电话；

（十四）双方协商一致的其他内容。

同时，《旅行社条例》第55条规定了违反上述规定的法律责任：

违反本条例的规定，旅行社有下列情形之一的，由旅游行政管理部门责令改正，处2万元以上10万元以下的罚款；情节严重的，责令停业整顿1个月至3个月：

（一）未与旅游者签订旅游合同；

（二）与旅游者签订的旅游合同未载明本条例第二十八条规定的事项；

（三）未取得旅游者同意，将旅游业务委托给其他旅行社；

（四）将旅游业务委托给不具有相应资质的旅行社；

（五）未与接受委托的旅行社就接待旅游者的事宜签订委托合同。

根据上述规定，《旅行社条例》第28条规定的旅游服务合同的主要内容应当具有强制性，如果合同缺少此类条款，旅行社需要承担相应的行政责任。但是，仅就《旅行社条例》的规定无法得出旅游服务合同作为民事合同不成立的结论。而且，《旅游法》第58条第1款列举的合同内容较之《旅行社条例》第28条存在变化，主要是不再要求载明旅行社安排的购物次数、停留时间以及购物场所名称，解除或变更合同的条件和提前通知的期限，以及增加了旅游团成团的最低人数的要求。《旅游法》作为法律的效力位阶高于作为行政法规的《旅行社条例》，同时又是制定时间靠后的新法。加之旅游服务合同作为消费者合同，动辄认定合同不成立似乎不利于保护旅游者作为消费者的利益。部分条款的缺失也未必影响消费者的权益，如包价旅游完全可以不安排自由活动，此时如仍必须专设条款约定无自由活动时间，未免对于当事人的意思自治限制过多。因此，如果认为《旅游法》第58条第1款规定的旅游服务合同主要内容均属必要条款，至少从现行法解释的角度看理据尚不充分。

《民法典》第三编“合同”贯彻鼓励交易精神并奉行合同自由原则。据此，如果当事人未对合同的非必要条款强调须经合意，只要关于必要条款已经达成合意，可以推定合同成立。至于非必要条款，可以通过合同解释填补合同漏洞。现已废止的《最高人民法院关于适用〈中华人民共和国合同法〉若干问题的解释（二）》第1条第1款规定：“当事人对合同是否成立存在争议，人民法院能够确定当事人名称或者姓名、标的和数量的，一般应当认定合同成立。但法律另有规定或者当事人另有约定的除外。”第2款规定：“对合同欠缺的前款规定以外的其他内容，当事人达不成协议的，人民法院依照合同法第六十一条、第六十二条、第一百二十五条等有关规定予以确定。”可见，既往的司法规则认为，各类合同共性的必要条款是指当事人名称或者姓名、标的和数量。① 因此，应当认为《旅游法》第58条第1款列举的包价旅游合同条款，除涉及当事人名称或者姓名、标的和数量的第1项旅行社、旅游者基本信息，第2项旅游行程安排，以及第7项旅游费用及其交纳期限和方式外，其他各项仍应属于非必要条款，是否订入合同不影响包价旅游合同的成立，至于旅行社是否应当承担行政责任则另当别论。

（二）旅游服务合同的主要条款

1. 旅行社、旅游者基本信息

旅游者和旅行社是旅游服务合同的当事人，双方的基本信息应是旅游服务合同的必要条款。《上海市邮轮旅游合同示范文本（2015版）》首部规定：

甲方（旅游者或旅游团体）：________________

乙方（旅行社）：________________

经营许可证编号：________________

经营范围：________________

实际填入的合同内容示例如下：

甲方（旅游者或旅游团体）：蔡×× 孙× 金×× 孙××

乙方（旅行社）：北京新鑫国际旅行社有限公司上海分公司

---

① 参见韩世远：《合同法学》（第2版），高等教育出版社2022年版，第36页。

经营许可证编号：L-BJ-CJ00547-310117-1

经营范围：出境游 / 境内游

此外，实践中还存在以单位等团体名义订立旅游服务合同的情形，即集体旅游。《旅游纠纷司法解释》第 2 条规定："以单位、家庭等集体形式与旅游经营者订立旅游合同，在履行过程中发生纠纷，除集体以合同一方当事人名义起诉外，旅游者个人提起旅游合同纠纷诉讼的，人民法院应予受理。"据此，如果基于集体旅游的旅游服务合同发生纠纷，除集体可以合同一方当事人的名义起诉外，每位旅游者个人也享有诉权。[①]

司法实践

集体旅游合同当事人的诉权

● 甘肃省兰州市中级人民法院在甘肃正鼎律师事务所与甘肃康辉国际旅行社有限责任公司旅游合同纠纷案[②]中认为，集体旅游合同的单位一方可以作为诉讼的适格主体：

> 本院认为：《最高人民法院关于审理旅游纠纷案件适用法律若干问题的规定》第二条规定："以单位、家庭等集体形式与旅游经营者订立旅游合同，在履行过程中发生纠纷，除集体以合同一方当事人名义起诉外，旅游者个人提起旅游合同纠纷诉讼的，人民法院应予受理。"2019 年 12 月 24 日甘肃正鼎律师事务所与甘肃康辉国际旅行社有限责任公司签订了编号为 ×××57《团队出境旅游合同》，甘肃正鼎律师事务所并按合同约定支付了旅游费，在合同履行中产生纠纷，甘肃正鼎律师事务所作为合同相对人提起诉讼是适格的诉讼主体。一审法院以"签订旅游合同的双方为被告和旅游者卫某、卫某钰，即甘肃正鼎律师事务所和被告之间并未建立旅游合同关系，因此，甘肃正鼎律师事务所作为本案原告起诉不符合法律规定"为由驳回起诉，适用法律不当。甘肃正鼎律师事务所上诉理由成立，本院予以支持。

① 最高人民法院民事审判第一庭编著：《最高人民法院审理旅游纠纷案件司法解释理解与适用》，人民法院出版社 2010 年版，第 37 页。

② 参见甘肃省兰州市城关区人民法院(2020)甘 0102 民初 8251 号民事裁定书；甘肃省兰州市中级人民法院(2020)甘 01 民终 5207 号民事裁定书。

●福建省福州市中级人民法院在陈某光与青旅假日（福建）国际旅行社有限公司旅游合同纠纷案[①]中认为，集体旅游合同的旅游者个人有权以自身名义提起诉讼：

《最高人民法院关于审理旅游纠纷案件适用法律若干问题的规定》第二条规定：以单位、家庭等集体形式与旅游经营者订立旅游合同，在履行过程中发生纠纷，除集体以合同一方当事人名义起诉外，旅游者个人提起旅游合同纠纷诉讼的，人民法院应予受理。本案中，青旅公司确认陈某光系陈某叶所代表的15人中的一员。故陈某光有权以个人的名义提起诉讼，陈某光具备作为本案原告的主体资格。《团队出境旅游合同》系双方当事人真实的意思表示，其内容未违反法律、行政法规的强制性规定，合同依法有效。且该合同系国家旅游局及国家工商管理总局共同制定的格式合同，该合同已较为公平地分配了旅游合同双方当事人的权利义务。因此，双方当事人均应按照合同的约定履行义务。

2. 旅游行程安排

旅游行程安排决定了旅行社提供的旅游服务的基本内容，而旅游服务行为是旅游服务合同的标的，提供符合约定的旅游服务也是旅行社在旅游服务合同下的主要义务，故而旅游行程安排也是旅游服务合同的必要条款。《上海市邮轮旅游合同示范文本（2015版）》第1条“合同标的”首先规定了邮轮旅游行程安排的部分内容：

邮轮产品名称______________________________。

团号：______________________________。

组团方式（二选一）

□自行组团

□委托组团（委托社全称及经营许可证编号____）。

出发日期________，出发地点____________________。

邮轮途中停靠港口____________________。

岸上游览地点____________________。

结束日期________，返回地点____________________。

---

① 参见福建省福州市鼓楼区人民法院(2016)闽0102民初3175号民事判决书；福建省福州市中级人民法院(2018)闽01民终858号民事判决书。

实际填入的合同内容示例如下：

邮轮产品名称：上海—佐世保—上海5天4晚

团号：L-BJ-CJ00547-0170830

组团方式（二选一）

□自行组团

☑委托组团（委托社全称及经营许可证编号浙江中山国际旅行社有限责任公司南京分公司）

出发日期：2017-08-30，出发地点：上海吴淞口码头

邮轮途中停靠港口：佐世保

岸上游览地点：佐世保

结束日期：2017-09-03，返回地点：上海吴淞口码头

《上海市邮轮旅游合同示范文本（2015版）》第2条“行程与标准”同时专门规定了邮轮旅游的行程安排：

邮轮上舱位类型及标准和住宿天数____________________。

邮轮上用餐次数________，标准______________________。

岸上景点名称和游览时间____________________________。

岸上往返交通____________，标准____________________。

岸上游览交通____________，标准____________________。

岸上旅游者自由活动时间____________，次数__________。

岸上住宿安排（名称）及标准和住宿天数____。

岸上用餐次数__________，标准______________________。

岸上地接社名称________________________________，地址，____。

岸上地接社联系人________，联系电话____________________。

但是，实践中旅行社大多将本条略去，同时注明“详见行程单”或类似表述。本条本身也注明了“乙方提供旅游行程单，须含下列要素”。邮轮旅游行程单的实例如表4所示：

表 4 邮轮旅游行程单实例

<table>
<tr><td>团号</td><td colspan="2">L-BJ-CJ00547-0170830</td><td>出团日期</td><td>2017-08-30</td><td>返回日期</td><td colspan="2">2017-09-03</td></tr>
<tr><td>线路名称</td><td colspan="7">上海—佐世保—上海 5 天 4 晚</td></tr>
<tr><td>天数</td><td>1</td><td>站点</td><td>1</td><td>前往地</td><td>上海</td><td>前往省份 / 国家地区</td><td>上海</td></tr>
<tr><td>游览行程</td><td colspan="7">上海—天海新世纪号邮轮
请在集合时间于指定地点办理登船手续，邮轮关闸，登船后请您参加船上的安全讲解演示活动。邮轮起航。晚上邮轮将为您呈现她独特的夜生活美丽：歌舞表演、电影院、卡拉 ok、夜总会、盛大晚宴，的士高的演出等等，随心所欲。</td></tr>
<tr><td>天数</td><td>2</td><td>站点</td><td>1</td><td>前往地</td><td>上海</td><td>前往省份 / 国家地区</td><td>上海</td></tr>
<tr><td>游览行程</td><td colspan="7">海上巡游
邮轮今日将进行海上巡游，波光粼粼的海面，绚烂的阳光，今日，您可以在甲板上晒个日光浴，或者去按摩浴室泡个澡，或者去酒吧坐坐，总之，丰富多彩的船上行程绝不会让您感到无聊。尽情享受歌诗达时光。</td></tr>
<tr><td>天数</td><td>3</td><td>站点</td><td>1</td><td>前往地</td><td>佐世保</td><td>前往省份 / 国家地区</td><td>日本</td></tr>
<tr><td>游览行程</td><td colspan="7">日本 佐世保
今日邮轮于早上抵达日本佐世保，位于日本长崎县北部地区，这里以日本的造船业和国防工业之城为人所熟知。在这里设有驻日美军的佐世保美国海军基地，但同时又是一座著名的观光都市。绵长的海岸线、雄伟的西海大桥，让漫步于此的客人惬意盎然。五番街是佐世保既古老、又现代的一个繁华商业街。漫步于此，在现代商店与历史街景的结合中，从内心去感受这条古商业街道所带来的魅力。</td></tr>
<tr><td>天数</td><td>4</td><td>站点</td><td>1</td><td>前往地</td><td>上海</td><td>前往省份 / 国家地区</td><td>上海</td></tr>
<tr><td>游览行程</td><td colspan="7">海上巡游
邮轮今日将进行海上巡游，波光粼粼的海面，绚烂的阳光，今日，您可以在甲板上晒个日光浴，或者去按摩浴室泡个澡，或者去酒吧坐坐，总之，丰富多彩的船上行程绝不会让您感到无聊。尽情享受歌诗达时光。</td></tr>
<tr><td>天数</td><td>5</td><td>站点</td><td>1</td><td>前往地</td><td>上海</td><td>前往省份 / 国家地区</td><td>上海</td></tr>
<tr><td>游览行程</td><td colspan="7">天海新世纪号邮轮—上海
邮轮将于早上抵达上海港口，早餐后请各位贵宾办理离船手续，至此您的豪华邮轮之旅圆满结束，返回温暖的家。</td></tr>
</table>

3. 旅游团成团最低人数

旅游服务合同通常需要约定最低成团人数的原因在于，旅行社虽然与旅游者确定了包价旅游的价格，但旅行社是根据形成团队的旅游者数量而与履行辅助人商定价格。只有达到一定数量，履行辅助人方才提供相应的价格折扣；一旦无法达到约定人数，履行辅助人将会调高价格，导致旅行社不能再以原先与旅游者约定的价格提供服务。因此，旅游团队的规模化是履行辅助人提供价格优惠的前提。[①]

《旅游法》第 63 条专门针对未达到约定成团人数的情形作出了规定：

> 旅行社招徕旅游者组团旅游，因未达到约定人数不能出团的，组团社可以解除合同。但是，境内旅游应当至少提前七日通知旅游者，出境旅游应当至少提前三十日通知旅游者。
>
> 因未达到约定人数不能出团的，组团社经征得旅游者书面同意，可以委托其他旅行社履行合同。组团社对旅游者承担责任，受委托的旅行社对组团社承担责任。旅游者不同意的，可以解除合同。
>
> 因未达到约定的成团人数解除合同的，组团社应当向旅游者退还已收取的全部费用。

根据上述规定，旅行社对于未达到约定成团人数的情形，可有以下两种处理方式，旅行社对此享有选择权：

（1）解除合同。此时旅行社负有两项义务：一是在规定时间内通知旅游者的义务，其中境内旅游的时间要求为至少提前 7 日，出境旅游为至少提前 30 日；二是退还费用的义务，此时旅行社应当退还已经收取的全部费用，且不得扣减各类费用。

（2）委托其他旅行社履行合同。此时即意味着组团社改为采取拼团的方式提供旅游服务，需要注意以下三个方面：一是组团社委托其他旅行社履行合同，必须征得旅游者同意，且要求采用书面形式；二是基于合同相对性，仍由组团社对旅游者承担责任，而受委托的旅行社则对组团社承担责任；三是如果旅游者不同意组团社委托其他旅行社履行合同，仍然可以选择解除合同，此时旅行社仍应退还已经收取的全部费用，而不得扣减费用。

司法实践

未达到约定成团人数的处理方式

● 江苏省南京市中级人民法院在王某与南京途牛国际旅行社有限公司旅游合同纠纷案[②]中认为：

① 参见李飞、邵琪伟主编：《中华人民共和国旅游法释义》，法律出版社 2013 年版，第 158 页。

② 参见江苏省南京市玄武区人民法院（2019）苏 0102 民初 7162 号民事判决书；江苏省南京市中级人民法院（2019）苏 01 民终 11133 号民事判决书。

一审法院认为，旅行社招徕旅游者组团旅游，因未达到约定人数不能出团的，组团社可以解除合同。但是，境内旅游应当至少提前七日通知旅游者，出境旅游应当至少提前三十日通知旅游者。因未达到约定人数不能出团的，组团社经征得旅游者书面同意，可以委托其他旅行社履行合同。组团社对旅游者承担责任，受委托的旅行社对组团社承担责任。旅游者不同意的，可以解除合同。因未达到约定的成团人数解除合同的，组团社应当向旅游者退还已收取的全部费用。本案中，途牛旅行社招徕王某等旅游者组团旅游，因未达到约定人数不能出团，途牛旅行社已于出行前 46 天通知王某，并推荐王某更换路线或者旅行社，王某未同意，途牛旅行社解除合同符合法律规定。王某认为途牛旅行社具备履行合同条件，却拒绝履行合同义务，从而依据合同约定主张途牛旅行社支付旅行费用总额 30% 违约金的诉求，没有事实根据，法院不予支持。

…………

本院认为，依照《中华人民共和国旅游法》第六十三条的规定，旅行社招徕旅游者组团旅游，因未达到约定人数不能出团的，组团社可以解除合同。但是，境内旅游应当至少提前七日通知旅游者，出境旅游应当至少提前三十日通知旅游者。因未达到约定的成团人数解除合同的，组团社应当向旅游者退还已收取的全部费用。双方当事人签订的《团队出境旅游合同》第十二条第一款对此也有类似约定。本案中，依照双方签订的《团队出境旅游合同》约定，旅游者同意采用拼团的方式至上海众信国际旅行社有限公司成团，对于最低成团人数一栏打上了斜杠，应当解释为该合同未对最低成团人数做出约定，上诉人主张应解释为双方约定“无最低成团人数”，该解释与合同约定的拼团方式出境游的情况不符，且上诉人亦认可拼团为出境游的一般常规做法。二审中，被上诉人途牛旅行社提供了上海众信国际旅行社有限公司出具的说明，可以证明 2018 年 7 月 27 日出行瑞士 11 日游因未达到最低成团人数而取消线路。故途牛旅行社在出发前 46 天通知王某解除合同并退还收取的预付款的行为不构成违约，王某也未能举证证明其存在实际损失，故其主张途牛旅行社承担违约责任无事实和法律依据。途牛旅行社未在双方签订的合同中对最低成团人数做出明确约定，存在瑕疵，但该瑕疵并不能产生上诉人所主张的按合同第十七条第 3 款约定的违约责任的法律后果。

> ● 四川省成都市中级人民法院在四川省中国青年旅行社有限公司与黄某禹、深圳市爱旅国际旅行社有限公司、中国人民财产保险股份有限公司成都市武侯支公司旅游合同纠纷案[①]中认为：
>
> 关于上诉人提出的深圳爱旅公司承担责任问题。《中华人民共和国旅游法》第六十三条规定："因未达到约定人数不能出团的，组团社经征得旅游者书面同意，可以委托其他旅行社履行合同。组团社对旅游者承担责任，受委托的旅行社对组团社承担责任。旅游者不同意的，可以解除合同。"本案中，因未达到约定人数不能出团，黄某禹同意四川中青旅将案涉旅游服务转让给深圳爱旅公司，四川中青旅主张深圳爱旅公司承担责任的上诉请求不符合上述法律规定，本院不予支持。

《上海市邮轮旅游合同示范文本（2015 版）》第 5 条"双方的权利义务"第 2 款"乙方的权利与义务"第 9 项即规定了成团人数：

> 成团人数与不成团的约定（二选一）
>
> □最低成团人数____人；低于此人数不能成团时，乙方应当提前 30 日通知甲方，本合同解除，向甲方退还已收取的全部费用。
>
> □本团成团不受最低人数限制。

邮轮旅游由于每个航次船上的载客人数固定，售出的船票数量一般不会影响航次计划的执行，旅行社与邮轮公司在邮轮船票包销合同中通常只是约定邮轮公司为旅行社预留的舱房数量，故而旅行社在邮轮旅游服务合同中多数直接勾选"本团成团不受最低人数限制"。

4. 交通、住宿、餐饮等旅游服务安排和标准

旅游服务合同应当明确约定交通、住宿、餐饮等旅游服务的安排和标准，主要是为避免以往旅行社使用的格式合同内容过于简略，对于交通工具、餐饮规格、住宿酒店价位和级别等具体情况以及主要景点大多未作详细规定，导致实践中频繁发生纠纷。

《上海市邮轮旅游合同示范文本（2015 版）》关于交通、住宿、餐饮等旅游服务安排和标准的规定，也见于前引第 2 条"行程与标准"，实践中同样多以旅游行程单替代。同时，该示范文本使用说明部分第 6 条规定：

> 在填写本合同第二条"行程与标准"和"旅游行程单"时，旅行社应以准确、明晰的语言表述，不得出现"准 × 星级""相当于 × 星级""仅供参考""与 × ×

---

① 参见四川省成都市武侯区人民法院（2019）0107 民初 369 号民事判决书；四川省成都市中级人民法院（2019）川 01 民终 14673 号民事判决书。

同级”等模糊不确定性用语。

5. 游览、娱乐等项目的具体内容和时间

旅游消费作为典型的享受型消费，游览、娱乐等项目也是旅游者参加旅游活动的重要目的，甚至是最为主要的目的。旅游服务合同应当明确约定游览、娱乐等项目的具体内容和时间，理由应与约定交通、住宿、餐饮等旅游服务的安排和标准基本一致，主要是明确服务内容、尽量减少纠纷。

除岸上观光环节外，邮轮旅游的游览、娱乐等项目集中于船上，因而一旦确定了具体的船舶，船上的游览、娱乐等项目其实也随之确定。此类项目是由邮轮公司决定，旅行社鲜有调整或干预的空间，故而旅游服务合同较少详细约定船上游览、娱乐等项目的具体内容和时间。《上海市邮轮旅游合同示范文本（2015 版）》关于游览、娱乐等项目具体内容和时间的规定，同样见于前引第 2 条“行程与标准”，其中主要围绕岸上观光环节进行约定，实践中也多以旅游行程单替代。

6. 自由活动时间安排

《旅游法》和《旅游纠纷司法解释》均规定了自行安排活动期间，自由活动时间属于其中的一种具体类型。《旅游纠纷司法解释》第 17 条第 2 款规定：“前款规定的自行安排活动期间，包括旅游经营者安排的在旅游行程中独立的自由活动期间、旅游者不参加旅游行程的活动期间以及旅游者经导游或者领队同意暂时离队的个人活动期间等。”

根据上述规定，自行安排活动期间主要分为以下三个部分：

（1）旅行社安排的旅游行程中独立的自由活动期间；

（2）旅游者不参加旅游行程的活动期间；

（3）旅游者经导游或领队同意而暂时离队的个人活动期间。

司法实践

自由活动期间的认定

● 辽宁省大连市中级人民法院在大连金海洋旅行社有限公司、大连铁越集团有限公司熊岳城温泉酒店与孙某民人身损害赔偿纠纷案[①]中认为，旅游者入住温泉酒店后的洗浴时间属

① 参见辽宁省大连市西岗区人民法院（2019）辽 0203 民初 3004 号民事判决书；辽宁省大连市中级人民法院（2019）辽 02 民终 8967 号民事判决书。

于自由活动期间：

《最高人民法院关于审理旅游纠纷案件适用法律若干问题的规定》第十九条还规定：旅游者在自行安排活动期间遭受人身损害、财产损失，旅游经营者未尽到必要的提示义务、救助义务，旅游者请求旅游经营者承担相应责任的，人民法院应予支持；前款规定的自行安排活动期间，包括旅游经营者安排的在旅游行程中独立的自由活动期间、旅游者不参加旅游行程的活动期间以及旅游者经导游或者领队同意暂时离队的个人活动期间等。本案中，入住熊岳城温泉酒店后的洗浴属于旅游经营者安排的在旅游行程中独立的自由活动期间，孙某民在此期间遭受人身损害，而金海洋公司作为旅游经营者，未举证证明在旅游者参与洗浴活动之前该公司已尽到了必要的安全保障提示义务，且从孙某民与该公司职员于某莉的事后通话中可以看出，在对孙某民伤后的救助过程中，该公司并未做到立即提供救助车辆将孙某民送医救治，故孙某民请求该公司承担相应的赔偿责任，具有事实和法律依据。

●广东省广州市中级人民法院在崔某1、刘某瑜与中国国旅（广东）国际旅行社股份有限公司生命权、健康权、身体权纠纷案[①]中认为，旅游者晚上休息期间属于自由活动期间：

中国国旅公司对崔某1、刘某瑜诉请的各项损失承担赔偿责任的前提之一，在于中国国旅公司对崔某2的死亡存有过错。《最高人民法院关于审理旅游纠纷案件适用法律若干问题的规定》第十九条规定："旅游者在自行安排活动期间遭受人身损害、财产损失，旅游经营者未尽到必要的提示义务、救助义务，旅游者请求旅游经营者承担相应责任的，人民法院应予支持。前款规定的自行安排活动期间，包括旅游经营者安排的在旅游行程中独立的自由活动期间、旅游者不参加旅游行程的活动期间以及旅游者经导游或领队同意暂时离队的个人活动期间等。"崔某2在晚上休息期间死亡，属旅游者自由活动期间。中国国旅公司是否承责，在于中国国旅公司是否尽到提示、救助义务。从旅游行程安排来看，本次旅游属休闲游，全程无运动剧烈或危及人身安全等不适合老年人参加的项目，崔某1、刘某瑜对行程安排也无异议。中国国旅公司以及旅游辅助服务者均具有相应经营资质，崔某1、刘某瑜称中国国旅公司安排的酒店不适合老年人居住，但现有证据显示酒店房内设施并无瑕疵，中国国旅公司安排两位老人住两房一厅的套间也无任何过错。崔某2的死亡

① 参见广东省广州市越秀区人民法院（2013）穗越法民一初字第3875号民事判决书；广东省广州市中级人民法院（2014）穗中法民一终字第3056号民事判决书。

原因为猝死，系其自身身体原因导致，与中国国旅公司的行为之间并无相当因果关系，应属意外事件。事故发生后，韩华雪岳酒店出具的事故经过报告书证明中国国旅公司方的导游以及酒店工作人员等及时进行了急救、报警等，虽然未能抢救回来，但是中国国旅公司已经履行了相应的救助义务。综上，中国国旅公司对本次事故的发生并无过错。

自由活动时间之所以需要专门进行约定，原因在于旅行社在自由活动期间负有的义务明显轻于其他期间，主要限于安全提示和救助两项义务。《旅游法》第70条第3款规定:“在旅游者自行安排活动期间，旅行社未尽到安全提示、救助义务的，应当对旅游者的人身损害、财产损失承担相应责任。”《旅游纠纷司法解释》第17条第1款也规定：“旅游者在自行安排活动期间遭受人身损害、财产损失，旅游经营者未尽到必要的提示义务、救助义务，旅游者请求旅游经营者承担相应责任的，人民法院应予支持。”

司法实践

自由活动期间旅行社的责任承担

● 山东省济南市中级人民法院在孙某弟、炅某蕾因与竹园国际旅行社有限公司济南分公司、竹园国际旅行社有限公司、永诚财产保险股份有限公司北京分公司旅游合同纠纷案[①]中认为：

《中华人民共和国旅游法》第七十条第三款规定:“在旅游者自行安排活动期间，旅行社未尽到安全提示、救助义务的，应当对旅游者的人身损害、财产损失承担相应责任。”竹园旅行社济南分公司自称炅某新溺水的地点是孙某弟和地接导游看管行李的正前方的海域，此时地接导游应能及时发现炅某新，如果认为此海域不适宜下水，地接导游应当及时发现并及时制止，但事实上地接导游未及时发现炅某新下海从而未及时进行制止。另外，作为导游，应具备基本的急救知识。炅某新溺水后地接导游既未第一时间发现，也以自己不专业为由未参与人工呼吸等施救，且组织

① 参见山东省济南市市中区人民法院(2018)鲁0103民初910号民事判决书;山东省济南市中级人民法院(2019)鲁01民终5685号民事判决书。

用“担架”这种简陋、人力、低速的设备将炅某新抬往诊所，应认定竹园旅行社济南分公司未尽到全面的安全提示、危险制止和协助救治义务。综上，对于炅某新不幸溺水事故的发生，炅某新与竹园旅行社济南分公司均存在违约行为。

●江苏省南京市中级人民法院在南京天外天国际旅行社有限公司与赵某娣旅游合同纠纷案[①]中认为：

原审法院经审理查明：……赵某娣在天外天旅行社安排的宾馆处被宾馆旋转门撞伤。赵某娣受伤后，要求天外天旅行社员工陪同去医院治疗，天外天旅行社未及时履行救助义务，仍带赵某娣进行未完成的旅程。……

原审法院认为：赵某娣与天外天旅行社签订的旅游合同系双方真实意思表示，且未违反相关法律规定，合同成立并生效。在旅游者自行安排活动期间，旅行社未尽到安全提示、救助义务的，应当对旅游者的人身损害、财产损失承担相应责任。本案中，酒店旋转门出入不属于天外天旅行社的安全提示义务，但赵某娣系老年人，其受伤后，天外天旅行社应进行及时救助，天外天旅行社未履行及时救助义务，存在过错，应承担相应的民事赔偿责任，故本院认定天外天旅行社应对赵某娣的损失承担70%的赔偿责任。

…………

本院认为：天外天旅行社组织赵某娣旅游属实。根据《中华人民共和国旅游法》第七十条第三款的规定，在旅游者自行安排活动期间，旅行社未尽到安全提示、救助义务的，应当对旅游者的人身损害、财产损失承担相应责任。原审中，赵某娣提供了证人陈某的证言，证明在赵某娣被宾馆旋转门撞倒受伤后，天外天旅行社未及时救助，仍要求赵某娣完成旅程。天外天旅行社辩称赵某娣没有外伤，也未要求去医院治疗，但未能举证予以证明。原审法院采纳陈某的证言，认定天外天旅行社未尽到救助义务，并无不当。赵某娣在天外天旅行社组织的旅游活动中受伤，天外天旅行社对赵某娣未及时救助，应对赵某娣的损失承担相应的赔偿责任。原审酌情认定天外天旅行社应对赵某娣的损失承担70%的赔偿责任，于法有据，应予维持。

---

① 参见江苏省南京市江宁区人民法院(2014)江宁民初字第459号民事判决书；江苏省南京市中级人民法院(2015)宁商终字第124号民事判决书。

邮轮旅游由于旅游内容的特殊性，船上的旅游服务通常由邮轮公司统一负责，故而邮轮旅游服务合同一般约定旅游者在船期间均属自由活动时间。例如，《上海市邮轮旅游合同示范文本（2015 版）》第 5 条“双方的权利义务”第 1 款“甲方的权利与义务”第 7 项规定：“在邮轮上自行安排活动期间，甲方应认真阅读并按照邮轮方《每日须知》和活动安排，自行选择邮轮上的用餐、游览、娱乐项目等。在自行安排活动期间，甲方应在自己能够控制风险的范围内活动，选择能够控制风险的活动项目，并对自己的安全负责。”使用说明部分第 3 条也规定：“旅游者在自行安排活动期间，应结合自身身体状况选择邮轮上的活动项目。旅游者应选择适合自身身体状况的岸上旅游产品及项目。”

7. 旅游费用及交纳期限和方式

旅游费用是旅游者接受旅行社提供的旅游服务而应支付的费用，支付旅游费用也是旅游者在旅游服务合同下的主要义务，故而旅游费用及交纳期限和方式涉及旅游服务合同的标的，也属于合同的必要条款。

《上海市邮轮旅游合同示范文本（2015 版）》第 4 条“旅游费用及其支付”规定：

旅游费用包括：□邮轮船票费（含邮轮上指定的舱位、餐饮、游览娱乐项目和设施等）；□船上服务费（小费）；□港务费；□签证费；□签注费；□乙方统一安排岸上游览景区景点的门票费、□交通费、□住宿费、□餐费；□其他费用____。

甲方应交纳旅游费用______元，大写________________元。

旅游费用交纳期限__________________________________。

旅游费用交纳方式：□现金；□支票；□信用卡；

□其他__________________________。

实际填入的合同内容示例如下：

旅游费用包括：☑邮轮船票费（含邮轮上指定的舱位、餐饮、游览娱乐项目和设施等）；□船上服务费（小费）；☑港务费；□签证费；□签注费；☑乙方统一安排岸上游览景区景点的门票费、□交通费、□住宿费、□餐费；□其他费用____。

甲方应交纳旅游费用 <u>9586.00</u> 元，大写<u>玖仟伍佰捌拾陆元整</u>。

旅游费用交纳期限 <u>2017-08-22</u>。

旅游费用交纳方式：□现金；□支票；□信用卡；

□其他：<u>网站支付</u>。

此外，旅行社通常还会在邮轮旅游服务合同的补充条款或类似部分载明旅行社的银行账户，用于收取旅游费用。

8. 违约责任和纠纷解决方式

（1）违约责任

邮轮旅游服务合同的违约责任条款通常约定旅游者、旅行社提前解除合同的违约金，以及旅游者未按约定支付旅游费用、提供错误个人信息，旅行社未能提供约定服务的违约责任。《上海市邮轮旅游合同示范文本（2015版）》第9条“违约责任”对此作出了详细规定：

（一）乙方在行程前30日以内（含第30日，下同）提出解除合同的，向甲方退还全额旅游费用（不得扣除签证／签注等费用），并按下列标准向甲方支付违约金：

1. 行程前__日至__日，支付旅游费用总额____%的违约金；

2. 行程前__日至__日，支付旅游费用总额____%的违约金；

3. 行程前__日至__日，支付旅游费用总额____%的违约金；

4. 行程前__日至__日，支付旅游费用总额____%的违约金；

5. 行程开始当日，支付旅游费用总额____%的违约金。

如上述违约金不足以赔偿甲方的实际损失，乙方应当按实际损失对甲方予以赔偿。

乙方应当在解除合同通知到达日起____个工作日内，向甲方全额退还已收旅游费用并支付违约金。

（二）甲方逾期支付旅游费用的，应当每日按照逾期支付部分的旅游费用的____%，向乙方支付违约金。

（三）甲方提供的个人信息及相关材料不真实而造成的损失，由其自行承担；如给乙方造成损失的，甲方还应当承担赔偿责任。

（四）甲方因不听从乙方的劝告、提示而影响旅游行程，给乙方造成损失的，应当承担相应的赔偿责任。

（五）乙方未按合同约定标准提供交通、住宿、餐饮等服务，或者违反本合同约定擅自变更旅游行程，给甲方造成损失的，应当承担相应的赔偿责任。

（六）乙方未经甲方同意，擅自将旅游业务委托给其他旅行社的，甲方在行程前（不含当日）得知的，有权解除合同，乙方全额退还已收旅游费用，并按旅游费用的15%支付违约金；甲方在行程开始当日或者行程开始后得知的，乙方应当按旅游费用的25%支付违约金。如违约金不足以赔偿甲方的实际损失，乙方应当按实际损失对甲方予以赔偿。

（七）乙方未经与甲方协商一致或者未经甲方要求，指定具体购物场所或安排另行付费旅游项目的，甲方有权在旅游行程结束后三十日内，要求乙方为其办理退货并先行垫付退货货款，或者退还另行付费旅游项目的费用。

（八）乙方具备履行条件，经甲方要求仍拒绝履行合同，造成甲方人身损害、滞留等严重后果的，甲方除要求乙方承担相应的赔偿责任外，还可以要求乙方支付旅游费用____倍（一倍以上三倍以下）的赔偿金。

（九）其他违约责任：____。

上述需要填写的内容在实践中多数由旅行社直接填写，而不经过与旅游者的充分协商。其中第1款、第2款、第8款实际填入的合同内容示例如下：

（一）乙方在行程前30日以内（含第30日，下同）提出解除合同的，向甲方退还全额旅游费用(不得扣除签证／签注等费用)，并按下列标准向甲方支付违约金：

1. 行程前29日至15日，支付旅游费用总额2%的违约金；

2. 行程前14日至7日，支付旅游费用总额5%的违约金；

3. 行程前6日至4日，支付旅游费用总额10%的违约金；

4. 行程前3日至1日，支付旅游费用总额15%的违约金；

5. 行程开始当日，支付旅游费用总额20%的违约金。

如上述违约金不足以赔偿甲方的实际损失，乙方应当按实际损失对甲方予以赔偿。

乙方应当在解除合同通知到达日起7个工作日内，向甲方全额退还已收旅游费用并支付违约金。

（二）甲方逾期支付旅游费用的，应当每日按照逾期支付部分的旅游费用的5%，向乙方支付违约金。

（八）乙方具备履行条件，经甲方要求仍拒绝履行合同，造成甲方人身损害、滞留等严重后果的，甲方除要求乙方承担相应的赔偿责任外，还可以要求乙方支付旅游费用1倍的赔偿金。

第9款关于其他违约责任的约定实际填入的合同内容示例如下：

（九）其他违约责任：

1. 甲方可以自主决定是否参加乙方安排的购物活动、另行付费旅游项目。

2. 乙方可以在不以不合理的低价组织旅游活动、不诱骗甲方、不获取回扣等不正当利益，且不影响其他旅游者行程安排的前提下，按照平等自愿、诚实信用的原则，与甲方协商一致达成购物活动、另行付费旅游项目补充协议。

3. 购物活动、另行付费旅游项目安排应不与旅游行程单冲突。

4. 地接社及其从业人员在行程中安排购物活动、另行付费旅游项目的，责任由订立本合同的乙方承担。

5. 购物活动、另行付费旅游项目具体约定见《自愿购物活动补充协议》（附件 1）、《自愿参加另行付费旅游项目补充协议》（附件 2）。

（2）纠纷解决方式

《上海市邮轮旅游合同示范文本（2015 版）》第 11 条“争议解决方式”规定：

双方发生争议的，可协商解决，也可在旅游合同结束之日 90 天内向旅游质监机构申请调解，或提请上海仲裁委员会仲裁（不愿意仲裁而选择向法院提起诉讼的，请双方在签署合同时将此仲裁条款划去）。

根据上述规定，邮轮旅游服务合同纠纷的解决方式分为三个层次：一是协商解决；二是由旅游质监机构调解，但必须在合同结束之日起 90 日内提出申请；三是诉讼或仲裁，且仲裁是默认的纠纷解决方式，指定的仲裁机构是上海仲裁委员会。

但是，民商事仲裁在我国目前主要仍是用于解决商事纠纷，消费者与经营者之间的民事纠纷较少通过仲裁方式解决。而且，仲裁对于作为一般消费者的旅游者而言大多较为陌生，需要支付的仲裁费用较之诉讼费用往往更高。旅行社在实践中通常直接将上述合同条款中的仲裁改为法院诉讼，同样不经过与旅游者的充分协商。

二、旅游服务合同的转让

（一）旅游者转让旅游服务合同

《旅游法》第 64 条规定：“旅游行程开始前，旅游者可以将包价旅游合同中自身的权利义务转让给第三人，旅行社没有正当理由的不得拒绝，因此增加的费用由旅游者和第三人承担。”

根据上述规定，旅游者享有转让旅游服务合同的权利，但必须满足以下三项条件：

1. 行使转让的权利必须在旅游行程开始前。旅游行程开始后旅游者即不能提出转让旅游服务合同，主要原因在于旅游活动涉及的证照、手续办理通常需要经过一定的程序和时间，如果旅游者未在旅游行程开始前的合理期间内转让合同，不仅将会耽误旅游行程如期开始，更有可能影响同团其他旅游者的利益。①

2. 不存在旅行社拒绝转让的正当理由。此处正当理由主要包括两种情形：一是已为旅游者办理的相关服务、手续无法变更或者无法及时变更，如距离出团的时间间隔已不足以为受让人办理签证；二是旅游活动对于旅游者的身份、资格存在特殊要求，而受让人不符合此种特殊要求，②如受让人超过了合同约定的旅游项目的年龄限制。只要不存在旅行社拒绝转让的正当理由，转让旅游服务合同是旅游者的权利，行使此项权利无须征得旅行社同意。

3. 转让合同导致增加的费用应由旅游者和受让人承担。例如，旅行社收取的旅游费用包含签证费用，合同转让后需要为受让人另行办理签证而产生额外费用；或者已为旅游者预订的机票、邮轮船票等交通服务，交通服务经营者作为履行辅助人对于变更旅客需要收取手续费等费用。至于此种费用在旅游者和受让人之间如何承担，应属二者关于转让旅游服务合同的意思自治的范围。

《旅游纠纷司法解释》第 11 条关于旅游者转让旅游服务合同的规定稍有不同：

> 除合同性质不宜转让或者合同另有约定之外，在旅游行程开始前的合理期间内，旅游者将其在旅游合同中的权利义务转让给第三人，请求确认转让合同效力的，人民法院应予支持。
>
> 因前款所述原因，旅游经营者请求旅游者、第三人给付增加的费用或者旅游者请求旅游经营者退还减少的费用的，人民法院应予支持。

上述规定与《旅游法》第 64 条主要存在以下区别：

1. 不得转让合同的情形限定为“合同性质不宜转让或者合同另有约定”，但此类情形应当只是旅行社可以拒绝的正当理由的其中一类情形。例如，旅游者订购的包价旅游产品属于“尾单”，需与他人拼房入住而对旅游者的性别设有要求，但受让人不符合此种要求。

2. 行使转让权利的时间除旅游行程开始前外，还要求在合理期间内。《旅游法》第 64 条虽无合理期间的表述，但如果旅游者提出转让合同的时间距离行程开始的期间过短，如不足

① 参见王利明：《合同法研究》（第 4 卷）（第 2 版），中国人民大学出版社 2017 年版，第 586 页。
② 参见李飞、邵琪伟主编：《中华人民共和国旅游法释义》，法律出版社 2013 年版，第 602 页。

以为受让人办理签证手续，同样可以构成旅行社拒绝转让的正当理由。

3. 不仅旅行社可以请求旅游者和第三人承担因转让而增加的费用，旅游者也可请求旅行社退还减少的费用。例如，旅游者由于是 70 周岁以上的老人而支付了额外费用，但受让人的年龄不满 70 周岁，理应不必支付额外费用。

《旅游法》作为法律的效力高于作为司法解释的《旅游纠纷司法解释》，而且就时间效力而言《旅游法》亦属新法。因此，上述关于旅游者转让旅游服务合同的规定，如果《旅游法》与《旅游纠纷司法解释》规定不一致的，应当适用《旅游法》的规定，如关于不得转让合同的情形的规定；但对于《旅游法》未规定的事项，《旅游纠纷司法解释》可以补充适用，如其中关于旅游经营者退还减少的费用的规定。

《上海市邮轮旅游合同示范文本（2015 版）》第 5 条“双方的权利义务”第 1 款“甲方的权利义务”第 11 项也规定：“甲方不能成行的，可以让具备参加本次邮轮旅游条件的第三人代为履行合同，并及时通知乙方。因代为履行合同增加或减少的费用，双方应按实结算。”

（二）旅行社转让旅游服务合同

《旅游纠纷司法解释》第 10 条规定：

> 旅游经营者将旅游业务转让给其他旅游经营者，旅游者不同意转让，请求解除旅游合同、追究旅游经营者违约责任的，人民法院应予支持。
>
> 旅游经营者擅自将其旅游业务转让给其他旅游经营者，旅游者在旅游过程中遭受损害，请求与其签订旅游合同的旅游经营者和实际提供旅游服务的旅游经营者承担连带责任的，人民法院应予支持。

本条主要针对实践中俗称的“转团”或“卖团”现象，其中的逻辑及表述似有瑕疵，原因在于第 1 款规定的“旅游者不同意转让”，应与第 2 款规定的“旅游经营者擅自将其旅游业务转让给其他旅游经营者”属于相同情形，旅行社未经旅游者同意转让旅游服务合同，即为擅自转让。

本条第 1 款是关于旅行社转让旅游服务合同的行为本身，即如果旅游者不同意，可以请求解除合同并要求旅行社承担违约责任；第 2 款是关于旅行社擅自转让旅游服务合同后，旅游者在旅游行程期间遭受损害的责任承担。此时应由最初签订合同的旅行社与接受合同转让的实际提供旅游服务的旅行社共同承担连带责任。

司法实践

旅行社转让旅游服务合同的责任承担

● 四川省成都市高新技术产业开发区人民法院在唐某琼与成都市神州国际旅行社有限公司、四川康辉国际旅行社有限公司旅游合同纠纷案[①]中认为：

根据《最高人民法院关于审理旅游纠纷案件适用法律若干问题的规定》第十条的规定："旅游经营者将旅游业务转让给其他旅游经营者，旅游者不同意转让，请求解除旅游合同、追究旅游经营者违约责任的，人民法院应予支持。旅游经营者擅自将其旅游业务转让给其他旅游经营者，旅游者在旅游过程中遭受损害，请求与其签订旅游合同的旅游经营者和实际提供旅游服务的旅游经营者承担连带责任的，人民法院应予支持。"本案中，根据《团队境内旅游合同》第二十三条的约定，唐某琼同意神州旅行社委托康辉公司履行此合同，从合同字面意思上看，神州旅行社与康辉公司之间成立委托关系。但是根据旅游行业惯例和当事人在一审庭审中的陈述可知，神州旅行社负责招揽游客，康辉公司具体负责交通工具、订酒店、餐厅、导游服务、旅客组织等的合同履行事项，上述合同的履行主体已为康辉公司；另根据上述合同第二十四条的约定，唐某琼同意采用拼团方式拼至康辉公司成团，也就是说，唐某琼同意由康辉公司组织此次旅游，即由康辉公司承担应由神州旅行社履行的义务。根据《中华人民共和国合同法》第八十八条的规定："当事人一方经对方同意，可以将自己在合同中的权利和义务一并转让给第三人。"本案中神州旅行社在上述旅游合同中的权利义务已概括转移给康辉公司，神州旅行社并非擅自转让，故其在本案中不承担责任。

● 江西省德兴市人民法院在王某生、黄某英等与中国旅行社总社江西有限公司旅游合同纠纷案[②]中认为：

原中国旅行社总社江西有限公司德兴门市部将二原告《团队出境旅游合同》权利义务转委托的行为未口头或书面征得二原告的同意，根据《中华人民共和国旅游

---

① 参见四川省成都市高新技术产业开发区人民法院（2017）川0191民初3680号民事判决书；四川省成都市中级人民法院（2018）川01民终11332号民事判决书。

② 参见江西省德兴市人民法院（2019）赣1181民初191号民事判决书。

法》第六十三条第二款及《最高人民法院关于审理旅游纠纷案件适用法律若干问题的规定》第十条规定："旅游经营者将旅游业务转让给其他旅游经营者，旅游者不同意转让，请求解除旅游合同，追究旅游经营者违约责任的，人民法院应予支持"，原告有权要求解除合同，并向被告主张违约责任。

三、旅游服务合同的变更与解除

（一）旅游者变更或解除合同

1. 旅游者解除合同

《旅游法》第65条规定："旅游行程结束前，旅游者解除合同的，组团社应当在扣除必要的费用后，将余款退还旅游者。"《旅游纠纷司法解释》第12条也规定："旅游行程开始前或者进行中，因旅游者单方解除合同，旅游者请求旅游经营者退还尚未实际发生的费用，或者旅游经营者请求旅游者支付合理费用的，人民法院应予支持。"

根据上述规定，通常认为旅游者对于旅游服务合同享有任意解除权，即不仅在旅游行程开始前，即使在旅游行程中也可以主张解除合同，且无须征得旅行社的同意，但必须承担合理的费用。此种合理费用通常包括以下两个部分：

（1）旅行社已向地接社、履行辅助人支付且不可退还的费用，如向航空公司等公共交通经营者支付的返程交通费用，其中在取消时需要扣除而不可退还的部分；

（2）旅游者解除合同前已经实际发生的费用，如已经实际搭乘的去程交通费用，或者已经参观的景点门票费用。

司法实践

旅游者解除旅游服务合同

广东省汕头市龙湖区人民法院在许某伟与汕头市广之旅旅行社有限公司、广州广之旅国际旅行社股份有限公司旅游合同纠纷案[①]中认为：

《中华人民共和国旅游法》（2016年修正）第六十五条规定，旅游行程结束前，

① 参见广东省汕头市龙湖区人民法院（2019）粤0507民初611号民事判决书；广东省汕头市中级人民法院（2020）粤05民终15号民事判决书。

旅游者解除合同的，组团社应当在扣除必要的费用后，将余款退还旅游者。《最高人民法院关于审理旅游纠纷案件适用法律若干问题的规定》第十二条规定，旅游行程开始前或者进行中，因旅游者单方解除合同，旅游者请求旅游经营者退还尚未实际发生的费用，或者旅游经营者请求旅游者支付合理费用的，人民法院应予支持。本案中，在出境游行程前，许某伟的女儿许某匀因右侧外踝骨折需住院手术治疗，许某伟及家属三人因此解除合同，请求退还尚未实际发生的费用，应予以支持。关于汕头广之旅公司应退还许某伟的具体数额问题。1. 汕头广之旅公司及广州广之旅公司为许某伟及家属办理签证支付了签证费用人民币 3072 元，该签证费实际已经支付，可从团费中扣除。2. 汕头广之旅公司及广州广之旅公司为许某伟及家属支付的往返美国的南方航空公司机票费人民币 23991 元，根据《中国民用航空旅客、行李国内运输规则》第二十四条规定："旅客因病要求退票，需提供医疗单位的证明，始发地应退还全部票款，经停地应退还未使用航段的全部票款，均不收取退票费。患病旅客的陪伴人员要求退票，按本条第一款规定办理"，汕头广之旅公司没有按照该运输规则要求许某伟提交相应的证明向南方航空公司申请退票并将退票情况告知许某伟，汕头广之旅公司作为专业的旅行社，相对于普通的旅客原告方，更应清楚该规则，对没有办理退票的损失负有更大的责任，一审法院酌情确定双方对往返机票费用人民币 23991 元各承担 40% 和 60% 的损失，即许某伟承担人民币 9596.40 元，汕头广之旅公司承担人民币 14394.60 元。3. 汕头广之旅公司及广州广之旅公司为许某伟及家属支付的美国盐湖城至旧金山的机票费人民币 2910 元，该航段系国外航段，不属于《中国民用航空旅客、行李国内运输规则》的适用范围，许某伟没有证据证明该航段可以退费，且汕头广之旅公司已经实际支付，故该航段的机票费用人民币 2910 元可从团费中扣除。4. 汕头广之旅公司及广州广之旅公司虽支付了美国的地接费用人民币 18537 元，但没有明确地接费用的具体项目，且许某伟及家属并未出行，没有享受地接社的任何服务，该费用并非许某伟的实际支出费用，不应从团费中扣除。5. 汕头广之旅公司在期限届满后仍未提交是否代为许某伟购买旅游意外险人民币 615 元的证据，许某伟请求退还该保险费，予以支持。综上，汕头广之旅公司应退还许某伟的费用为人民币 62094 元 −3072 元 −9596.40 元 −2910 元 +615 元 =47130.60 元。许某伟起诉请求的资金占用利息，可参照《最高人民法院关于审理民间借贷案件适用法律若干问题的规定》的资金占用利息标准，按年利率 6% 从起诉之日（2019 年 3 月 14 日）计算清偿之日。

《上海市邮轮旅游合同示范文本（2015 版）》第 7 条“甲方解除合同及承担必要费用”对于旅游者解除合同作出了专门规定：

> 因甲方自身原因导致合同解除，乙方按下列标准扣除必要费用后，将余款退还甲方：
>
> （一）甲方在行程前解除合同的，双方约定扣除必要费用的标准为：
>
> 1. 行程前______日至______日，旅游费用______%；
>
> 2. 行程前______日至______日，旅游费用______%；
>
> 3. 行程前______日至______日，旅游费用______%；
>
> 4. 行程前______日至______日，旅游费用______%；
>
> 5. 行程开始当日，旅游费用______%。
>
> 甲方行程前逾期支付旅游费用超过______日的，或者甲方未按约定时间到达约定集合出发地点，也未能在中途加入旅游的，乙方有权解除合同，乙方可以按本款规定扣除必要的费用后，将余款退还甲方。
>
> （二）甲方因疾病等自身的特殊原因，导致在行程中解除合同的，必要的费用扣除标准为：（二选一）
>
> □ 1. 双方可以进行约定并从其约定：
>
> 旅游费用 －（　　　）－（　　　）－（　　　）－（　　　）
>
> □ 2. 双方未约定的，按照下列标准扣除必要的费用。
>
> 旅游费用 × 行程开始当日扣除比例 +（旅游费用 － 旅游费用 × 行程开始当日扣除比例）÷ 旅游天数 × 已经出游的天数。
>
> 如按上述（一）或（二）约定标准扣除的必要费用低于实际发生的费用，按照实际发生的费用扣除，但最高额不应当超过旅游费用总额。
>
> 行程前解除合同的，乙方扣除必要费用后，应当在合同解除之日起______个工作日内向甲方退还剩余旅游费用。
>
> 行程中解除合同的，乙方扣除必要费用后，应当在协助甲方返回出发地或者到达甲方指定的合理地点后______个工作日内向甲方退还剩余旅游费用。

上述规定对于行程前解除合同退还费用的数额，采取的模式是根据解除合同的不同时间约定固定比例的形式，具体的比例通常由旅行社直接填写，而未经与旅客协商；至于行程中解除合同的情形，实践中旅行社通常选择直接扣除全部旅游费用，原因应与邮轮旅游行程的多数时间处于海上有关，旅客实际很难在行程中解除合同、退出行程。实际填入的合同内容示例如下：

因甲方自身原因导致合同解除，乙方按下列标准扣除必要费用后，将余款退还甲方：

（一）甲方在行程前解除合同的，双方约定扣除必要费用的标准为：

（1）行程前 120 日至 150 日，旅游费用 20%；

（2）行程前 90 日至 119 日，旅游费用 30%；

（3）行程前 60 日至 89 日，旅游费用 50%；

（4）行程前 1 日至 59 日，旅游费用 100%；

（5）行程开始当日，旅游费用 100%。

甲方行程前逾期支付旅游费用超过 10 日的，或者甲方未按约定时间到达约定集合出发地点，也未能在中途加入旅游的，乙方有权解除合同，乙方可以按本款规定扣除必要的费用后，将余款退还甲方。

（二）甲方因疾病等自身的特殊原因，导致在行程中解除合同的，必要的费用扣除标准为：（二选一）

☑ 1. 双方可以进行约定并从其约定：

旅游费用 –（　）–（　）–（　）–（　）

☐ 2. 双方未约定的，按照下列标准扣除必要的费用。

旅游费用 × 行程开始当日扣除比例 +（旅游费用 – 旅游费用 × 行程开始当日扣除比例）÷ 旅游天数 × 已经出游的天数。

如按上述（一）或（二）约定标准扣除的必要费用低于实际发生的费用，按照实际发生的费用扣除，但最高额不应当超过旅游费用总额。

行程前解除合同的，乙方扣除必要费用后，应当在合同解除之日起 10 个工作日内向甲方退还剩余旅游费用。

行程中解除合同的，乙方扣除必要费用后，应当在协助甲方返回出发地或者到达甲方指定的合理地点后 10 个工作日内向甲方退还剩余旅游费用。

2. 旅游者变更合同

《旅游法》第 73 条规定：“旅行社根据旅游者的具体要求安排旅游行程，与旅游者订立包价旅游合同的，旅游者请求变更旅游行程安排，因此增加的费用由旅游者承担，减少的费用退还旅游者。”

根据上述规定，旅游者享有特定条件下的旅游服务合同的任意变更权，即无须征得旅行社的同意，即可主张变更合同。此处特定条件具体是指两项条件：

（1）仅限于旅行社根据旅游者的具体要求安排旅游行程的旅游服务合同，主要是指旅行社根据旅游者的要求为其设计的个性化旅游项目，而不是全部类型的旅游服务合同。

（2）旅游者需要承担变更合同导致增加的费用，但如果由于合同变更而发生费用减少，旅行社也应向旅游者退还，即旅游费用按照实际情况收取。

司法实践

旅游者变更旅游服务合同

湖北省武汉市中级人民法院在王某桂与湖北省中国青年旅行社有限公司、武汉小驴呱呱科技有限公司、中国人民财产保险股份有限公司武汉市分公司、黄山途瑞露营地管理有限公司旅游合同纠纷案[①]中认为：

一审法院认定事实：2019年4月9日，王某桂通过其女儿刘某与湖北省中青旅订立了《团队境内旅游合同》，约定由湖北省中青旅为王某桂提供三人的“黄山三日游”旅游服务，王某桂并通过小驴呱呱公司向湖北省中青旅支付了旅游款项4744元。合同订立后，王某桂、王某桂的女儿刘某以及刘某的女儿（未成年人）于2019年5月1日在湖北省中国青年旅行社有限公司、武汉小驴呱呱科技有限公司的安排下从武汉出发前往黄山旅游，2019年5月2日下午，王某桂一行在黄山景区进行观光车骑行游览时，由于观光车辆发生侧翻导致王某桂受伤，王某桂受伤后，立即被送往黄山市黄山人民医院进行救治，期间房车营地游玩项目的管理运营方黄山途瑞露营地管理有限公司以及湖北省中青旅的地接社黄山中国国际旅行社有限公司太平分公司为王某桂垫付了在黄山治疗期间的医疗费用及送医交通费用。2019年5月3日下午，王某桂一行按照原定行程的时间返回武汉并继续进行救治，后在武汉市第一医院住院治疗18天。2019年9月9日，武汉福田爱民司法鉴定中心出具鉴定意见：被鉴定人王某桂伤残程度为十级，建议伤后误工期为120日，护

① 参见湖北省武汉市洪山区人民法院(2019)鄂0111民初9976号民事判决书；湖北省武汉市中级人民法院(2021)鄂01民终1710号民事判决书。

理期为60日，营养期为60日，后续治疗费在3000元或据实赔付。

一审法院另查明，王某桂在湖北省中国青年旅行社有限公司、武汉小驴呱呱科技有限公司处购买的旅游服务项目包含交通费、住宿费、3次早餐2次正餐的餐费、所有景区大门门票、行程中制作毛笔环节的活动费、导游领队的陪同服务费。

…………

一审法院认为，案涉《团队境内旅游合同》系双方当事人真实意思表示，应为合法有效。关于王某桂主张退还旅游费用的50%的诉请，一审法院认为，根据《中华人民共和国旅游法》第七十三条的规定，旅行社根据旅游者的具体要求安排旅游行程，与旅游者订立包价旅游合同的，旅游者请求变更旅游行程安排，因此增加的费用由旅游者承担，减少的费用退还旅游者。本案中，王某桂第二天下午之前的游程已进行，第二天下午又属于自由活动时间，故一审法院认为未实际发生的费用应仅为第三天的旅游费用，因此一审法院以总费用的三分之一计算湖北省中国青年旅行社有限公司应当退还的金额为4744元 ×1/3=1581.3元。

（二）旅行社解除合同

《旅游法》第66条第1款规定：

旅游者有下列情形之一的，旅行社可以解除合同：

（一）患有传染病等疾病，可能危害其他旅游者健康和安全的；

（二）携带危害公共安全的物品且不同意交有关部门处理的；

（三）从事违法或者违反社会公德的活动的；

（四）从事严重影响其他旅游者权益的活动，且不听劝阻、不能制止的；

（五）法律规定的其他情形。

上述规定列举了旅行社可因旅游者原因而解除合同的情形，此类情形均有可能明显影响其他旅游者的合法权益：

1. 旅游者患有传染病等疾病，且可能危害其他旅游者的健康和安全。例如，邮轮旅客感染了新冠病毒。此项规定也是旅行社对于其他旅游者负有的安全保障义务的要求。

2. 旅游者携带危害公共安全的物品且不同意交由有关部门处理。例如，邮轮旅客携带管制刀具登船。但是，旅游者在携带危害公共安全的物品的同时，必须拒绝交由有关部门处理，旅行社方可主张解除合同。如果邮轮旅客携带的管制刀具在登船时已按要求交由邮轮公司处理，旅行社不得以此为由解除合同。

3. 旅游者从事违法或者违反社会公德的活动。例如，邮轮旅客在船期间大肆宣传邪教思想。

4. 旅游者从事严重影响其他旅游者权益的活动，且不听劝阻、不能制止。例如，邮轮旅客在船期间经常在深夜逐个舱房敲门，影响其他旅客休息。但是，旅游者在从事严重影响其他旅游者权益的活动的同时，必须还符合不听劝阻或不能阻止的情形，旅行社方可主张解除合同。如果邮轮旅客经邮轮公司提醒后即停止了逐个舱房敲门的行为，旅行社不得以此为由解除合同；如果邮轮公司通过将旅客调整至相对独立的舱房区域，较为有效地阻止了旅客的不当行为，旅行社同样不得以此为由解除合同。

《旅游法》第66条第2款规定："因前款规定情形解除合同的，组团社应当在扣除必要的费用后，将余款退还旅游者；给旅行社造成损失的，旅游者应当依法承担赔偿责任。"据此，旅行社在解除合同后应当向旅游者退还旅游费用，但可以扣除必要费用；同时，由于此时解除合同的原因在旅游者一方，如果对旅行社造成了损失，旅游者应当承担赔偿责任。

司法实践

旅行社解除旅游服务合同

北京市朝阳区人民法院在郝某萍与美域高晟国际旅行社（北京）有限公司旅游合同纠纷案[①]中认为：

> 郝某萍与豚鼠公司签订的《出境旅游合同》系双方当事人的真实意思表示，且不违反法律法规的强制性规定，各方均应恪守履行。根据《出境旅游合同》第十二条第二款，旅游者有法律规定的影响合同履行的其他情形的，出境社可以解除合同，出境社因上述情形解除合同的，应当以书面等形式通知旅游者，按照合同第十五条的相关约定扣除必要费用后，将余款退还旅游者。现郝某萍因另案诉讼被限制高消费及其他消费，无法购买机票出行，属于《出境旅游合同》第十二条第二款规定的影响合同履行的其他情形，豚鼠公司亦就该情况通知了郝某萍，应按照第十五条的约定，扣除相应的必要费用后，将余款退还郝某萍。根据《出境旅游合同》及郝某

① 参见北京市朝阳区人民法院（2020）京0105民初27535号民事判决书。

萍付款情况，郝某萍交纳旅游费用金额为4999元，豚鼠公司应退还旅游费应以此为基数计算，根据庭审查明的事实，郝某萍属于提前三天解除合同的情形，豚鼠公司应向郝某萍退还40%费用。郝某萍主张其为出游支出签证费用、照相费用、交通费、快递费等，但就此未提交证据，且根据《出境旅游合同》约定，由于旅游者自身原因导致本合同不能履行或者不能按照约定履行，或者造成旅游者人身损害、财产损失的，出境社不承担责任，故郝某萍要求豚鼠公司赔偿上述费用的诉讼请求，本院不予支持。本案系合同纠纷，精神损失赔偿并非合同纠纷项下的责任承担方式，郝某萍要求豚鼠公司支付精神损失赔偿的诉讼请求，本院不予支持。

《上海市邮轮旅游合同示范文本（2015版）》第5条“双方的权利义务”第2款“乙方的权利与义务”第8项将上述法律规定转化为了合同条款：

甲方有下列情形之一的，乙方可以解除合同：

（1）患有传染病等疾病，可能危害其他旅游者健康和安全的；

（2）携带危害公共安全的物品且不同意交有关部门处理的；

（3）从事违法或者违反社会公德的活动的；

（4）从事严重影响其他旅游者权益的活动，且不听劝阻、不能制止的；

（5）法律规定的其他情形。

因前款情形解除合同的，乙方应当按本合同第七条扣除必要的费用后，将余款退还甲方；给乙方造成损失的，甲方应当依法承担赔偿责任。

（三）变更或解除合同的特殊情形

1. 因未达到成团人数而变更或解除合同

《旅游法》第63条规定：

旅行社招徕旅游者组团旅游，因未达到约定人数不能出团的，组团社可以解除合同。但是，境内旅游应当至少提前七日通知旅游者，出境旅游应当至少提前三十日通知旅游者。

因未达到约定人数不能出团的，组团社经征得旅游者书面同意，可以委托其他旅行社履行合同。组团社对旅游者承担责任，受委托的旅行社对组团社承担责任。旅游者不同意的，可以解除合同。

因未达到约定的成团人数解除合同的，组团社应当向旅游者退还已收取的全部费用。

根据上述规定，如果未能达到约定人数而不能出团，旅行社既可以选择变更旅游服务合同，也可以选择解除合同。但是，此处未能达到的人数必须是双方事先约定的人数，而不能是旅行社临时单方提出的成团条件。

旅行社选择解除旅游服务合同，必须履行通知义务，即将因未能达到约定人数而不能出团的情况通知旅游者。通知的时间要求根据旅游活动的类型不同而有所区别：境内旅游应当提前至少 7 日通知旅游者，出境旅游则应提前至少 30 日。规定通知期限的原因：一是为旅游者预留报名参加其他旅游活动的时间，避免由于旅行社一方应当承担的经营风险而导致旅游者无法出行；二是防止旅行社在临近旅游行程开始前提出成团人数不足，利用旅游者不愿放弃出游的心理，变相迫使旅游者参加其他收费更高的旅游团或者接受转团。[①]

旅行社选择变更旅游服务合同，即委托其他旅行社履行合同，必须满足两项条件：一是征得旅游者的同意，且须采取书面形式，否则旅游者可以解除合同。二是变更的内容只能是委托其他旅行社履行合同。此时组团社仍是旅游服务合同的当事人，仍应基于合同相对性向旅游者承担责任，而组团社与其委托的旅行社之间的责任则应依据委托关系处理。（见图 11）

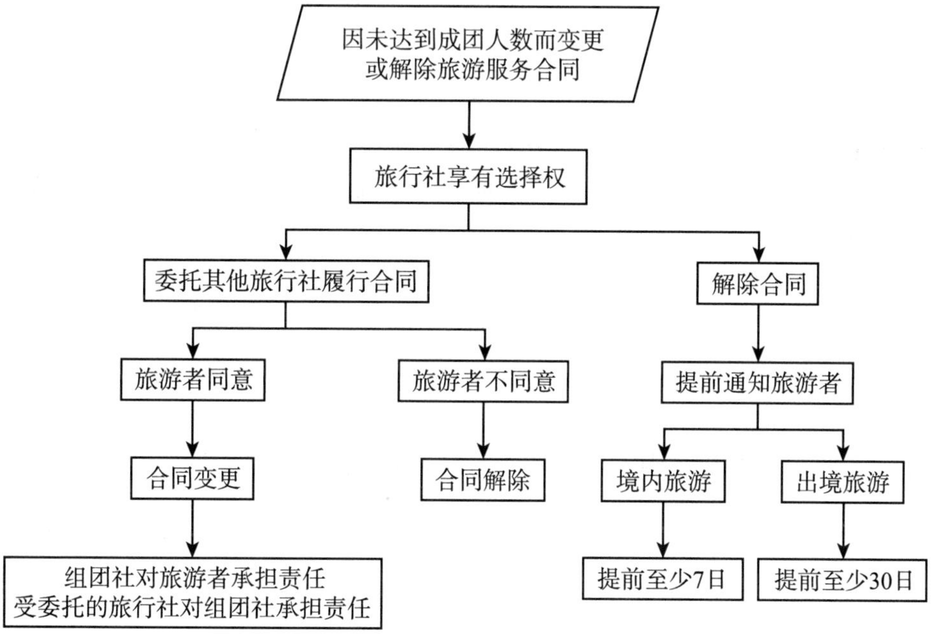

图 11　因未达到成团人数而变更或解除旅游服务合同

① 参见李飞、邵琪伟主编：《中华人民共和国旅游法释义》，法律出版社 2013 年版，第 159 页。

司法实践

组团社委托其他旅行社履行旅游服务合同

江苏省南京市中级人民法院在北京匹匹扣国际旅行社有限公司、北京匹匹扣国际旅行社有限公司上海分公司与徐某青、南京爱拉虎游电子商务有限公司、上海中旅国际旅行社有限公司、中国人民财产保险股份有限公司上海市分公司旅游服务合同纠纷案[①]中认为：

> 《中华人民共和国旅游法》第六十三条规定：因未达到约定人数不能出团的，组团社经征得旅游者书面同意，可以委托其他旅行社履行合同。组团社对旅游者承担责任，受委托的旅行社对组团社承担责任。本案中，匹匹扣上海分公司系案涉出境旅游合同的组团社和旅游合同相对方，徐某青在旅游合同中同意匹匹扣上海分公司委托上海中旅公司履行该合同，故匹匹扣上海分公司与上海中旅公司之间系委托合同关系，上海中旅公司并非系案涉旅游合同的相对方，一审判决匹匹扣上海分公司对徐某青的损失承担赔偿责任，匹匹扣公司对匹匹扣上海分公司负担的债务承担补充清偿责任并无不当。

如果旅游服务合同因未能达到约定人数不能出团而解除，无论是旅行社直接主张解除合同，还是旅行社提出变更合同而旅游者未同意，旅行社均应退还已经收取的全部费用，而不能以必要费用等名义进行扣减。

司法实践

旅行社因未达到成团人数而解除旅游服务合同

江苏省南京市中级人民法院在王某与南京途牛国际旅行社有限公司旅游合同纠纷案[②]中认为：

---

① 参见江苏省南京市浦口区人民法院（2018）苏0111民初8813号民事判决书；江苏省南京市中级人民法院（2020）苏01民终5135号民事判决书。

② 参见江苏省南京市玄武区人民法院（2019）苏0102民初7162号民事判决书；江苏省南京市中级人民法院（2019）苏01民终11133号民事判决书。

依照《中华人民共和国旅游法》第六十三条的规定，旅行社招徕旅游者组团旅游，因未达到约定人数不能出团的，组团社可以解除合同。但是，境内旅游应当至少提前七日通知旅游者，出境旅游应当至少提前三十日通知旅游者。因未达到约定的成团人数解除合同的，组团社应当向旅游者退还已收取的全部费用。双方当事人签订的《团队出境旅游合同》第十二条第一款对此也有类似约定。本案中，依照双方签订的《团队出境旅游合同》约定，旅游者同意采用拼团的方式至上海众信国际旅行社有限公司成团，对于最低成团人数一栏打上了斜杠，应当解释为该合同未对最低成团人数做出约定，上诉人主张应解释为双方约定“无最低成团人数”，该解释与合同约定的拼团方式出境游的情况不符，且上诉人亦认可拼团为出境游的一般常规做法。二审中，被上诉人途牛旅行社提供了上海众信国际旅行社有限公司出具的说明，可以证明 2018 年 7 月 27 日出行瑞士 11 日游因未达到最低成团人数而取消线路。故途牛旅行社在出发前 46 天通知王某解除合同并退还收取的预付款的行为不构成违约，王某也未能举证证明其存在实际损失，故其主张途牛旅行社承担违约责任无事实和法律依据。途牛旅行社未在双方签订的合同中对最低成团人数做出明确约定，存在瑕疵，但该瑕疵并不能产生上诉人所主张的按合同第十七条第三款约定的违约责任的法律后果。

2. 因不可抗力或通常事变而变更或解除合同

《旅游法》第 67 条规定：

因不可抗力或者旅行社、履行辅助人已尽合理注意义务仍不能避免的事件，影响旅游行程的，按照下列情形处理：

（一）合同不能继续履行的，旅行社和旅游者均可以解除合同。合同不能完全履行的，旅行社经向旅游者作出说明，可以在合理范围内变更合同；旅游者不同意变更的，可以解除合同。

（二）合同解除的，组团社应当在扣除已向地接社或者履行辅助人支付且不可退还的费用后，将余款退还旅游者；合同变更的，因此增加的费用由旅游者承担，减少的费用退还旅游者。

（三）危及旅游者人身、财产安全的，旅行社应当采取相应的安全措施，因此支出的费用，由旅行社与旅游者分担。

（四）造成旅游者滞留的，旅行社应当采取相应的安置措施。因此，增加的食宿费用，由旅游者承担；增加的返程费用，由旅行社与旅游者分担。

上述关于旅游服务合同变更或解除的规定主要针对以下两种情形：

（1）不可抗力。《民法典》第180条第2款规定："不可抗力是不能预见、不能避免且不能克服的客观情况。"不可抗力在我国法律下的构成应当同时满足四项要件，即客观情况、不能预见、不能避免、不能克服。例如，由于邮轮母港所处海域发生海啸，导致港口封闭，邮轮旅游服务合同无法履行。

（2）旅行社、履行辅助人已尽合理注意义务仍不能避免的事件。一般认为即指学理上所称通常事变。事变作为不可抗力的上位概念，是指当事人故意或过失之外的事实，可以具体分为不可抗力和通常事变。①通常事变也即情节较为轻微的事变。由于《民法典》第593条规定当事人一方虽因第三人原因造成违约仍应承担违约责任，②故而理论上多数观点主张为通常事变负责是我国合同法的一般原则。但是，《旅游法》第67条作为特别规定允许通常事变与不可抗力一同作为旅行社在旅游服务合同下的免责事由，2020年修改前的《旅游纠纷司法解释》第13条第1款将其一并概括为"不可抗力等不可归责于旅游经营者、旅游辅助服务者的客观原因"。③例如，邮轮公司作为旅游服务合同的履行辅助人，同时也是邮轮的所有人或经营人，日常对于邮轮的养护、维修均已到位，但邮轮在建造当时存在设计缺陷，导致开航前舵机突然失灵无法航行，而邮轮公司事先对此并不知情。此时其应当属于旅行社、履行辅助人已尽合理注意义务仍不能避免的事件。

如果发生不可抗力或通常事变影响了旅游行程，可以分为以下两种情况处理：

（1）合同无法继续履行。旅游者和旅行社双方均享有合同的解除权。

（2）合同无法完全继续履行。旅行社应向旅游者说明情况，而后可以在合理范围内主张变更合同。如果旅游者不同意变更，有权解除合同。（见图12）

---

① 参见韩世远：《合同法总论》（第4版），法律出版社2018年版，第478页。

② 《民法典》第593条规定："当事人一方因第三人的原因造成违约的，应当依法向对方承担违约责任。当事人一方和第三人之间的纠纷，依照法律规定或者按照约定处理。"

③ 《旅游纠纷司法解释》原第13条第1款规定："因不可抗力等不可归责于旅游经营者、旅游辅助服务者的客观原因导致旅游合同无法履行，旅游经营者、旅游者请求解除旅游合同的，人民法院应予支持。旅游经营者、旅游者请求对方承担违约责任的，人民法院不予支持。旅游者请求旅游经营者退还尚未实际发生的费用的，人民法院应予支持。"第2款规定："因不可抗力等不可归责于旅游经营者、旅游辅助服务者的客观原因变更旅游行程，在征得旅游者同意后，旅游经营者请求旅游者分担因此增加的旅游费用或旅游者请求旅游经营者退还因此减少的旅游费用的，人民法院应予支持。"

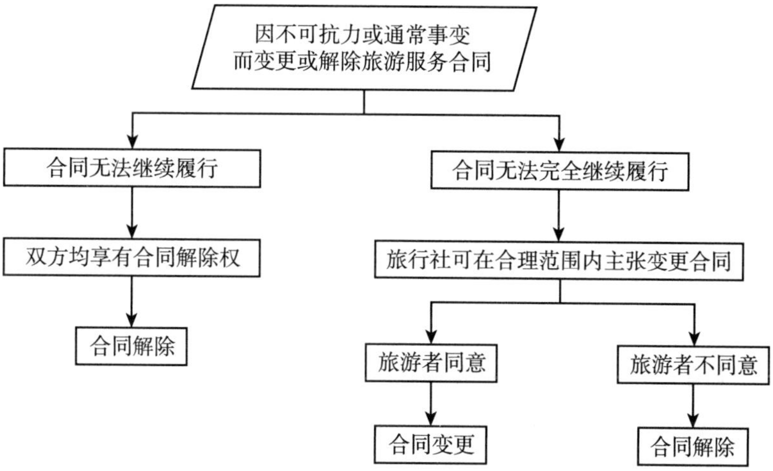

图 12　因不可抗力或通常事变而变更或解除旅游服务合同

关于合同变更或解除后的费用处理，分为以下四种情况：

（1）如果合同解除，旅行社应当退还旅游费用，但可以扣除已向地接社或者履行辅助人支付且不可退还的费用。仅从法条的文义分析，旅行社应当不能扣除解除合同前已经实际发生，但不是向地接社或履行辅助人支付的费用，如已经由旅行社自行提供的导游、汽车运输等服务的费用。但是，立法机关的释义存在不同观点，《中华人民共和国旅游法释义》一书认为："实践中，旅游者在签订旅游合同时，大多已经全部支付旅游费用，因此享有请求旅行社返还旅游费用的权利，组团社应当从旅游费用中扣除已经提供服务的部分和已向地接社或者履行辅助人支付且不可退还的费用。"[①] 基于不可抗力或通常事变造成的影响应在双方当事人之间分摊的原理，不允许旅行社扣除已经实际发生的费用似亦有其合理性。

司法实践

因不可抗力或通常事变而解除旅游服务合同

北京市第三中级人民法院在田某与中国康辉旅游集团有限公司旅游合同纠纷案[②]中认为：

① 李飞、邵琪伟主编：《中华人民共和国旅游法释义》，法律出版社 2013 年版，第 167 页。

② 参见北京市朝阳区人民法院（2020）京 0105 民初 47192 号民事判决书；北京市第三中级人民法院（2021）京 03 民终 8845 号民事判决书。

根据《中华人民共和国旅游法》第六十七条第二款的约定，因不可抗力或者旅行社、履行辅助人已尽合理注意义务仍不能避免的事件，影响旅游行程的，按照下列情形处理：……（二）合同解除的，组团社应当在扣除已向地接社或者履行辅助人支付且不可退还的费用后，将余款退还旅游者；合同变更的，因此增加的费用由旅游者承担，减少的费用退还旅游者。双方《旅游合同》第十四条亦约定，合同解除的，出境社应当在扣除已向地接社或者履行辅助人支付且不可退还的费用后，将余款退还旅游者。故根据上述法律规定及《旅游合同》的约定，双方因不可抗力解除合同的，康辉旅游公司应在扣除已支付且不可退还的费用后，将余款退还给田某。本案中，康辉旅游公司提交的证据不足以证明其在合同解除时已向地接社或者履行辅助人支付了相关费用，亦未能举证证明不可退还的具体费用金额，对此应承担举证不能的不利后果。一审法院考虑到合同解除并非康辉旅游公司的原因，且康辉旅游公司在履行涉案合同过程中确实付出了一定成本，并在此基础上认定由田某负担一部分不能继续履行合同造成的损失，酌定康辉旅游公司向田某退还旅游费 10000 元符合公平原则，本院对此不持异议。对于康辉旅游公司提出的不予退还旅游费的上诉主张，本院不予支持。

（2）如果合同变更，由于合同的变更经由旅游者同意，故而这是双方当事人意思一致的结果。此时应按变更后的合同确定费用，即增加的费用由旅游者承担，减少的费用也应返还旅游者。

司法实践

因不可抗力或通常事变而变更旅游服务合同

北京市第三中级人民法院在许某与北京青年旅行社股份有限公司旅游合同纠纷案[①]中认为：

关于双方变更行程安排后，是否存在减少的费用予以退还。《中华人民共和国

① 参见北京市朝阳区人民法院（2020）京 0105 民初 50688 号民事判决书；北京市第三中级人民法院（2021）京 03 民终 3796 号民事判决书。

旅游法》第六十七条规定："因不可抗力或者旅行社、履行辅助人已尽合理注意义务仍不能避免的事件，影响旅游行程的，按照下列情形处理：(一）合同不能继续履行的，旅行社和旅游者均可以解除合同。合同不能完全履行的，旅行社经向旅游者作出说明，可以在合理范围内变更合同;旅游者不同意变更的，可以解除合同。(二）合同解除的，组团社应当在扣除已向地接社或者履行辅助人支付且不可退还的费用后，将余款退还旅游者；合同变更的，因此增加的费用由旅游者承担，减少的费用退还旅游者。"根据本案查明的事实，涉案合同虽变更行程，但并未因此减少费用，许某亦未就减少费用充分举证。许某认可青年旅行社向酒店预付的费用是不予退还的，另外双方在合同中明确约定了司机导游服务费和城市税机场现付给领队，一审庭审中许某亦认可其并未向青年旅行社支付司机导游服务费和城市税，故青年旅行社无须退还。在许某未能进一步提交证据证明其因合同变更而减少了费用的情况下，其应当承担举证不能的不利后果，本院对其上诉请求，难以支持。

（3）如果不可抗力或通常事变危及旅游者的人身、财产安全，旅行社应当采取相应的安全措施，由此产生的费用由旅行社和旅游者分担。此处分担通常即指平均承担。

（4）如果不可抗力或通常事变造成旅游者滞留，旅行社应当采取相应的安置措施。由此产生的食宿费用由旅游者承担，而增加的返程费用由旅行社和旅游者分担。此处分担通常亦指平均承担。

基于上述规定，旅行社同时负有两项义务：一是不可抗力或通常事变危及旅游者人身、财产安全时采取安全措施的义务；二是造成旅游者滞留时采取安置措施的义务。

《上海市邮轮旅游合同示范文本（2015版）》第8条"责任减免及不可抗力情形的处理"第2款将上述法律规定转化为了合同条款：

因发生不可抗力情形或者乙方、履行辅助人已尽合理注意义务仍不能避免的事件，可能导致邮轮行程变更或取消部分停靠港口等情况时，按以下约定方式处理。

1. 行程前发生的，甲方可以按（1）或（2）选择（二选一）

□（1）甲方同意邮轮行程变更或取消部分停靠港口等，按以下约定处理：

①在不减少行程自然天数的情况下，启航延迟、港口停靠时间缩短、返航延迟抵达：船方提供餐食和各项服务，乙方退还旅游费用总额的______%。

②无法停靠目的地港口：退还该港口的港务费以及未发生的岸上观光费用。

③行程自然天数减少：扣除已实际支付且不可退还的费用后，按照减少行程的自然天数所占计划行程的百分比退还旅游费用。

□（2）甲方不同意邮轮行程变更或取消部分停靠港口等上述约定，解除本合同；乙方应当在扣除已实际支付且不可退还的费用后，将余款________元退还甲方。

2. 行程中发生的，按上述（1）的约定处理。

实践中旅行社通常勾选上述第 1 种方案，并将退还旅游费用总额的百分比填写为 0，而未经与旅游者协商。

（四）合同解除返程费用的承担

《旅游法》第 68 条规定："旅游行程中解除合同的，旅行社应当协助旅游者返回出发地或者旅游者指定的合理地点。由于旅行社或者履行辅助人的原因导致合同解除的，返程费用由旅行社承担。"

根据上述规定，如果旅游服务合同在旅游行程中解除，旅行社负有协助旅游者返回出发地点，或者旅游者指定的合理地点的义务。此时返程费用的承担应按以下情况处理：

1. 旅游者因自身原因行使任意解除权，或者旅行社根据《旅游法》第 66 条第 1 款的规定行使合同解除权，返程费用应由旅游者承担。

2. 因旅行社或履行辅助人的原因而导致合同解除，返程费用应由旅行社承担。

司法实践

因旅行社或履行辅助人原因而导致合同解除的返程费用承担

●广东省广州市越秀区人民法院在李某秀、卫某星等与广州康辉国际旅行社有限公司旅游合同纠纷案[①]中认为：

2019 年 6 月 10 日，两原告随团出发，从 2019 年 6 月 10 日至 19 日按行程单正常游览，6 月 19 日晚上两原告入住位于乌鲁木齐的东华大酒店，当晚原告李某秀在正常使用酒店设施时，因浴室玻璃门突然爆裂致手部受伤，原告李某秀到乌鲁木齐市米东区人民医院就诊，该医院出具《疾病证明书》，载明：诊断：1. 右手示（食）指开放性损伤；2. 右手示（食）指指伸肌腱损伤；3. 右手拇指皮肤挫伤。处理意见：

① 参见广东省广州市越秀区人民法院（2019）粤 0104 民初 37450 号、39135 号民事判决书。

清创缝合，肌腱吻合术，夹板固定21天，门诊每2天换药，14天拆线，抗炎、肌注破伤风抗毒素注射液，如有不适门诊随访。

次日，两原告随团继续行程，但因原告李某秀伤势问题，被告全陪导游建议两原告中止行程，两原告返回东华大酒店，两原告与东华大酒店、地接社协商赔偿事宜，因协商未果，两原告购买2019年6月22日火车票返回广州，6月24日到达广州。原告李某秀称其返回广州后到医院继续治疗手部伤势，并提交南方医科大学南方医院、广州市第八人民医院的医疗收费票据，但未能提交相关的病历。两原告称两人均已退休，原告李某秀因手部伤势生活不能自理，从老家请人照顾，但无法提交相关证据证明。

…………

根据上述法律规定，原告李某秀在履行辅助人东华大酒店住宿时因意外致受伤，无法继续履行旅游合同，两原告可解除合同，被告作为组团社，应对两原告的损失承担责任。对于原告李某秀诉请的相关损失，本院作如下认定：

1. 交通费。根据《中华人民共和国旅游法》第六十八条规定，旅游行程中解除合同的，旅行社应当协助旅游者返回出发地或者旅游者指定的合理地点。由于旅行社或者履行辅助人的原因导致合同解除的，返程费用由旅行社承担。两原告由于履行辅助人东华大酒店的过错致解除合同，购买返程火车票支出2573元，该费用应由被告承担……

● 福建省漳州市芗城区人民法院在吴某塔与漳州宝中国际旅行社有限公司旅游合同纠纷案[①]中认为：

原告诉求的住院伙食补助费、交通费、住宿费均为实际发生的费用，有原告提供的票据为证。其中交通费，旅游行程中解除合同的，旅行社应当协助旅游者返回出发地或者旅游者指定的合理地点。由于旅行社或者履行辅助人的原因导致合同解除的，返程费用由旅行社承担。由于被告及第三人没有尽到安全保障义务，导致原告受伤不能继续行程而不得不解除合同，原告妻子黄某花、儿子吴某平均为该旅行团成员，原告受伤住院，黄某花、吴某平作为亲属客观上已不能再继续行程，需对原告进行护理，因此原告主张的交通费具有事实和法律依据。

---

① 参见福建省漳州市芗城区人民法院（2016）闽0602民初6263号民事判决书。

3. 因不可抗力或通常事变导致合同不能继续履行，或者旅游者不同意变更合同而选择解除合同，此时返程费用的负担《旅游法》未作规定。由于此时合同已经解除，双方互相不再负有义务，返程费用原则上应由旅游者自行承担；除非发生《旅游法》第67条第4项规定的旅游者滞留而增加返程费用的情况，此时增加的费用应由旅行社和旅游者分担，但也仅限于返程费用的增加部分。但是,《中华人民共和国旅游法释义》一书对此存在不同观点:“因不可抗力或者旅行社、履行辅助人已尽合理注意义务仍不能避免的事件，导致合同不能继续履行，或者旅游者不同意调整行程而解除合同的，应根据本法第六十七条，返程费用由旅行社与旅游者合理分担。”[①] 此种解释不符合《旅游法》第67条的文义。

司法实践

因不可抗力而导致合同解除的返程费用承担

福建省福州市鼓楼区人民法院在张某群、张某涔、黄某琴、施某、黄某航与福建省中国旅行社旅游合同纠纷案[②] 中认为：

五原告与被告签订的合同编号：CJ-0006758《团队出境旅游合同》合法有效，对双方当事人均有约束力，根据《中华人民共和国旅游法》第六十八条的规定:“旅游行程中解除合同的，旅行社应当协助旅游者返回出发地或者旅游者指定的合理地点。由于旅行社或者履行辅助人的原因导致合同解除的，返程费用由旅行社承担。”以及《中华人民共和国旅游法》第七十条第一款的规定：“旅行社不履行包价旅游合同义务或者履行合同义务不符合约定的，应当依法承担继续履行、采取补救措施或者赔偿损失等违约责任；造成旅游者人身损害、财产损失的，应当依法承担赔偿责任。旅行社具备履行条件，经旅游者要求仍拒绝履行合同，造成旅游者人身损害、滞留等严重后果的，旅游者还可以要求旅行社支付旅游费用一倍以上三倍以下的赔偿金。”诉争的《团队出境旅游合同》在第十六条、第十七条依据《中华人民共和国旅游法》第六十八条、第七十条第一款的规定亦作出了相关约定，本案旅行团行程时间2016年1月19日至24日，同年1月23日接到韩国济州岛遭暴雪袭击导致

① 李飞、邵琪伟主编：《中华人民共和国旅游法释义》，法律出版社2013年版，第169页。

② 参见福建省福州市鼓楼区人民法院（2016）闽0102民初797号民事判决书。

济州机场关闭，1月23日首尔飞济州、1月24日济州飞福州的航班取消，旅行者滞留在韩国首尔，双方签订第一份《行程变更确认书》，双方确认根据旅游法的相关规定，因不可抗力因素所产生的一切费用由客人自理。1月25日中午济州机场开放，包括原告在内的全团人员于1月25日下午到达济州机场，被告要求与含五原告在内的旅行者签订第二份《行程变更确认书》，写明被告预计在1月28日乘坐航班回福州，并注明部分客人自行购买1月26日济州—福州机票的，机票费用自理，诸原告签名表示除1月25日晚间的住宿与餐费自理外，不同意注明部分的变更内容，本院认为，1月25日济州机场已经开放，不可抗力因素已经消除，被告怠于履行合同，以与旅游者达成1月28日早上返程福州的新的约定，不为旅行者购买当日机票回国的行为不当，原告基于被告旅行社的原因解除诉争合同，其不同意返程回国的机票费用自理，自行购买机票回国由此产生的返程机票费15433元要求被告赔偿的诉讼请求合理，本院予以支持，的士费酌定200元，由被告承担，其主张的1月25日住宿费300元，因其在双方的确认书上已经表示由其自行承担，该项诉请，本院不予支持……

第三节　旅游服务合同当事人的义务与权利

一、旅行社的义务与权利

基于旅游服务合同的约定，旅行社享有的最为主要的权利应是向旅游者收取旅游费用，负有的最为主要的义务则是提供合同约定的旅游行程，包括自行或者通过履行辅助人提供其中包含的各项具体旅游服务。

（一）旅行社的义务

1. 按照约定履行合同的义务

《旅游法》第69条第1款规定：“旅行社应当按照包价旅游合同的约定履行义务，不得擅自变更旅游行程安排。”

按照上述规定，旅行社负有按照旅游服务合同的约定履行合同的义务，也是合同履行的基本要求。特别是旅游行程安排决定了旅行社提供的旅游服务的基本内容，故而旅行社不得擅自变更旅游行程安排。

此外，《旅游法》第 69 条第 2 款规定：“经旅游者同意，旅行社将包价旅游合同中的接待业务委托给其他具有相应资质的地接社履行的，应当与地接社订立书面委托合同，约定双方的权利和义务，向地接社提供与旅游者订立的包价旅游合同的副本，并向地接社支付不低于接待和服务成本的费用。地接社应当按照包价旅游合同和委托合同提供服务。”据此，旅行社可以将旅游服务合同的接待业务委托给地接社，但必须满足以下条件：

（1）应当征得旅游者的同意，即旅行社不得擅自委托。

（2）委托的地接社应当具有相应资质，如出境旅游的地接社应当具有经营出境旅游业务的资质。

（3）应当与地接社订立书面形式的委托合同，明确约定双方的权利与义务。

（4）应当向地接社提供与旅游者订立的旅游服务合同的副本。

（5）应当向地接社支付费用，且不得低于接待和服务的成本。

（6）根据《旅游法》第 60 条第 2 款的规定，应在旅游服务合同中载明地接社的基本信息。

上述规定既是为了保障地接社的基本权利，也是为了避免由于旅行社与地接社的纠纷，导致影响旅游者的合法权益。

地接社也负有按照合同约定提供服务的义务，而且不限于旅行社与地接社订立的委托合同，还包括旅游者与旅行社订立的旅游服务合同。此处应是基于法律规定在一定程度上突破了合同相对性，因为地接社本身并不是旅游服务合同的当事人，目的仍是保障旅游者的合法权益。

上述规定仍有不尽合理之处。要求地接社按照旅游服务合同提供服务，前提至少应是旅行社已向地接社准确告知了旅游服务合同的内容，即《旅游法》第 69 条第 2 款规定的“向地接社提供与旅游者订立的包价旅游合同的副本”。如果旅行社未提供旅游服务合同的副本，或者虽然提供了副本，但在与地接社订立委托合同时明确提出部分内容可不按照旅游服务合同执行，此时如果仍然要求地接社按照旅游服务合同提供服务，有欠公允。较为合理的规范模式应是，旅行社负有向地接社提供旅游服务合同，并按照旅游服务合同的内容与地接社订立委托合同的义务，否则旅行社应当按照旅游服务合同及法律规定承担违约责任；地接社负有按照委托合同提供服务的义务，同时如果旅行社履行了前述义务，此时委托合同关于旅游服务的内容应与旅游服务合同一致，地接社应就违反委托合同而不是旅游服务合同承担违约责任。

司法实践

旅行社按照约定履行旅游服务合同的义务

● 安徽省马鞍山市中级人民法院在武夷山市锦绣国际旅行社有限公司与王某、吴某志、汪某戈、江苏哪玩运输有限公司、阳光财产保险股份有限公司南京中心支公司旅游合同纠纷案[①]中认为：

本案各方均无争议的事实为，2017 年 6 月 30 日，锦绣旅行社派出两名导游至马鞍山市接到包括王某祥、吴某志在内的近百名旅游者，分乘两辆大巴车开始旅游行程，旅游点包括江西婺源，上饶集中营以及武夷山市的玉龙谷、购物店、蛇博园、茶博园等处。7 月 3 日上午，在去玉器馆参观购物结束后，导游安排旅游者上车自行返程。上车后王某祥与同车乘客曾发生过争执，车辆启程不久王某祥突发休克，驾驶员将该情况电话通知导游后，导游返回，王某祥被送至医院经抢救无效死亡。由上述行程可知，锦绣旅行社为旅游者提供了自出发地开始的导游、就餐、住宿、参观服务。锦绣旅行社向王某祥等旅游者提供了旅游服务，但双方并未签订旅游合同，仅有的一张无抬头手写字据中也没有旅行团正确人数、旅游者身份信息，游览、娱乐等具体项目以及时间安排等等能够构成旅游合同的基本条款的内容，无法从该字据中明确各方权利义务。锦绣旅行社辩称其为地接社，不是旅游的组织者，但是地接社是指接受组团社委托，在目的地接待旅游者的旅行社。而锦绣旅行社是直接指派导游至马鞍山市接团开始旅游，并非在武夷山当地才接团，不属于地接社。而且根据我国旅游法的规定，旅行社将包价旅游合同中的接待业务委托给其他具有相应资质的地接社履行的，应当经旅游者同意，与地接社订立书面委托合同，约定双方的权利和义务，向地接社提供与旅游者订立的包价旅游合同的副本，并向地接社支付不低于接待和服务成本的费用。而本案中，锦绣旅行社甚至无法回答该旅游团的组团社是谁，而是说帮一个朋友忙。正因为旅游组织者没有依照法律法规主动规范经营服务行为，导致本案中近百人的旅行团四日游的旅程居然没有签订正规的旅游合同，本院只能从现有证据能够证明的事实推断，系锦绣旅行社承接了这次的旅游服务，其与王某祥之间构成旅游合同关系。因锦绣旅行社无法证明其属于旅游地

---

① 参见安徽省马鞍山市花山区人民法院（2017）皖 0503 民初 4873 号民事判决书；安徽省马鞍山市中级人民法院（2018）皖 05 民终 887 号民事判决书。

接社，故其提供的旅游服务应自旅行团成团开始至旅行团返程后结束，王某祥突发休克时仍属于锦绣旅行社应当提供旅游服务的时间段内。在突发事件或者旅游安全事故发生后，旅游经营者应当立即采取必要的救助和处置措施，而本案中锦绣旅行社没有安排导游随车返程，导致王某祥与人发生争执时没有被及时劝解，其休克后又未能在第一时间被送医，锦绣旅行社在履行旅游合同中没有尽到安全保障义务，存在一定程度的违约，一审法院据此酌情判令其承担20%的赔偿责任，并无不当。

● 浙江省杭州市中级人民法院在杭州欢途旅行社有限公司与王某平、中国人民财产保险股份有限公司杭州市分公司、昆明群游旅行社有限公司、云南丽江白鹿国际旅行社有限公司旅游合同纠纷案①中认为：

王某平作为旅游者，杭州欢途作为经营旅游业务并向公众提供旅游服务的旅游经营者，双方之间建立了合法有效的旅游合同关系。杭州欢途应当为旅游者提供质价相符的旅游服务。《中华人民共和国旅游法》第六十九条规定："旅行社应当按照包价旅游合同的约定履行义务，不得擅自变更旅游行程安排。经旅游者同意，旅行社将包价旅游合同中的接待业务委托给其他具有相应资质的地接社履行的，应当与地接社订立书面委托合同，约定双方的权利和义务，向地接社提供与旅游者订立的包价旅游合同的副本，并向地接社支付不低于接待和服务成本的费用。地接社应当按照包价旅游合同和委托合同提供服务。"因此，昆明群游未经旅游者同意擅自将旅游业务交付给丽江白鹿不当，作为组团旅行社的杭州欢途应对该行为承担相应的赔偿责任。

2. 说明合同内容的义务

《旅游法》第58条第2款规定："订立包价旅游合同时，旅行社应当向旅游者详细说明前款第二项至第八项所载内容。"

根据上述规定，除旅行社、旅游者的基本信息，以及法律、法规规定和双方约定的其他事项外，旅行社对于《旅游法》第58条第1款规定的旅游服务合同的主要内容均负有详细说明的义务，特别是实践中旅游服务合同大多基于示范合同等格式合同订立。

① 参见浙江省杭州市下城区人民法院（2015）杭下民初字第965号民事判决书；浙江省杭州市中级人民法院（2015）浙杭民终字第3606号民事判决书。

司法实践

旅行社说明旅游服务合同内容的义务

北京市海淀区人民法院在王某与北京卓教国际旅行社有限公司旅游服务合同纠纷案[①]中认为：

依据《中华人民共和国旅游法》第五十八条规定，包价旅游合同应采用书面形式，包括下列内容：旅行社、旅行者的基本信息，旅游行程安排，旅游团成团的最低人数，交通、住宿、餐饮等旅游服务安排和标准，游览、娱乐等项目的具体内容和时间，自由活动时间安排，旅游费用及其交纳的期限和方式，违约责任和解决纠纷的方式等。订立包价旅游合同时，旅行社应当向旅游者详细说明前款第二项至第八项所载内容。本案中，卓教公司与王某签订的《2017年国际出访交流协议》系包价旅游合同，该合同应包含有旅游行程安排、住宿餐饮等旅游服务安排和标准、活动项目的具体内容和时间等内容，卓教公司应在订立合同时，就此向王某作出详细说明。而王某作为旅游者有权知悉其购买的旅游产品和服务的真实情况。卓教公司虽否认王某提交的2017年暑期爱丁堡国际艺术节展演团简明行程单是双方所签协议中载明的附件三，但其并无其他证据佐证附件三内容为何；卓教公司主张该简明行程单以及2017年国际交流使团环球出访图鉴系宣传之用，并非本案王某参团亲子团，但该图鉴系卓教公司在组织此次旅游前进行宣传时，向包括原告在内的大众发放，且提交的另团《2017年暑假爱丁堡专场演出及艺术文化交流之旅活动协议》等证据并不能证明其主张，故本院对卓教公司该辩称不予采信。

3. 提供旅游行程单的义务

《旅游法》第59条规定：“旅行社应当在旅游行程开始前向旅游者提供旅游行程单。旅游行程单是包价旅游合同的组成部分。”

根据上述规定，旅行社负有向旅游者提供旅游行程单的义务，且履行此项义务的时间

① 参见北京市海淀区人民法院（2018）京0108民初15059号民事判决书。

要求是旅游行程开始前。旅游行程单的性质是旅游服务合同的组成部分，故而行程单记载的内容对于双方具有拘束力。

司法实践

旅行社提供旅游行程单的义务

西安市中级人民法院在西安信雅达国际旅行社有限公司、张某与 Dr. Börsch-Supan, Axel Helmut, Dr. Börsch-Supan Geb.Meuer, Martina Elisabeth 旅游合同纠纷案[①]中认为：

> 涉案合同关系问题。本案中，张某在信雅达公司任职期间，就延期后的旅游行程向两原告提供了加盖有信雅达公司业务专用章的行程单，根据《中华人民共和国旅游法》第五十九条“旅行社应当在旅游行程开始前向旅游者提供旅游行程单。旅游行程单是包价旅游合同的组成部分”之规定，该行程单系旅游合同性质。虽然两原告一开始系与张某联系入境旅游业务，但在两原告取消原定计划重新安排行程后，信雅达公司向两原告出具了入境旅游的行程单，且张某认可系以信雅达公司名义与地接社对接，因此在信雅达公司与两原告之间形成涉案旅游合同关系。信雅达公司辩称两原告是与张某进行的业务联系、行程单上记载的联系信息与其不符、其未收到两原告款项等，因业务联系过程、联系人信息以及两原告是否将旅游费用付至信雅达公司均属于旅游经营者与旅游者之间业务往来的具体操作方式，如前文所述，并不能否认信雅达公司作为旅游经营者与两原告之间建立的旅游合同关系，故对其该理由不予采信。

《上海市邮轮旅游合同示范文本（2015 版）》第 5 条“双方的权利义务”第 2 款“乙方的权利与义务”第 2 项也规定：“乙方提供旅游行程单，经双方签字或者盖章确认后作为本合同组成部分。”

4. 安全保障义务

《民法典》第 1198 条规定：

① 参见陕西省西安市中级人民法院（2016）陕 01 民初 288 号民事判决书；陕西省高级人民法院（2016）陕民终 511 号民事判决书。

> 宾馆、商场、银行、车站、机场、体育场馆、娱乐场所等经营场所、公共场所的经营者、管理者或者群众性活动的组织者，未尽到安全保障义务，造成他人损害的，应当承担侵权责任。
>
> 因第三人的行为造成他人损害的，由第三人承担侵权责任；经营者、管理者或者组织者未尽到安全保障义务的，承担相应的补充责任。经营者、管理者或者组织者承担补充责任后，可以向第三人追偿。

根据上述规定，旅行社作为群众性活动的组织者，对于旅游者负有安全保障义务。如果是由于第三人的原因导致旅游者遭受损害，应由第三人承担侵权责任；但是，如果旅行社未尽到安全保障义务，应当承担相应的补充责任，但可以向第三人追偿。

此处“相应的补充责任”，表明旅行社作为安全保障义务人享有先诉抗辩权，即应由实施侵权行为的第三人就受害人的损害承担侵权责任。如果第三人已经全部承担了侵权责任，安全保障义务人无须承担侵权责任；只有第三人下落不明或无力承担全部侵权责任时，安全保障义务人方才承担侵权责任，即第二位的赔偿责任。至于“相应”的认定，确定安全保障义务人的补充责任，除需要考虑义务人的过错程度外，还应考虑原因力、管理人或组织者的经济状况、被侵权人的经济状况等多种因素，公平合理地确定安全保障义务人承担补充责任的范围和程度。[①]

《旅游纠纷司法解释》第 7 条的规定基本一致：

> 旅游经营者、旅游辅助服务者未尽到安全保障义务，造成旅游者人身损害、财产损失，旅游者请求旅游经营者、旅游辅助服务者承担责任的，人民法院应予支持。
>
> 因第三人的行为造成旅游者人身损害、财产损失，由第三人承担责任；旅游经营者、旅游辅助服务者未尽安全保障义务，旅游者请求其承担相应补充责任的，人民法院应予支持。

司法实践

旅行社的安全保障义务

江苏省高级人民法院在王某东、于某萍等与南京哪玩国际旅行社有限公司、中国康辉

① 参见程啸：《侵权责任法》（第 3 版），法律出版社 2021 年版，第 533~534 页。

南京国际旅行社有限责任公司旅游合同纠纷案[①]中认为：

《中华人民共和国旅游法》第七十九条规定，“旅游经营者应当严格执行安全生产管理和消防安全管理的法律、法规和国家标准、行业标准，具备相应的安全生产条件，制定旅游者安全保护制度和应急预案。旅游经营者应当对直接为旅游者提供服务的从业人员开展经常性应急救助技能培训，对提供的产品和服务进行安全检验、监测和评估，采取必要措施防止危害发生。旅游经营者组织、接待老年人、未成年人、残疾人等旅游者，应当采取相应的安全保障措施”。《最高人民法院关于审理旅游纠纷案件适用法律问题的规定》第七条第一款规定，“旅游经营者、旅游辅助服务者未尽到安全保障义务，造成旅游者人身损害、财产损失，旅游者请求旅游经营者、旅游辅助服务者承担责任的，人民法院应予支持”。国家旅游局《旅行社老年旅游服务规范》（LB/T052−2016）第 4.6.1 条规定，应选择具备紧急物理救护等业务技能，了解一般医疗常识，具有至少 3 年导游从业经验，做事细致耐心的导游 / 领队全程随团服务；第 7.6.1 条规定，100 人以上的老年旅行团应配备随团医生服务；第 7.7.1 条规定，老年旅游者遭遇突发病情或意外事故时，导游 / 领队应在第一时间拨打紧急救助电话，寻求专业医护和救援人员，并将突发事件及时上报组团社，同时组织周围力量开展第一时间的紧急救助工作；第 7.7.2 条规定，随团医生应对病人和伤者进行紧急救护，并应在专业医护人员到达后做好协助救护工作。本案中，王某东、于某萍、王某菲主张，康辉公司、哪玩公司未为旅行团配备持证导游人员，未为老年人占主体的旅行团配备专业医生，在王某出现呼吸心跳骤停后 15 分钟才拨打“120”急救电话，违反了上述法律、司法解释、行业规范规定，未尽到旅游经营者安全保障义务，应当对王某的死亡承担违约责任。

5. 披露委托社和代理社、地接社、导游费用的义务

《旅游法》第 60 条规定：

旅行社委托其他旅行社代理销售包价旅游产品并与旅游者订立包价旅游合同的，应当在包价旅游合同中载明委托社和代理社的基本信息。

① 参见江苏省南京市中级人民法院（2019）苏 01 民终 1335 号民事判决书；江苏省高级人民法院（2019）苏民申 6060 号民事裁定书。

旅行社依照本法规定将包价旅游合同中的接待业务委托给地接社履行的，应当在包价旅游合同中载明地接社的基本信息。

安排导游为旅游者提供服务的，应当在包价旅游合同中载明导游服务费用。

根据上述规定，旅行社在以下三种情况分别负有披露信息的义务，且披露的形式均为在旅游服务合同中载明：

（1）旅行社委托其他旅行社代理销售包价旅游产品并与旅游者订立包价旅游合同，应当披露委托社和代理社的基本信息，此处委托社即指作为合同当事人的旅行社。委托社和代理社的基本信息通常包括旅行社的名称、经营范围、地址、联系电话、旅行社业务经营许可证编号，以及经办人的姓名、联系电话等。

司法实践

旅行社披露委托社和代理社基本信息的义务

● 上海市长宁区人民法院在田某、田某迅与上海携程国际旅行社有限公司、上海华程国际旅行社有限公司旅游合同纠纷案①中认为：

根据法律规定，旅行社委托其他旅行社代理销售包价旅游产品并与旅游者订立包价旅游合同的，应当在包价旅游合同中载明委托社和代理社的基本信息。涉案旅游合同系通过网络方式订立，携程旅行社在旅游产品预订页面截图、通过邮件发送的度假产品确认单中均载明了委托社为华程旅行社，应视为携程旅行社已向刘某凤披露了委托社信息。而华程旅行社与携程旅行社签署的《合作协议》表明携程旅行社系代为销售华程旅行社旅游产品。本案所涉的旅游服务是由华程旅行社提供，刘某凤交付的旅游费用已由携程旅行社按约与华程旅行社进行结算，携程旅行社与华程旅行社均按照双方签订的《合作协议》履行。被告华程旅行社在庭审陈述中亦确认其为组团社。因此，本院认定，华程旅行社为本案系争旅游产品的组团社，应当承担组团社的法律责任。携程旅行社代理销售华程旅行社的旅游产品，原告主张携程旅行社承担共同违约赔偿责任，缺乏相应法律依据，本案系争合同的责任义务主体应为组团社华程旅行社。

① 参见上海市长宁区人民法院（2019）沪0105民初24465号民事判决书。

●山东省青岛市市北区人民法院在滕某苹、张某与中国国旅（青岛）国际旅行社有限公司、北京匹匹扣国际旅行社有限公司旅游合同纠纷案[①]中认为：

> 《中华人民共和国旅游法》第六十条规定："旅行社委托其他旅行社代理销售包价旅游产品并与旅游者订立包价旅游合同的，应当在包价旅游合同中载明委托社和代理社的基本信息。"因国旅青岛公司与滕某苹、张某签订的旅游合同中未显示有委托社或代理社，则国旅青岛公司应对该合同的履行情况承担全部举证责任。

（2）旅行社将包价旅游合同的接待业务委托给地接社履行，应当披露地接社的基本信息。地接社的基本信息同样是指旅行社的名称、经营范围、地址、联系电话、旅行社业务经营许可证编号，以及经办人的姓名、联系电话等。

司法实践

旅行社披露地接社基本信息的义务

广东省广州市中级人民法院在广东省中国旅行社股份有限公司与魏某兰旅游合同纠纷案[②]中认为：

> 《中华人民共和国旅游法》第六十条第一款、第二款规定："旅行社委托其他旅行社代理销售包价旅游产品并与旅游者订立包价旅游合同的，应当在包价旅游合同中载明委托社和代理社的基本信息。旅行社依照本法规定将包价旅游合同中的接待业务委托给地接社履行的，应当在包价旅游合同中载明地接社的基本信息。"同法第六十二条第一款规定："订立包价旅游合同时，旅行社应当向旅游者告知下列事项：（一）旅游者不适合参加旅游活动的情形；（二）旅游活动中的安全注意事项；（三）旅行社依法可以减免责任的信息；（四）旅游者应当注意的旅游目的地相关法律、法规和风俗习惯、宗教禁忌，依照中国法律不宜参加的活动等；（五）法律、法规规定的其他应当告知的事项。"本案中，根据广中旅公司提供的其与游够天下公司的《地接业务委托合同》，广中旅公司向魏某兰销售的案涉旅游产品，是委托

① 参见山东省青岛市市北区人民法院（2017）鲁0203民初5429号民事判决书；山东省青岛市中级人民法院（2017）鲁02民终8852号民事判决书。

② 参见广东省广州市越秀区人民法院（2017）粤0104民初23981号民事判决书；广东省广州市中级人民法院（2018）粤01民终12892号民事判决书。

案外旅行社即游够天下公司设计的，同时由游够天下公司作为地接社为旅游者提供地接服务。此信息在广中旅公司与魏某兰订立旅游组团合同之前即已经掌握。广中旅公司本应在与魏某兰订立旅游合同之前如实说明，但广中旅公司仅仅在旅游组团合同中以打钩方式告知为“散客拼团”，在行程单中以提示的方式告知该旅游团为旅行社同业拼团，由广中旅公司委托具有相应资质的组团社安排领队和组团出发，并承接本旅游团在当地的接待业务。从告知内容看，广中旅公司存在告知不充分的情形，比如旅游组团合同中标注的“散客拼团”内涵不确定，易生歧义以及广中旅公司本应告知地接社信息而未告知；从告知方式上看，行程单的提示信息未以显著字体标示，难以引起旅游者注意。广中旅公司未如实告知魏某兰相关旅游信息而导致魏某兰对组团社、地接社信息及拼团方式产生误解，魏某兰因此解除案涉旅游合同合法合理，本院予以确认。

（3）旅行社安排导游为旅游者提供服务，应当披露导游服务费用。这项规定主要是为保护导游获得合理报酬的权利，同时限制导游向旅游者索取报酬。[①] 此处导游也应包含通常所称的领队。根据《中国旅游大辞典》的释义，领队是指由经营出境旅游业务的组团旅行社委派，负责陪伴旅游团的整个旅游行程，全权代表旅行社处理旅游行程中的相关事宜，带领旅游团开展旅游活动的工作人员；[②] 导游是提供引导游览服务的人员，即取得导游资格而接受旅行社委派，为旅游者提供向导、讲解及相关旅游服务的人员。领队属于导游的具体类型。[③]

司法实践

旅行社披露导游服务费用的义务

天津市南开区人民法院在张某茹、王某英等与天津中国青年旅行社有限公司旅游合同纠纷案[④] 中认为：

① 参见李飞、邵琪伟主编：《中华人民共和国旅游法释义》，法律出版社 2013 年版，第 153 页。
② 参见邵琪伟主编：《中国旅游大辞典》，上海辞书出版社 2012 年版，第 235 页。
③ 参见邵琪伟主编：《中国旅游大辞典》，上海辞书出版社 2012 年版，第 49~50 页。
④ 参见天津市南开区人民法院（2019）津 0104 民初 8530 号民事判决书。

关于小费（司导服务费）。关于二原告主张返还每人小费800元，原告称该费用虽然在《出团报告单》中载明为司导服务费，但认为合同已经载明旅游费包含缴通费和导游服务费，故该笔费用属于重复收取。因二原告当时已经在北京机场故无奈交纳。被告对此不予认可，主张司导服务费是给境外的司机和导游的服务费，属于行业惯例。本院认为，双方签订的合同中明确约定了导游服务费0元/人，且合同约定旅游费用包括交通费、导游服务费等，故该合同属于包价旅游合同，根据《中华人民共和国旅游法》第六十条第三款规定，旅行社安排导游为旅游者提供服务的，应当在包价旅游合同中载明导游服务费用。第七十条规定，旅行社不履行包价旅游合同义务或者履行合同义务不符合约定的，应当依法承担继续履行、采取补救措施或者赔偿损失等违约责任；造成旅游者人身损害、财产损失的，应当依法承担赔偿责任。被告虽在《出团报告单》上载明司导服务费，但二原告并未在出团报告单上签字确认，且双方合同明确载明包含交通费及导游服务费，故被告收取二原告司导服务费于法无据，应退还二原告司导服务费1600元。

《上海市邮轮旅游合同示范文本（2015版）》未设关于导游服务费用的内容，而邮轮旅游实践中旅行社通常均会安排领队在船提供服务，并在岸上观光环节安排导游。《上海市出境旅游合同示范文本（2013版）》第4条“旅游费用及其支付”单独列明了领队、导游的服务费用：

甲方应交纳旅游费用___元，大写_________元。

（含领队、导游服务费用_____元/人，合计_____元）

旅游费用交纳期限___________________。

旅游费用交纳方式 □现金；□支票；□信用卡；

□其他_______________。

6. 提示投保的义务

《旅游法》第61条规定：“旅行社应当提示参加团队旅游的旅游者按照规定投保人身意外伤害保险。”

根据上述规定，旅行社负有提示旅游者投保的义务，其中应当注意以下三个方面：

（1）旅行社负有的是提示旅游者自行投保的义务，而不是为旅游者投保的义务。

（2）旅行社负有的提示义务仅针对参加团队旅游的旅游者，而不是全部旅游者，如仅接受“机加酒”服务的旅游者即不在此列。

（3）旅游者负有提示义务的险种仅限于人身意外伤害保险，而不包括邮轮航程变更等其他险种。

司法实践

旅行社提示投保的义务

● 新疆维吾尔自治区克拉玛依市中级人民法院在钱某情与克拉玛依天联国际旅行社、新疆金桥国际旅行社旅游合同纠纷案[①]中认为：

> 《中华人民共和国旅游法》第六十一条规定：“旅行社应当提示参加团队旅游的旅游者按照规定投保人身意外伤害保险。”根据上述规定，投保旅行社责任险是旅行社法定的、必须履行的义务，而为旅游者投保人身意外伤害保险并非其法定义务，其仅需履行提示与告知义务即可，是否投保人身意外伤害保险需要旅游者自行考虑作出决定并额外缴纳保费。并且旅游合同中将旅游费用与个人保险费用分别单独约定在第二十条与第二十一条，与上诉人钱某情主张的第二十六条“已含保险”即为旅游费用中已含人身意外伤害保险的观点相悖。故上诉人钱某情的该项上诉理由，本院依法不予采信。

● 辽宁省大连市西岗区人民法院在大连巴比来国际旅行社有限公司与邢某林、大连中国国际旅行社有限公司旅游合同纠纷案[②]中认为：

> 《中华人民共和国旅游法》第六十一条规定，旅行社应当提示参加团队旅游的旅游者按照规定投保人身意外伤害保险。本案巴比来公司出具的《出团通知》中虽然记载了建议旅游者出团前自行投保旅游者意外伤害险，但是巴比来公司否认向邢某林出具过《出团通知》，巴比来公司未提示邢某林投保人身意外伤害保险，依据上述规定，巴比来公司在履行合同过程中，存在违约行为。

---

① 参见新疆维吾尔自治区独山子区人民法院（2015）独民二初字第26号民事判决书；新疆维吾尔自治区克拉玛依市中级人民法院（2015）克中民二终字第150民事判决书。

② 参见辽宁省大连市西岗区人民法院（2020）辽0203民初2164号民事判决书；辽宁省大连市中级人民法院（2021）辽02民终2472号民事判决书。

实践中旅游者也可以委托旅行社代为投保，而旅游者选择自行投保的情形也不在少数。《上海市邮轮旅游合同示范文本（2015版）》第3条“旅游者保险”规定：

乙方提示甲方购买人身意外伤害保险和邮轮旅游意外保险。经乙方推荐，甲方已经阅读并明确知晓上述保险的保险条款及其保单内容。甲方_________（应填同意或不同意，打勾无效）委托乙方办理个人投保的人身意外伤害保险；甲方__________（应填同意或不同意，打勾无效）委托乙方办理个人投保的邮轮旅游意外保险。

保险公司及产品名称____。

保险费人民币________元/人。

相关投保信息和约定以保单及其保险条款为准。

7. 告知义务

《旅游法》第62条规定：

订立包价旅游合同时，旅行社应当向旅游者告知下列事项：

（一）旅游者不适合参加旅游活动的情形；

（二）旅游活动中的安全注意事项；

（三）旅行社依法可以减免责任的信息；

（四）旅游者应当注意的旅游目的地相关法律、法规和风俗习惯、宗教禁忌，依照中国法律不宜参加的活动等；

（五）法律、法规规定的其他应当告知的事项。

在包价旅游合同履行中，遇有前款规定事项的，旅行社也应当告知旅游者。

根据上述规定，旅行社对于法律规定的特定事项负有向旅游者告知的义务。此类事项大多是为提示来自两个方面的风险：一是可能危及旅游者人身、财产安全的旅游风险；二是可能对于旅游者产生不利影响的法律风险。①

旅行社履行告知义务的时间不仅限于订立合同时，也包括合同履行过程中发生的情况。至于提示的方式，现行法律未作明确规定，但旅行社在发生纠纷时需要能够证明已经履行了告知义务，故而仍以采取书面等较易举证的形式为宜。

旅行社应当履行告知义务的具体事项如下：

（1）旅游者不适合参加旅游活动的情形。此处旅游活动既包括整个旅游行程，也可以

① 参见李飞、邵琪伟主编：《中华人民共和国旅游法释义》，法律出版社2013年版，第156页。

是行程中的部分活动项目。例如，旅游者如果患有恐高症，虽可报名参加邮轮旅游，但不宜参加船上提供的攀岩、甲板跳伞等娱乐项目。

（2）旅游活动中的安全注意事项。例如，旅行社在邮轮旅游中应当告知旅游者关于登船后安全演习的要求，以及海上风浪较大时尽量减少在甲板停留等日常注意事项。

（3）旅行社依法可以减免责任的信息。较为典型的应是《旅游法》第 63 条关于未达到约定人数旅行社可以解除合同的规定，第 66 条关于旅行社解除合同的规定，第 67 条关于因不可抗力或通常事变而变更或解除合同的规定，以及合同发生变更或解除时旅行社可以扣除规定费用的情形。

（4）旅游者应当注意的旅游目的地相关法律、法规和风俗习惯、宗教禁忌，依照中国法律不宜参加的活动等。例如，邮轮旅游的导游在日本的岸上观光环节，通常均会提示旅客应当注意交通安全，特别是与我国的实际情况不同，当地车辆对于违反交通规则的行人没有礼让的义务和习惯。

司法实践

旅行社的告知义务

浙江省舟山市中级人民法院在孙某芬、丁某与舟山康辉国际旅行社有限公司生命权纠纷案[①]中认为：

康辉公司履行法定告知义务情况。《旅游法》第六十二条规定，订立包价旅游合同时，旅行社应当向旅游者告知下列事项：（一）旅游者不适合参加旅游活动的情形；（二）旅游活动中的安全注意事项；（三）旅行社依法可以减免责任的信息；（四）旅游者应当注意的旅游目的地相关法律、法规和风俗习惯、宗教禁忌，依照中国法律不宜参加的活动等；（五）法律、法规规定的其他应当告知的事项。上诉人认为，丁某明患有高血压，属于不适合出行人群，康辉公司在签订旅游合同时，未按《旅游法》的规定向丁某明告知旅游者不适合参加旅游活动的情形，也未要求丁某明报告健康信息，侵犯了丁某明的知情权和判断权。康辉公司认为，丁某明等 27 人委托夏某君到康辉公司定海门市部签订旅游合同，合同签订时其

① 参见浙江省舟山市普陀区人民法院（2019）浙 0903 民初 2358 号民事判决书；浙江省舟山市中级人民法院（2020）浙 09 民终 548 号民事判决书。

已向夏某君就旅游者不适合参加旅游活动的情形及旅游活动中的安全注意事项作出特别提示，丁某明明知自己患有高血压而未如实告知被上诉人，对由此造成的损失应自行承担责任。

本院认为，丁某明系年满65周岁的旅游者，根据原国家旅游局发布的《旅行社老年旅游服务规范》，康辉公司应在合同签订时采集丁某明的个人健康信息并当面逐条向其讲解安全注意事项。结合案涉旅游合同中康辉公司确定的行程收费标准，即60周岁以上的老年游客需多缴纳300元费用，基于权利义务对等原则，康辉公司对老年游客的服务标准应高于普通游客，对老年游客的提示告知也应更加充分和全面。本案中，判断康辉公司是否充分履行告知义务的关键在于夏某君是否系代表丁某明与康辉公司签订合同，如果夏某君系丁某明的委托代理人，则只要康辉公司在与夏某君签订合同就相关事项进行了全面提示，即可认定其已对丁某明充分履行了告知义务。根据康辉公司提供的证据，尚不足以认定夏某君系代表丁某明与康辉公司签订合同，康辉公司亦未举证证明案涉合同签订时其依据上述服务规范全面履行了相关告知义务。康辉公司辩称其曾委托夏某君在舟山前往宁波的大巴上向丁某明告知了安全注意事项，鉴于丁某明的行程已经开始，双方合同已进入实质履行阶段，康辉公司此时进行告知显然违反了相关法律和行业规范要求，本院据此认定康辉公司在履行法定告知义务方面存在不到位之处。

《上海市邮轮旅游经营规范》第14条对于邮轮旅游经营者的告知义务作出了更为详细的规定，主要是针对邮轮旅游的具体情况进行了细化：

邮轮公司、旅行社、国际船舶代理企业向旅游者销售邮轮船票，旅行社与旅游者签订邮轮旅游合同时，应当向旅游者如实说明下列事项：

（一）邮轮上服务项目的限制性要求；

（二）邮轮上的禁止行为；

（三）船票费用包含的具体事项；

（四）邮轮旅游可能存在的特定风险、安全注意事项和安全避险措施；

（五）船长在船舶安全以及航行安全方面的处置权利；

（六）纠纷发生后的赔偿标准和手续；

（七）不可抗力及其他免责事项；

（八）应急联络方式；

（九）法律、法规规定应当向旅游者说明的其他情况。

对于上述特殊告知事项，邮轮码头应承担协助告知义务，应通过电子显示屏、广播、宣传资料等多种形式在码头区域向旅游者加强告知和宣传。

上海关于邮轮旅游的规范性文件还规定了行前说明会作为邮轮旅游经营者履行告知义务的具体形式。《上海市邮轮旅游合同示范文本（2015 版）》第 5 条“双方的权利义务”第 2 款“乙方的权利义务”第 4 项规定：“乙方应在出团前，以说明会等形式如实告知邮轮旅游服务项目和标准，提醒甲方遵守旅游文明行为规范、遵守邮轮旅游产品说明中的要求，尊重船上礼仪和岸上旅游目的地的风俗习惯、文化传统、宗教禁忌。在合同订立及履行中，乙方应对旅游中可能危及甲方人身、财产安全的情况，作出真实说明和明确警示，并采取防止危害发生的适当措施。”《上海市邮轮旅游经营规范》第 15 条也规定：“旅行社组织旅游者参加邮轮旅游应在出发前召开行前说明会，引导旅游者正确认识邮轮旅游，避免安全问题及其他纠纷的发生。”但是，实践中邮轮旅游专门召开行前说明会的情形并不多见。

此外，《旅游纠纷司法解释》第 8 条第 1 款规定：“旅游经营者、旅游辅助服务者对可能危及旅游者人身、财产安全的旅游项目未履行告知、警示义务，造成旅游者人身损害、财产损失，旅游者请求旅游经营者、旅游辅助服务者承担责任的，人民法院应予支持。”

8. 自由安排活动期间的安全提示与救助义务

《旅游法》第 70 条第 3 款规定：“在旅游者自行安排活动期间，旅行社未尽到安全提示、救助义务的，应当对旅游者的人身损害、财产损失承担相应责任。”

根据上述规定，旅行社在旅游者自行安排活动期间，仅负有安全提示和救助的义务。安全提示主要针对旅游目的地在自然环境、社会环境方面存在的风险，如在一些国家随意对他人拍照被认为是不礼貌的行为，可能引发纠纷；救助义务主要针对旅游者遭受人身、财产损害的情形。《旅游纠纷司法解释》第 17 条也规定：

旅游者在自行安排活动期间遭受人身损害、财产损失，旅游经营者未尽到必要的提示义务、救助义务，旅游者请求旅游经营者承担相应责任的，人民法院应予支持。

前款规定的自行安排活动期间，包括旅游经营者安排的在旅游行程中独立的自由活动期间、旅游者不参加旅游行程的活动期间以及旅游者经导游或者领队同意暂时离队的个人活动期间等。

司法实践

旅行社在自由安排活动期间的安全提示与救助义务

河南省漯河市中级人民法院在天安财产保险股份有限公司漯河中心支公司与马某、漯河市沙河旅行社有限公司、方城县七顶山旅游开发有限公司、洛阳名山旅游开发有限公司侵权责任纠纷案[①]中认为：

一审法院认为，宾馆、商场、银行、车站、娱乐场所等公共场所的管理人或者群众性活动的组织者，未尽到安全保障义务造成损害的，应当承担侵权责任。关于本案马某致伤的原因，马某称系在滑道出口处脚别到防滑垫下面造成损害。漯河沙河旅行社、洛阳名山旅游公司不予认可，辩称系马某未遵守安全提示，滑行速度较快、手持相机拍照，且与身后滑行的同行人员未保持安全距离速度较快被冲撞所致。经庭后实地查看，滑道出口处有海绵软垫连接且略低于出口，接壤处虽存在缝隙，正常滑行至出口时应不至于导致安全事故，但风险客观存在。洛阳名山旅游公司作为滑道项目的经营者，应该加强安全防范措施，努力保证游客的人身安全，除设置安全警示标志外，还应严格执行，加强管理，对游客安全监管到位。洛阳名山旅游公司辩称马某不遵守安全提示，滑行速度较快、手持相机拍照，且与身后滑行的同行人员未保持安全距离速度较快被冲撞所致，但未提供相关证据支持。即便如洛阳名山旅游公司辩称，系与身后同行的人员未保持安全距离且速度较快被冲撞所致，但也一方面说明马某存在安全保障措施不到位情况，未能保证前后滑行人员之间保持安全距离或及时发现由此存在的风险并进行防范；另一方面在前后未保持有效距离，滑行速度较快，出口接壤处存在缝隙情况下，加大了事故发生的概率，且所称最下端有安全员对滑行到底的人进行安全保护也没有发挥作用。对此，洛阳名山旅游公司存在过错，应当承担本次事故50%的民事责任。方城七顶山旅游公司作为七峰山生态旅游区投资建设单位，应当在洛阳名山旅游公司承担赔偿责任范围内承担连带责任，而后可依据项目投资合作协议书在已实际承担赔偿责任范围内向洛阳名山旅游公司主张权利。马某作为成年人，具有完全民事行为能力，对参加

① 参见河南省漯河市源汇区人民法院（2019）豫1102民初4371号民事判决书；河南省漯河市中级人民法院（2020）豫11民终2424号民事判决书。

具有一定风险的项目，应详细了解安全须知、注意事项，但马某在滑行过程中并未严格按乘坐须知要求进行，庭后接受询问时自述速度较快，且滑行时与后面同行人员同时滑下未保持有效安全距离，故马某对事故的发生本身存在过错。本案对损害结果原因存在争议，可能存在第三人侵权，在其未主张第三人侵权情况下，仍应承担相应的法律责任，综合本案实际情况，马某应自担本次事故40%的民事责任。关于漯河沙河旅行社是否应当承担责任，在旅游者自行安排活动期间，旅行社未尽到安全提示、救助义务的，应当对旅游者的人身损害、财产损失承担相应责任。本案原告马某在自行安排活动期间参加有一定风险的滑道项目时，漯河沙河旅行社有义务进行安全提示，但漯河沙河旅行社并未提供证据证明其尽到了上述义务，马某在旅行期间发生事故，旅游经营者须承担赔偿责任，一审法院酌定其承担马某损失10%的赔偿责任。

（二）旅行社的责任

1. 旅行社责任的归责原则

《旅游法》第70条第1款前段规定："旅行社不履行包价旅游合同义务或者履行合同义务不符合约定的，应当依法承担继续履行、采取补救措施或者赔偿损失等违约责任；造成旅游者人身损害、财产损失的，应当依法承担赔偿责任。"

根据上述规定的第1句，旅行社的违约责任采取无过错责任原则，即不考虑旅行社是否存在过错，只要旅行社存在未履行合同义务，或者履行合同义务不符合合同约定的情形，均应承担违约责任。

上述规定第2句是关于违约责任与侵权责任竞合的规定。如果旅行社不履行旅游服务合同的义务或者履行合同义务不符合约定，造成了旅游者的人身或财产损害，旅游者同样可以侵权为由，要求旅行社承担侵权责任。关于此时侵权责任的归责原则，上述规定的表述存在瑕疵，由于未出现"因过错"或类似表述，似乎旅行社侵权责任的归责原则也是无过错责任原则。但是，本条只是关于违约责任与侵权责任竞合的规定，意在说明旅游者同样享有侵权损害赔偿请求权，而旅行社的侵权责任仍应适用《民法典》第七编"侵权责任"等侵权法规则，《旅游法》第五章"旅游服务合同"只是合同法规则。因此，旅行社的侵权责任原则上仍应依据《民法典》第1165条第1款的一般规定，[①] 即以过错责任原则为归

① 《民法典》第1165条第1款规定："行为人因过错侵害他人民事权益造成损害的，应当承担侵权责任。"

责原则。

2. 旅行社的惩罚性赔偿责任

《旅游法》第 70 条第 1 款后段规定：“旅行社具备履行条件，经旅游者要求仍拒绝履行合同，造成旅游者人身损害、滞留等严重后果的，旅游者还可以要求旅行社支付旅游费用一倍以上三倍以下的赔偿金。”

根据上述规定，旅行社在符合以下三项条件时，除应承担违约责任或侵权责任外，还负有支付旅游费用 1 倍以上 3 倍以下的赔偿金的惩罚性赔偿责任：

（1）旅行社必须具备履行合同的条件，而不存在不可抗力或通常事变等导致合同无法履行的情形。

（2）旅行社必须是经旅游者要求后仍然拒绝履行合同。如果旅游者未要求旅行社履行合同，或者旅行社经旅游者要求后已经履行合同，旅行社均不承担惩罚性赔偿责任。

（3）旅行社拒绝履行合同的行为，必须造成了旅游者人身损害、滞留等严重后果。例如，旅行社为临时增加购物环节，取消了合同约定的个别景点，旅游者只能向旅行社提出退还对应费用等主张，而不能要求旅行社承担惩罚性赔偿责任。而且，旅行社拒绝履行合同的行为，必须与严重后果之间存在因果关系。

此外，《消费者权益保护法》第 55 条第 1 款针对经营者的欺诈行为，也有关于惩罚性赔偿的规定：“经营者提供商品或者服务有欺诈行为的，应当按照消费者的要求增加赔偿其受到的损失，增加赔偿的金额为消费者购买商品的价款或者接受服务的费用的三倍；增加赔偿的金额不足五百元的，为五百元。法律另有规定的，依照其规定。”《旅游纠纷司法解释》第 15 条第 2 款规定旅行社的欺诈行为也应适用此种惩罚性赔偿：“旅游经营者提供服务时有欺诈行为，旅游者依据消费者权益保护法第五十五条第一款规定请求旅游经营者承担惩罚性赔偿责任的，人民法院应予支持。”此处也体现了旅游服务合同的消费者合同性质。由于法条采用的表述是“增加赔偿”，故而旅行社首先需要赔偿旅游者受到的损失，同时在此基础上承担惩罚性赔偿责任，金额固定为旅游费用的 3 倍，且最低不少于 500 元，而与《旅游法》第 70 条第 1 款后段规定的以旅游费用 1 倍以上 3 倍以下为区间的金额不固定的惩罚性赔偿不同。一般认为此种惩罚性赔偿责任需要满足以下四项构成要件：

（1）经营者实施了欺诈消费者的行为。

（2）消费者为善意，即在消费时对于经营者的欺诈行为不知情。

（3）消费者遭受了损失。①

（4）经营者的欺诈行为与消费者的损失之间存在因果关系。

例如，旅行社明知岸上观光环节的港口偏僻荒凉，但仍告知旅游者当地景点丰富、自然风景优美，且有品类齐全的免税商店，旅客为此额外支付了费用参加岸上观光环节。

案例模型

《消费者权益保护法》关于惩罚性赔偿的规定

● 旅游者接受岸上观光服务的费用为 600 元，此时旅行社除应当赔偿 600 元的损失外，还应承担服务费用 3 倍的惩罚性赔偿 1800 元，合计 2400 元。

● 旅游者接受岸上观光服务的费用为 150 元，此时旅行社除应当赔偿 150 元的损失外，还应承担服务费用 3 倍的惩罚性赔偿 450 元，由于金额不足 500 元应当提高至 500 元，合计 650 元。

关于《旅游法》第 70 条第 1 款后段与《消费者权益保护法》第 55 条第 1 款分别规定的两种惩罚性赔偿责任之间的适用关系，现行法律并未予以明确。二者适用的场合也确实存在一定差别，但对于二者发生交集的情形，即旅行社履行旅游服务合同存在欺诈行为且具备履行条件，经旅游者要求仍然拒绝履行合同，导致了旅游者人身损害、滞留等严重后果，考虑到从经营者的惩罚性赔偿责任的角度看，《消费者权益保护法》为旧法、一般法，而《旅游法》

① 关于消费者主张惩罚性赔偿是否以遭受损失为前提，理论及实践之中均存在一定争议。仅从法条的文义分析，《消费者权益保护法》第 55 条第 1 款确实采用了“赔偿……损失”的表述，故而不少学者对此持肯定态度。例如，王兴运认为：“根据《消费者权益保护法》第 55 条的规定，经营者有欺诈行为的，应当按照消费者的要求增加赔偿其受的损失。可见，经营者是在消费者所受损失基础上进行增加赔偿（惩罚性赔偿），无损失便无赔偿。因此，消费者遭受一定的损失也是惩罚性赔偿责任的构成要件之一。”（参见王兴运：《消费者权益保护法》，北京大学出版社 2015 年版，第 256 页）但是，此种理解与我国的司法实践不符。我国司法实践更多倾向于认为，惩罚性赔偿的目的不在填补损失，而是为了惩罚不法行为，故而不应以消费者实际遭受损失为适用前提。例如，上海市第一中级人民法院在《最高人民法院公报》案例邓某华诉上海永达鑫悦汽车销售服务有限公司买卖合同纠纷案中明确指出：“从法条文义看，只要经营者提供商品或者服务有欺诈行为，则需要按照商品价款或接受服务的费用的三倍进行赔偿。该法条未对消费者受到损失的大小进行区分。因此，邓某华要求三倍赔偿的诉讼请求，具有相应的法律依据，予以支持。”（参见邓某华诉上海永达鑫悦汽车销售服务有限公司买卖合同纠纷案，载《最高人民法院公报》2018 年第 11 期）北京市第一中级人民法院在张某军与北京沃尔玛百货有限公司等买卖合同纠纷案中也认为：“惩罚性赔偿尽管是损害赔偿的一种形式，但其不同于传统民法理论上的补偿性赔偿的概念，而是经营者对自己实施的欺诈行为所承担的加重后果。因此，惩罚性赔偿不以损失的补偿为前提，更不以损失的实际发生为条件。只要经营者实施了欺诈行为，就应当向消费者承担三倍赔偿金的责任。”参见北京市第一中级人民法院（2016）京 01 民终 5800 号民事判决书。

为新法、特别法，此时应当适用《旅游法》第 70 条第 1 款后段规定的惩罚性赔偿责任。

3. 旅行社对于旅游者自身原因的免责

《旅游法》第 70 条第 2 款规定："由于旅游者自身原因导致包价旅游合同不能履行或者不能按照约定履行，或者造成旅游者人身损害、财产损失的，旅行社不承担责任。"

根据上述规定，如果旅游服务合同不能履行或者不能按照约定履行，或者旅游者遭受人身、财产损害是由于旅游者自身的原因，旅行社对此可以免责而不承担责任。例如，参加邮轮旅游的情侣在船期间发生争执，互相撕毁了对方的护照，导致无法下船参加岸上观光。

司法实践

旅行社对于旅游者自身原因的免责

北京市第三中级人民法院在董某与北京青年旅行社股份有限公司旅游合同纠纷案[①]中认为：

一审法院认定事实：2017 年 10 月 18 日，董某之委托代理人苏某作为旅游者、北青旅公司作为出境社签订《团队出境旅游合同》。与本案有关的约定如下：董某、苏某、王某三人参加由北青旅公司组织的爱尔兰出境游。线路行程时间为：出发时间 2017 年 11 月 24 日，结束时间 2017 年 12 月 5 日，共 12 天，饭店住宿 9 夜；旅游费用及支付：12699 元 / 人，旅游费用合计 38097 元。第一条第十四项约定：已尽合理注意义务仍不能避免的事件，指因当事人故意或者过失以外的客观因素引发的事件，包括但不限于重大礼宾活动导致的交通堵塞，飞机、火车、班轮、城际客运班车等公共交通工具延误或者取消，景点临时不开放。第八条第八项约定：（旅游者）妥善保管自己的行李物品，随身携带现金、有价证券、贵重物品，不在行李中夹带。合同签订后，双方均依约履行。

2017 年 12 月 2 日（英国当地时间），北青旅公司组织旅行团参观牛津大学。在此期间，董某的钱包、护照被盗。董某需办理护照，未参加旅行团后续行程。2017 年 12 月 4 日上午 11：00（英国当地时间），北青旅公司组织旅行团搭乘飞机返回北京。因中国大使馆周六、周日不办公，故董某于 2017 年 12 月 4 日（英国

① 参见北京市朝阳区人民法院（2018）京 0105 民初 32658 号民事判决书；北京市第三中级人民法院（2018）京 03 民终 15079 号民事判决书。

当地时间）下午将护照等证照补办齐全。2017 年 12 月 5 日上午（英国当地时间），董某搭乘飞机回国。董某为此支付 6118 元机票费用。2018 年 6 月 20 日，董某从山西太原乘坐高铁到庭应诉，为此支付 631 元高铁费用。

审理中，董某认为其护照被盗，系旅行社、履行辅助人已完成合理义务仍不能避免的事件，故因此而产生的返程费用，应由董某、北青旅公司分担；北青旅公司认可董某、北青旅公司双方存在合同关系，认可董某在本案中主张的事实，但认为护照丢失是因董某过错，与北青旅公司没有关系，因此产生损失均应由董某个人承担。

一审法院认为：董某与北青旅公司签订的《团队出镜旅游合同》，系双方当事人的真实意思表示，不违反法律、行政法规的强制性规定，是合法、有效的。依法成立合同对当事人具有法律约束力，双方当事人均应按照合同约定履行各自的义务。根据该合同第一条第十四项约定，已尽合理注意义务仍不能避免的事件，指因当事人故意或者过失以外的客观因素引发的事件。本案中，北青旅公司在合同及旅行过程中均已明确提示董某妥善保管自己的行李物品，尽到相关义务。董某未能妥善保管好自己的物品，致使护照因案外人侵权行为丢失，并非“已尽合理注意义务仍不能避免的事件”。根据法律规定，由于旅游者自身原因导致包价旅游合同不能履行或者不能按照约定履行，或者造成旅游者人身损害、财产损失的，旅行社不承担责任。因此，对于董某因护照被盗产生的各项损失，应由其自行承担。另外，董某主张因诉讼而产生的交通费由北青旅公司承担，于法无据，法院不予支持。综上所述，一审法院判决：驳回董某的全部诉讼请求。

二审中，双方均未提交新证据。本院查明的事实与一审法院查明一致。

本院认为：由于旅游者自身原因导致包价旅游合同不能履行或者不能按照约定履行，或者造成旅游者人身损害、财产损失的，旅行社不承担责任。本案中，从董某与北青旅公司签订的《团队出境旅游合同》有关旅游项目和费用的约定来看，属于包价旅游合同。北青旅公司在合同条款及旅行过程中均已明确提示董某妥善保管自己的行李物品，尽到合理注意义务。董某的钱包、护照因案外人侵权行为丢失，确属旅游者自身原因，难以归责于北青旅公司。因此，对于董某因钱包、护照被盗产生的返程费用，未实际发生的费用及交通费等损失，应由其自行承担。另，董某主张原审法院违反法定程序，证据不足，本院不予采信。

4. 地接社和履行辅助人原因导致的责任

（1）地接社和履行辅助人原因导致的违约责任

《旅游法》第 71 条第 1 款规定："由于地接社、履行辅助人的原因导致违约的，由组团社承担责任；组团社承担责任后可以向地接社、履行辅助人追偿。"

根据上述规定，基于合同相对性原则，如果旅游者主张的是违约责任，即使导致违约的原因在于地接社或履行辅助人，仍应由作为旅游服务合同当事人的旅行社即组团社承担责任，但不影响组团社在承担责任后向地接社、履行辅助人追偿。

《旅游纠纷司法解释》第 13 条的规定与之基本一致：

> 签订旅游合同的旅游经营者将其部分旅游业务委托旅游目的地的旅游经营者，因受托方未尽旅游合同义务，旅游者在旅游过程中受到损害，要求作出委托的旅游经营者承担赔偿责任的，人民法院应予支持。
>
> 旅游经营者委托除前款规定以外的人从事旅游业务，发生旅游纠纷，旅游者起诉旅游经营者的，人民法院应予受理。

《旅游纠纷司法解释》第 16 条专门规定了公共交通经营者原因导致的延误情形："因飞机、火车、班轮、城际客运班车等公共客运交通工具延误，导致合同不能按照约定履行，旅游者请求旅游经营者退还未实际发生的费用的，人民法院应予支持。合同另有约定的除外。"此时旅行社等旅游经营者主要负有退还未实际发生费用的义务，但除旅游服务合同另有约定外，旅行社等旅游经营者不再承担违约责任。

此外，《旅游纠纷司法解释》第 4 条还规定了地接社和履行辅助人原因导致违约责任的程序问题："因旅游辅助服务者的原因导致旅游经营者违约，旅游者仅起诉旅游经营者的，人民法院可以将旅游辅助服务者追加为第三人。"此时履行辅助人属于无独立请求权的第三人。《民事诉讼法》第 59 条第 2 款规定："对当事人双方的诉讼标的，第三人虽然没有独立请求权，但案件处理结果同他有法律上的利害关系的，可以申请参加诉讼，或者由人民法院通知他参加诉讼。人民法院判决承担民事责任的第三人，有当事人的诉讼权利义务。"

（2）地接社和履行辅助人原因导致的侵权责任

《旅游法》第 71 条第 2 款规定："由于地接社、履行辅助人的原因造成旅游者人身损害、财产损失的，旅游者可以要求地接社、履行辅助人承担赔偿责任，也可以要求组团社承担赔偿责任；组团社承担责任后可以向地接社、履行辅助人追偿。但是，由于公共交通经营者的原因造成旅游者人身损害、财产损失的，由公共交通经营者依法承担赔偿责任，旅行社应当协助旅游者向公共交通经营者索赔。”

根据上述规定，如果由于地接社、履行辅助人的原因导致旅游者遭受人身、财产损害而产生侵权责任，旅游者既可以要求地接社、履行辅助人承担责任，也可以要求旅行社承担责任，旅行社在承担责任后可以向地接社、履行辅助人追偿。

通常认为上述规定的责任属于不真正连带责任。从债法的角度分析，不真正连带债务通常是指数个债务人基于不同的发生原因而产生同一内容的给付，各个债务人分别对债权人负全部履行的义务，并因其中一个债务人的履行而使得全体债务人的债务都归于消灭。[①]不真正连带债务的首要特征在于，数个债务人是基于不同原因负有债务。《旅游法》第 71 条第 2 款规定的责任属于不真正连带责任，主要理由包括以下三个方面：

第一，连带责任需由法律规定或当事人约定。《民法典》第 178 条第 3 款规定：“连带责任，由法律规定或者当事人约定。”但是，《旅游法》第 71 条第 2 款并未采用连带责任的表述，故而属于不真正连带责任。

第二，连带责任不存在终局责任人，各个连带责任之间最终应当分别承担责任，无法实现完全追偿，但此处的地接社、履行辅助人为终局责任人，旅行社理论上可以实现完全追偿。

第三，法律允许旅游者向旅行社或地接社、履行辅助人主张赔偿责任，主要目的是便于旅游者提出索赔，体现了保护旅游者的价值取向，而不是因为旅行社与地接社、履行辅助人之间存在共同侵权行为。

但是，对于履行辅助人是公共交通经营者的情形，责任主体仅为公共交通经营者，旅行社不与公共交通经营者承担不真正连带责任，但负有协助旅游者索赔的义务。《中华人民共和国旅游法释义》一书对于作出此种立法安排的解释如下：

> 之所以将公共交通工具经营者加害给付的赔偿责任，排除在旅行社应负责的范围之外，其理由主要在于，公共交通工具经营者造成的人身伤害、财产损失责任，大多有法定赔偿责任限额，而旅行社并不享受此种限额赔偿利益。如果要求旅行社按照一般损害赔偿的规则对旅游者承担了第一次责任，在旅行社向公共交通工具经营者进行追偿的时候，往往会遭遇法定限额赔偿的抗辩，面临追偿不得的困境。这种追偿不得的情形，尤其是人身损害、财产损失纯粹因公共交通工具经营者的原因

① 参见王利明：《债法总则研究》，中国人民大学出版社 2015 年版，第 248 页。

所致时，对于旅行社来讲并不公平。因此，本条第 2 款明确将旅行社负责范围限定为协助旅游者索赔。①

理论探讨

旅行社能否援引邮轮公司的免责事由和责任限制权利？

邮轮公司是少数既不属于公共交通经营者，但又享有法定责任限制权利的履行辅助人。此时如果旅行社根据《旅游法》第 71 条第 2 款先行为邮轮公司承担责任，应当能够援引邮轮公司的免责事由和单位赔偿责任限制权利，主要理由如下：

基于旅行社业务的中介服务属性，旅行社提供的旅游服务只是为了整合各项具体的服务要素。旅游法律虽然规定旅行社应为此类服务要素承担责任，但具体的责任程度、免责事由等用于确定最终责任的规则，应当依据调整对应服务要素的法律确定，如针对海上旅客运输服务即为海商法。

邮轮公司作为承运人既然是终局责任人，如果旅行社先行向旅客承担完全赔偿，而后追偿时邮轮公司却可主张责任限制抗辩，债务人之间的公平便无从实现，有违不真正连带债务的归责原理。中间责任和终局责任既然是不同主体在不同阶段承担的同一责任，责任程度理应相同。中间责任人承担不真正连带责任的本质应属替代责任，也即责任人为行为人的行为负责。所谓替代者，乃指以此代彼而生彼之作用，故而旅行社与邮轮公司对于同一事项分别作为替代责任人、终局责任人的责任程度理应相当，应当赋予旅行社援引邮轮公司的免责事由和责任限制的权利。

5. 旅行社的其他责任

（1）行李灭失或损坏的责任

《旅游纠纷司法解释》第 19 条针对旅游者行李灭失或损坏作出了专门规定，但仅限于旅行社、旅游辅助服务者为旅游者代管的行李物品：

旅游经营者或者旅游辅助服务者为旅游者代管的行李物品损毁、灭失，旅游者请求赔偿损失的，人民法院应予支持，但下列情形除外：

① 杨富斌、苏号朋主编：《中华人民共和国旅游法释义》，中国法制出版社 2013 年版，第 242 页。

（一）损失是由于旅游者未听从旅游经营者或者旅游辅助服务者的事先声明或者提示，未将现金、有价证券、贵重物品由其随身携带而造成的；

（二）损失是由于不可抗力造成的；

（三）损失是由于旅游者的过错造成的；

（四）损失是由于物品的自然属性造成的。

根据上述规定，旅行社等主体对于代管的旅游者行李的灭失或损坏，原则上应当承担赔偿责任，但如果行李的灭失或损坏是由于以下四种原因导致，旅行社等主体不承担赔偿责任：一是旅游者未听从旅行社等主体的事先声明或提示，未将现金、有价证券、贵重物品随身携带而造成；二是不可抗力；三是旅游者的过错；四是物品的自然属性。

司法实践

旅行社对于行李灭失或损坏的责任

湖南省长沙市中级人民法院在屈某与湖南华天国际旅行社有限责任公司旅游合同纠纷案[①]中认为：

根据《最高人民法院关于审理旅游纠纷案件适用法律若干问题的规定》第二十二条的规定：旅游经营者或者旅游辅助服务者为旅游者代管的行李物品毁损、灭失，旅游者请求赔偿损失的，人民法院应当予以支持。华天国旅组织团队出境旅游，在安排领队或者导游全程陪同的情形下，应当保证团队成员的人身和财产安全。屈某与团友在旧金山游览时，根据当事人及证人证言，可以确定华天国旅委托的当地导游全程陪同，屈某等团队成员的行程均由华天国旅安排，当地导游要求屈某等团队成员将行李等物件随车携带，在屈某等团队成员至景点游玩时，应当履行代为保管随车财物的义务，但仍发生车辆被砸财物被盗，可见当地导游没有尽到保管责任，对于屈某的财物损失，华天国旅应当承担赔偿责任。华天国旅主张当地导游不是其委托的，是与其合作的导游，与事实不符，本院不予采信。屈某已向法院提供的银行卡境外消费记录、购物小票、报警记录以及现场照片，足以证明其财物被盗

① 参见湖南省长沙市芙蓉区人民法院（2016）湘0102民初163号民事判决书；湖南省长沙市中级人民法院（2017）湘01民终5318号民事判决书。

> 的事实，一审法院综合考虑证据提交的情形及双方当事人应尽的义务，酌情认定华天国旅予以赔偿 18000 元，符合客观事实，本院予以确认。

（2）代办手续或证件的责任

《旅游纠纷司法解释》第 21 条规定:“旅游经营者因过错致其代办的手续、证件存在瑕疵，或者未尽妥善保管义务而遗失、毁损，旅游者请求旅游经营者补办或者协助补办相关手续、证件并承担相应费用的，人民法院应予支持。”

根据上述规定，如果由于旅行社的过错，导致为旅游者代办的手续或证件存在问题，或者未尽妥善保管义务导致文件、证件遗失或毁损，旅行社根据旅游者的要求应当履行两项义务：一是补办或协助补办手续或证件，二是承担由此产生的费用。邮轮旅游实践中时有发生由于旅行社的原因，导致旅游者的护照等证照丢失，或者无法满足出入境管理部门要求的情形，如未告知旅游者护照应当满足的有效期时长。

司法实践

旅行社代办手续或证件的责任

辽宁省抚顺市新抚区人民法院在马某秋、许某与盈科美辰国际旅行社有限公司抚顺吉祥假期营业部旅游合同纠纷案[①]中认为：

> 根据《最高人民法院关于审理旅游纠纷案件适用法律若干问题的规定》第二十四条的规定，旅游经营者因过错致其代办的手续、证件存在瑕疵，或者未尽妥善保管义务而遗失、毁损，旅游者请求旅游经营者补办或者协助补办相关手续、证件并承担相应费用的，人民法院应予支持；因上述行为影响旅游行程，旅游者请求旅游经营者退还尚未发生的费用、赔偿损失的，人民法院应予支持。本案原告许某将护照交给被告盈科美辰旅行社统一办理签证后交由领队，领队在出行之日才将护照返还原告，期间被告有妥善保管原告许某护照的义务，现被告无法举证返还护照是完整无缺的，应对原告不能出行造成的损失承担主要责任；而原告许某在收到护照时也未能及时检查个人证件，同样存在失误，应承担次要责任。同时原告许某不

① 参见辽宁省抚顺市新抚区人民法院（2019）辽 0402 民初 443 号民事判决书。

能出行，旅行社要求其妻子即原告马某秋继续履行合同的辩称，违背常理，故对该辩称不予支持，原告要求被告赔偿双人旅行团费共8500元的请求，本院对其中的80%即6800元予以支持。

《上海市邮轮旅游合同示范文本（2015版）》第5条“双方的权利义务”第2款“乙方的权利义务”第6项也规定:“乙方应妥善保管甲方提交的各种证件，依法对甲方信息保密。”

二、旅游者的义务与权利

（一）旅游者的义务

旅游者负有的最为主要的义务应是支付旅游费用。此外，旅游者依据《旅游法》还负有以下义务，主要见于第二章“旅游者”：

1. 告知个人健康信息，遵守安全警示。《旅游法》第15条第1款规定：“旅游者购买、接受旅游服务时，应当向旅游经营者如实告知与旅游活动相关的个人健康信息，遵守旅游活动中的安全警示规定。”《上海市邮轮旅游合同示范文本（2015版）》第6条“甲方不适合邮轮旅游的情形”也规定：“因邮轮上没有专科医师及医疗设施，邮轮离岸后无法及时进行急救和治疗，为防止途中发生意外，甲方购买邮轮旅游产品、接受旅游服务时，应当如实告知与邮轮旅游活动相关的个人健康信息，参加适合自身条件的邮轮旅游活动。如隐瞒有关个人健康信息参加邮轮旅游,由甲方承担相应责任。”《旅游纠纷司法解释》第8条第2款还规定:“旅游者未按旅游经营者、旅游辅助服务者的要求提供与旅游活动相关的个人健康信息并履行如实告知义务，或者不听从旅游经营者、旅游辅助服务者的告知、警示，参加不适合自身条件的旅游活动，导致旅游过程中出现人身损害、财产损失，旅游者请求旅游经营者、旅游辅助服务者承担责任的，人民法院不予支持。”

司法实践

旅游者告知个人健康信息并遵守安全警示的义务

四川省江油市人民法院、四川省绵阳市中级人民法院审理的吴某禄、吴某、吴某芮与四川全球通国际旅行社股份公司、四川恒信国际旅行社有限责任公司江油门市部、四川恒信

国际旅行社有限责任公司、成都文旅邛州文化产业开发有限责任公司生命权纠纷案：[①]

2019年7月6日，在旅行途中，吴某禄和蒲某兰支付了剩余416元费用。到达目的地用完午饭后，全球通公司安排吴某禄、蒲某兰所在的旅行团到金鸡谷景区游玩。14时30分许，吴某禄、蒲某兰前往景区玻璃栈道，经过上坡石梯的过程中，蒲某兰倒地，随之昏迷。全球通公司安排的导游和随队人员未在场，其他路过的游客随即对蒲某兰进行抢救。约十分钟,成都文旅邛州公司的景区工作人员赶到现场，并拨打“120”急救电话。在对蒲某兰抢救一段时间后，经吴某禄同意，景区工作人员将蒲某兰抬到山下，此时医院医护人员已赶到，并对蒲某兰进行了抢救措施，但因抢救无效，确认蒲某兰死亡。该旅行团的导游和随队人员分别在当日15时25分许、15时46分许赶到山下的抢救地点。

邛崃市医疗中心医院出诊登记载明诊断为：心源性猝死，冠心病……

吴某禄、吴某、吴某芮向一审法院陈述：蒲某兰生前患有心脏病，2015年做过心脏搭桥手术；参加此次旅行，并未向原审被告告知过有心脏病和做过手术的事实……

一审法院四川省江油市人民法院认为：

首先，蒲某兰的死亡原因是心源性猝死和冠心病，其自身疾病是导致其在旅行过程中病发身亡的主要原因。其次，按照合同约定和相关法律规定，旅行者应当如实将身体健康情况告知旅游公司，蒲某兰和吴某禄均未向原审被告告知蒲某兰患有心脏病并做过心脏搭桥手术的事实,其自身并未履行合同约定的告知义务。最后，蒲某兰知晓自身疾病,在选择旅游路线时，应当根据医嘱，考虑身体状况和自身疾病应当注意的问题，并结合当时的气候条件，选择适合身体实际情况、不过于劳累、不会对健康产生影响和威胁的旅游项目和路线；在签订合同前，原审被告向其提供了旅行包含的地点、项目和内容，蒲某兰对此也是知晓的，加之旅行时是夏季，天气炎热，旅游的路线含登山和登石梯等高强度运动，也是导致其病发身亡的原因之一。综上，蒲某兰自身应承担主要责任。

二审法院四川省绵阳市中级人民法院认为：

根据《中华人民共和国旅游法》第十五条“旅游者购买、接受旅游服务时，应

① 参见四川省江油市人民法院（2019）川0781民初3744号民事判决书；四川省绵阳市中级人民法院（2020）川07民终1840号民事判决书。

当向旅游经营者如实告知与旅游活动相关的个人健康信息，遵守旅游活动中的安全警示规定……”的规定，蒲某兰未如实向旅游经营者全球通公司告知与旅游活动相关的个人健康信息，对于损害后果的发生有重大过错。一审法院根据全球通公司和蒲某兰的过错程度，认定全球通公司对损害后果的发生承担30%的赔偿责任并无不当，应予维持。

2. 配合突发事件的应急处置。《旅游法》第15条第2款规定：“旅游者对国家应对重大突发事件暂时限制旅游活动的措施以及有关部门、机构或者旅游经营者采取的安全防范和应急处置措施，应当予以配合。”第3款规定：“旅游者违反安全警示规定，或者对国家应对重大突发事件暂时限制旅游活动的措施、安全防范和应急处置措施不予配合的，依法承担相应责任。”《上海市邮轮旅游合同示范文本（2015版）》第5条“双方的权利义务”第1款“甲方的权利义务”第4项也规定：“甲方应当遵守邮轮旅游产品说明及旅游活动中的安全警示要求，自觉参加并完成海上紧急救生演习，对有关部门、机构或乙方采取的安全防范和应急处置措施予以配合。”

司法实践

旅游者配合突发事件应急处置的义务

河南省安阳市中级人民法院在林州市太行大峡谷旅游开发有限公司与陈某栋、陈某梁、陈某君旅游服务合同纠纷案[①]中认为：

依照《中华人民共和国旅游法》第十二条第二款规定：“旅游者人身、财产受到侵害的，有依法获得赔偿的权利。”景区将座椅安排在观景台栏杆附近，虽已设置了警示牌，但仍存在一定的安全隐患，陈某奇从观景台坠亡，原审法院酌定由林州市太行大峡谷旅游开发有限公司承担60%的责任，并无不当。《中华人民共和国旅游法》第十五条第三款规定：“旅游者违反安全警示规定，或者对国家应对重大突发事件暂时限制旅游活动的措施、安全防范和应急处置措施不予配合的，依法承

① 参见河南省林州市人民法院（2014）林民二初字第15号民事判决书；河南省安阳市中级人民法院（2014）安中民一终字第940号民事判决书。

> 担相应责任。”陈某奇作为成年人，在观景台已设置安全护栏和警示牌的情况下，从座椅附近坠亡，负有相应责任。

3. 出入境旅游者不得非法滞留、擅自分团和脱团。《旅游法》第16条第1款规定：“出境旅游者不得在境外非法滞留，随团出境的旅游者不得擅自分团、脱团。”第2款规定：“入境旅游者不得在境内非法滞留，随团入境的旅游者不得擅自分团、脱团。”《旅游纠纷司法解释》第18条还规定：“旅游者在旅游行程中未经导游或者领队许可，故意脱离团队，遭受人身损害、财产损失，请求旅游经营者赔偿损失的，人民法院不予支持。”

4. 不得损害他人合法权益。《旅游法》第14条规定：“旅游者在旅游活动中或者在解决纠纷时，不得损害当地居民的合法权益，不得干扰他人的旅游活动，不得损害旅游经营者和旅游从业人员的合法权益。”《旅游法》第72条也规定：“旅游者在旅游活动中或者在解决纠纷时，损害旅行社、履行辅助人、旅游从业人员或者其他旅游者的合法权益的，依法承担赔偿责任。”此种情形在邮轮旅游中最为常见的即“霸船”。所谓“霸船”，一般是指邮轮旅游航次结束后，由于航程变更等原因致使旅客认为本应享受的邮轮旅游服务未能得到满足，导致自身权益受到侵害，从而拒绝离船的过度维权行为。[①] 此种行为具有违法性。“霸船”现象一度成为邮轮旅游在我国最为突出的焦点问题，但随着我国邮轮旅游市场逐渐成熟，旅客对于邮轮旅游的认识定位有所转变，“霸船”事件明显减少，尤其在上海等邮轮旅游产业发达地区已较为少见。《上海市旅游条例》第59条第4款明确规定：“旅游者在邮轮旅游活动中或者在解决纠纷时，不得影响港口、码头的正常秩序，不得损害邮轮公司、旅行社和其他旅游者的合法权益。”《上海市邮轮旅游合同示范文本（2015版）》第5条“双方的权利义务”第1款“甲方的权利义务”第9项也规定：“行程中发生纠纷，甲方应按本合同第八条、第十一条约定的方式解决，不得损害乙方和其他旅游者及邮轮方的合法权益，不得以拒绝上、下邮轮（机、车、船）等行为拖延行程或者脱团，不得影响港口、码头的正常秩序，否则应当就扩大的损失承担赔偿责任。”

（二）旅游者的权利

基于旅游服务合同，旅游者享有的最为主要的权利，应是要求旅行社依据合同约定执行旅游行程，自行或通过履行辅助人提供其中包含的各项具体服务。《旅游法》第9条第3

① 参见吕方园、郭萍：《邮轮霸船之法律考量——以〈旅游法〉为分析进路》，载《旅游学刊》2014年第10期，第108页。

款即规定了旅游者的此项权利："旅游者有权要求旅游经营者按照约定提供产品和服务。"《旅游纠纷司法解释》第 15 条第 1 款也从反面规定了旅行社等旅游经营者违反此项义务的责任："旅游经营者违反合同约定，有擅自改变旅游行程、遗漏旅游景点、减少旅游服务项目、降低旅游服务标准等行为，旅游者请求旅游经营者赔偿未完成约定旅游服务项目等合理费用的，人民法院应予支持。"

此外，旅游者依据《旅游法》还享有以下权利，同样主要见于第二章"旅游者"：

1. 自主选择旅游产品并了解产品的真实情况。《旅游法》第 9 条第 1 款规定："旅游者有权自主选择旅游产品和服务，有权拒绝旅游经营者的强制交易行为。"第 2 款规定："旅游者有权知悉其购买的旅游产品和服务的真实情况。"《上海市邮轮旅游合同示范文本（2015 版）》使用说明部分第 7 条也规定："旅游者有权自主选择旅游产品和服务，有权拒绝旅行社的强制交易行为。"

司法实践

旅游者自主选择旅游产品并了解产品真实情况的权利

北京市海淀区人民法院在中国铁道旅行社集团有限公司与林某芹等旅游合同纠纷案[①]中认为：

> 旅游者有权自主选择旅游产品和服务，有权知悉其购买的旅游产品和服务的真实情况，有权要求旅游经营者按照约定提供产品和服务。本案中，广信旅行社在原定游轮取消而未能找到能够提供同等服务的替代性游轮的情况下，未于行程开始前将此情况告知铁道旅行社及旅游者，而是单方擅自变更旅游行程，更换游轮行程为 4 晚 5 天的另一艘游轮，导致实际提供的旅游服务中上船港口、游览时长、部分游览线路及部分舱型均与原行程不一致；其如在旅行开始前及时向旅游者披露该情况，旅游者可自主行使选择取消行程、延期出行或协商变更行程等合同权利，违约后果并非无法避免且不能克服。

2. 人格尊严、民族风俗习惯和宗教信仰获得尊重。《旅游法》第 10 条规定："旅游者的

① 参见北京市海淀区人民法院（2019）京 0108 民初 56827 号民事判决书；北京市第一中级人民法院（2020）京 01 民终 4389 号民事判决书。

人格尊严、民族风俗习惯和宗教信仰应当得到尊重。”

司法实践

旅游者的人格尊严、民族风俗习惯和宗教信仰获得尊重的权利

天津市河东区人民法院在杨某强与天津百事通国际旅行社有限公司旅游合同纠纷案[①]中认为：

原告、被告签订的《团队出境旅游合同》系双方真实意思表示，未违反法律、行政法规的强制性规定，合法有效，双方均应按照合同的约定全面履行各自的义务。本案中，被告已按合同约定将行程表及补充协议等发给原告，如实告知了具体行程，履行了合同约定的相关义务，被告也已安排原告完成了约定的旅游行程。在原告旅游过程中，被告确有推荐自费行程项目的行为，但原告无证据证明被告有强制消费的情况，且原告最后也并未消费该推荐项目，因此并不能认定被告的行为系强制消费。另依据《中华人民共和国旅游法》第十条之规定：“旅游者的人格尊严、民族风俗习惯和宗教信仰应当得到尊重。”被告作为服务者，应在履行旅游服务合同过程中为旅行者提供更周到、更人性化的服务，但被告非但服务不到位，还因推出自费项目而与原告等旅行者发生矛盾，在矛盾发生后，原告身在异国多次联系被告无果，实属不该，因此被告在履行旅游合同的过程中存在瑕疵行为，理应承担相应的责任，给原告赔礼道歉，根据本案具体情况，本院酌情判令被告给付原告补偿金人民币 1500 元。

3. 特殊旅游者享受便利和优惠。《旅游法》第 11 条规定：“残疾人、老年人、未成年人等旅游者在旅游活动中依照法律、法规和有关规定享受便利和优惠。”

4. 请求救助和保护。《旅游法》第 12 条第 1 款规定：“旅游者在人身、财产安全遇有危险时，有请求救助和保护的权利。”

5. 获得赔偿。《旅游法》第 12 条第 2 款规定：“旅游者人身、财产受到侵害的，有依法获得赔偿的权利。”

---

① 参见天津市河东区人民法院（2014）东民初字第 4193 号民事判决书。

第四章
邮轮旅游的典型纠纷

【知识提要】

本章主要讲解邮轮旅游的典型纠纷：一是邮轮旅客人身损害纠纷，涉及邮轮旅游经营者的安全保障义务、海上旅客运输法对于邮轮旅游的适用界限两项重点问题，以及旅客在船期间突发脑溢血、旅客在船上舞台踩空台阶摔伤、旅客在岸上观光环节景点摔伤等其他人身损害纠纷；二是邮轮旅游航程变更纠纷，包括邮轮旅游航程变更的概念、原因和性质、法律规则以及司法实践；三是邮轮旅游的其他常见纠纷，包括旅行社不完全履行邮轮旅游服务合同的违约责任、旅行社违反预约收取额外费用的违约责任、旅游者无法按时登船的费用退还、出入境证照过期的责任承担、挂靠经营邮轮旅游业务的责任承担。

邮轮旅游对于旅客而言是典型的享受型消费，故而邮轮旅游的私法即民事法律调整，重点在于旅客作为消费者与邮轮公司、旅行社等邮轮旅游经营者之间的民事纠纷。此类纠纷首先集中于两类：一是旅客人身损害；二是航程变更。其他纠纷主要涉及邮轮旅游产品的预定以及旅游证照等事项。

第一节　邮轮旅客人身损害纠纷

目前我国司法实践中，邮轮旅客在船期间发生的人身损害纠纷，较为典型的情形可以简要列举如下：

1. 旅客在船上泳池溺水；①

2. 旅客在船上甲板因雨天积水滑倒；②

3. 旅客使用船上电梯期间被夹伤；③

4. 旅客在船上舱房厕所摔伤；④

5. 旅客在船上舞台踩空台阶摔伤；⑤

6. 旅客在船期间突发脑溢血导致脑死亡。⑥

此外，也有一些关于旅客在岸上观光环节发生人身损害的纠纷，如旅客在参观景点期间摔倒。⑦

旅客人身损害纠纷在司法实践中主要反映了两个方面的法律问题：一是邮轮旅游经营者的安全保障义务；二是海上旅客运输法对于邮轮旅游的适用界限。

一、邮轮旅游经营者的安全保障义务

安全保障义务是为保护他人的人身和财产安全，故而与邮轮旅客的人身损害关联密切。《民法典》第 1198 条规定了违反安全保障义务的侵权责任，该条第 1 款规定：“宾馆、商场、银行、车站、机场、体育场馆、娱乐场所等经营场所、公共场所的经营者、管理者或者群众性活动的组织者，未尽到安全保障义务，造成他人损害的，应当承担侵权责任。”运输旅客的交通工具的内部空间是典型的公共场所，故而邮轮公司属于公共场所的管理人；旅行社则是群众性活动的组织者，二者基于不同身份对于旅客均负有安全保障义务。

关于邮轮旅游经营者的安全保障义务，较为典型的案例应是蒋某萍与皇家加勒比 RCL 游轮有限公司、浙江省国际合作旅行社有限公司上海分公司海上人身损害责任纠纷案（以下简称海洋量子号案）。2017 年 12 月 19 日，一审法院上海海事法院对于本案作出一审判决，⑧ 作为我国为数不多的邮轮旅客人身损害纠纷判决之一，也是我国海事法院作出的首例

① 参见上海海事法院（2016）沪 72 民初 2336 号民事判决书。

② 参见上海海事法院（2017）沪 72 民初 136 号民事判决书；上海市高级人民法院（2018）沪民终 85 号民事判决书。

③ 参见上海海事法院（2016）沪 72 民初 2620 号民事裁定书。

④ 参见四川省自贡市自流井区人民法院（2020）川 0302 民初 1507 号民事判决书；四川省自贡市中级人民法院（2021）川 03 民终 257 号民事判决书。

⑤ 参见广东省深圳市罗湖区人民法院（2019）粤 0303 民初 16479 号民事判决书；广东省深圳市中级人民法院（2020）粤 03 民终 725 号民事判决书。

⑥ 参见浙江省杭州市下城区人民法院（2016）浙 0103 民初 8357 号民事判决书。

⑦ 参见广东省深圳市福田区人民法院（2012）深福法民一初字第 1447 号民事判决书。

⑧ 参见上海海事法院（2017）沪 72 民初 136 号民事判决书。

邮轮旅客人身损害纠纷判决；2019 年 3 月 6 日，上海市高级人民法院又对本案作出二审判决，[①] 成为我国高级人民法院针对海事法院一审审理的邮轮旅游纠纷案件作出的首例二审判决。

（一）案情概要

本案原告为邮轮旅客蒋某萍，被告为皇家加勒比 RCL 游轮有限公司（RCL Cruises Ltd.，以下简称皇家加勒比国际游轮）、浙江省国际合作旅行社有限公司上海分公司（以下简称国际合作旅行社）。

原告蒋某萍与第二被告国际合作旅行社订有出境旅游合同，购买“上海—冲绳—上海 5 天 4 晚”包价邮轮旅游产品，乘坐的邮轮为第一被告皇家加勒比国际游轮经营的海洋量子号。原告与被告国际合作旅行社订立的出境旅游合同约定，原告在自行安排活动期间应对自己的安全负责，被告国际合作旅行社应对旅游中可能危及原告人身、财产安全的情况，作出真实说明和明确警示，并采取防止危害发生的适当措施。

2016 年 5 月 29 日，邮轮返程并靠泊上海吴淞口国际邮轮港口。当日上午有小雨，原告自露天甲板步入室内船舱后摔倒。原告下船后，由被告皇家加勒比国际游轮委托的中国上海外轮代理有限公司（以下简称外轮代理）送医，诊断结果为骨折。被告皇家加勒比国际游轮在原告治疗期间通过外轮代理垫付交通费、救护车费、医药费以及轮椅、助行器等费用共计人民币 141,936.02 元。原告据此以海上人身损害责任为由诉至上海海事法院，请求两被告连带赔偿医疗费、营养费、护理费、衣物损失费、鉴定费、残疾赔偿金、交通费、精神损害赔偿、律师费共计 271,417 元，并且承担本案案件受理费。

根据监控视频以及法院实地勘查，从甲板进入船舱内需要经过两道自动门，间隔为三至四步幅，间隔处铺设有地毯。原告先后经过两道自动门进入船舱，过程中未见步速放缓或步幅减小。船舱内自动门旁当时设有鼓风机并且处于工作状态，附近同时有工作人员负责拖地；舱内地砖为防滑地砖，但未铺设地毯；原告摔倒后该出口陆续有十余人进出，个别旅客穿着拖鞋，但均无摔倒情形发生。

另据法院查明，海洋量子号持有挪威船级社出具的客船安全证书。被告国际合作旅行社向原告出售的包价邮轮旅游产品包含的邮轮船票，系由案外人温州海外旅游有限公司（以下简称温州旅游公司）向皇家加勒比国际游轮购买。被告国际合作旅行社与温州旅游公司订有旅行社委托代理协议。

---

① 参见上海市高级人民法院（2018）沪民终 85 号民事判决书。

（二）裁判要旨

1. 上海海事法院一审判决

一审法院认为：本案系海上人身损害责任纠纷。由于被告皇家加勒比国际游轮注册于境外，本案具有涉外因素。案件审理过程中各方当事人一致选择适用中华人民共和国法律，故而根据《涉外民事关系法律适用法》第44条的规定，本案适用中国法律审理。本案主要争议焦点是:第一，两被告的法律地位;第二，两被告是否应就原告摔倒承担赔偿责任;第三，基于两被告需要承担责任的前提，具体赔偿数额的认定。

（1）关于两被告的法律地位，一审法院认为：原告与国际合作旅行社订立的出境旅游合同为包价旅游合同，国际合作旅行社系组团社，皇家加勒比国际游轮实际提供了邮轮游览服务，构成协助履行包价旅游合同义务的履行辅助人。原告依据《旅游法》第71条第2款可以请求两被告承担侵权责任。

（2）关于两被告是否应当承担赔偿责任，一审法院认为：两被告应就旅游过程中可能危及人身财产安全的特殊风险作出提示。具体至邮轮旅游的场合，两被告负有提示义务的应是与乘坐邮轮相关的特殊风险，而雨天路滑、小心行走是日常生活的基本常识，无须两被告作出特别提示。皇家加勒比国际游轮作为公共场所管理人，负有的安全保障义务并非没有限制,而应限定在合理范围之内。本案中皇家加勒比国际游轮已经采取了必要的防水防滑措施，导致事故的主要原因仍然在于原告自身在行走时未尽必要的谨慎注意。但是，考虑到皇家加勒比国际游轮仍可通过其他措施进一步降低事故风险，综合其与原告的过错程度，酌定其承担本起事故20%的责任。至于国际合作旅行社的安全保障义务，要求旅行社导游在乘坐邮轮期间始终伴随原告或团内任何成员左右，并时刻进行指引，明显不切实际，同样超出了安全保障义务的合理限度。因此，国际合作旅行社对于原告摔倒不存在过错。但是，国际合作旅行社和皇家加勒比国际游轮在旅游服务合同之下分别属于组团社和履行辅助人，原告依据《旅游法》第71条第2款可以要求组团社在履行辅助人的责任范围内承担同等赔偿责任。

（3）关于赔偿数额，法院认定两被告应向原告赔偿人民币65,489.16元，但因被告皇家加勒比国际游轮已支付原告各项费用共计141,936.02元，故两被告无须再向原告支付额外赔偿。

一审法院依照《旅游法》第71条第2款（因地接社、履行辅助人原因而导致侵权）、[①] 原《侵

① 《旅游法》第71条第2款规定："由于地接社、履行辅助人的原因造成旅游者人身损害、财产损失的，旅游者可以要求地接社、履行辅助人承担赔偿责任，也可以要求组团社承担赔偿责任；组团社承担责任后可以向地接社、履行辅助人追偿。但是，由于公共交通经营者的原因造成旅游者人身损害、财产损失的，由公共交通经营者依法承担赔偿责任，旅行社应当协助旅游者向公共交通经营者索赔。"

权责任法》第 16 条（人身损害赔偿）、[①] 第 22 条（精神损害赔偿）、[②] 第 26 条（过失相抵）、[③] 第 37 条第 1 款（违反安全保障义务的侵权责任）[④] 以及《民事诉讼法》原第 64 条第 1 款（现第 67 条第 1 款）（举证责任）[⑤] 之规定，判决对于原告的诉讼请求不予支持。

2. 上海市高级人民法院二审判决

一审判决作出后原告上诉认为：皇家加勒比国际游轮的防滑措施形同虚设，不符合《消费者权益保护法》第 18 条等法律规定要求的应当防止危害发生的标准，[⑥] 而国际合作旅行社也未尽到安全宣传和雨天出行注意事项的提醒与引导，两被告应当承担 80% 的侵权责任。皇家加勒比国际游轮上诉认为：原告摔倒的原因主要系自身行走时未能做到必要的谨慎注意，皇家加勒比国际游轮并未违反安全保障义务，不应承担侵权责任；轮椅、助行器、坐厕椅等辅助具费并非原告的实际损失，不应列入损失范围。

二审法院认为：皇家加勒比国际游轮作为公共场所管理人在安全保障义务方面仍存在一定不足，综合考虑皇家加勒比国际游轮与原告双方各自的过错程度，酌定皇家加勒比国际游轮承担 20% 的责任并无不当；轮椅、助行器、坐厕椅等辅助具费是基于原告摔倒致伤产生的必要费用，作为原告因事故而遭受的实际损失同样并无不当。据此，二审法院依据《民事诉讼法》原第 170 条第 1 款第 1 项（现第 177 条第 1 款第 1 项）（二审裁判维持原判）、[⑦]

---

① 原《侵权责任法》第 16 条规定："侵害他人造成人身损害的，应当赔偿医疗费、护理费、交通费等为治疗和康复支出的合理费用，以及因误工减少的收入。造成残疾的，还应当赔偿残疾生活辅助具费和残疾赔偿金。造成死亡的，还应当赔偿丧葬费和死亡赔偿金。"《民法典》第 1179 条也规定："侵害他人造成人身损害的，应当赔偿医疗费、护理费、交通费、营养费、住院伙食补助费等为治疗和康复支出的合理费用，以及因误工减少的收入。造成残疾的，还应当赔偿辅助器具费和残疾赔偿金；造成死亡的，还应当赔偿丧葬费和死亡赔偿金。"

② 原《侵权责任法》第 22 条规定："侵害他人人身权益，造成他人严重精神损害的，被侵权人可以请求精神损害赔偿。"《民法典》第 1183 条第 1 款也规定："侵害自然人人身权益造成严重精神损害的，被侵权人有权请求精神损害赔偿。"

③ 原《侵权责任法》第 26 条规定："被侵权人对损害的发生也有过错的，可以减轻侵权人的责任。"《民法典》第 1173 条也规定："被侵权人对同一损害的发生或者扩大有过错的，可以减轻侵权人的责任。"

④ 原《侵权责任法》第 37 条第 1 款规定："宾馆、商场、银行、车站、娱乐场所等公共场所的管理人或者群众性活动的组织者，未尽到安全保障义务，造成他人损害的，应当承担侵权责任。"《民法典》第 1198 条第 1 款也规定："宾馆、商场、银行、车站、机场、体育场馆、娱乐场所等经营场所、公共场所的经营者、管理者或者群众性活动的组织者，未尽到安全保障义务，造成他人损害的，应当承担侵权责任。"

⑤ 《民事诉讼法》原第 64 条第 1 款（现第 67 条第 1 款）规定："当事人对自己提出的主张，有责任提供证据。"

⑥ 《消费者权益保护法》第 18 条第 1 款规定："经营者应当保证其提供的商品或者服务符合保障人身、财产安全的要求。对可能危及人身、财产安全的商品和服务，应当向消费者作出真实的说明和明确的警示，并说明和标明正确使用商品或者接受服务的方法以及防止危害发生的方法。"第 2 款规定："宾馆、商场、餐馆、银行、机场、车站、港口、影剧院等经营场所的经营者，应当对消费者尽到安全保障义务。"

⑦ 《民事诉讼法》原第 170 条第 1 款第 1 项（现第 177 条第 1 款第 1 项）规定："第二审人民法院对上诉案件，经过审理，按照下列情形，分别处理：（一）原判决、裁定认定事实清楚，适用法律正确的，以判决、裁定方式驳回上诉，维持原判决、裁定。"

原第 175 条（现第 182 条）（二审裁判效力）[①] 之规定，判决驳回上诉、维持原判。

（三）理论分析

1. 邮轮旅游经营者安全保障义务的标准

本案二审最为关键的争议焦点，应是邮轮公司安全保障义务的标准，也即在第一被告皇家加勒比国际游轮已在海洋量子号设有鼓风机、安排工作人员拖地并且铺设防滑地砖的情况下，未设置安全警示牌是否构成违反安全保障义务。

判断义务人是否尽到安全保障义务，应当根据个案具体情况进行考察，[②] 综合考虑法定义务、特别标准、善良管理人标准等因素。[③] 具体至邮轮公司的场合，由于本案原告不属于未成年人、老年人、残疾人等特殊群体，[④] 故而不存在特别标准的适用问题，应当首先考察法定义务的要求。

所谓法定义务要求，是指如果法律对于安全保障的内容和安全保障义务人必须履行的行为存在直接规定，应当严格遵守法律规定进行判断；[⑤] 如果法律对于安全保障义务的内容已有明确规定，便可不再考虑善良管理人标准。《民法典》第 1198 条、《旅游纠纷司法解释》第 7 条虽然均规定了违反安全保障义务的侵权责任，但并未明确规定安全保障的内容和义务人必须履行的行为。综合分析《旅游法》第 79 条、第 80 条以及《消费者权益保护法》第 18 条，法律对于邮轮公司作为邮轮旅游经营者的安全保障义务主要包括以下三个方面的要求：

（1）符合安全生产管理标准。《旅游法》第 79 条第 1 款、第 2 款规定：旅游经营者应当严格执行安全生产管理要求，具备相应的安全生产条件，并对提供的服务进行安全检验。[⑥] 本案中海洋量子号持有挪威船级社出具的客船安全证书，故而符合安全生产管理要求，具备安全生产条件。

（2）提示可能危及安全的事项。《旅游法》第 80 条、《消费者权益保护法》第 18 条第 1 款均要求旅游经营者向旅客说明、警示可能危及旅客人身、财产安全的情形。虽然海上运输本身具有较高的危险性，但仅就旅客在邮轮甲板和客舱行走而言，危险程度并不很高，而与

---

① 《民事诉讼法》原第 175 条（现第 182 条）规定："第二审人民法院的判决、裁定，是终审的判决、裁定。"

② 参见程啸：《侵权责任法》（第 2 版），法律出版社 2015 年版，第 465 页。

③ 参见最高人民法院民事审判第一庭编著：《最高人民法院审理旅游纠纷案件司法解释理解与适用》，人民法院出版社 2010 年版，第 87~88 页。

④ 本案原告出生于 1959 年 7 月 28 日，损害发生于 2016 年 5 月 29 日，原告在损害发生时年龄为 56 周岁。

⑤ 参见杨立新：《侵权法论》（第 5 版），人民法院出版社 2013 年版，第 561 页。

⑥ 《旅游法》第 79 条第 1 款规定："旅游经营者应当严格执行安全生产管理和消防安全管理的法律、法规和国家标准、行业标准，具备相应的安全生产条件，制定旅游者安全保护制度和应急预案。"第 2 款规定："旅游经营者应当对直接为旅游者提供服务的从业人员开展经常性应急救助技能培训，对提供的产品和服务进行安全检验、监测和评估，采取必要措施防止危害发生。"

岸上的一般民事活动无甚区别，即使是雨天路滑也是如此。正如本案判决所称，雨天路滑属于日常生活的基本常识，应是人们从事各类旅游活动乃至一切户外活动均须注意的事项，并不属于邮轮旅游的特殊风险，故而无须邮轮公司作出特别提示。

（3）采取必要措施防止危害发生。《旅游法》第 79 条第 2 款要求旅游经营者应当采取必要措施防止危害发生。本案中被告皇家加勒比国际游轮已在船舱内外分别铺设防滑地砖和地毯、设置鼓风机以及安排工作人员负责拖地，但并未设置“小心地滑”或类似警示标志，也未在船舱出口处铺设地毯，因而可以认为采取的必要措施仍有一定瑕疵。警示义务要求安全保障义务人在公共场所和群众性活动可能存在危及他人的危险时，应当提醒潜在的受害人注意危险的存在。[①] 虽然雨天路滑应当小心行走是日常生活的基本常识，但皇家加勒比国际游轮仍应通过设置安全警示牌等方式提示旅客注意，进而降低旅客滑倒的可能性，更好地履行自身作为公共场所管理人所负有的安全保障义务。防滑措施并不能够完全替代提醒警示措施所具有的提示旅客注意安全的作用。这项警示义务的违反，也是法院判决皇家加勒比国际游轮承担 20% 侵权责任的主要原因。而且，被告皇家加勒比国际游轮经营邮轮旅游属于盈利行为，基于收益与风险相一致原则应当负有更为宽泛的安全保障义务，采取更为完备的必要措施也符合义务人的预防、控制损害能力，[②] 并未超出义务人的承受限度。

考察我国司法实践对于安全保障义务的态度，特别是针对类似于本案的受害人因雨天路滑而摔倒的情形，大多会在充分考虑受害人自身是否尽到注意义务的前提下，综合考虑公共场所管理人采取措施的完备程度认定相应的责任比例。例如，在郭某萍与广州医科大学附属第二医院生命权、健康权、身体权纠纷案中，原告在医院大堂因地面湿滑而摔倒，而医院方面既未设置警示标志，也未铺设防滑垫。法院据此判定被告承担高达 70% 的较高比例的责任，同时认为：“原告作为具有完全民事行为能力的成年人，对自己的人身安全保障应尽到谨慎注意义务，以确保自身的安全，其理应知道下雨天走进医院大堂时应尽量注意室内地面是否有雨水避免滑倒。因此，可以认定原告所受的损伤有部分原因是其未尽到谨慎注意义务所致，对此，原告应承担部分责任。”[③] 再如，在王某红与上海欧尚超市有限公司生命权、健康权、身体权纠纷案中，原告在乘坐电梯时因地面湿滑而摔倒受伤，视频资料显示原告踏入扶梯时手插口袋而未扶扶手，下行中一直在与家人交谈，未能较好地注意乘行安全；同时，虽然事故发生地点的地面已作防滑处理，扶梯也设有摩擦力较大的凹槽，但商场既未安排工

① 参见王利明：《侵权责任法研究》（下卷）（第 2 版），中国人民大学出版社 2016 年版，第 163 页。
② 参见程啸：《侵权责任法教程》（第 3 版），中国人民大学出版社 2017 年版，第 209 页。
③ 参见广东省广州市海珠区人民法院（2017）粤 0105 民初 8824 号民事判决书。

作人员分发伞袋防止雨伞水滴滴落，也无保洁人员及时擦拭水渍，亦无雨天防滑警示。法院据此判令被告仍然违反了安全保障义务，而责任比例则是较低的30%。[①]

邮轮旅客在船期间活动范围相对封闭局限，并且较易联络邮轮公司寻求救济，故而我国的邮轮旅游实践中明显存在邮轮公司责任过度扩张的现象。例如，旅客如果在船上用餐后感到不适，动辄便会向邮轮公司提出索赔。但是，旅客身体情况、用餐习惯等因素均有可能导致不适，并不必然是邮轮公司提供的食品存在问题。然而，邮轮公司出于企业声誉、举证难度等考量，一般均会选择赔偿了事。本案判决认定邮轮公司承担事故20%的责任，对于邮轮公司安全保障义务的限度判定较为合理，并且充分考虑了原《侵权责任法》第26条也即现行《民法典》第1173条确立的过失相抵规则，认定导致事故的主要原因是原告未尽必要的谨慎注意，避免了不尽合理地过度苛责邮轮公司承担安全保障义务。

至于第二被告国际合作旅行社的安全保障义务，旅客在船期间总体上均属于自行安排活动期间，《旅游法》第70条第3款、《旅游纠纷司法解释》第17条第1款均规定旅行社在此期间主要负有提示和救助义务。但是，雨天路滑不是邮轮旅游的特殊风险，同样无须旅行社作出特别提示。而且，目前上海邮轮旅游实践中较常使用的《上海市邮轮旅游合同示范文本（2015版）》第5条第1款第7项也规定："在邮轮上自行安排活动期间，甲方应认真阅读并按照邮轮方《每日须知》和活动安排，自行选择邮轮上的用餐、游览、娱乐项目等。在自行安排活动期间，甲方应在自己能够控制风险的范围内活动，选择能够控制风险的活动项目，并对自己的安全负责。"因此，本案判决认定被告国际合作旅行社业已妥善履行了安全保障义务，对于原告摔倒不存在过错，亦属合理。被告国际合作旅行社只是基于《旅游法》第71条第2款的规定与作为履行辅助人的皇家加勒比国际游轮共同承担不真正连带责任。

2. 旅客人身损害的赔偿范围

本案皇家加勒比国际游轮提出上诉的另一原因，应是认为一审判决认定的轮椅、助行器、坐厕椅等辅助具费人民币2360元不属于旅客人身损害的赔偿范围。原《侵权责任法》第20条第1句规定："侵害他人人身权益造成财产损失的，按照被侵权人因此受到的损失赔偿。"《民法典》第1182条第1句也规定："侵害他人人身权益造成财产损失的，按照被侵权人因此受到的损失或者侵权人因此获得的利益赔偿。"据此，对于"财产损失"的理解，也即辅助具费是否属于财产损失，成为本案赔偿范围发生争议的主要原因。

鉴定机构针对本案出具的鉴定意见认为，原告构成两处十级伤残。原《侵权责任法》

① 参见上海市杨浦区人民法院（2018）沪0110民初19239号民事判决书。

第16条第2句规定:“造成残疾的，还应当赔偿残疾生活辅助具费和残疾赔偿金。”《民法典》第1179条第2句也规定：“造成残疾的，还应当赔偿辅助器具费和残疾赔偿金。”2020年修改前的《最高人民法院关于审理人身损害赔偿案件适用法律若干问题的解释》原第17条第2款也规定：“受害人因伤致残的，其因增加生活上需要所支出的必要费用以及因丧失劳动能力导致的收入损失，包括残疾赔偿金、残疾辅助器具费、被扶养人生活费，以及因康复护理、继续治疗实际发生的必要的康复费、护理费、后续治疗费，赔偿义务人也应当予以赔偿。”[①] 同时，又于原第26条第1款第1句（现第13条第1款第1句）规定：“残疾辅助器具费按照普通适用器具的合理费用标准计算。”因此，残疾辅助器具费是受害人遭受侵害后存在残疾情形下法定的赔偿项目。具体而言，残疾辅助器具费是指受害人因残疾造成身体机能的全部或部分丧失，而需要配备具有补偿功能的残疾辅助器具的费用。据此残疾辅助器具费是“因增加生活上需要所支出的必要费用”，属于受害人现有财产的积极减少，与侵权行为具有相当因果关系。[②] 既然此项费用是因侵权行为而增加，自然也应予以赔偿。本案涉及的轮椅、助行器、坐厕椅等辅助具费即属此类。

至于十级伤残是否构成上述规定所称之残疾，人体致伤与致残之间是以伤害能否治愈为界分，若经治疗仍留有残疾即构成人体致残。[③] 而且，因伤致残的赔偿理论基础在于收入丧失，也即赔偿受害人因人身损害而减少的收入。本案原告遭受的人身损害显然导致了收入丧失情形的发生。即使认为十级伤残不构成法律意义上的残疾，但原告摔伤导致骨折后使用轮椅、助行器、坐厕椅等辅助具是人之常情，相关费用至少也可归入原《侵权责任法》第16条第1句（现行《民法典》第1179条第1句）所规定的“为治疗和康复支出的合理费用”。

从我国司法实践的态度来看，对于辅助具费大多也持认可态度。例如，上海市闵行区人民法院在徐某英与上海万科物业服务有限公司生命权、健康权、身体权纠纷案的判决中认为:“辅助行走器费用190元，系原告实际支出的费用，且与原告伤情有关，本院予以支持。”[④] 再如，上海市宝山区人民法院在张某与上海金拱门食品有限公司生命权、健康权、身体权纠纷案的判决中也认为：“手杖、助行器费290元，应属于残疾辅助器具费，原告凭据主张，且属合理范围，本院予以确认。”[⑤] 因此，本案一审判决认定轮椅、助行器、坐厕椅等辅助具

---

① 本条规定已被《民法典》第1179条吸收。

② 参见最高人民法院民事审判第一庭编著：《最高人民法院人身损害赔偿司法解释的理解与适用》，人民法院出版社2015年版，第311页。

③ 参见杨立新：《侵权损害赔偿》（第6版），法律出版社2016年版，第253页。

④ 上海市闵行区人民法院（2018）沪0112民初26011号民事判决书。

⑤ 上海市宝山区人民法院（2018）沪0113民初2685号民事判决书。

费属于皇家加勒比国际游轮的赔偿责任范围，并无不当，也符合我国司法实践的基本立场。

二、海上旅客运输法对于邮轮旅游的适用界限

现代邮轮被称为“海上流动的度假村”“移动的微型城镇”，此类别称表明大量普通的民事活动的发生地点在邮轮旅游中转移至航行于海洋的船舶之上，但在本质上却无关海上运输，而与一般民事活动无异。现代邮轮旅客运输早已不再局限于传统航海事业，而是海上旅客运输与旅游服务的结合，邮轮公司既是海上运输的承运人，也是旅游服务的提供者。旅游服务的许多内容并不受到航海技术、造船技术等因素的限制，也与海上特殊风险无涉，只是服务的提供地点转移至航行于海洋的船舶之上，而且此种情形未来必将愈加普遍。由此产生的法律问题在于，此类运输以外的、不涉及海上特殊风险的普通民事活动，应否适用海上旅客运输法，特别是其中包含的单位赔偿责任限制等倾斜保护承运人的规定。

关于海上旅客运输法对于邮轮旅游的适用界限，较为典型的案例应是此前备受关注的羊某某与英国嘉年华邮轮有限公司海上、通海水域人身损害责任纠纷案，即上海海事法院审理的蓝宝石公主号案。[①] 本案被称为中国邮轮旅客公海人身侵权第一案，自原告 2015 年 12 月 22 日递交起诉状，经过两次管辖权异议，历时超过 800 天，跨越 4 个审判年度。

（一）案情概要

本案原告为邮轮旅客羊某某及其母亲羊某云，被告为英国嘉年华邮轮有限公司（CARNIVAL PLC，以下简称嘉年华公司），第三人为浙江省中国旅行社集团有限公司（以下简称浙江中旅）。

2015 年 8 月 1 日，原告羊某某及其母亲羊某云与第三人浙江中旅签订出境旅游合同，购买“蓝宝石公主”号邮轮“上海—济州—福冈—上海”4 晚 5 天邮轮旅游产品，该邮轮由被告嘉年华公司经营。原告生于 2007 年 12 月 3 日，时年 7 周岁。2015 年 8 月 5 日 15 时左右，邮轮航行于公海时，原告独自来到泳池并于 15 时 17 分跳入池中，直至 15 时 25 分被其他旅客发现并救至岸上，原告母亲闻讯赶至现场。泳池旁设有告示牌，内容包括“无救生员当值——使用时请自行承担安全责任；禁止潜水或跳水；16 岁以下孩童若无责任成人监督不得使用泳池”，此外并无救生员或监管人员巡视。后经司法鉴定机构鉴定：原告溺水后致缺血缺氧性脑病，遗留持续性植物生存状态，评定为致残程度一级，属于一般医疗依赖、完全护理依赖。

原告母亲作为法定代理人据此以嘉年华公司、浙江中旅为被告向上海市黄浦区人民法院提起诉讼。嘉年华公司在提交答辩状期间提出管辖权异议，认为其与原告不存在直接的合

① 参见上海海事法院（2016）沪 72 民初 2336 号民事判决书。

同关系，原告系基于侵权之诉将其列为被告，故不适用《民事诉讼法》原第 265 条关于涉外案件特殊地域管辖的规定。[①] 根据该法原第 28 条（现第 29 条）关于侵权行为诉讼管辖的规定，因侵权行为提起的诉讼，应由侵权行为地或被告住所地人民法院管辖。[②] 黄浦区人民法院认为：嘉年华公司的住所地及本案侵权行为地均不在上海市黄浦区辖区内，而浙江中旅住所地在浙江省杭州市，故而裁定本案移送浙江省杭州市上城区人民法院审理。[③]

原告及被告嘉年华公司不服上述裁定提起上诉：原告认为嘉年华公司在上海市黄浦区设有上海代表处，该代表处应当被视为黄浦区人民法院管辖的连结点；嘉年华公司主张旅客人身损害发生在船舶之上并且处于海上旅客运输过程中，本案应由上海海事法院专门管辖。上海市第二中级人民法院认为：本案系健康权纠纷，系旅客在邮轮上发生的溺水人身损害纠纷，属于海上人身损害责任纠纷。根据本案起诉当时应当适用的《最高人民法院关于海事法院受理案件范围的若干规定》第 8 条的规定，船舶在海上或者通海水域进行航运、作业，或者港口作业过程中的人身伤亡事故引起的损害赔偿纠纷案件应由海事法院专门管辖。[④] 同时，根据《民事诉讼法》原第 265 条的规定，因合同纠纷或者其他财产权益纠纷，对在中华人民共和国领域内没有住所的被告提起的诉讼，可由其代表机构住所地人民法院管辖。嘉年华公司在上海设有代表处，故而上海海事法院对于本案具有管辖权。据此，上海市第二中级人民法院终审裁定该案移送上海海事法院审理。[⑤]

上海海事法院受理本案后，原告申请撤回对于浙江中旅的起诉获准，法院根据嘉年华公司的申请追加浙江中旅作为第三人。原告的诉讼请求包括四项：

1. 判令被告在公主邮轮官网、微信公众号“公主邮轮看世界”以及《解放日报》《深圳

---

① 《民事诉讼法》原第 265 条规定：“因合同纠纷或者其他财产权益纠纷，对在中华人民共和国领域内没有住所的被告提起的诉讼，如果合同在中华人民共和国领域内签订或者履行，或者诉讼标的物在中华人民共和国领域内，或者被告在中华人民共和国领域内有可供扣押的财产，或者被告在中华人民共和国领域内设有代表机构，可以由合同签订地、合同履行地、诉讼标的物所在地、可供扣押财产所在地、侵权行为地或者代表机构住所地人民法院管辖。”现第 276 条第 1 款规定：“因涉外民事纠纷，对在中华人民共和国领域内没有住所的被告提起除身份关系以外的诉讼，如果合同签订地、合同履行地、诉讼标的物所在地、可供扣押财产所在地、侵权行为地、代表机构住所地位于中华人民共和国领域内的，可以由合同签订地、合同履行地、诉讼标的物所在地、可供扣押财产所在地、侵权行为地、代表机构住所地人民法院管辖。”第 2 款规定：“除前款规定外，涉外民事纠纷与中华人民共和国存在其他适当联系的，可以由人民法院管辖。”

② 《民事诉讼法》原第 28 条（现第 29 条）规定：“因侵权行为提起的诉讼，由侵权行为地或者被告住所地人民法院管辖。”

③ 参见上海市黄浦区人民法院（2016）沪 0101 民初 1345 号民事裁定书。

④ 2001 年 8 月 9 日通过的《最高人民法院关于海事法院受理案件范围的若干规定》第 8 条规定：“船舶在海上或者通海水域进行航运、作业，或者港口作业过程中的人身伤亡事故引起的损害赔偿纠纷案件。”2015 年 12 月 28 日通过的《最高人民法院关于海事法院受理案件范围的规定》第 7 条也规定：“船舶航行、营运、作业等活动侵害他人人身权益的责任纠纷案件。”

⑤ 参见上海市第二中级人民法院（2016）沪 02 民辖终 555 号民事裁定书。

特区报》《浙江日报》《中国旅游报》第一版面的显著位置向原告及其法定代理人赔礼道歉；

2. 判令被告按照 80% 的责任比例赔偿原告人身和精神损害共计 3,948,455.26 元；

3. 判令被告承担本案律师费、鉴定费；

4. 判令被告承担本案诉讼费用。

（二）裁判要旨

法院认为本案的主要争议焦点包括三项：第一，本案纠纷的准据法应为中国法还是英国法；第二，被告应否承担赔偿责任及各方的责任分配；第三，如果被告应当承担赔偿责任，原告应获赔偿的范围和金额。

1. 关于本案纠纷的法律适用，法院认为：船舶不属于地理位置的范畴，不应将船舶本身确定为侵权行为地，船舶的船旗国法律更不能等同于侵权行为地法律。本案的侵权行为地在公海，原告、被告双方之间不存在共同经常居所地，又未在侵权行为发生后达成协议选择法律适用，故而无法依据《涉外民事关系法律适用法》第 44 条关于侵权责任法律适用的规定确定准据法。[①] 根据该法第 2 条第 2 款规定的最密切联系原则，[②] 本案在确定准据法时应综合考虑侵权行为发生地、侵权行为结果地、受害人的住所地和经常居住地、涉案船舶的船旗国、船舶所有人国籍、船舶经营人国籍、合同签订地、邮轮旅客运输的出发港和目的港、被告公司营业地等连结点，并且在数量因素上更多集中于中国。因此，无论是从法律的公平、正义的本质要求考量，还是从连结点的质量、数量要求考量，本案准据法均应确定为中国法律。

2. 关于原告与被告双方的责任分配，法院认为：邮轮不仅作为运输工具，更具有休闲娱乐的功能。未成年人在此空间范围内进行一定程度的自由活动，符合普通旅客的一般认知。被告作为邮轮营运的经营者仅在泳池边竖立相关的警示告示牌尚不充分，理应采取合理的措施保证旅客的人身安全，特别是儿童的安全，包括配备救生员或者监管人员巡视以防范溺水事故发生；被告明知泳池可能造成溺水事故，尤其是一年前已经发生成年旅客的溺亡事故仍未采取措施改进，被告轻率地不作为对本次事故负有主要责任；原告母亲作为法定监护人，未能注意泳池边的告示并充分意识到泳池的危险，尽到监护人应有的看护责任，也需承担应有的责任。因此，原告与被告双方的责任分担以原告 20%、被告 80% 为宜。

3. 关于原告应获赔偿的范围和金额，法院支持了原告的绝大部分请求，同时认为：虽

---

① 《涉外民事关系法律适用法》第 44 条规定：“侵权责任，适用侵权行为地法律，但当事人有共同经常居所地的，适用共同经常居所地法律。侵权行为发生后，当事人协议选择适用法律的，按照其协议。”

② 《涉外民事关系法律适用法》第 2 条第 2 款规定：“本法和其他法律对涉外民事关系法律适用没有规定的，适用与该涉外民事关系有最密切联系的法律。”

然本案原告和被告之间没有以船票为凭证的运输合同证明，但双方事实上存在海上旅客运输合同关系，被告的身份符合公约关于“履行承运人”的规定，依法可以享有承运人的赔偿责任限额。但是,《1974 年雅典公约》第 13 条“限制责任权利的丧失”第 1 款规定:“如经证明，损失系承运人故意造成此种损失或明知可能造成此种损失却毫不在意的行为或不为所致，承运人便无权享有第 7 条或第 8 条以及第 10 条第 1 款规定的责任限额的权益。”[①] 被告在本案中始终主张适用中国法律，且被告长期在中国从事邮轮营运，明知绝大部分服务对象为中国籍旅客，蓝宝石公主号邮轮以上海港为母港营运超过一年，被告理应遵守或者参照中国法律有关泳池的规定配备救生人员，从而符合中国旅客的认知情况并且防范溺水事故的发生；涉案邮轮在一年前曾发生成年旅客溺亡事故，庭审中被告也没有说明在事故后采取任何的改进或补救措施；本案中被告现场工作人员针对未穿戴任何救生设施、无成年人看管的儿童进入泳池，并无任何询问或者劝阻等有效的防范和管理，而是采取放任态度，被告轻率地不作为造成了本案悲剧的再次发生。被告的上述行为符合《1974 年雅典公约》第 13 条明知可能造成损失而轻率地不为所致的规定，据此无权依据公约的规定享有责任限制的权利。

法院据此主要依据《涉外民事关系法律适用法》第 2 条（调整范围、最密切联系原则）、第 44 条（侵权责任法律适用）,《1974 年雅典公约》第 6 条（自身过失）、[②] 第 13 条第 2 款（限制责任权利的丧失）,[③] 原《侵权责任法》第 1 条（立法宗旨）、[④] 第 2 条（适用范围）、[⑤] 第 16 条（人身损害赔偿）、第 22 条（精神损害赔偿）、第 26 条（过失相抵）、第 37 条第 1 款（违反安全保障义务的侵权责任），以及《保险法》《最高人民法院关于审理人身损害赔偿案件适用法律若干问题的解释》《民事诉讼法》的相关规定，认定医疗费、护理费、交通费、住宿费、营

---

① 关于嘉年华公司丧失责任限制权利的法律依据，法院在判决书理由部分援引的是《1974 年雅典公约》第 13 条第 1 款，而在判决结果部分却是依据该条第 2 款。该条第 1 款适用的对象是“承运人”，第 2 款则适用于“承运人或实际承运人的雇用人或代理人”，因而两款在文义上均未涉及实际承运人。但是，《1974 年雅典公约》第 4 条“实际承运人”第 1 款第 2 句规定：“实际承运人对其实施的那部分运输，应受本公约的约束，并有援用本公约规定的权利。”因此，实际承运人在公约的框架下应以适用关于承运人的规定为宜，也即此处应当援引第 13 条第 1 款。

② 《1974 年雅典公约》第 6 条规定：“如经承运人证明，旅客的死亡或人身伤害或其行李的灭失或损坏系因该旅客的过失或疏忽所造成或促成，则受理案件的法院可按该法院地的法律规定，全部或部分免除承运人的责任。”

③ 《1974 年雅典公约》第 13 条第 2 款规定：“如经证明，损失系承运人或实际承运人的雇用人或代理人故意造成此种损失或明知可能造成此种损失却毫不在意的行为或不为所致，该雇用人或代理人便无权享有此种责任限额的权益。”

④ 原《侵权责任法》第 1 条规定：“为保护民事主体的合法权益，明确侵权责任，预防并制裁侵权行为，促进社会和谐稳定，制定本法。”

⑤ 原《侵权责任法》第 2 条第 1 款规定：“侵害民事权益，应当依照本法承担侵权责任。”第 2 款规定：“本法所称民事权益，包括生命权、健康权、姓名权、名誉权、荣誉权、肖像权、隐私权、婚姻自主权、监护权、所有权、用益物权、担保物权、著作权、专利权、商标专用权、发现权、股权、继承权等人身、财产权益。”

养费、残疾赔偿金、残疾辅助器具费、住院伙食补贴、鉴定费、精神损害抚慰金和律师费共计3,933,040.07元，判令被告嘉年华公司承担80%计3,146,432.06元，扣除被告在事故后已给付的90,000元和先予执行款150,000元，被告在本案中应承担的赔偿金额为2,906,432.06元。此外，对于原告的其他诉讼请求不予支持。

（三）理论分析

1. 海上运输以外服务的适用法律

传统海上旅客运输中承运人也会提供餐饮、住宿等运输以外的服务。此类服务不仅数量较小，而且是以保障运输顺利进行为目的，重点不在休闲娱乐，一并适用海上旅客运输制度并无明显不妥。邮轮旅游的许多普通民事活动的发生地点转移至航行于海洋的船舶之上，但在本质上却无关海上运输，而与一般民事活动无异。最为典型的便是游泳、美容乃至赌博等各类休闲娱乐活动。因此，对于邮轮旅游的法律特征，应当区分基于海上运输本身特质存在的风险与仅将船舶作为生活场所使用的风险，后者也被称为邮轮运输的“居住”（living-in）特征。[①] 本案的纠纷原因是旅客在使用船上游泳池时发生溺水导致人身损害，损害的发生并未受到以海上特殊风险为典型的海事因素的影响，故而不应适用海上旅客运输法的规定。

包括海上旅客运输法在内，海商法得以作为特别法领域存在，最为主要的客观基础应是海上特殊风险。海事活动的特殊风险性是指海上特殊风险对于海事活动的影响。所谓海上特殊风险，是指船舶在海上或其他可航水域进行运输等活动可能遭遇的各类风险，包括碰撞、搁浅、触礁、火灾、台风、海啸、恶劣天气、战争、海盗等，无论风险是由自然原因或者人为原因所致。具体而言，海上特殊风险可从绝对风险和相对风险两个层面进行理解。海上绝对风险是指客观存在的风险，而海上相对风险则指海上绝对风险、人们从事海上运输或者其他海上商业活动的成本与收益，以及抵御此种风险的能力之间的函数关系。[②] 海上运输及其他海上商业活动的绝对风险多数情形下明显高于陆上活动，而且具有投资大但回报周期长、回报率相对较低的特点，由此决定了海事活动较之陆上活动具有较大的相对风险。海上特殊风险作为海商法律各项制度得以存在的主要客观基础，也决定了法律对于海事活动的特殊干预。尤其对于海上运输合同而言，法律调整具有明显的强制性，合同自由降格为法定框架之内颇为有限的自由，并且合同双方享有的合同自由程度并不对等。[③] 海上运输法形成强制性体制的首要目的正是克服海上特殊风险的影响，分别给予负有特殊经营风险的承运人、处于

① See Yvonne Baatz ed., Maritime Law, Informa Law form Routledge, 2018, p.217-220.
② 参见胡正良主编：《海事法》（第3版），北京大学出版社2016年版，第5页。
③ 参见郭瑜：《海商法的精神——中国的实践和理论》，北京大学出版社2005年版，第185页。

相对弱势地位的旅客相应的特别保护。

部分观点主张旅客在船上泳池溺水同样存在特殊性，如陈琦在《邮轮旅游法律规制的理论困境与制度因应》一文中认为：

> 在应然层面，笔者认为，虽然赔偿责任限制制度设立的初衷在于缓解和分摊承运人所遭受的海上特殊风险，鼓励和保护其投身海上运输事业的积极性，在与陆地基本无异的旅游活动事项中仍赋予承运人赔偿责任限制权在法理上确实可能给其带来额外的利益，但若从法律效率价值和司法实践操作视角分析则不难发现，根据旅客人身损害事故是否存在海上特殊风险因素来决定承运人责任限制权的有无将在理论上引发海上特殊风险这一内涵尚未厘清概念的认定之争。更何况由于实践情况的复杂性，海上特殊风险与非海上特殊风险之间往往难以截然分开，羊案便是一个典型的例证。邮轮泳池内发生的旅客溺水事故虽与陆地上同等场所内发生的溺水事故在事故原因方面具有同质性，但在急救设备、医护人员配备以及救援距离等方面却可能存在增加溺水旅客受损程度的海上不利因素，完全排除海上特殊风险的影响在此情况下难以令人信服。而且，即使直接按照航行事故和非航行事故标准判断承运人是否享有责任限制权，也将面对此两个概念本身界限不清的困境，可能徒增讼累。①

虽不排除旅客在船上泳池溺水确实有其特殊性，如以上观点提及的医疗救治方面的难度，但一种社会关系得以适用海商法所应具有的特殊性，只能是海商法意在应对的特殊性，而不是此种社会关系较之他种社会关系具有的任何或一切特殊性。例如，旅客在私人海岛度假期间在泳池溺水，同样可能由于地处偏远、与世隔绝而面临救援难度提高的问题，而此种人身损害显然不能适用海商法的规定。邮轮旅客在船上泳池溺水，与作为海商法客观基础的海上特殊风险无关，故而仍不应适用海上旅客运输法的规定。

从我国司法实践的情况来看，邮轮旅客人身损害纠纷适用的法律，多是关于侵权责任的一般民事法律，如前述海洋量子号案主要适用原《侵权责任法》。蓝宝石公主号案是我国目前唯一适用《海商法》第五章“海上旅客运输合同”或《1974年雅典公约》的邮轮旅客人身损害纠纷，而旅客在船上滑倒与泳池溺水的适用法律应无不同，均不属于海上旅客运输法的适用范围。

---

① 陈琦：《邮轮旅游法律规制的理论困境与制度因应》，载《大连海事大学学报（社会科学版）》2018年第6期，第15页。

2. 邮轮公司的安全保障义务与丧失责任限制权利

本案法院的基本立场是应当适用海上旅客运输法，即确定侵权责任的法律依据主要是《1974 年雅典公约》，我国《海商法》第五章“海上旅客运输合同”即是根据该公约制定。虽然裁判依据一并援引了原《侵权责任法》第 37 条关于违反安全保障义务的侵权责任的规定，但目的是认定邮轮公司是否存在轻率地不作为，也即邮轮公司承担侵权责任的同时应否丧失《1974 年雅典公约》规定的赔偿责任限制权利，而与侵权责任本身的构成无关。

关于邮轮公司的安全保障义务，法律法规有无明确的义务要求，应是首先需要考虑的因素。我国《体育场所开放条件与技术要求》第 1 部分“游泳场所”[①] 第 7.2 条“救生人员”规定：水面面积在 $250m^2$ 以下的人工游泳池，至少配备固定水上救生员 2 人；[②] 同时，要求无论在何种情况下至少设有流动救生员 1 人。[③] 原告在庭审期间提交的英国健康与安全执行组织制定的《游泳池健康和安全管理指南》也明确建议：符合泳池水深超过 1.5 米、允许从池边跳水、人员进入泳池不受限制等情形之一，应在泳池边提供持续监管。本案原告发生溺水的泳池宽 2.5 米、长 5.4 米、水深 1.65 米至 2.21 米，故而根据我国规定至少应当配备 2 名固定水上救生员以及 1 名流动救生员，即使按照英国规定也应配备相应的监管人员。因此，本案中被告嘉年华公司对于船上泳池未能尽到安全保障义务，且与原告溺水遭受损害存在因果关系。至于被告主张邮轮泳池不配备救生员属于国际惯例，显然在中英两国均有明确规定的情况下难以成立。

本案由此产生的关键问题在于，邮轮公司对于泳池未配备救生员而违反安全保障义务的情形，是否构成《1974 年雅典公约》第 13 条第 1 款规定的丧失责任限制。该款规定了两种情形，一是“故意”；二是“明知可能造成此种损失却毫不在意的行为或不为”。本案中邮轮公司的做法显然不属于故意，故而重点在于是否构成后者。责任限制的丧失在设有责任限制制度的海商法分支中均有涉及，如海上货物运输合同、海上旅客运输合同以及海事赔偿责任限制。《海牙—维斯比规则》第 4 条第 5 款第 e 项、《1974 年雅典公约》第 13 条第 1 款、《1976 年海事索赔责任限制公约》第 4 条的英文表述基本相同，即“recklessly and with knowledge that such damage would probably result”，[④] 如何理解“recklessly”便成为重中之重。不同公约通

---

① GB19079.1—2003。

② 《体育场所开放条件与技术要求》第 1 部分“游泳场所”第 7.2.1 条。

③ 《体育场所开放条件与技术要求》第 1 部分“游泳场所”第 7.2.4 条。

④ 《海牙—维斯比规则》第 4 条第 5 款第 e 项表述为“recklessly and with knowledge that damage would probably result”，即没有“such”一词；《1976 年海事索赔责任限制公约》第 4 条表述为“recklessly and with knowledge that such loss would probably result”，即以“loss”替代“damage”一词。

行中文译本对于该词的译法各不相同，至少包括“不在意”[①]、“毫不在意”[②]以及“轻率”，[③]我国台湾地区也有学者将其译为“重大过失”。[④]《海商法》第59条第1款、第118条第1款、第209条对此统一表述为“轻率”。“recklessly”本身的字面含义并不复杂，即指轻率地、粗心大意地，[⑤]问题更多在于该词在法律意义上如何理解。

《布莱克法律词典》对于“recklessly”解释为“行为人在实施被禁止的行为时知道存在重大而不合理的风险可能导致法律旨在预防的社会危害发生却忽视此种风险的态度”。[⑥]我国学者大多主张“明知可能造成损害而轻率地作为或者不作为”是指间接故意，从而将《1974年雅典公约》第13条规定的“故意”局限于直接故意。同时，也有观点认为“轻率”包含的心理状态较之间接故意更为宽泛，即将重点放在行为人未能考虑到损害结果发生的较大可能性上。[⑦]但是，“轻率”应与“明知可能造成损失”关联进行解释，此时“明知可能造成损害而轻率地作为或者不作为”的含义仍与间接故意相若。因此，国际上普遍对此作出限制性解释，一般要求证明承运人对其相关行为可能引起的损失具有相当的了解，[⑧]从而促使赔偿责任限制权利在实践中不会轻易丧失，尽量实现船货双方、承运人与旅客以及索赔人与责任限制主体之间的利益平衡。[⑨]而且，《1974年雅典公约》对于承运人责任采取的是过错责任原则，也即承运人一旦根据公约规定应对旅客人身损害承担责任，必然存在过错，无论此种过错是由旅客证明抑或法律推定。如果过于宽泛地理解“轻率”，动辄将承运人的过失归入其中，便有可能导致单位赔偿责任限制制度在过错责任原则的基本前提之下沦为具文。

具体至本案的情形，游泳可能发生溺水无疑是众人皆知的生活常识。但是，以蓝宝石公主号船上泳池发生溺水的频率来看，溺水恐怕尚不属于重大风险或谓具有重大可能性。例如，曾有邮轮业内人士在接受媒体采访时表示：“通常在白天，泳池里有众多游客同时游泳，邮轮上也会有工作人员。到晚上非游泳时间，工作人员会给泳池换水，或者遮挡住泳池，此

① 参见吴焕宁主编：《国际海上运输三公约释义》，中国商务出版社2007年版，第302页。

② 参见全国人民代表大会：《1974年海上旅客及其行李运输雅典公约》，载中国人大网，http://www.npc.gov.cn/wxzl/gongbao/2000-12/28/content_5003110.htm，最后访问日期：2022年12月1日。

③ 参见初北平主编：《新编海商海事法规精要》，大连海事大学出版社2009年版，第813页。

④ 参见黄裕凯：《2002年国际海上旅客及其行李运送雅典公约》，台北，五南图书出版股份有限公司2012年版，第160页。

⑤ 参见薛波主编：《元照英美法词典》，北京大学出版社2013年版，第1156页。

⑥ Bryan A. Garner ed., Black's Law Dictionary, Minnesota: Thomson Reuters, 2014, p.1462.

⑦ 参见胡正良主编：《海事法》（第3版），北京大学出版社2016年版，第664页。

⑧ 参见张永坚：《国际海运公约》，法律出版社2018年版，第239页。

⑨ 参见司玉琢主编：《海商法》（第4版），法律出版社2018年版，第96页。

时通常无法下水。”[①][②] 而且，“明知可能造成损失” 既然作为丧失责任限制权利的条件，题中之义应是权利人负有赔偿责任，也即明知可能造成应当承担责任的损失。然而，被告嘉年华公司主观上并不认为自身依据作为船旗国法的英国法负有配备救生员的安全保障义务，[③] 虽然此种主观认知在本案一审适用中国法的情况下存在错误，但即使被告明知泳池不配备救生员可能导致旅客溺水，也不等于被告同样明知自身对于旅客溺水负有责任，也即被告不知晓存在 “被禁止的行为”。同时，一审判决中反复提及蓝宝石公主号邮轮此前还曾发生成年旅客溺亡事故，但该次事故的纠纷解决并未经过诉讼或仲裁，无法明确邮轮公司是否对此负有法律责任，因而其对于本案裁判实际的证明意义也非常有限。如果嘉年华公司主观上不认为自身负有配备救生员的义务，并且此前未曾因此承担赔偿责任，无论船上曾经发生多少旅客溺水事故也无法佐证被告应当丧失责任限制的权利。因此，本案被告对于泳池未配备救生员的做法，既不存在旅客溺水的较大可能性，被告主观上也并非明知可能造成自身应当承担责任的损失，恐怕仍然难以构成公约规定的 “明知可能造成此种损失却毫不在意的行为或不为”，从而导致被告作为承运人丧失单位赔偿责任限制的权利。

3. 海上运输以外服务导致人身损害的责任限制

本案旅客溺水的情形属于邮轮运输以外的服务导致人身损害之典型。但是，如果是由于邮轮与其他船舶发生碰撞等原因造成正在使用泳池的旅客溺水，仍将构成航行事故导致的人身损害。因此，此种区分应当更多考察造成损害的原因，也即作为侵权责任构成要件的加害行为，而非拘泥于损害的外在形态，如在泳池溺水或在甲板滑倒。本案判决讨论泳池未配备救生员是否构成丧失责任限制，前提应是假定承运人原先享有责任限制权利。然而，邮轮公司对于运输以外服务导致的人身损害，是否仍应适用海上旅客运输法律制度，即使适用又是否符合单位赔偿责任限制制度的本意，应否享受海上旅客运输法赋予的责任限制权利，均有可资商榷之处。邮轮旅游早已不是单纯的航运活动，而是明显与旅游产业存在深度交叉。邮轮公司在船上提供的大量休闲娱乐服务，包括美容、健身、餐饮在内，通常并未受到海上特殊风险的明显影响。旅客使用泳池亦不例外。

仅从《1974 年雅典公约》的文义分析，似乎并未排除适用承运人在运输期间提供的其

① 储静伟：《29 岁女子溺亡豪华邮轮泳池》，载和讯新闻网，http: //news.hexun.com/2014-08-11/167411270.html，最后访问日期：2022 年 12 月 31 日。

② 该篇采访正是针对 2014 年 8 月 7 日一名成年旅客在蓝宝石公主号泳池溺水身亡的报道，本案判决曾多次提及该起事故。

③ 被告嘉年华公司在庭审中主张：英国健康与安全执行组织属于非政府公共组织，故而《游泳池健康和安全管理指南》不具有强制性约束力。

他船上服务。然而，区分航行事故与非航行事故的做法，《1974年雅典公约》自始有之，但其中并未直接采用“航行事故”的表述，直至《2002年雅典公约》明确给出了航行事故的定义。《1974年雅典公约》既然已有航行事故与非航行事故的区分，而且并未据此使得承运人单位赔偿责任限制制度而异其效果，理应推定立法者具有规定责任限制制度适用于非航行事故的立法目的。但是，作出上述推定应有一项基本前提，即邮轮旅游海上环节的全部内容应当悉数适用《1974年雅典公约》。然而，《雅典公约》是否以及在何种程度上适用于邮轮旅游，国际上历来存在较为明显的争议。无论是《雅典公约》还是《海商法》第五章“海上旅客运输合同”，本质上均是运输法。运输法的适用范围应是运输活动，而非从事运输活动的船舶上发生的一切民事活动。《雅典公约》名称中的“海上旅客及其行李运输”也已在一定程度上表明，该公约是关于运输事项的立法，其中的基础合同是运输合同，规定的承运人责任期间也是运输期间。邮轮旅游虽然是以海上旅客运输为其基本实现方式，但毕竟不能简单等同于海上旅客运输。邮轮旅游属于典型的休闲旅游活动，早已超出了单纯的运输属性。而且，国际邮轮行业基本已经形成共识：现代邮轮本质上是旅游目的地，而不是或者至少主要不是交通运输工具。因此，如果对于邮轮旅游中大量的休闲娱乐活动仍然机械地适用一般海上旅客运输的法律规则，尤其是其中的责任限制制度，即有可能产生不适当的裁判结果，从而构成法律漏洞。

上述法律漏洞应当属于隐藏漏洞，也即法律虽然含有得以适用的法条，但并未考虑特定类型案件的特质，根据立法目的对此适用并不妥当的法律不圆满状态。[①]隐藏的法律漏洞应当可以运用目的性限缩的方法加以填补。所谓目的性限缩，是指依法律条文之文义应涵盖某一案型，但依立法目的本不应包含此案型，系由于立法者的疏忽而未将其排除在外，于是为贯彻规范意旨，乃将该案型排除在该法律条文适用范围之外。[②]旅客使用船上泳池只是一般民事活动，由此引致的损害即使能为法条文义所涵盖，也应限缩法律规定的适用范围将其排除在外，避免海商法律维系的特殊公平重新陷入失衡。或许由于法律漏洞及其填补方法尚不为我国海事审判所熟知，加之轻易背离法条文义未必能够得到当事人的认可进而取得理想的纠纷解决效果，因而本案一审判决选择了通过从严解释“明知可能造成此种损失却毫不在意的行为或不为”，以此打破邮轮公司的责任限制权利，试图同样达到使得邮轮公司无权享受责任限制的结果。但是，此种方法在其他邮轮旅游纠纷中恐怕很难套用。以前述海洋量子号案为例，旅客在雨天自露天甲板步入室内船舱后摔倒。邮轮公司已为防止事故做了一定准

① 参见梁上上：《利益衡量论》（第2版），法律出版社2016年版，第56页。
② 参见梁慧星：《民法解释学》（第4版），法律出版社2015年版，第276页。

备，包括安排工作人员拖水以及设置鼓风机，显然无法构成“明知可能造成此种损失却毫不在意的行为或不为”。一审判决仅判令邮轮公司承担20%的责任，上海市高级人民法院作出的二审判决也予以维持。此种情形之下如果赔偿数额较大涉及援用责任限制，仅能通过目的性限缩的方法，贯彻立法目的打破邮轮公司的责任限制权利，而无丧失责任限制规则的适用空间。

此外，通过目的性限缩的方法固然能将非航行事故导致的人身损害排除在责任限制制度的适用范围之外。但是，传统海上旅客运输中承运人时常也会提供部分餐饮、住宿服务，此类服务更多是为保证运输活动得以顺利开展。如果仅因邮轮旅游快速发展的影响，而将此类服务同样予以排除，反而可能破坏现行海上旅客运输法律制度对于传统运输活动的适用效果。此亦是现代邮轮旅游活动特殊性对于传统海事法律造成的挑战。海事立法处理海上特殊风险的难点在于，受到海上特殊风险抽象性以及法条文字表述局限性的制约，往往只能通过具体的社会活动类型体现海上特殊风险，而无法直接规定海上特殊风险的影响。最为典型的便是国际海上货物运输承运人责任的归责原则是过错责任原则，而我国国内水路货物运输传统上适用无过错责任原则，承运人也不享有单位赔偿责任限制的权利，一般认为立法理由之一正是国内水路货物运输面临的海上特殊风险较小。但是，宁波至广州的运输与国际运输面临的海上特殊风险无异，却须适用无过错责任原则；而珠海到香港的运输距离较短，却被视同国际运输处理。此即通过社会活动分类体现海上特殊风险的弊端所在，航行事故与非航行事故的区分同样存在类似问题。而且，航行事故与非航行事故在邮轮旅游活动以及单位赔偿责任限制制度中的区分，根本上仍应通过立法确立，裁判中法律漏洞填补方法的运用仅是一时的权宜之计。无论是《海商法》的修改，还是未来《雅典公约》的进一步发展，均须审慎考量加以处理。

三、其他邮轮旅客人身损害纠纷

（一）旅客在船期间突发脑溢血

杭州市下城区人民法院审理的尤某红、尤某苗等与同程国际旅行社有限公司杭州分公司、同程国际旅行社有限公司等生命权、健康权、身体权纠纷案[①]中，原告尤某苗与母亲金某登上邮轮后，尤某苗、金某领取的房牌号分别为1036号、1037号，但随后因其他客人要求调换房间，尤某苗的房间被调整到6376号，与金某的1037号房间距离较远，金某在调房

① 参见浙江省杭州市下城区人民法院（2016）浙0103民初8357号民事判决书。

过程中情绪较为激动。

2016年8月31日凌晨2时15分，金某出现恶心情况，第一次前往医疗中心并诊断为头疼，轻度昏迷。根据船方医疗中心的记录：病人的临床情况为红色（危险），上岸类别为未申请；12时20分，尤某苗再一次紧急呼救，金某除对疼痛有反应，但无其他反应，医务人员进行了输血治疗，并留在医院治疗一整天，等待第二天在福冈上岸治疗。起初病人感觉明显好转，且在19时清醒并对自己负责；但到了9月1日凌晨4时，病人开始感觉越发不适，并在凌晨5时20分第一次心脏骤停。9月1日上午7时30分到达福冈后，随船医生立刻将病人送往医院，经CT检查诊断为小脑出血、水肿、脑死亡，但发现金某尚有心跳，血压还平稳，经原告要求医院给予维持心跳和血压治疗。9月3日原告家属经讨论决定放弃治疗，死亡诊断书中认定金某于2016年9月3日11时6分死亡，直接死因为小脑出血。

另查明金某参加的邮轮旅游的原定行程如下：2016年8月30日17时上海吴淞口码头出发，8月31日14时到达韩国济州岛，18时韩国济州岛前往日本福冈，9月1日到达日本福冈，18时返回上海。但是，8月31日14时左右临近济州岛时，因强风高达45海里/小时，船方接到通知要求跳过济州岛，故而直接开往福冈而未停靠济州岛。原告认为被告未予足够重视及采取有效的救治措施，特别是8月31日14时邮轮应停济州岛而未停靠，导致金某丧失上岸手术治疗抢救的最佳机会，最终发生死亡事故。

杭州市下城区人民法院认为：

被告作为有偿提供本次旅游活动的经营者，应当按照相关法律、行政法规的规定，以及合同约定为金某等游客提供服务，承担保障游客人身、财产安全的责任，否则，应承担相应的法律后果。

关于原告主张被告未安排尤某苗与金某同宿，随意改变住宿房间，导致金某情绪波动血压升高引发疾病的问题。对此，本院认为，根据原先的舱位安排表，尤某苗与金某的舱位邻近，便于互相照顾，在其他客人要求调房并且与尤某苗与金某发生纠纷时，被告负有协调舱位、妥善解决纠纷的义务。本案中，金某已是60岁以上的老年人，被告作为提供有偿旅游服务活动的经营者，同意金某参团旅游，自愿与其设立旅游服务合同法律关系，也就意味着其自愿接受了因此可能带来的风险责任，其应当结合金某作为老年人的生理和心理特点，为金某制定和采取更为周到细致的服务。由于本次旅游活动要远赴异域国度，金某又系老人，被告作为专业从事旅游服务的经营者，对金某这种老年游客应当负有更高标准的告知和警示义务，一方面应当在舱位安排、旅游纠纷解决过程中尽量考虑老年人的身心状态，尽量安排家属就近照顾，另一方面应当给予金某特别的提醒和告知，提醒其身体是否适宜旅行等警示。然而，被告在安排舱位时，舱位分配管理相对混乱，在解决纠纷时，亦未能考虑安排家属就近照顾金某，房间安排相去甚远，一定程度上导致了金某的情绪波动，被告亦未提醒金某身体是否适宜旅行等警示。

关于原告主张金某发病后，被告未予以重视及采取有关的救治措施，特别是8月31日14时邮轮应停靠济州岛未停靠，导致金某丧失上岸救治的最佳机会导致死亡事故的问题。对此，本院认为，8月31日14时左右邮轮临近济州岛时，因强风高达45kts（海里/小时），该情况构成不可抗力，邮轮基于船上全体游客的安全考虑，未停靠济州岛，符合合同中关于“船长有权自行对航行范围作出修改，变更停靠港口的顺序和/或省略其中某个或某些停靠港口”的约定，故原告主张被告应当停靠济州岛未停靠的过错，本院不予支持。根据法律规定，旅游者在人身、财产安全遇有危险时，有请求救助和保护的权利。在金某发病后，被告虽对其进行了一定程度的救助，但根据国旅公司邮轮部出具《关于830SE航次金某客人情况说明》的记载，在8月30日至9月1日在邮轮上的救治期间，被告领队以及总控对于金某的情况，所采取的措施除了安排其在医务室治疗之外，主要是“探望”。本院认为，鉴于本案发生在邮轮上，被告的救助义务还应当包括积极与船方进行沟通协调，并探讨可能性的救助方案。就本案而言，根据船方医疗中心的记录：病人的临床情况为红色（危险），上岸类别：没有申请。根据旅游合同的第5条、第6条的相关约定：“为了旅客和邮轮的安全性而有必要的，为了使邮轮上的任何人获得岸上医疗或手术治疗，船长有权自行对航行范围作出修改，变更停靠港口的顺序和/或省略其中某个或某些停靠港口。”在金某的临床情况为红色危险的情况下，被告在此过程除了“探望”之外，还应当积极与船方沟通协调有无其他救助方案的可能性，对于原告提出的直升机救援的要求，或许限于设施以及海上情况无法实现，但是被告应当与船方积极沟通协调有无其他救助方案的可能性：比如向船方提出上岸申请，或者探讨在8月30日至9月1日有无修改航线停靠其他港口的可能性，船上有无救生船只可供金某上岸治疗等。即使最终的上岸申请或者其他救助方案均不可行，被告若在此过程中进行了积极的沟通协调或者曾经提出上岸申请，亦可视为尽了力所能及的救助义务，但是被告未能提供证据证明其在此过程中积极与船方沟通协调了其他救助方案等，应自行承担举证不利的法律后果，故本院认为被告在履行救助义务时，存在一定程度过错。

综上，本院认为，被告作为旅游经营者，对金某这种老年游客应当负有更高标准的告知和警示义务，但被告在舱位安排分配过程中管理不够规范、协调纠纷过程中，未能考虑安排家属就近照顾，亦未对其身体是否适宜旅行进行特别警示；在金某发病之后，被告并未积极与船方沟通协调有无其他救助方案的可能性或提出上岸申请，在履行救助义务时存在一定过错，与金某的死亡之间存在一定的因果关系。但是造成金某死亡的主要原因是其自身疾病，金某作为老年人，应当考虑到远赴国外旅游以及在海上航行可能遭遇的风险，显然是过于自信，缺乏对自身身体状况和适应能力的准确判断，导致在旅游途中疾病发作而死亡，故其自身应当承担主要责任。被告的过错对金某的死亡后果承担轻微次要责任，本院酌情认定其对金某死亡所造成的损失承担20%的赔偿责任。

被告同程公司的舱位系向被告国旅公司购买，双方存在合作关系，在本次邮轮上的旅游过程中，存在共同操作的情况，在邮轮上均有相应的领队负责，双方作用相当，依法应共同对外承担责任，两被告对内可各半分担责任，并互负连带责任。

（二）旅客在船上舞台踩空台阶摔伤

广东省深圳市罗湖区人民法院一审、广东省深圳市中级人民法院二审王某薇与深圳市君之旅国际旅行社有限公司、云顶旅行社（上海）有限公司、国旅环球（北京）国际旅行社有限公司生命权、健康权、身体权纠纷案[①]中，邮轮公司在船上电影厅组织欢送会，舞台上及台阶均未铺设地毯。在观众与台上演员合影环节，现场有观众分别从舞台左侧、舞台中间直接登台与演员合影，原告从舞台右侧登上台阶，工作人员指示原告应从左侧登台，原告在下台阶的过程中踩空，导致摔下台阶受伤；原告受伤后至下船期间，一直有工作人员陪同坐在轮椅上的原告。

一审法院广东省深圳市罗湖区人民法院认为：

根据《最高人民法院关于审理旅游纠纷案件适用法律若干问题的规定》第七条第一款的规定，旅游经营者、旅游辅助服务者未尽到安全保障义务，造成旅游者人身损害、财产损失，旅游者请求旅游经营者、旅游辅助服务者承担责任的，人民法院应予支持。本案中，被告君之旅公司作为旅游经营者、第三人云顶公司作为旅游辅助服务者未尽到安全保障义务，造成原告人身损害，应对原告承担赔偿责任，具

① 参见广东省深圳市罗湖区人民法院（2019）粤0303民初16479号民事判决书；广东省深圳市中级人民法院（2020）粤03民终725号民事判决书。

体理由如下：首先，被告君之旅公司组织41名50岁以上老年人，其中65岁以上老年人27人成团旅游，本应委派合法领队全程陪同，尽到更高的注意义务，但被告君之旅公司未提交证据证明其安排了有资质的领队随团出游，应承担举证不能的不利后果，一审法院认定被告君之旅公司未能按照法律法规和行业服务规范提供导游服务，无法正确、恰当地履行相应安全保障职责；其次，第三人云顶公司在举行活动时，未对现场观众的秩序维护、规范指引进行妥善安排，且在涉案处于海上航行的邮轮这种特殊环境中，发生事故的舞台及台阶上均未铺设地毯，存在一定的安全隐患，据此，一审法院认定第三人云顶公司作为旅游辅助服务者，亦未尽到安全保障职责。关于第三人国旅公司的责任，一审法院认为，第三人国旅公司仅作为涉案邮轮船票的代理销售方，未参与被告君之旅公司及第三人云顶公司组织的相关活动，第三人国旅公司无须对原告的人身损害承担责任。

根据《中华人民共和国侵权责任法》第二十六条规定，被侵权人对损害的发生也有过错的，可以减轻侵权人的责任。本案中，原告作为70岁以上的老年人，本应对其行为尽到更多的注意义务，且在其患有老年性脑萎缩的情况下，应对其人身损害后果承担一定的责任。一审法院酌定被告君之旅公司、第三人云顶公司应对原告的损害后果分别承担10%的赔偿责任，原告对其损害后果承担80%的责任。

二审法院广东省深圳市中级人民法院在维持原判的同时认为：

关于一审法院判决被上诉人君之旅公司、被上诉人云顶公司各承担本案10%的责任是否适当问题。依据云顶公司提交的监控视频显示：2018年10月30日14时14分，云顶公司在其涉案邮轮电影厅组织欢送会，舞台上及台阶均未铺设地毯，在与舞台上的演员合影环节，现场有观众分别从舞台左侧、舞台中间直接登台与演员合影，上诉人从舞台右侧登上台阶，邮轮工作人员指示上诉人应从左侧登台，上诉人在下台阶的过程中踩空，摔下台阶受伤；在上诉人受伤后至下邮轮，一直有工作人员陪同坐在轮椅上的上诉人。从各方举证和陈述来看，在被上诉人君之旅公司、被上诉人云顶公司向上诉人提供旅游服务的过程中，未能按照法律法规和行业服务规范提供导游服务，无法正确、恰当履行相应安全保障职责，造成上诉人人身损害，应对上诉人承担相应的赔偿责任，一审判决被上诉人君之旅公司、被上诉人云顶公司承担一定责任是正确的。从本案事实看，上诉人年纪较大，并患有老年性脑萎缩、腰椎体陈旧性骨折等疾病，对作出参加此项旅游的决定不够审慎，事发时也未与他人有身体接触，上诉人的自身因素是发生本案损害的主要原因，一审认定上诉人承担主要责任并无不当。安全保障义务的不履行或不当履行不属于导致上诉人受伤的直接原因，也无证据显示被上诉人君之旅公司、被上诉人云顶公司怠于履行救助义务，延误了上诉人的最佳治疗时机，故被上诉人君之旅公司、被上诉人云顶公司仅在一定程度上构成对上诉人人身安全的侵权，需承担相应责任，上诉人认为三被上诉人应承担全部赔偿责任的理由不能成立，本院不予采纳。

（三）旅客在岸上观光环节景点摔伤

广东省深圳市福田区人民法院审理的刘某与芒果网有限公司、意大利歌诗达邮轮有限公司上海代表处旅游合同纠纷案[①]中，第一被告芒果网有限公司（以下简称芒果网）是第二被告意大利歌诗达邮轮有限公司上海代表处（以下简称歌诗达公司）的母公司涉案邮轮船票的代理销售商。2011 年 9 月，原告在被告芒果网处报名参加了 10 月 7 日出发的歌诗达“经典号”6 天海上假期，并向被告芒果网支付了人民币 5412 元，其中包括 14 元的旅行意外险。2011 年 10 月 10 日，原告向被告歌诗达公司支付 160 美元作为随队上岸旅游的费用。被告歌诗达公司的邮轮抵达日本长崎后，原告随队在和平公园游览，在公园台阶上踏空摔倒，导致左肱骨骨折。2012 年 3 月 21 日，广东南天司法鉴定所就原告的劳动能力出具司法鉴定意见书，原告刘某的伤残等级为十级。

广东省深圳市福田区人民法院在本案中认为：

至于歌诗达公司是否应当承担赔偿责任，应当就事故发生的过程作全面分析和认定。从原告发生损害的全部过程看，原告称发生事故的原因是和平公园台阶标识不明所致，但是原告对和平公园的场地情况并未举证，无法证实该地存在危及游客安全的危险的状况。从被告提交的和平公园相关照片看，日本和平公园内原告摔倒的地点并非存在危险。且对于公园内的正常台阶，任何在此行走的行人均应当予以注意，并无须特别予以标示。从日常经验看，原告虽然年龄已达 60 岁，但是作为一个成年人，在公园的台阶行走，属于日常行为能力的一部分，并非存在特定的危险或者从事属于不适合自身条件的旅游活动。对此，旅游经营者也不存在特定的安全保障义务。原告关于导游没有提出警示的陈述系原告单方陈述，没有确切证据证实。依据日常旅游经验，在自由活动开始前，导游要求游客注意自身安全系常态。没有证据证实本次旅游导游有故意疏忽提示安全。因此，无证据证实被告歌诗达公

① 参见广东省深圳市福田区人民法院（2012）深福法民一初字第 1447 号民事判决书。

司存在过错，原告应当对事故发生自行承担责任。

至于原告要求被告退还全部旅游费的要求，本院认为：原告旅行至长崎发生事故，旅途已经完成了一半，后因事故的原因导致原告无法完成剩下的旅行，因此，本院对原告要求返还旅游费的请求予以部分支持。本院酌情判令被告芒果网和被告歌诗达公司连带返还原告已经支付的一半旅游费用。

第二节　邮轮旅游航程变更纠纷

一、邮轮旅游航程变更的概念

航程，[①] 严格意义上是指船舶自出发港到目的港的距离，[②] 也即船舶航行的路程。[③] 但是，早在民国时期的海商法著作中已有使用"航程"一词表示船舶的航行线路，如我国海商法泰斗魏文翰的《海上保险学》一书即将"deviation"译为"变更航程"。[④] 邮轮旅游实践中通常所称航程也并非用以表示距离，而是更多接近邮轮航线的含义，即按照一定船舶运行组织方法联系各个港口的旅客运输路线；[⑤] 同时在此基础上又更强调时刻因素，故而可以认为是"航行日程"的简称，也是运输航线与旅游行程的结合。

邮轮活动的旅游属性明显高于运输功能，而且除相对短暂的岸上观光环节外，邮轮航线与旅游行程高度重合，根本原因是邮轮在具备一般船舶的运输工具功能的同时，本质上更是邮轮旅游最为主要、直观的旅游目的地。邮轮旅游路线之所以被习惯性地称为航程，可能也是受到旅游活动中"行程"一词的影响。旅游所称行程应是"旅行日程"的简称，《旅游法》对于旅游路线通篇采用"行程"的表述，载明旅游线路安排的文件也被称为"旅游行程单"。而且，邮轮旅游所称航程较之航线似乎具有更为特定化的含义：邮轮公司对于预先设计并反复使用多个航次的邮轮线路一般也称为航线，但在旅客购买邮轮旅游产品之后，具体至每名

① 航程在航空运输中亦指续航距离，即航空器在平静大气中沿预定航向耗尽其可用燃料所能飞越的水平距离，用以表征航空器的远航运载能力。参见夏征农、陈至立主编：《辞海》（第 6 版），上海辞书出版社 2009 年版，第 852 页。

② 参见夏征农、陈至立主编：《辞海》（第 6 版），上海辞书出版社 2009 年版，第 852 页。

③ 参见中国社会科学院语言研究所词典编辑室编：《现代汉语词典》（第 7 版），商务印书馆 2016 年版，第 516 页。

④ 参见魏文翰：《海上保险学》（第 2 版），中华书局 1947 年版，第 246 页。

⑤ 参见夏征农、陈至立主编：《辞海》（第 6 版），上海辞书出版社 2009 年版，第 854 页。

旅客的场合则更多采用航程的表述，并且更为侧重作为旅游活动的日程安排。考虑到我国既有的邮轮旅游地方立法不少已经采用航程的表述，如《上海市邮轮旅游经营规范》第 16 条的条旨即为“邮轮航程变更”，本书予以沿用。

航程变更,顾名思义是指邮轮航行日程的变更,《上海市旅游条例》第 59 条第 3 款以及《上海市邮轮旅游经营规范》第 17 条主要规定了邮轮延误、不能靠港、变更停靠港三种情形，[①] 而于广义上还应包括航程取消。[②] 基于合同法的立场，无论对于海上旅客运输合同或者邮轮旅游服务合同，航程变更的本质应是对于合同义务的违反，属于违约行为，亦即《民法典》第 577 条所称“不履行合同义务或者履行合同义务不符合约定”，可能涉及履行不能、不适当履行以及部分履行等违约行为形态。航程变更发生在行程前或行程中的时间不同，可能导致的法律后果分别主要表现为合同的解除或变更。因此,邮轮旅游航程变更涉及的法律问题,主要表现为邮轮公司、旅行社作为邮轮旅游经营者能否免除违约责任，也即造成航程变更的原因是否构成免责事由，同时涉及邮轮旅游经营者对于航程变更的告知义务以及费用退还义务。

二、邮轮旅游航程变更的原因及其性质

（一）航程变更的主要原因

邮轮旅游发生航程变更的原因较为多元,常见的原因大致可以分为天气原因、政府原因、社会原因、邮轮公司原因、其他原因五类，各个原因之间在具体个案中可能存在交叉。

1. 天气原因，包括台风、大雾、雷雨等恶劣天气，也是目前导致邮轮旅游航程变更最为主要的原因。

司法实践

天气原因导致的邮轮旅游航程变更

上海市虹口区人民法院在审理的赵某红、于某等与地中海邮轮船务（上海）有限公司、

① 例如，《上海市旅游条例》第 59 条第 3 款规定：“发生邮轮延误、不能靠港、变更停靠港等情况的，邮轮公司、旅行社和邮轮码头应当及时向旅游者发布信息，告知解决方案，对旅游者进行解释、劝导。邮轮旅游纠纷应当按照有关法律规定和合同约定处理。”

② 根据《上海市邮轮旅游经营规范》第 11 条第 2 款、第 12 条第 1 项以及第 18 条第 2 款的表述，该规范规定的应是狭义的航程变更，故而与航程取消并列。

上海途牛国际旅行社有限公司旅游合同纠纷案[①]中认定事实如下：

2018年7月1日，三原告登船前，被告地中海邮轮向三原告各发放告知书一份，告知因受热带风暴影响，预计7月1日上海附近海域天气状况不佳，船长预计福冈抵港时间将延迟4小时，且在航程中，船长将以保障全船人员安全为首要原则，对航程是否需要再行调整做出独立判断。对于因不可抗力导致的行程调整，地中海邮轮制订了两个方案可供选择，如选择继续参加航程，地中海邮轮已购买了邮轮保险，若因不可抗力造成港口停靠时间缩短3小时以上，可获得保险赔偿金；如选择取消本次航程，在扣除已经支付且不可退还的费用之后，由三原告预订的旅行社退还已支付船票金额的15%。同时温馨提醒，航程可能会受到风浪影响而产生颠簸。若宾客有需求，可尽力提供协助。三原告在三份告知书的回执拦勾选“继续参加此次航程，并将严格遵守船长在航程过程中基于航行安全及舒适所做的任何决定，且承诺不因此航次行程变更向MSC地中海邮轮及旅行社提出任何索赔”并署名。当日，三原告乘坐辉煌号邮轮，于2018年7月2日凌晨从上海出发，于2018年7月5日抵达上海，期间该邮轮取消了日本福冈登岸，改为海上巡游。

2. 政府原因，涉及检疫限制、港口封锁、司法扣押等情形，如海娜号邮轮2013年9月13日被韩国济州地方法院扣押，以及2017年受到“萨德”事件影响，我国邮轮航线不再设置韩国港口作为挂靠港。

司法实践

政府原因导致的邮轮旅游航程变更

青岛海事法院审理的易游天下国际旅行社（北京）有限公司、易游天下国际旅行社（北京）有限公司山东分公司等与太湖国际邮轮有限公司侵权责任纠纷案：[②]

2017年3月7日，易游天下山东分公司工作人员向太湖公司发送电子通知

---

① 参见上海市虹口区人民法院（2019）沪0109民初10454号民事判决书。

② 参见青岛海事法院（2020）鲁72民初68号民事判决书。

邮件，称因“萨德”问题取消钻石辉煌号2017年3月17日及3月25日的航次。2017年3月16日，易游天下山东分公司工作人员再次向太湖公司发送电子邮件，内容为“关于解除《‘辉煌号’包船合同》取消317、325航次的通知”，其中载明“因受国家限韩令的影响，已确定无法正常履行。鉴于此情势变更，特此通知贵公司：解除贵我双方签订的上述两个航次包船合同，取消317、325两个航次”。

3. 社会原因，如港口疫情、港口罢工，其中以新冠疫情对于邮轮旅游的影响最为典型。

司法实践

社会原因导致的邮轮旅游航程变更

广东省深圳市罗湖区人民法院审理的冯某雁、陈某文等与深圳中华龙旅游集团有限公司旅游合同纠纷案：[①]

七原告与被告签订了一份编号为1833349的出境旅游合同，约定被告为原告提供6天5晚菲律宾星梦邮轮服务，旅游费用为56517元；出发时间为2020年1月26日，结束时间为2020年1月31日。2019年12月3日，原告冯某雁向被告支付订金28000元，2020年1月9日，原告冯某雁向被告支付28517元。

2020年1月24日，星梦邮轮通知：因疫情发展，公司对2020年1月26日航次做出特别安排，如果旅客希望推迟出行，我司可将已支付的费用转为信用额度，旅客可以此信用额度购买星梦邮轮旗下2020年12月31日前出发的其他航次；旅客如自愿取消行程，我司亦可提供免费取消安排并退还已支付之费用，请联络原报名单位办理退款安排。

4. 邮轮公司原因，包括船舶故障、驾驶或管理船舶的过失等情形。

---

① 参见广东省深圳市罗湖区人民法院（2021）粤0303民初2197号民事判决书。

司法实践

邮轮公司原因导致的邮轮旅游航程变更

福建省南平市延平区人民法院审理的吴某、张某峰等与中国国旅（福建）国际旅行社有限公司、中国国旅（武夷山）国际旅行社有限公司南平营业二部旅游合同纠纷案：[①]

2014年3月19日，原告吴某、张某峰、张某泽、吴某榕、王某颖等人乘坐歌诗达邮轮“维多利亚号”启程，次日抵达基隆后，按照行程安排进行游玩。当晚，歌诗达邮轮“维多利亚号”按计划驶往花莲港，在行驶途中，歌诗达邮轮“维多利亚号”船长Samueie Mao向游客发出通知，内容为“……由于受到恶劣天气的影响，当局已关闭花莲港口的一切航道交通，出于安全原因，歌诗达‘维多利亚号’不能停泊花莲港。航程将更改如下：3月21日基隆16:00—00:00；3月22日台中09:00—18:00；3月23日厦门09:00到达。”同年3月21日，歌诗达邮轮“维多利亚号”按通知驶入替代港基隆港，在驶往基隆港途中，歌诗达邮轮“维多利亚号”于11时发出通知，内容为“……由于船方设备技术故障，出于安全的原因，歌诗达‘维多利亚号’今晚将在基隆过夜，船只将于明天3月22日下午五时启航并按原定计划于3月23日早上九时到达厦门港口。”当日下午，歌诗达邮轮“维多利亚号”安全抵达基隆港。同年3月22日，船方向游客发出通知，内容为“……由于不利的天气情况影响，由于安全的原因邮轮无法停靠花莲港，且修改了航程。……再次通知您由于设备技术故障，出于安全考虑，歌诗达‘维多利亚号’因需停留在基隆过夜维修，未按原定计划前往台中，预计3月22日下午五时启航前往厦门，预计3月23日早上九点到达。”同年3月22日，该邮轮设备技术故障仍未解决，原告吴某、张某峰、张某泽、吴某榕、王某颖等人继续滞留在基隆港。同年3月23日，包括原告吴某、张某峰、张某泽、吴某榕、王某颖等人在内的游客1656人乘坐被告国旅（福建）公司安排的华信航空飞机返回厦门，包机费用2518245.20元由被告国旅（福建）公司支付给华信航空。

5. 其他原因，如船上人员突发严重疾病需要送医治疗。

① 参见福建省南平市延平区人民法院（2015）延民初字第866号民事判决书。

司法实践

其他原因导致的邮轮旅游航程变更

上海市长宁区人民法院审理的李某良、潘某明等与国旅环球（北京）国际旅行社有限公司旅游合同纠纷案：[①]

1. 2018年3月8日，四原告乘坐由被告代买火车票自上海虹桥站驶往厦门北站，之后四原告及其他游客在厦门北站乘坐大巴车前往厦门国际邮轮码头。因部分游客（包括四原告）所乘火车到达厦门北站后，搭乘被告方安排的大巴车到达上述邮轮码头时，已近原定邮轮离港时间，且众多游客需过安检、海关，四原告于当日17时30分登上上述邮轮。全部游客于18时10分登船完毕，导致原定于17时驶离港口的邮轮实际离港时间延误至18时36分。

2. 2018年3月9日凌晨3时许，某位游客心脏不适，经邮轮上医生诊断可能突发心脏病。当日6时20分，邮轮折向我国台湾高雄。两小时后，救援直升机将患病游客接走。邮轮于同日约7时30分后驶向原既定航线。之后邮轮遇逆风行驶（白天风浪达到6级、晚上达到6~7级）。

3. 2018年3月10日，上述邮轮抵达菲律宾马尼拉港口的时间为18时，比原定抵港时间晚了3小时。被告方安排游客车游观光，被告方向四原告出具《特殊事项告知书》，载明："鉴于天气等不可抗力及船上紧急医疗救援等原因，邮轮原预定靠岸时间由原来的12：00—20：00改为19：00—22：00，停靠时间只有3小时，为游客的安全考虑，旅行社安排车游马尼拉，本人选择不下船，确认请签字。"四原告在被告方提供的《特殊事项告知书》上书写"由于没有按照我们与旅游公司签订的合同执行，我们认为旅游公司违约，我们采取马尼拉不下船，要求予以赔偿或其他方式予以补偿"字样并签名，四原告未下船进行车游。

（二）航程变更的法律性质

航程变更的原因是否构成免责事由，直接决定了邮轮公司、旅行社作为邮轮旅游经营者能否免除相应合同的违约责任。免责事由的本质是非因债务人过错而使合同不能履行的事

① 参见上海市长宁区人民法院（2019）沪0105民初22084号民事判决书。

由。我国合同法上普遍适用的法定免责事由仅有不可抗力（force majeure），[①] 故而分析航程变更原因的法律属性，主要在于认定是否构成不可抗力。

《民法典》第 180 条第 2 款规定："不可抗力是不能预见、不能避免且不能克服的客观情况。"因此，不可抗力在我国法律下的构成应当满足四项要件，即客观情况、不能预见、不能避免、不能克服。所谓客观情况，是指独立于人的行为，并且不受当事人的意志支配的客观现象，[②] 一般认为不包括第三人的个人行为；同时，由于法条采用的措辞是"并"，故而不能预见、不能避免、不能克服三项要件必须同时满足，[③] 而非任意达成一项即可。但是，也有观点认为：要求不可抗力必须同时具备不能预见、不能避免和不能克服三项要件，有时可能出现不适当的结果，宜视个案变通处理，即有时仅要求具备其中两项要件即可。[④]

不可抗力的构成须与具体的事故类型结合进行判断。某一事故在此情形下可能构成不可抗力，而在彼情形下却未必如此，笼统地将某种事故归为不可抗力的做法并不可取。[⑤] 不可抗力可以分为两类：一是社会事件或称人的行为；二是自然事件。据此考察邮轮旅游航程变更的原因，同样需要结合个案的具体情形加以认定，概括式的原因类型仅能提供一般性判断的初步参考。

1. 天气原因作为自然事件，一般能够达到一定强度，而且直接关乎海上航行安全，故而绝大多数均能成立不可抗力，并且也是不可抗力最为稳定的类型。

2. 政府原因和社会原因虽可归入社会事件，多数亦能构成不可抗力，但也并不尽然，尤其对于邮轮公司自身存在过错的情形。例如，2013 年海娜号之所以遭到法院扣押，原因在于大新华轮船（香港）有限公司与江苏沙钢集团旗下沙钢船务（香港）有限公司之间的租船合同租金纠纷，而大新华轮船（香港）有限公司和经营海娜号的海航旅业邮轮游艇管理公司均为海航集团旗下企业，并且海航集团为该次租船出具了担保函。可见导致海娜号遭到司法

---

① 参见崔建远：《合同法》（第 3 版），北京大学出版社 2016 年版，第 347 页；韩世远：《合同法总论》（第 4 版），法律出版社 2018 年版，第 494 页。

② 参见王利明：《合同法研究》（第 2 卷）（第 3 版），中国人民大学出版社 2015 年版，第 528 页。

③ 参见崔建远：《合同法》（第 3 版），北京大学出版社 2016 年版，第 348 页。

④ 《联合国国际货物销售合同公约》第 79 条第 1 款规定："当事人对不履行义务，不负责任，如果他能证明此种不履行义务，是由于某种非他所能控制的障碍，而且对于这种障碍，没有理由预期他在订立合同时能考虑到或能避免或克服它或它的后果。"（A party is not liable for a failure to perform any of his bligations if he proves that the failure was due to an impediment beyond his control and that he could not easonably be expected to have taken the impediment into account at the time of the conclusion of the contract or to have avoided or overcome it, or its consequences.）该条原文采用的英文表述是"or"，故而通常认为"能考虑到"、"能避免"以及"克服"三项要件仅须满足任意一项即可。

⑤ 参见韩世远：《合同法总论》（第 4 版），法律出版社 2018 年版，第 483 页。

扣押的根本原因仍然在于邮轮公司自身，表明其所具备的包括法律预判和应对在内的经营风险防范能力并不充分，[①] 故而不宜认定为不可抗力。检疫限制若是由于邮轮卫生措施的缺陷而引致，同样可能无法构成不可抗力。

3. 邮轮公司原因，由于邮轮公司自身大多存在过错，除非能够证明船舶故障等情形符合不可抗力的构成要件，否则也难以援引不可抗力主张免除或减轻责任。

以上分析主要基于邮轮公司也即海上旅客运输合同的立场。由于邮轮旅游通常同时涉及邮轮公司和旅行社两个邮轮旅游经营者，针对二者与旅客之间不同的合同关系，同一事故是否构成不可抗力也不尽相同。而且，为免不可抗力的范围不当泛化，不可抗力构成要求的“不能预见、不能避免、不能克服”应当是指客观情况对于义务履行造成的影响以及由此对于权利人造成的损害，而非客观情况本身。[②] 基于义务人不同，客观情况对于履行义务造成的影响自然也有所区别。此种区别对于天气原因而言并不明显，而由于政府原因、社会原因乃至邮轮公司原因的场合，即使邮轮公司存在过错而不能主张不可抗力，但由于船上人员罢工等情形不属于第三人的个人行为，通常亦非旅行社所能预见、避免并克服，故而仍有可能在邮轮旅游服务合同下构成不可抗力，从而允许旅行社免除或减轻责任。因此，至少对于当前我国邮轮旅游实践中最为常见的航程变更原因，即台风等恶劣天气因素，可以认为对于海上旅客运输合同和邮轮旅游服务合同均可构成不可抗力。

（三）邮轮船票的航程变更条款

邮轮旅游服务合同或者邮轮船票条款中的航程变更条款，通常均会列举不可抗力的事由和范围。较为典型的应是皇家加勒比国际游轮《乘客票据合同》第 7 条“承运人所作的取消、变更或更换”：

> a. 承运人无法保证游轮会在每一个停靠港口停靠或完全按照预定行程进行航行。在起航前或起航后，行程可能会不时发生变更。尽管承运人始终会努力避免对行程进行任何变更或取消，在某些情况下，承运人可能需要将预定的起航时间、停靠港、目的港、客房或其他任何船上或船下活动予以取消、提前、延后或变更，或更换游轮、停靠港、目的港、客房或其他活动项目。可行的情况下，承运人会尽快尽合理努力将变更或取消通知乘客或其旅行代表。除第 4.e 款、第 4.f 款、第 7.d 款、第 7.e 款另有规定外，或因公共卫生紧急事件或政府命令导致游轮行程取消或延误

① 参见司玉琢、单红军:《评述与反思:“海娜号”邮轮韩国被扣案之法律问题》，载《法学杂志》2013 年第 12 期，第 22 页。

② 参见陈甦主编:《民法总则评注》，法律出版社 2017 年版，第 1287 页。

乘客登船24小时以上且法律要求退款的，就上述任何取消、提前、延后、更换或变更行为，承运人均无须对乘客的任何索赔请求负责，包括但不限于损失、赔偿或退款。

b. 举例而言（不局限于此举例情形），若承运人认为发生了任何不利情形（如敌意行为、封锁、不利天气条件、劳资冲突、船上或岸上罢工、船体故障、阻塞、入港困难、医疗或人命救助紧急情况、确认全球性流行病、公共卫生紧急事件或传染性疾病暴发、隔离、国家或区域性紧急状态、或其他任何原因）从而可能导致航程、任何乘客或财产受到侵害或其他不利影响，则承运人有权改变预定航线和/或将乘客及其财产运至其他任何港口而不承担任何责任，本票据合同或适用法律另有规定的除外。

c. 对于由任何政府机关（或代表上述政府机关执行公务的人员）所做出的任何命令、建议或指示，承运人均有权予以遵守，且该遵守行为不构成承运人对本协议的违约，乘客也无权因此提出要求承运人承担任何责任、赔偿或退款的索赔请求。

d. 不可抗力事件也可能导致行程取消、变更或更换。“不可抗力事件”是指无法预见、避免和克服的事件，包括但不限于天灾、游轮故障、敌视行为、封锁、劳资冲突、船上或岸上罢工、政府扣押或管制、战争、火灾、冲突、保险公司指令、逮捕、政府机关或其他主管机关限制或命令、恐怖活动、民众骚乱、天气条件（包括台风），以及有关游轮安全问题（船长是唯一裁断者）、游轮浸水或船体、机械部件及固定部件的故障或损坏（承运人经惯常及全面的机械检查仍不可预见或避免的情况）、无法保证或未能获取包括燃料在内的供给、游轮被征用、港口拥堵及堵塞、旅游目的地政府/世界卫生组织发出旅游警告、政府部门发出红色/黑色外游警示、确认全球性流行病、公共卫生紧急事件或传染性疾病暴发、隔离、国家或区域性紧急状态、其他业界不能控制的不利旅客外游的情况，或其他超出承运人控制范围的情况（包括但不限于因任何前述事件导致的承运人运力配置变更）。当不可抗力事件导致承运人做出任何取消、变更或更换时，应适用下述规定：

d.1 起航前，如果承运人因不可抗力事件被迫彻底取消游轮行程（行程的变更或停靠港口的更换不应被视为是行程的取消），承运人所需承担的唯一责任是在三十（30）天内，向乘客或其旅行代表（如果乘客是通过旅行代表订票的话）退还承运人所收取的订票费用。通过旅行代表订票的乘客请联系您的旅行代表进行有关退款事宜。

d.2 起航前，如果因为不可抗力事件需要变更行程且该等变更会对整体度假体验造成不利影响，则乘客应享有以下选择权：(i) 接受变更后的行程安排，该等情况下，承运人将按照下述第 7.d.3 款在三十（30）天内向乘客或其旅行代表退还费用（如有）；(ii) 取消行程，该等情况下，承运人将在三十（30）天内向乘客或其旅行代表退回承运人收取的订票费用的 50%、港务税费，以及承运人收到的岸上短途观光费用的退款（如果岸上短途观光是通过承运人购买的话）。

d.3 如果乘客选择上述第 7.d.2 款下规定的第一种方案接受变更后的行程安排，则退款（如有）将按照如下规定由承运人退回给乘客或其旅行代表：(i) 如果承运人认为不可抗力事件导致无法完成游轮行程而需要缩减行程天数，则承运人应根据游轮行程中被缩减的巡游天数占总巡游天数的比例，将收取的订票费用按比例退还给乘客或其旅行代表。为本条款之目的，每一巡游日应视为从当地时间上午 12:01 开始。若任何巡游在当地时间下午 12:01 之后取消，应当被视为该日整日的巡游活动已经完成。将游客送返至登船港口途中的时间应被包括在巡游时间内，承运人应向乘客提供游轮上的所有服务和住宿。(ii) 如果起航延误、港口停靠时间缩短或返回目的港延误，但行程天数不减少，则承运人无须承担赔偿或退款的任何责任，而船上将向乘客提供各项服务和住宿。(iii) 如果停靠港口被取消或更换且因为该等取消或更换使得承运人收到了港务税费及 / 或岸上短途观光费用（如果岸上短途观光是通过承运人购买的话）的任何退款，则承运人应将该等退款退回至乘客或其旅行代表。

d.4 游轮行程开始后，如果因不可抗力事件需要进行任何行程变更或更换，承运人需要承担的唯一责任为：(i) 如承运人因该等变更获得任何港务税费及 / 或岸上短途观光费用（如果岸上短途观光是通过承运人购买的话）的退款，则承运人应将该等退款退回给乘客或其旅行代表；及 / 或 (ii) 游轮行程被缩减的情况下，根据游轮行程被缩减的巡游天数所占总行程巡游天数的比例，向乘客或其旅行代表按比例退还收取的订票费用。退款应在游轮行程结束后三十（30）天内进行。

e. 如果因为机械故障导致游轮巡游（或游轮观光中的游轮巡游部分）被取消或提前终止，则：(i) 若游轮巡游被完全取消，乘客享有巡游费用全额退款的权利，若游轮巡游被提前终止，则享受部分退款；(ii) 承运人可在其认为适当的范围内承担或补偿乘客的额外费用（如机票改签费用）；(iii) 若乘客已到达游轮，乘客有权享有交通服务（按照乘客选择的交通方式）将其送至游轮预定的到达港或乘客所属城市；并且（iv）若因游轮巡游或游轮观光中的游轮巡游部分被取消或提前终止导致乘客需要在非预定港口下船并过夜，则乘客有权享有承运人选择安排的住宿服务。

f. 乘客代表自己及其他所有在本票据合同项下的游客（包括但不限于随行未成年人及其他本合同项下的同行客人）同意，若其对于行程变更有任何疑惑、问题或纠纷，应通过适当且合法的方式解决。在任何情况下，乘客都不得参与船上的示威游行、抗议或其他承运人视为将会对船上气氛、其他乘客的游轮旅游享受造成不利影响的行为。乘客不得通过拒绝登船或离船的方式胁迫承运人承担任何责任，或干扰游轮的运营或航行，或通过极端的方式进行抗议（如静坐抗议、在游轮公共区域聚集、唆使其他游客加入抗议活动等），或采取其他违反乘客行为守则以及游轮航行所涉及的国家的法律法规的行为。乘客应始终遵守游轮船长的通知，并遵守承运人的乘客行为守则。若乘客未能遵守本条款之规定，可能导致承运人根据乘客行为守则采取措施，并要求乘客就其行为可能给承运人造成的损失承担责任。①

星旅远洋邮轮《旅客票据合同》第9条"承运人所作的取消、变更或更换"也规定如下：

1. 因不可抗力、意外事件、事故等不可归责于承运人的客观情况，或为船舶或旅客及财产的安全，或救助或企图救助人命或者财产，或人数未能达到最低要求，承运人无须事先通知，即可将预定的开航时间、停靠港、目的港、舱房或其他任何船下或船上活动予以取消、提前、延后或修改，或更换任何船舶或运输工具、停靠港、目的港、舱房或其他观光活动项目。除下述第9条第3款和第九条第6款的约定外，就上述任何取消、提前、延后、更换或修改行为，承运人均无须对旅客的任何索赔请求负责，该索赔请求包括但不限于损失赔偿、赔付或退款。

2. 对于由任何政府机关（或代表上述政府机关执行公务的人员）所做出的任何命令、建议或指示，承运人均有权予以遵守，且该遵守行为不构成承运人违反或不履行本协议，对该遵守行为造成的任何取消、提前、延误、更换或修改、损失或损害，承运人不承担任何赔偿或退款的责任。

3. 不可抗力事件也可能导致行程取消、变更或更换。"不可抗力事件"是指不能预见、不能避免和不能克服的事件，包括但不限于天灾、邮轮故障、战争、敌意行为、封锁、劳资冲突、船上或岸上罢工、停工、抵制、禁令或限制、政府或主管

① 皇家加勒比国际游轮：《乘客票据合同》，载皇家加勒比国际游轮官网，https://www.rcclchina.com.cn/content/brand/passenger/repeat，最后访问日期：2023年1月31日。

部门的行为、逮捕、邮轮被征用、扣押或管制、劫持、海盗、火灾、冲突、保险公司指令、恐怖活动或威胁、叛乱、民众骚乱、暴动或内乱、疫情、检疫限制、天气条件（包括台风）、有关邮轮安全问题（船长是唯一裁断者）、邮轮浸水或船体、机械部件及固定部件的故障或损坏（承运人经惯常及全面的机械检查仍不能预见或避免的情况）、无法保证或未能获取包括燃料在内的供给、港口拥堵及堵塞、航道不畅、入港困难、旅游目的地政府／世界卫生组织发出旅游警告、政府部门发出红色／黑色外游警示、其他业界不能控制的不利旅客外游的情况，或其他超出承运人控制范围的情况（包括但不限于因任何前述事件导致的承运人运力配置变更）。当不可抗力事件导致承运人做出任何取消、变更或更换时，应适用下述规定：

（1）当承运人由于不可抗力事件在行程开始前被迫取消邮轮行程时，承运人以及／或者船舶所需承担的唯一责任应当为三十（30）日之内向旅客或其旅行代理（如果旅客是通过旅行代理订票的话）退还承运人所收取的订票费用。通过旅行代理订票的旅客请联系您的旅行代理要求退还您的订票费用。

（2）在行程开始前，如果由于不可抗力事件需要变更行程且该等变更会对整体观光体验造成不利影响，则旅客应享有以下选择权：（i）接受变更后的行程安排，该等情况下，承运人应将未实际发生的费用退还给旅客或其旅行代理（如果旅客是通过旅行代理订票的话）并可在其认为适当的范围内给予旅客一定补偿；（ii）取消行程，该等情况下，承运人应当于此后三十（30）日之内向旅客或其旅行代理（如果旅客是通过旅行代理订票的话）退还承运人所收取的订票费用的50%及港务税费。通过旅行代理订票的旅客请联系您的旅行代理要求退还您的相关费用。

（3）如果在邮轮行程开始后，因发生本条规定的情况，从而导致行程发生变更或更换，承运人以及／或者船舶应承担的唯一责任应当为于此后三十（30）日之内，将未实际发生的费用退还给旅客或其旅行代理（如果旅客是通过旅行代理订票的话）。通过旅行代理订票的旅客请联系您的旅行代理要求退还您的相关费用。

4. 旅客理解并同意，邮轮行程的出发和到达时间无法保证，并且行程中的任何部分都可能发生延迟，也可能因天气条件、安全航行的紧急状况，航行通过受管制水域、港口和航道以及其他超出承运人控制范围的原因（包括但不限于不可抗力）而取消停靠港。尽管有前述规定，承运人将合理安排替代的停靠港，或进行行程变更，力图使前述任何一种或两种方案尽可能如同原行程一样有利于旅客。此种情况下，承运人不需要向旅客承担任何的退款补偿或赔偿责任。

5. 旅客确认并同意，如果邮轮行程由于任何上述事件而发生变更、取消或提前终止，他们将不会强迫承运人接受任何条件或通过集体抗议、拒绝登船或离船等方式妨碍船舶的正常运行或航行，也不会以任何其他极端的方式进行抗议，或采取任何违反旅客行为守则以及邮轮巡游所涉及的相关国家法律或法规的行为。旅客应当始终遵守并服从船长发出的通知、指示或指令，并遵守旅客行为守则。若旅客未能遵守本条款之规定，可能导致承运人根据旅客行为守则采取措施，并要求旅客就其行为可能给承运人造成的损失承担责任。

6. 如果因为承运人过错所致的机械故障导致邮轮行程被取消或提前终止，则：（1）若邮轮行程被完全取消，承运人向旅客或其旅行代理（如果旅客是通过旅行代理订票的话）退还承运人所收取的订票费用，若邮轮行程被提前终止，则旅客享有要求退还未实际发生费用的权利；（2）承运人可在其认为适当的范围内承担或补偿旅客的额外费用（如机票改签费用）；（3）若旅客已到达邮轮，旅客有权享有交通服务（按照旅客选择的交通方式）将其送至旅客经常居住的城市；（4）若因邮轮行程部分被取消或提前终止导致旅客需要在非预定港口下船并过夜，则旅客有权享有邮轮公司选择安排的住宿服务。[①]

上述条款列举的“游轮故障”等情形，如依法律规定显然并不必然构成不可抗力，故而存在通过合同扩张不可抗力概念的倾向，应当结合免责条款乃至格式条款的相关规则从严掌握航程变更条款或不可抗力条款的效力。[②]

三、邮轮旅游航程变更的法律规则

目前，我国针对邮轮旅游仅有部分地方立法存在专门规范可供参考，故而更多需要适用一般法的对应规则。邮轮旅游兼具旅游和运输的双重属性，同时受到旅游法和运输法的调整，航程变更可能同时构成旅游行程与运输航线的变更。此外，旅客订购邮轮旅游产品具有生活消费的性质，亦有适用消费者保护法的空间。

① 星旅远洋邮轮：《旅客票据合同》，载星旅远洋邮轮官网，http://www.aocruise.com/question/passengerticket，最后访问日期：2022 年 12 月 31 日。

② 参见韩世远：《合同法总论》（第 4 版），法律出版社 2018 年版，第 485 页。

（一）合同法

合同法对于不可抗力的规定主要分为两种情形：

1. 因不可抗力致使不能实现合同目的，当事人可以解除合同。《民法典》第 563 条第 1 款第 1 项规定："有下列情形之一的，当事人可以解除合同：（一）因不可抗力致使不能实现合同目的……"不可抗力对于当事人的履行能力及条件的影响有大小之别，如果不可抗力导致合同完全不能履行，合同目的根本不能实现，则可发生解除权。[①] 例如，由于新冠疫情在全球范围内的严重情况，导致出境邮轮旅游全面停航。

2. 因不可抗力不能履行合同，义务人可以根据不可抗力的影响程度，部分或者全部免除责任。《民法典》第 590 条第 1 款规定："当事人一方因不可抗力不能履行合同的，根据不可抗力的影响，部分或者全部免除责任，但是法律另有规定的除外。因不可抗力不能履行合同的，应当及时通知对方，以减轻可能给对方造成的损失，并应当在合理期限内提供证明。"此时义务人负有通知义务和证明义务。例如，由于中途挂靠港的恶劣天气，邮轮公司决定取消挂靠港停靠而改为海上巡游，此时邮轮公司应当及时通知旅客，并在合理期限内提供由于恶劣天气导致无法停靠挂靠港的证明。同时，《民法典》第 590 条第 2 款规定在先迟延履行的存在将排除不可抗力作为免责事由："当事人迟延履行后发生不可抗力的，不免除其违约责任。"因此，如果邮轮公司存在迟延履行的情况，如由于船舶故障导致邮轮延迟一周启航，此时遭遇台风即使构成不可抗力，邮轮公司也不能主张免除违约责任。但是，通说认为在先的迟延履行排除不可抗力免责并非在任何情况下均适用，例外情况是即使债务人按照约定时间履行，损失也不能避免，此时风险并未因为迟延履行而提高，故而不可抗力仍是免责事由。[②] 例如，邮轮仅迟延数小时或一日开航，而即使按照原定时间开航仍将在中途挂靠港遭遇台风而无法停靠。

（二）旅游法

邮轮旅游服务合同的当事人是旅行社和旅游者，旅游法对于航程变更的规制主要表现为行程变更规则的适用。旅行社不得擅自变更旅游行程安排是其履行旅游服务合同的基本原则之一。但是，旅游服务合同难免受到诸多因素的影响进而产生履行障碍，故而《旅游法》第 67 条规定了发生不可抗力等情形的处理规则，其中适用的客观情况类型并不限于不可抗力，还包括"旅行社、履行辅助人已尽合理注意义务仍不能避免的事件"，即学理上所称通

---

① 参见韩世远：《合同法学》（第 2 版），高等教育出版社 2022 年版，第 230 页。

② 参见朱广新、谢鸿飞主编：《民法典评注·合同编　通则》（第 2 卷），中国法制出版社 2020 年版，第 471 页。

常事变。

《旅游法》第67条规定：

> 因不可抗力或者旅行社、履行辅助人已尽合理注意义务仍不能避免的事件，影响旅游行程的，按照下列情形处理：
>
> （一）合同不能继续履行的，旅行社和旅游者均可以解除合同。合同不能完全履行的，旅行社经向旅游者作出说明，可以在合理范围内变更合同；旅游者不同意变更的，可以解除合同。
>
> （二）合同解除的，组团社应当在扣除已向地接社或者履行辅助人支付且不可退还的费用后，将余款退还旅游者；合同变更的，因此增加的费用由旅游者承担，减少的费用退还旅游者。
>
> （三）危及旅游者人身、财产安全的，旅行社应当采取相应的安全措施，因此支出的费用，由旅行社与旅游者分担。
>
> （四）造成旅游者滞留的，旅行社应当采取相应的安置措施。因此增加的食宿费用，由旅游者承担；增加的返程费用，由旅行社与旅游者分担。

此时旅行社负有以下两项义务：

1. 告知义务。根据《旅游法》第62条的规定，旅行社对于合同履行过程中发生的旅行社依法可以减免责任的信息，也应告知旅游者。航程变更导致的合同变更或解除应当属于此种情形。此外，也有观点认为履行辅助人也负有此项告知义务，故而邮轮公司作为履行辅助人也应基于邮轮旅游服务合同而将航程变更的情况告知旅游者。例如，《中华人民共和国旅游法释义》一书认为：

> 旅行社、履行辅助人均负有告知义务。本条虽然规定承担告知义务的主体是旅行社，但作为旅行社履行辅助人的住宿、餐饮、景区经营者等对其提供的服务也当然负有告知义务。履行辅助人违反告知义务，旅行社也要承担相应的法律责任。由于旅游活动具有综合性的特征，涉及食、住、游、行、购、娱六大要素，旅游经营者必须借助其他服务提供者的服务，如航空、酒店、景区等，才能够提供一次完整的旅游服务。因此，整个旅游活动中，大多数环节均由履行辅助人提供服务。由于各个具体旅游服务的提供者对其提供的旅游服务最为了解，知悉其中哪些因素可能构成对旅游者人身、财产安全的威胁，因此，履行辅助人应当对其提供的服务承担告知义务。[①]

① 杨富斌、苏号朋主编：《中华人民共和国旅游法释义》，中国法制出版社2013年版，第179页。

2. 费用退还义务。合同解除时旅行社应当扣除已向地接社或履行辅助人支付且不可退还的费用，而后退还余款；合同变更时则应退还因合同变更而减少的费用，最为典型的即是取消挂靠港的港务费。

（三）运输法

1. 海上旅客运输法

（1）海上旅客运输的航线变更

海上旅客运输立法历来均以旅客人身损害以及行李损害为规范重点，而对航行线路的变更关注不多。《海商法》和《1974 年雅典公约》均未涉及航行线路的变更。

即使是部分设有航行线路变更专门规定的法域，相关规则也难以适应邮轮旅游的特殊性。例如，我国台湾地区“海商法”规定了海上旅客运输承运人在特殊状况下完成运输的义务，其中第 88 条规定，“船舶因不可抗力不能继续航行时，运送人或船长应设法将旅客运送至目的港”；第 89 条规定，“旅客之目的港如发生天灾、战乱、瘟疫，或其他特殊事故致船舶不能进港卸客者，运送人或船长得依旅客之意愿，将其送至最近之港口或送返乘船港”。上述规定均是基于传统海上旅客运输的基本立场，仍以旅客位移的最终实现为目的。[①] 旅客参加邮轮旅游不是单纯追求最终抵达目的地的结果，判断邮轮公司履行海上旅客运输合同是否得当，应当着重关注邮轮公司能否提供符合合同要求的海上旅游观光体验；旅客位移的准确程度虽然亦属重要，但至少相应退至较为次要的地位。例如，“设法将旅客运送至目的港”包括采用其他船舶甚至其他运输方式，前者可能不具备符合合同约定的船上休闲娱乐设施，后者将会直接改变海上旅游观光的基本目的，虽然仍能实现旅客位移，但不符合作为邮轮旅游本质的旅游属性。

（2）船长的独立决定权

船长的独立决定权直接影响甚至决定邮轮旅游的航程变更。船长的独立决定权首先源于国际条约的规定。例如，《国际海上人命安全公约》第 V 章第 34 条第 3 款规定，“船东、租船人或第 IX /1 条所定义的船公司，或其他任何人员均不应阻止或限制船长根据其专业判断作出或执行为安全航行和保护海洋环境所必需的任何决定”；第 XI –2 章第 8 条第 1 款也规定：“船长依照其专业判断而作出或执行为维护船舶安全或保安所必需的决定，应不受公司，承租人或任何他人的约束。”

---

① 也有观点认为，此类规定属于行政法规之要求，而非合同权利义务，不应规定于作为私法的海商法律。参见黄裕凯：《2002 年国际海上旅客及其行李运送雅典公约》，台北，五南图书出版股份有限公司 2012 年版，第 271~274 页。

我国《船员条例》第20条第1款、第2款也规定：

船长在保障水上人身与财产安全、船舶保安、防治船舶污染水域方面，具有独立决定权，并负有最终责任。

船长为履行职责，可以行使下列权力：

（一）决定船舶的航次计划，对不具备船舶安全航行条件的，可以拒绝开航或者续航；

（二）对船员用人单位或者船舶所有人下达的违法指令，或者可能危及有关人员、财产和船舶安全或者可能造成水域环境污染的指令，可以拒绝执行；

（三）发现引航员的操纵指令可能对船舶航行安全构成威胁或者可能造成水域环境污染时，应当及时纠正、制止，必要时可以要求更换引航员；

（四）当船舶遇险并严重危及船舶上人员的生命安全时，船长可以决定撤离船舶；

（五）在船舶的沉没、毁灭不可避免的情况下，船长可以决定弃船，但是，除紧急情况外，应当报经船舶所有人同意；

（六）对不称职的船员，可以责令其离岗。

《上海市邮轮旅游经营规范》第16条第2款也规定："如遇不可抗力可能危及邮轮和旅游者人身安全的，邮轮船长有独立决定权，可以决定变更航线或者停止航行。邮轮公司、船员、邮轮码头、旅行社、旅游者均无权干涉，并应予配合。船长决定变更航线或者停止航行的，邮轮公司应当会同旅行社等有关单位做好后续处置工作。"

基于海上安全的考量，船长负责船舶的指挥和管理，由于船长职务与责任的关系，加之船长的专业判断能力以及对于现场情况的了解程度，[①] 赋予船长独立决定权能够保障船长在维持船上秩序、处理紧急情况时得以充分行使权力。而且，随着船舶吨位的增加，以及海上航行越发复杂，船长在公法上的地位也日益增强。[②] 船长虽是船舶所有人的雇员，但即使船舶所有人同时在船，船长对于变更航线、停止航行等事项仍然具有独立决定权，此即其中"独立"一语的含义所在。

船长的独立决定权首先表现为对于航次计划的决定权。船长应当根据实际情况，综合考虑船舶航行安全和防治船舶污染海洋环境，决定航次计划，包括暂停、变更、取消计划。需要考虑的情况至少包括船舶适航状况、客货装载情况、船员适任状况等船舶内部因素，以

① 参见刘功臣、赵晓光、何建中主编：《中华人民共和国船员条例释义》，人民交通出版社2007年版，第60页。
② 参见赵鹿军编著：《船舶船员法》，大连海事大学出版社2017年版，第135页。

及预定航线的通航保障情况、气象、海况、航道尺度、战争、疫病等船舶外部因素。如果不具备船舶航行安全条件,船长有权拒绝开航或者续航。歌诗达邮轮《乘客条款》第10条“船长的权利”第1款约定：

> 船长可全权决定在没有引航的情况下开航、在任何情况下使用拖轮或为其他船舶提供帮助、偏离正常航线、进入任何港口（无论其是否处于航线之上）、为了继续航行而将乘客及其财产转移至另一船舶。[①]

船长的独立决定权本身并不构成不可抗力，原因不仅在于船长行使此项权力属于第三人的个人行为而非客观情况，而且船长依据法律规定以及自身职责行使独立决定权是天气因素等客观情况存在的必然结果，导致航程变更的根本原因仍是此类客观情况。对于船舶故障等情形，虽然船长行使独立决定权时邮轮公司作为船舶所有人无法干涉，但船舶故障本身却颇有可能是由邮轮公司的过错导致，此时邮轮公司仍应承担违约责任，无法依据不可抗力主张免除或减轻责任。

2018年3月23日《海商法（修订征求意见稿）》第173条曾对邮轮航程变更作出规定：

> 承运人应当按照合同既定的航线行驶，不得擅自改变和取消航线行程。
>
> 船舶因不可抗力、危及航行安全以及可能危及船舶和旅客人身安全的情形下，船长有权决定变更航线或者停止航行。船长决定变更航线或者停止航行的，承运人无须向旅客承担赔偿责任，但是应当负责后续处置工作。
>
> 因承运人过错造成船舶变更航线或者停止航行的，承运人应当以船票票价的两倍为限向旅客承担赔偿责任，并且负责后续处置工作。

上述规定第2款、第3款之间存在矛盾，原因在于错误理解了航程变更的决定权。发生危及航行安全的客观情况后，须由船长行使独立决定权，方才导致航程变更。据此，决定航程变更的权力在于船长，承运人无权干涉。本条第2款规定船长决定航程变更的情形承运人无须承担赔偿责任，第3款又规定因承运人过错造成航程变更的承运人应当承担赔偿责任，二者存在矛盾。船长行使独立决定权并不意味着承运人不存在过错，相反，许多情况下正是由于承运人的过错，导致船长不得不通过行使独立决定权决定航程变更以维护

---

① 歌诗达邮轮：《乘客条款》，载歌诗达邮轮官网，https://www.costachina.com/faq/4，最后访问日期：2022年12月31日。

航行安全。简言之，船长行使独立决定权与承运人存在过错并非相互分野的对立情况，船长行使独立决定权的情形承运人仍有可能存在过错。判断承运人能否对于航程变更免除违约责任，标准在于是否存在法律认可的客观情况，也即不可抗力或通常事变，而并非船长是否行使独立决定权。

2. 一般运输法

《民法典》第三编“合同”第十九章“运输合同”是关于运输合同的一般规定，其中第一节“一般规定”同时适用于客货运输以及公路、水路、航空等各类运输方式。第 811 条规定：“承运人应当在约定期限或者合理期限内将旅客、货物安全运输到约定地点。”第 812 条规定：“承运人应当按照约定的或者通常的运输路线将旅客、货物运输到约定地点。”因此，承运人负有在约定期限或合理期限之内，将旅客按照约定或通常路线运输至约定地点的义务。邮轮旅游涉及的海上旅客运输合同对于运输时间和运输路线几乎不可能不作约定，通常体现为船票上的明确记载。

至于第二节“客运合同”，其中第820条整合了原《合同法》第298条、第299条[①]的规定：“承运人应当按照有效客票记载的时间、班次和座位号运输旅客。承运人迟延运输或者有其他不能正常运输情形的，应当及时告知和提醒旅客，采取必要的安置措施，并根据旅客的要求安排改乘其他班次或者退票；由此造成旅客损失的，承运人应当承担赔偿责任，但是不可归责于承运人的除外。”由于邮轮旅游的特殊性，不同邮轮的风格、休闲娱乐设施种类乃至服务水平均有差异，而且同一邮轮公司在同一邮轮母港通常每天乃至每周仅有一个航次，故而很少发生承运人“安排改乘其他班次”或“变更运输工具”的情形。但是，如果邮轮发生迟延运输的情形，旅客应当可以据此主张退票，只是由于旅客乘坐邮轮的根本目的通常不是运输，故而旅客仅因迟延运输便主张退票的可能性同样很小。

（四）邮轮旅游法

《上海市邮轮旅游经营规范》由原上海市旅游局、上海市交通委员会共同制定，自 2016 年 4 月 10 日起施行。这是我国首次针对邮轮旅游专门立法，其中不少条文对于邮轮旅游的航程变更均有涉及，分别围绕航程变更本身以及合同内容、告知义务等相关事项。

第 11 条“邮轮船票”第 2 款规定：“船票应列明承运人名称、船名、航次、出发港、途径港、返回港、舱室等级、乘船日期、开船时间、上船地点（码头）等基本信息，应告知邮轮旅游

---

① 原《合同法》第 298 条规定：“承运人应当向旅客及时告知有关不能正常运输的重要事由和安全运输应当注意的事项。”第 299 条规定：“承运人应当按照客票载明的时间和班次运输旅客。承运人迟延运输的，应当根据旅客的要求安排改乘其他班次或者退票。”

的安全注意事项、风险警示、礼仪规范、民事责任与义务、因不可抗力导致的航程变更、取消后的风险分担标准、免责事项、投诉电话、法律救助渠道等事项和船上服务项目有关人数、身高、体重、年龄等的限制性要求。邮轮公司应当通过登轮手册、公告牌、网站告知等多种形式发布上述信息。”据此，邮轮船票应当记载由于不可抗力导致航程变更、取消后的风险分担标准，上文列举的各类邮轮公司船票条款的不可抗力条款即属此类。

第 12 条“邮轮船票销售、代理合同”对于合同条款也有类似规定，要求邮轮公司必须与旅行社或国际船舶代理企业签订书面的邮轮船票销售合同或代理合同，其中应当明确约定因不可抗力导致的航程变更、取消后的风险分担标准。第 12 条的规定如下：

> 邮轮公司与旅行社、国际船舶代理企业应当就邮轮船票销售、代理签订书面合同，并对以下涉及旅游者权益的事项作出明确约定：
>
> （一）因不可抗力导致的航程变更、取消后的风险分担标准；
>
> （二）发生违约或者给旅游者造成人身损害、财产损失情形的责任分担；
>
> （三）纠纷解决方式；
>
> （四）向旅游者提供中文文本的船票、服务说明等资料的责任人；
>
> （五）其他与旅游者权益相关的事项。

第 14 条“特殊告知义务”要求邮轮旅游经营者应向旅游者告知船长在船舶安全以及航行安全方面的处置权利、不可抗力及其他免责事项：

> 邮轮公司、旅行社、国际船舶代理企业向旅游者销售邮轮船票，旅行社与旅游者签订邮轮旅游合同时，应当向旅游者如实说明下列事项：
>
> （一）邮轮上服务项目的限制性要求；
>
> （二）邮轮上的禁止行为；
>
> （三）船票费用包含的具体事项；
>
> （四）邮轮旅游可能存在的特定风险、安全注意事项和安全避险措施；
>
> （五）船长在船舶安全以及航行安全方面的处置权利；
>
> （六）纠纷发生后的赔偿标准和手续；
>
> （七）不可抗力及其他免责事项；
>
> （八）应急联络方式；
>
> （九）法律、法规规定应当向旅游者说明的其他情况。
>
> 对于上述特殊告知事项，邮轮码头应承担协助告知义务，应通过电子显示屏、

广播、宣传资料等多种形式在码头区域向旅游者加强告知和宣传。

第16条、第17条是对航程变更的直接规定。第16条“航程变更处置”第1款规定了邮轮公司应当按照约定航线行驶、提供服务的义务：“邮轮公司应当按照合同上既定的航线行驶，并且提供承诺的相关服务，不得擅自改变航线或者减少服务项目和服务内容。”第2款规定了船长的独立决定权：“如遇不可抗力可能危及邮轮和旅游者人身安全的，邮轮船长有独立决定权，可以决定变更航线或者停止航行。邮轮公司、船员、邮轮码头、旅行社、旅游者均无权干涉，并应予配合。船长决定变更航线或者停止航行的，邮轮公司应当会同旅行社等有关单位做好后续处置工作。”

第17条则是规定了航程变更的处置：

> 在邮轮旅游行程开始前，因不可抗力等原因导致邮轮延误、不能靠港、变更停靠港等情况的，邮轮公司、旅行社和邮轮码头应第一时间向旅游者告知不可抗力的具体情形、邮轮航线变更情况、解决方案等内容。
>
> 在邮轮旅游行程中，因不可抗力等原因导致邮轮延误、不能靠港、变更停靠港等情况的，邮轮公司应当以中文等语种通过广播、公告屏、舱内电视、书面通知等形式向旅游者发布信息，告知不可抗力、客观原因的具体情形、邮轮航线变更情况、解决方案等内容，安排工作人员对旅游者进行解释、劝导。旅行社应当配合，并和邮轮公司一起制定和实施应急方案。

根据上述规定，可以认为我国现行法律总体上认可符合不可抗力等法定情形的航程变更免除违约责任，但邮轮公司、旅行社作为邮轮旅游经营者同时负有告知义务以及费用退还义务。至于邮轮公司与旅行社之间关于航程变更的责任分担，则应依据双方之间订立的邮轮船票包销合同的约定。例如，邮轮船票包销合同可能约定：

> 协议各方均理解：邮轮方及邮轮公司并未对邮轮离港和到港时间作出保证，并且可能因恶劣天气条件、航行中的紧急事件、途径水域、港口和海峡的管制以及其他任何超出邮轮方及邮轮公司可控范围的因素或并非承运人过失，导致巡游行程中的任何环节出现迟延，或取消在部分港口的停靠。邮轮方和邮轮公司均无须对任何乘客的索赔请求负责的基础上，邮轮方和邮轮公司将尽其合理努力，寻找替代停靠港和/或进行行程变更，使旅客和采购方能够享受到与原行程同样的利益和优势。

四、邮轮旅游航程变更的司法实践

（一）不可抗力等免责事由的认定

1. 天气原因

关于天气原因作为不可抗力等法定免责事由的认定，应以上海市长宁区人民法院审理的胡某、胡某杰等与上海携程国际旅行社有限公司旅游合同纠纷案[①]最为典型。该案中，受到“灿鸿”和“浪卡”台风的影响，邮轮公司经与日本港口管理部门联系，无法在日本西部海域安排可供邮轮停靠的港口，综合考虑台风所处位置、走势以及可供使用港口泊位等情况，决定更改原定行程，取消原定在神户、细岛的停靠安排，缩短邮轮行程。上海市长宁区人民法院在该案判决中较为准确地阐释了台风等恶劣天气作为航程变更原因构成不可抗力的合理性：

> 当今科学技术发展对于台风这一自然现象尚未达到控制、改变、利用的境界，台风仍然是极具破坏力的自然灾害。为了保障海上航行船舶安全，根据台风的走向，适时调整船舶航行路径，是规避台风造成安全风险的有效方法。由于台风不可控性和极强破坏性，风险防范应保留余地，不容任何侥幸，不宜事后以台风实际路径来评判当时邮轮改变航线的合理性。欺诈是指一方当事人故意告知对方虚假情况，或者故意隐瞒真实情况，诱使对方当事人作出错误意思表示。原告预订涉案邮轮旅游产品在先，“灿鸿”台风和“浪卡”台风的生成及影响在后。在双方缔结旅游合同关系时，被告无法预料此后的台风生成及影响范围等情况，被告隐瞒真相难以成立。原告诉称被告事先就有借故台风影响，达到将前往日本神户、细岛的游轮航线改变至韩国济州岛的意图。若如此，意味着台风生成是可以预知的，这显然是悖论。原告诉称被告行为构成欺诈，缺乏依据，不符合法定构成条件，难以认定。故原告主张被告以三倍服务费金额增加赔偿的诉讼请求，本院不予支持。船舶在海洋中航行受多种因素影响，船舶的适航和停泊港口的确定，受天气、海况、港口接纳等诸多条件限制，是由具备专业知识人员才能决定、驾驭。正因为如此，在原告收到的订购确认单上，被告载明邮轮公司有权根据天气等不可抗力因素调整或改变行程，并明确船长享有最终决定权。从保障邮轮上全体人员和财产安全考量，上述条款并不因其为格式条款归于无效，而应从自然规律和日常生活经验法则加以理解和尊重。

① 参见上海市长宁区人民法院（2015）长民一（民）初字第7689号民事判决书。

有关船舶航程变更并非属于由旅客商议决定的事项。原告登船前没有作出解除旅游合同的意思表示，参加了航程更改后的旅程。《中华人民共和国旅游法》规定，因不可抗力或者旅行社、履行辅助人已尽合理注意义务仍不能避免的事件，影响旅游行程的，合同变更的，因此减少的费用应退还旅游者。携程旅行社应将减少行程的旅游费用退还原告，根据原告交付的旅游费，本院酌定携程旅行社应退还原告旅游费7416元。原告要求被告全额退还旅游费的诉讼请求，缺乏法律依据，本院不予支持。

2. 社会原因

社会原因作为不可抗力等法定免责事由的认定，最为典型的应属新冠疫情。北京市朝阳区人民法院在刘某与北京豚鼠国际旅行社有限公司旅游合同纠纷案中认为，文化和旅游部于2020年1月24日通知暂停全国旅行社及在线旅游企业暂停经营团队旅游及“机票＋酒店”旅游产品，符合法律规定的不可抗力情形：

根据《中华人民共和国合同法》第九十四条的规定，因不可抗力致使不能实现合同目的，当事人可以解除合同。现因新型冠状病毒感染的疫情防控工作需要，文化和旅游部于2020年1月24日通知暂停全国旅行社及在线旅游企业暂停经营团队旅游及“机票＋酒店”旅游产品，符合法律规定的不可抗力情形。根据《中华人民共和国旅游法》第六十七条第（二）项的规定，因不可抗力或者旅行社、履行辅助人已尽合理注意义务仍不能避免的事件，影响旅游行程的，按照下列情形处理：……（二）合同解除的，组团社应当在扣除已向地接社或者履行辅助人支付且不可退还的费用后，将余款退还旅游者；合同变更的，因此增加的费用由旅游者承担，减少的费用退还旅游者。本案中双方签订的《出境旅游合同》亦约定，因不可抗力或者出境社、履行辅助人已尽合理注意义务仍不能避免的事件，影响旅游行程，合同不能继续履行的，出境社和旅游者均可以解除合同，合同不能完全履行，旅游者不同意变更的，可以解除合同（因已尽合理注意义务仍不能避免的事件提出解除合同的，相关法律、行政法规另有规定的除外），合同解除的，出境社应当在扣除已向地接社或者履行辅助人支付且不可退还的费用后，将余款退还旅游者。刘某向豚鼠公司交纳旅游团款预订旅游产品，因疫情无法如期出行，符合不可抗力的情形，刘某要求退还款项，符合上述法律规定及合同约定，豚鼠公司应在扣除已向地接社或者履行辅助人支付且不可退还的费用后，将余款退还刘某。豚鼠公司虽主张刘某所预订旅游产品缴纳的费用均已支出且不可退还，但其提交的证据系由与其合作的旅行社出具，并无已将费用支付给地接社或旅游辅助人的证据，故刘某的诉讼请求，有事实及法律依据，本院予以支持。

3. 邮轮公司原因

关于邮轮发生故障等邮轮公司原因导致的航程变更，福建省南平市延平区人民法院在吴某、张某峰等与中国国旅（福建）国际旅行社有限公司、中国国旅（武夷山）国际旅行社有限公司南平营业二部旅游合同纠纷案①中针对旅行社的责任认为，邮轮发生技术故障对于旅行社而言属于无法预见和无法控制的客观原因，符合邮轮旅游服务合同约定的因不可抗力或意外事件而变更合同内容的情形：

合同约定的歌诗达“维多利亚号”邮轮航线为厦门—基隆—花莲—台中—厦门，而在实际履行过程中“维多利亚号”邮轮未到达花莲、台中，根据“维多利亚号”邮轮船长的通知内容以及2014年3月19日20时19分花莲外海发生5.6级的地震来看，“维多利亚号”邮轮没有停靠花莲港的原因是天气恶劣，在停靠基隆港后，“维多利亚号”邮轮又出现技术故障，而无法按原定旅游航线完成旅游项目。天气原因及“维多利亚号”邮轮发生技术故障均属于被告国旅（福建）公司无法预见和无法控制的客观原因，符合合同约定的因不可抗力或者因意外事件而变更合同内容的情形，故被告国旅（福建）公司因此无法完成原定的旅游项目，不构成违约，因此，原告吴某、张某峰、张某泽、吴某榕、王某颖要求被告国旅（福建）公司、南平营业二部赔偿违约金68895元的依据不足，不予采纳。根据合同约定，被告国旅（福建）公司可以在征得50%以上的游客同意，或在情况紧急时自行决定变更旅游项目，未发生的旅游费用由被告国旅（福建）公司承担。被告国旅（福建）公司在无法安排游客到花莲和台中停靠并上岸观光的情况下，尽力做出了合理安排，即安排全体游客到台北市观光，并包机将游客送回厦门，自行承担了包机而增加的费用。虽然“维多利亚号”邮轮旅游主要消费在邮轮上提供的餐饮、住宿和海上观光等，但停靠沿途港口的观光也是不可或缺的旅游目的。此次旅行沿途应当停靠的花莲、台中两个港口因客观原因未能停靠，旅游者的旅游目的没有完全实现，因此，被告国旅（福建）公司应当向旅游者退还部分没有发生的旅游费用。因被告国旅（福建）公司已

---

① 参见福建省南平市延平区人民法院（2015）延民初字第866号民事判决书。

履行了部分合同义务，故原告吴某、张某峰、张某泽、吴某榕、王某颖主张被告国旅（福建）公司、南平营业二部返还全部团费缺乏依据，故本院对原告吴某、张某峰、张某泽、吴某榕、王某颖要求被告国旅（福建）公司、南平营业二部共同返还全部团费的主张，不予采纳。

4. 其他原因

其他原因较为典型的是船上人员突发严重疾病需要送医治疗等导致的航程变更，如上海市长宁区人民法院在李某良、潘某明等与国旅环球（北京）国际旅行社有限公司旅游合同纠纷案[①]中认为，邮轮船长决定改变航向送患病旅客上岸构成不可抗力：

2018 年 3 月 9 日凌晨，因某游客心脏不适，邮轮上医生诊断该游客可能突发心脏病，邮轮船长决定改变航向，将患病游客送去就医，期间用时逾 2 小时。邮轮方送走患病游客后，返航中又遇大风大浪，导致邮轮到达马尼拉港时间由原定的 15 时延迟至 18 时。根据相关规定，船长有权在紧急情况下，为了维护船上人员安全（包含生命、健康权）而采取非常措施予以应付突变事件。邮轮船长决定改变航向送走患病游客系国际人道主义的体现，也符合《1974 年国际海上人命安全公约》规定，且变更航向，送走患病游客，这种救急扶伤的行为亦符合中华美德。邮轮方的上述行为及遇到大风大浪的自然原因，非被告方所能控制或预期，也非被告方在订立合同时所能考虑到或能避免及克服。故本院结合之前的阐述认定邮轮延迟抵达马尼拉，不可抗力系主要因素，被告方行程首日的安排不当系次要因素，因此邮轮延迟抵达马尼拉并非被告方的行为所致。

（二）邮轮旅游经营者的费用退还义务

关于邮轮旅游经营者的费用退还义务，争议往往在于岸上观光的相关费用是否应当返还。成都市锦江区人民法院审理的刘某澄与同程国际旅行社有限公司成都分公司、同程国际旅行社有限公司旅游合同纠纷案[②]中，邮轮公司受到“巴蓬”台风影响，为确保旅客和船员安全而取消了原定日本福冈的停靠。旅行社在诉讼中辩称岸上观光属于附赠内容：

双方签订的《团队出境旅游合同》的特色为邮轮旅游，以在邮轮上游玩体验为主，上岸观光仅为提升客户体验，其系附赠的内容，且行程变更系受台风影响，属

① 参见上海市长宁区人民法院（2019）沪 0105 民初 22084 号民事判决书。

② 参见四川省成都市锦江区人民法院（2015）锦江民初字第 4962 号民事判决书。

于不可抗力。除了取消福冈的上岸观光，其他都按合同约定履行。

但是，成都市锦江区人民法院在判决中却认为，岸上观光属于邮轮旅游行程不可分割的部分，岸上观光行程的取消也将导致旅游费用的变化：

双方在履行案涉合同过程中，因遭遇台风，原定行程发生了变更，其系不可归责于双方的客观原因，依照《最高人民法院关于审理旅游纠纷案件适用法律若干问题的规定》第十三条第二款的规定，因此变更旅游行程的，应退还减少的旅游费用。同程公司、同程成都分公司辩称案涉合同为邮轮旅游，其特色为邮轮上游玩，岸上观光是附赠项目，取消该项目不影响旅游费用。虽案涉合同以邮轮旅游为特色，但该合同约定“邮轮形成内容以最终出团通知书为准”，而《出团通知书》载明了旅行的行程，并详细列明了岸上观光的时间、城市、交通方式、行程等内容。综合分析上述证据，岸上观光属于整个旅游行程不可分割的部分，其与旅客邮轮上游玩共同组成案涉合同的全部内容，且同程公司在庭审中亦认可因取消福冈的岸上观光，其港务费并未发生，以此也可以认定，行程的变更必然导致原定费用的变化，故同程公司、同程成都分公司的该项辩称理由，缺乏事实和法律依据，本院不予采信。关于实际减少的费用，案涉合同系 4 晚 5 日的邮轮旅游，在双方均未提交充分证据证明实际减少费用的数额情况下，结合刘某澄支付的旅游费用及因故仅取消福冈岸上观光等事实，本院依法确定减少的旅游费用为 1000 元，对刘某澄多主张部分，本院不予支持。

基于上述案例可以认为，我国司法实践对于邮轮旅游航程变更的态度已经基本明朗。台风等恶劣天气以及港口疫情通常均可构成不可抗力，从而免除邮轮旅游经营者的违约责任。邮轮旅游经营者同时负有告知义务以及费用退还义务。即使对于岸上观光环节，只要构成旅游行程的组成部分，邮轮旅游经营者即应退还港务费等因航程变更而减少的费用。

第三节 邮轮旅游的其他常见纠纷

一、旅行社不完全履行邮轮旅游服务合同的违约责任

下面以长沙道勤生物科技有限公司与绍兴口袋旅游信息咨询有限公司、彭某旅游合同

纠纷案为例。

（一）案例提要

本案是邮轮旅客与旅游经营者之间的预订款项纠纷。旅行社由于资金困难无力向邮轮公司支付全部旅游费用，导致旅游者为顺利出行而代替旅行社向邮轮公司补交了剩余费用。此时旅行社的违约行为形态属于不完全履行，应当承担向旅游者赔偿损失的违约责任，包括旅游者代其向邮轮公司额外支付的费用，但不应要求旅行社退还已经收取的旅游费用。法律并未针对旅游服务合同规定法定违约金，故而违约金责任的成立条件应当依据合同双方当事人的约定。

（二）文书索引

湖南省长沙市芙蓉区人民法院（2016）湘0102民初6926号民事判决书；

湖南省长沙市中级人民法院（2017）湘01民终2855号民事判决书。

（三）案情概要

原告：长沙道勤生物科技有限公司。

被告：绍兴口袋旅游信息咨询有限公司（以下简称口袋公司）。

被告：彭某。

2016年9月13日，原告与第一被告口袋公司签订《邮轮旅游合同》，合同约定由口袋公司向原告提供皇家加勒比国际游轮海洋量子号2016年11月17日“上海—仁川（首尔）—上海”4晚5日邮轮旅游服务。口袋公司如在行程前提出解除合同，应向原告退还全额旅游费用，且不得扣除签证、签注等费用；口袋公司如在行程前10日至出发日提出解除合同，应当支付旅游费用总额12%的违约金。合同签订后，原告分别于2016年9月13日、10月18日和10月24日向口袋公司转账支付包括邮轮小费在内的旅游费用。

2016年11月15日，双方商谈详细计划时，口袋公司的法定代表人第二被告彭某告知：因提供邮轮服务的负责人卷款潜逃，不能按原计划出行。次日再次联系彭某时，其手机处于关机状态。因原告计划出游的人员已经陆续到达上海，而口袋公司未能提出解决方案，为确保顺利出行，原告另行联系邮轮营运商补交部分费用后方才得以上船出游。2016年11月21日，彭某向原告出具承诺书称：愿以个人昆仑商务中心902室的房产就此事造成的损失作为质押补偿，承担连带责任。

原告的具体损失包括以下四项：（1）应由口袋公司负责接送客户的车费损失；（2）原

定船上的中餐费用;(3)导致客户行程变更而产生的退票损失;(4)因此次纠纷支付的律师费。原告因此诉至法院请求法院判令口袋公司退还旅游费用、支付违约金、赔偿损失，并由彭某对此承担连带责任。

(四)裁判要旨

1. 湖南省长沙市芙蓉区人民法院一审判决

一审法院湖南省长沙市芙蓉区人民法院认为：

(1)《邮轮旅游合同》系双方真实的意思表示，内容合法有效，双方应当本着诚实信用原则全面履行合同义务；

(2)第一被告口袋公司的法定代表人第二被告彭某在行程前两天以实际行为表明不履行合同的主要义务，导致合同终止，违反了合同的约定，应当退还原告已经支付的旅游费用，支付违约金，并应赔偿原告的实际损失；

(3)彭某以承诺书的形式表明愿意就此事造成的损失承担连带责任，应对原告要求彭某承担连带责任的诉讼请求予以支持。

一审法院依据原《合同法》第 60 条(严格履行与诚实信用原则)、[①] 第 107 条(违约责任),[②] 原《担保法》第 18 条(连带责任保证),[③]《民事诉讼法》原第 144 条(现第 147 条)(缺席判决),[④] 判令第一被告口袋公司退还旅游费用、支付违约金、赔偿损失，第二被告彭某对此承担连带责任。

2. 湖南省长沙市中级人民法院二审判决

第一被告口袋公司、第二被告彭某提起上诉，请求改判驳回原告的全部诉讼请求认为：

---

① 原《合同法》第 60 条第 1 款规定："当事人应当按照约定全面履行自己的义务。"第 2 款规定："当事人应当遵循诚实信用原则，根据合同的性质、目的和交易习惯履行通知、协助、保密等义务。"《民法典》第 509 条第 1 款规定："当事人应当按照约定全面履行自己的义务。"第 2 款规定："当事人应当遵循诚信原则，根据合同的性质、目的和交易习惯履行通知、协助、保密等义务。"

② 原《合同法》第 107 条规定："当事人一方不履行合同义务或者履行合同义务不符合约定的，应当承担继续履行、采取补救措施或者赔偿损失等违约责任。"《民法典》第 577 条规定："当事人一方不履行合同义务或者履行合同义务不符合约定的，应当承担继续履行、采取补救措施或者赔偿损失等违约责任。"

③ 原《担保法》第 18 条第 1 款规定："当事人在保证合同中约定保证人与债务人对债务承担连带责任的，为连带责任保证。"第 2 款规定："连带责任保证的债务人在主合同规定的债务履行期届满没有履行债务的，债权人可以要求债务人履行债务，也可以要求保证人在其保证范围内承担保证责任。"《民法典》第 688 条第 1 款规定："当事人在保证合同中约定保证人和债务人对债务承担连带责任的，为连带责任保证。"第 2 款规定："连带责任保证的债务人不履行到期债务或者发生当事人约定的情形时，债权人可以请求债务人履行债务，也可以请求保证人在其保证范围内承担保证责任。"

④《民事诉讼法》原第 144 条（现第 147 条）规定："被告经传票传唤，无正当理由拒不到庭的，或者未经法庭许可中途退庭的，可以缺席判决。"

案涉《邮轮旅游合同》已经履行，故而不存在退赔问题。虽然双方在合同履行过程中存在纠纷，但原告人员仍然顺利参加了邮轮旅游，口袋公司的合同义务已经履行完毕。

二审法院湖南省长沙市中级人民法院认为：

（1）关于第一被告口袋公司应否返还旅游费用。口袋公司收到原告的旅游费用后未依约安排原告的客户及员工乘坐邮轮顺利出游，违反了双方之间的合同约定，构成违约。由于口袋公司的违约导致原告自行联系邮轮营运商，并代口袋公司补交部分费用后方才得以上船出游。口袋公司应当返还原告代其向邮轮运营商补交的费用。

（2）关于原告要求口袋公司支付的违约金。案涉《邮轮旅游合同》第 9 条“违约责任”第 4 项约定：口袋公司如在行程前 10 日至出发日提出解除合同，应向原告退还全额旅游费用，且不得扣除签证、签注等费用，并支付旅游费用总额 12% 的违约金。但是，口袋公司并未提出解除合同，且原告的客户及员工已实际乘坐邮轮出游，口袋公司已赔偿原告的实际损失，故对原告的违约金诉请不予支持。

二审法院依据原《合同法》第 60 条（严格履行与诚实信用原则）、第 107 条（违约责任），《民事诉讼法》原第 170 条第 1 款第 2 项（现第 177 条第 1 款第 2 项）（二审裁判撤销原判），[①] 判决维持一审法院关于赔偿损失的判决，撤销一审法院关于退还旅游费用、支付违约金的判决，判令第一被告口袋公司退还原告代其向邮轮运营商补交的费用，第二被告彭某对此承担连带责任。

（五）理论分析

本案属于邮轮旅游的预订款项纠纷，也是邮轮旅客与邮轮旅游经营者之间除航程变更纠纷、旅客人身损害纠纷外，较为常见的纠纷类型之一。旅行社在收取旅游费用后由于资金周转困难等原因，无力向履行辅助人等提供具体服务的旅游经营者支付费用，导致无法履行旅游服务合同，不仅是邮轮旅游的常见现象，也是各类包价旅游的主要纠纷类型之一。本案较为特殊之处在于，原告旅游者一方作为法人实际上是为客户及员工订购邮轮旅游服务，且原告在第一被告口袋公司违约后，仍然通过向邮轮公司补交口袋公司无力支付的部分费用，得以最终参加邮轮旅游活动。

原《合同法》第 107 条规定：“当事人一方不履行合同义务或者履行合同义务不符合约定的，应当承担继续履行、采取补救措施或者赔偿损失等违约责任。”《民法典》第 577 条

① 《民事诉讼法》原第 170 条第 1 款第 2 项（现第 177 条第 1 款第 2 项）规定：“第二审人民法院对上诉案件，经过审理，按照下列情形，分别处理：……（二）原判决、裁定认定事实错误或者适用法律错误的，以判决、裁定方式依法改判、撤销或者变更。”

也规定："当事人一方不履行合同义务或者履行合同义务不符合约定的，应当承担继续履行、采取补救措施或者赔偿损失等违约责任。"本案中口袋公司未能依照《邮轮旅游合同》的约定为原告提供旅游服务，构成违反合同义务的违约行为。至于违约行为的具体形态，虽然口袋公司在行程开始前2日便已告知原告此次邮轮旅游不能按原计划出行，但严格而言并不构成预期违约，而应属实际违约中的不完全履行。不完全履行是指债务人虽然履行了债务，但其履行不符合债务的本旨。较之不能履行、迟延履行、拒绝履行，不完全履行虽然履行不完全，但尚有可认定为履行的行为，而非履行的消极状态。[①]旅游服务合同的经营者一方须为旅游者提供旅游服务，属于以实现一定结果为内容的给付义务。口袋公司已向邮轮公司支付了部分旅游费用，但因其资金困难无力支付剩余费用，故而原告若要顺利出行必须代替口袋公司补交剩余费用，而非重新支付全部旅游费用。此时债务人虽有履行行为却未使特定结果实现，即构成给付义务的不完全履行。[②]

本案中原告先后支付了两笔旅游费用：一是最初向口袋公司支付的旅游费用，也是邮轮旅游服务的完整对价；二是代替口袋公司向邮轮公司补交的剩余费用。但是，旅游服务合同的双方当事人均未主张解除合同。而且，原告最终得以在仅补交部分费用的情况下便可顺利出行，仍是基于口袋公司已向邮轮公司支付了部分费用，故而口袋公司应当承担的违约责任不应包括退还原告向其支付的第一笔费用，否则原告对此将会构成不当得利。一审法院判令口袋公司退还第一笔费用显属不当。

《旅游法》第70条第1款前段规定："旅行社不履行包价旅游合同义务或者履行合同义务不符合约定的，应当依法承担继续履行、采取补救措施或者赔偿损失等违约责任；造成旅游者人身损害、财产损失的，应当依法承担赔偿责任。"原告提起诉讼时案涉邮轮旅游行程已经完成，无须口袋公司继续履行或者采取补救措施。因此，口袋公司在本案中应当承担的违约责任主要应是赔偿损失。原告向口袋公司支付的第一笔费用本是邮轮旅游服务的完整对价，也即原告在正常情况下无须支付其他费用，但由于口袋公司的违约行为导致原告必须向邮轮公司额外支付第二笔费用，方能最终出行。因此，第二笔费用也应认定为原告因口袋公司的违约行为而遭受的损失。而且，第二笔费用并非口袋公司收取，故而也无退还或返还之说，口袋公司应当承担的是赔偿损失的违约责任。本应由口袋公司承担的车费、船上的中餐费用、客户行程变更产生的退票损失以及律师费，亦属口袋公司的违约行为导致的损失，均应得到赔偿。

---

① 参见崔建远：《合同法》（第3版），北京大学出版社2016年版，第341页。
② 参见韩世远：《合同法总论》（第4版），法律出版社2018年版，第556页。

至于口袋公司的违约金责任，原《合同法》第114条第1款规定："当事人可以约定一方违约时应当根据违约情况向对方支付一定数额的违约金，也可以约定因违约产生的损失赔偿额的计算方法。"《民法典》第585条第1款也规定："当事人可以约定一方违约时应当根据违约情况向对方支付一定数额的违约金，也可以约定因违约产生的损失赔偿额的计算方法。"我国现行法并未针对旅游服务合同规定法定违约金，故而违约金责任的成立条件应由合同双方当事人约定。本案《邮轮旅游合同》第9条"违约责任"第4项约定：口袋公司如在行程前10日至出发日提出解除合同，应向原告退还全额旅游费用，且不得扣除签证、签注等费用，并支付旅游费用总额12%的违约金。但是，本案中口袋公司并未提出解除合同，故而虽有违约行为存在，但不符合违约金责任的成立条件。一审判令口袋公司支付违约金显属不当。

（六）参考案例

王某禄与北京海涛国际旅行社股份有限公司合同纠纷案，北京市海淀区人民法院（2019）京0108民初41377号民事判决书。

本案中原告旅客与被告旅行社签订《团队出境旅游合同》参加邮轮旅游。原告支付旅游费用后，被告旅行社始终未能安排原告出行。被告同意向原告退还旅游费用，但同时表示目前限于资金情况无力履行。法院认为：

> 民事活动应当遵循诚实信用的原则。海涛旅行社收取了王某禄2018年6月11日喜悦号邮轮部分团款7497元，应当按照相关要求，在出行前与游客签订正式的旅游合同，告知具体行程并提供相应服务。但由于海涛旅行社的原因导致无法继续组织游客出行，故海涛旅行社应承担相应责任，退还王某禄所交纳的旅游款。现海涛旅行社对于王某禄提交的相关证据均予以认可，本院亦予以确认。王某禄要求海涛旅行社退还旅游款7497元之诉请，理由正当，本院予以支持。

二、旅行社违反预约收取额外费用的违约责任

周某明与北京凯撒国际旅行社有限责任公司武汉分公司、北京凯撒国际旅行社有限责任公司旅游合同纠纷。

（一）案例提要

本案是一起邮轮旅游预约合同纠纷。旅客与旅行社订立包含未来邮轮旅游航次权益的协议属于预约，将来据此订立的邮轮旅游服务合同构成本约。旅客和旅行社中的至少一方负有依据预约订立本约的义务，旅行社负有此项义务更为常见，而旅客在订立预约时必须支付全部或部分旅游费用。预约本身属于独立的合同，违反预约同样应当承担违约责任。除非能够证明具体航次超出了预约约定的范围，旅行社应当严格依据预约确定的条件与旅客订立邮轮旅游服务合同，不得额外收取补差价款等其他费用，否则即应承担违约责任。

（二）文书索引

湖北省武汉市硚口区人民法院（2019）鄂0104民初3215号民事判决书。

（三）案情概要

原告：周某明。

被告：北京凯撒国际旅行社有限责任公司武汉分公司（以下简称凯撒旅行社武汉分公司）。

被告：北京凯撒国际旅行社有限责任公司（以下简称凯撒旅行社）。

2015年10月28日，原告与第一被告凯撒旅行社武汉分公司签订《凯撒旅游预约旅游套餐——邮轮系列D服务协议书》，约定由凯撒旅行社武汉分公司向原告提供预约旅游套餐——邮轮系列D服务，包含两次邮轮权益，有效期至2019年12月31日，旅游费用为2988元；原告可在有效期内依照协议备选产品目录的规则享受约定次数的出行权益。产品目录包括公主邮轮、歌诗达邮轮、皇家加勒比国际游轮、海娜号邮轮、MSC邮轮等，权益为6天以内的凯撒包船航线标准内舱，不含7月1日至8月30日、国庆节以及春节的国家法定假日期间出发的航次。凯撒旅行社武汉分公司根据原告的选择提供旅游服务；双方在确定实际旅游行程后签订正式的出境旅游合同，但该合同仅作为确认旅游行程及双方基本权利义务的依据，如果合同存在与协议约定不符的条款，应以协议约定为准；最终旅游行程以双方确定的具体邮轮产品为准。

协议签订后，原告于2016年10月22日依约使用了第一次邮轮旅游权益；2018年年底原告要求使用第二次邮轮旅游权益时，凯撒旅行社武汉分公司要求原告补交1350元差价方能出行。原告曾多次追问原因，但被告却表示不清楚，要求必须补交一定数额的费用，否则不能参团出游。原告无奈于2018年10月24日支付补差价款1350元。两被告在庭审中陈述

1350元的差价是基于向原告提供的是凯撒旅行社非包船航线的海景房，故而与协议权益存在差异所致。2018年11月，原告乘坐皇家加勒比国际游轮的邮轮出游。原告因此诉至法院请求判令两被告共同退回补差价款1350元及相应利息。

（四）裁判要旨

湖北省武汉市硚口区人民法院认为：原告与第一被告凯撒旅行社武汉分公司签订的《凯撒旅游预约旅游套餐——邮轮系列D服务协议书》真实合法有效。原告按照约定使用了两次合同约定的旅游权益，双方的合同已经履行完毕。两被告关于原告自愿选择了协议以外产品的抗辩，未能提供证据予以证实，法院不予采信。被告收取补差价款违反合同约定，应当予以返还并按银行同期贷款利率支付资金占用期间的利息损失。第一被告凯撒旅行社武汉分公司系第二被告凯撒旅行社的分支机构，不具备独立法人资格，原告请求两被告共同退还1350元并赔付利息损失于法有据，法院予以支持。

法院依据原《合同法》第5条（公平原则）、[①] 第60条（严格履行与诚实信用原则）、第107条（违约责任),《公司法》第14条（分公司、子公司设立），[②]《民事诉讼法》原第64条（现第67条）（举证责任）、[③] 原第142条（现第145条）（法庭辩论后调解），[④] 判令两被告共同退还原告补差价款1350元，并赔付利息损失。

（五）理论分析

本案是一起邮轮旅游预约合同纠纷。原告与第一被告凯撒旅行社武汉分公司签订《凯撒旅游预约旅游套餐——邮轮系列D服务协议书》，约定原告享有两次邮轮旅游出行权益。该协议书的性质属于预约合同。

预约是与本约相对的概念。预约是指当事人约定在将来一定期限内订立合同的协议，而将来应当订立的合同称为本约。[⑤] 本案中双方当事人首先订立的《凯撒旅游预约旅游套餐——邮轮系列D服务协议书》属于预约，此后根据该协议订立的两个邮轮旅游服务合同均属本约。

---

① 原《合同法》第5条规定："当事人应当遵循公平原则确定各方的权利和义务。"《民法典》第6条规定："民事主体从事民事活动，应当遵循公平原则，合理确定各方的权利和义务。"

② 《公司法》第14条第1款规定："公司可以设立分公司。设立分公司，应当向公司登记机关申请登记，领取营业执照。分公司不具有法人资格，其民事责任由公司承担。"第2款规定："公司可以设立子公司，子公司具有法人资格，依法独立承担民事责任。"

③ 《民事诉讼法》原第64条（现第67条）第1款规定："当事人对自己提出的主张，有责任提供证据。"第2款规定："当事人及其诉讼代理人因客观原因不能自行收集的证据，或者人民法院认为审理案件需要的证据，人民法院应当调查收集。"第3款规定："人民法院应当按照法定程序，全面地、客观地审查核实证据。"

④ 《民事诉讼法》原第142条（现第145条）规定："法庭辩论终结，应当依法作出判决。判决前能够调解的，还可以进行调解，调解不成的，应当及时判决。"

⑤ 参见王利明：《合同法研究》（第1卷）（第3版），中国人民大学出版社2015年版，第36~37页。

预约的目的在于成立本约，当事人之所以不直接订立本约，主要是因为法律上或事实上的事由，订立本约的条件未臻成熟，于是先行成立预约而使对方受其约束，以确保本约的订立。[①] 本案中双方当事人订立预约合同的目的同样也是日后成立邮轮旅游服务合同。第一被告作为旅行社一方通过订立预约，可以先行收取旅游费用从而确保业务，同时原告作为旅客一方也可在预约限定的较长周期内相对自由地选择具体的邮轮旅游出行航次。同时，预约应当包含本约的部分条款，故而本案预约的双方当事人约定：后续订立的旅游服务合同也即本约仅作为确认旅游行程及双方基本权利义务的依据，如果本约存在与预约不符的条款，应以预约为准。

原《合同法》并未针对预约作出规定，但当事人仍可基于意思自治原则有效地订立预约。[②]《最高人民法院关于审理买卖合同纠纷案件适用法律问题的解释》原第 2 条规定："当事人签订认购书、订购书、预订书、意向书、备忘录等预约合同，约定在将来一定期限内订立买卖合同，一方不履行订立买卖合同的义务，对方请求其承担预约合同违约责任或者要求解除预约合同并主张损害赔偿的，人民法院应予支持。"[③] 该条首次在我国立法上规定了预约合同。原《合同法》第 174 条规定："法律对其他有偿合同有规定的，依照其规定；没有规定的，参照买卖合同的有关规定。"《民法典》第 646 条也规定："法律对其他有偿合同有规定的，依照其规定；没有规定的，参照适用买卖合同的有关规定。"因此，《最高人民法院关于审理买卖合同纠纷案件适用法律问题的解释》原第 2 条关于预约合同的规定虽是基于买卖合同的立场，但对其他有偿合同类型亦有参照适用的效力。《民法典》第 495 条正式规定了预约合同，其中第 1 款规定："当事人约定在将来一定期限内订立合同的认购书、订购书、预订书等，构成预约合同。"第 2 款规定："当事人一方不履行预约合同约定的订立合同义务的，对方可以请求其承担预约合同的违约责任。"

预约本身属于独立的合同，故而违反预约同样应当承担违约责任。预约又有双务预约与单务预约之分，前者是指双方当事人均负担成立本约的义务，而后者则指仅有一方当事人负担成立本约的义务。[④] 易言之，预约的当事人至少一方在预约成立后负有履行预约约定而订立本约的义务。本案中虽然仅有第一被告也即旅行社一方负有成立本约的义务，但由于原

---

① 参见崔建远：《合同法》（第 3 版），北京大学出版社 2016 年版，第 34 页。
② 参见韩世远：《合同法总论》（第 4 版），法律出版社 2018 年版，第 92 页。
③ 本条已被《民法典》第 495 条吸收。
④ 参见隋彭生：《合同法要义》（第 4 版），中国人民大学出版社 2015 年版，第 25 页。

告预先支付的2988元已经包含将来本约对应的两次邮轮旅游的全部费用，故而其已履行了在旅游服务合同下的主给付义务，即支付旅游费用。旅行社一方负有的订立本约的义务，并不仅仅关注邮轮旅游服务合同的订立与否，更应强调是以预约确定的合同条件订立本约。根据本案预约的约定，原告在支付上述费用后即可选择备选产品目录中的两个航次享受邮轮权益。但是，第一被告却向原告额外收取了补差价款1350元，且对自身主张的案涉航次超出备选产品目录未能举证证明。因此，第一被告应当为此承担赔偿损失的违约责任，退还额外收取的补差价款1350元并赔付利息损失。

三、旅游者无法按时登船的费用退还

张某玲、牛某与中国国旅（江苏）国际旅行社有限公司旅游合同纠纷。

（一）案例提要

本案是因旅游者无法按时登船导致合同解除而引起的费用退还纠纷。邮轮旅游服务合同应当载明包括出发时间和地点在内的旅游行程安排，旅行社在与旅游者订立合同时还应对此作出说明。而且，旅行社应在行程开始前向旅游者提供旅游行程单，或者包含旅游行程的出团通知书，其中应当明确说明集合时间、集合地点、登船手续办理截止时间等出发信息。旅游者因其自身原因无法按时登船，如果符合合同约定的合同解除条件，旅行社应在扣除必要费用后退还余款。必要费用主要是指组团社已向地接社或履行辅助人支付且不可退还的费用，合同关于按照固定比例扣除费用的约定应属无效。旅游者还应赔偿因其解除合同而使旅行社遭受的损失。

（二）文书索引

江苏省南京市鼓楼区人民法院（2019）苏0106民初6969号民事判决书。

（三）案情概要

原告：张某玲。

原告：牛某。

被告：中国国旅（江苏）国际旅行社有限公司。

2018年2月10日，第一原告张某玲作为旅游者代表一方与被告签订《团队出境旅游合同》，约定旅游者为第一原告张某玲、第二原告牛某，航线行程时间共8日，出发时间为2018年2月17日，结束时间为2018年2月24日；旅游费用包括导游服务费、必要的签证和签注费用、交通费（含境外机场税）、住宿费、餐费（不含酒水费）、出境社统一安排的景区景点门票费，合计 9806 元；旅游者在行程出发前 30 日以上提出解除合同，如果已经出票，旅游者需要承担飞机票、火车票、轮船票等因解除合同而产生的损失；旅游者未按约定时间到达集合出发地点，也未能在中途加入旅游团队，视为旅游者解除合同；旅游者在行程开始前 30 日以内提出解除合同，按照下列标准扣除必要费用：行程开始前 29 日至 15 日，按照旅游费用总额的 5%；行程开始前 14 日至 7 日，按照旅游费用总额的 20%；行程开始前 6 日至 4 日，按照旅游费用总额的 50%；行程开始前 3 日至 1 日，按照旅游费用总额的 60%；行程开始当日，按照旅游费用总额的 70%。如按约定比例扣除的必要费用低于实际发生的费用，旅游者应当按照实际发生的费用支付，但最高不应超过旅游费用总额；合同附件作为合同的组成部分与合同具有同等法律效力，包括团队出境旅游参团报名表、旅游行程单、团队出境旅游参团须知、出团通知、自愿购物活动补充协议、自愿参加另行付费旅游项目补充协议，其中团队出境旅游参团须知中因旅游者自身原因而取消的扣款比例高于《团队出境旅游合同》（示范文本）的约定。上述合同签订后，张某玲、牛某向被告支付了 9806 元。

2018 年 2 月 12 日，被告工作人员通过微信向张某玲发送 2 月 17 日丽星邮轮的出团通知书，其中明确说明了邮轮路线、登船地点、登船日期、船卡办理时间、邮轮出发时间、登船流程、路线位置示意图、航程安排、事项须知等，并提示旅客提前到达码头，不要拖延至关闸时间截点，否则将有无法登船的风险。

2018 年 2 月 17 日，张某玲、牛某于 12:38 致电出团通知书中的紧急联系人，告知二人位于码头公交车站。此后张某玲、牛某因无法登船，自当日 13:07—13:45 多次电话联系紧急联系人及被告工作人员。

案件审理期间，被告出具了苏州中国国际旅行社有限责任公司的说明、确认及账单、付款回单，证明其因张某玲、牛某未能参加案涉旅游项目，实际支出的费用为 7906 元，张某玲、牛某对此不予认可；张某玲、牛某出具了购买南京—上海往返火车票的凭证，证明其产生损失 372 元，被告对于车票凭证予以认可。两原告因此诉至法院请求判令被告退还旅游费用全款 9806 元，并赔偿往返交通费 372 元。

（四）裁判要旨

江苏省南京市鼓楼区人民法院认为：关于退费及损失赔偿问题，当事人一方不履行合同义务或者履行合同义务不符合约定，应当承担继续履行、采取补救措施或者赔偿损失等违约责任。本案中根据合同约定，合同附件应当视为合同的组成部分，被告提供的出团通知书明确告知了邮轮路线、登船地点、登船日期、船卡办理时间、邮轮出发时间、登船流程、路线位置示意图、航程安排、事项须知等，并提示旅客提前到达码头，不要拖延至关闸时间截点，否则将有无法登船的风险。现因张某玲、牛某未能按时到达码头并办理登船手续，致使二人无法参加案涉旅游并解除合同，二人应当按约承担责任。

被告提出其因张某玲、牛某解除合同已实际支出费用7906元，但被告提供的证据系其与苏州中国国际旅行社有限责任公司之间的内部结算凭证，且双方结算政策不能对抗他人。因此，被告的该项辩解意见依据不足，法院不予采信。被告应当退还旅游费用2941.8元。张某玲、牛某主张赔偿的交通费，不符合合同约定和法律规定，法院不予支持。

法院依据原《合同法》第60条（严格履行与诚实信用原则）、第97条（合同解除的效力）、①第107条（违约责任），《旅游纠纷司法解释》第2条（集体旅游）、②第12条（旅游服务合同解除后的处理），③《民事诉讼法》原第162条（小额诉讼程序），④《最高人民法院关于适用〈中华人民共和国民事诉讼法〉的解释》第90条（举证责任）、⑤原第282条（小额诉讼程序裁判文书简化），⑥判令被告退还旅游费用2941.8元。

（五）理论分析

本案是一起邮轮旅游费用退还纠纷。旅客因其自身原因无法依据已经订立的邮轮旅游服务合同参加邮轮旅游，导致合同解除进而产生费用退还问题，也是邮轮旅游的常见现象。

出团时间作为旅游行程的组成部分，也是邮轮旅游服务合同的主要内容之一。《旅游法》第58条第1款第2项规定，包价旅游合同应当采用书面形式且记载旅游行程安排。《旅行社条例》第28条第4项也规定，旅游服务合同应当载明旅游行程的出发地、途经地和目的地。

---

① 原《合同法》第97条规定："合同解除后，尚未履行的，终止履行；已经履行的，根据履行情况和合同性质，当事人可以要求恢复原状、采取其他补救措施，并有权要求赔偿损失。"《民法典》第566条第1款规定："合同解除后，尚未履行的，终止履行；已经履行的，根据履行情况和合同性质，当事人可以请求恢复原状或者采取其他补救措施，并有权请求赔偿损失。"

② 《旅游纠纷司法解释》第2条规定："以单位、家庭等集体形式与旅游经营者订立旅游合同，在履行过程中发生纠纷，除集体以合同一方当事人名义起诉外，旅游者个人提起旅游合同纠纷诉讼的，人民法院应予受理。"

③ 《旅游纠纷司法解释》第12条规定："旅游行程开始前或者进行中，因旅游者单方解除合同，旅游者请求旅游经营者退还尚未实际发生的费用，或者旅游经营者请求旅游者支付合理费用的，人民法院应予支持。"

④ 《民事诉讼法》原第162条规定："基层人民法院和它派出的法庭审理符合本法第一百五十七条第一款规定的简单的民事案件，标的额为各省、自治区、直辖市上年度就业人员年平均工资百分之三十以下的，实行一审终审。"

⑤ 《最高人民法院关于适用〈中华人民共和国民事诉讼法〉的解释》第90条第1款规定："当事人对自己提出的诉讼请求所依据的事实或者反驳对方诉讼请求所依据的事实，应当提供证据加以证明，但法律另有规定的除外。"第2款规定："在作出判决前，当事人未能提供证据或者证据不足以证明其事实主张的，由负有举证证明责任的当事人承担不利的后果。"

⑥ 《最高人民法院关于适用〈中华人民共和国民事诉讼法〉的解释》原第282条（现第280条）规定："小额诉讼案件的裁判文书可以简化，主要记载当事人基本信息、诉讼请求、裁判主文等内容。"

出发地、途经地和目的地构成旅游行程的主要轨迹，对于邮轮旅游等出境旅游尤其重要。实践中存在相当数量的旅游纠纷是关于约定出发地不明确导致旅客延误行程，或者旅行社改变途经地引起旅客不满。[①]订立邮轮旅游服务合同采用的示范文本多数也有类似内容，如《上海市邮轮旅游合同示范文本（2015 版）》和《上海市出境旅游合同示范文本（2013 版）》第 1 条“合同标的”均要求填写出发日期、出发地点。

《旅游法》第 58 条第 2 款还要求旅行社在订立包价旅游合同时，应当向旅游者详细说明该条第1款第2项至第8项规定的包价旅游合同应当记载的内容，[②]其中包括旅游行程安排。但是，虽然该条明确规定了“详细说明”作为程度要求，但旅行社对于不同事项实际需要说明的详略程度应当存在差异。例如，同样作为旅游行程安排的组成部分，由于包价旅游合同的双方当事人存在信息不对称的现象，旅游者对于旅游活动的目的地往往并不了解，关于旅游活动内容的信息主要来自旅行社的说明。尤其对于出境旅游活动而言，旅游者对于国外旅游目的地的情况了解甚少，此时便更需要旅行社作出明确的警示和说明。[③]但是，关于出发安排的信息通常简单明了，旅行社仅需明确告知旅游者出发时间、出发地点以及必要的注意事项，即应认为旅行社已经履行了法律规定的说明义务。而且，多数城市一般仅有一个邮轮码头，本案的母港城市上海虽是我国邮轮产业较为发达的地区，通常也仅有上海吴淞口国际邮轮港、上海港国际客运中心两个出发地点，故而关于出发地点的约定多数较为明确。出发时间和地点也不属于格式条款，旅行社并不负有额外的告知义务。此外，邮轮旅游的出发时间受到天气、相邻航次等因素的影响时常发生变化，甚至亦有航次取消的情况，而邮轮旅游服务合同往往是提前数月便已订立，故而旅行社限于客观情况难以完全准确地告知出发时间。此亦是要求旅行社在行程开始前另行提供旅游行程单的重要原因之一。

《旅游法》第 59 条规定：“旅行社应当在旅游行程开始前向旅游者提供旅游行程单。旅游行程单是包价旅游合同的组成部分。”旅行社与旅游者订立包价旅游合同时，为了便捷起见通常使用旅游和工商部门推荐的示范文本。此类范本包括了法律、法规要求的包价旅游合同必备条款。每个团队的行程虽然具有一定的不确定因素，但对于团队中的每一旅游者而言

① 参见赵晓光、张坚钟主编：《〈旅行社条例〉释义》，人民交通出版社 2009 年版，第 122 页。

② 《旅游法》第 58 条第 1 款规定：“包价旅游合同应当采用书面形式，包括下列内容：（一）旅行社、旅游者的基本信息；（二）旅游行程安排；（三）旅游团成团的最低人数；（四）交通、住宿、餐饮等旅游服务安排和标准；（五）游览、娱乐等项目的具体内容和时间；（六）自由活动时间安排；（七）旅游费用及其交纳的期限和方式；（八）违约责任和解决纠纷的方式；（九）法律、法规规定和双方约定的其他事项。”第 2 款规定：“订立包价旅游合同时，旅行社应当向旅游者详细说明前款第二项至第八项所载内容。”

③ 参见王利明：《合同法研究》（第 4 卷）（第 2 版），中国人民大学出版社 2017 年版，第 583~584 页。

却应当相同，而且由于行程内容通常较多，如在订立合同时现场填写势必影响交易效率，因此多数旅行社采用对于每一团队行程制作旅游行程单交由旅游者的做法。旅游行程单说明具体的旅游服务时间、地点、内容、顺序等，性质上是对包价旅游合同约定的旅游服务的具体化。旅游行程单据此构成包价旅游合同的组成部分，旅行社不仅应当按照包价旅游合同履行合同义务，而且应当按照旅游行程单的内容履行合同。[①] 邮轮旅游的旅行社一般在行程开始前数日向旅游者发出出团通知书，其中不仅包含旅游行程单的必要内容，同时会说明出发当日集合的相关信息，包括邮轮名称、团队编号、领队及联系方式、登船地址、集合时间、集合地点、登船截止时间以及登船流程等。本案中被告在行程开始前 5 日发送的出团通知书情况基本相同，不仅说明了邮轮路线、登船地点、登船日期、船卡办理时间、邮轮出发时间、登船流程、路线位置示意图、航程安排、事项须知等信息，并且明确提示旅客提前到达码头，不要拖延至关闸时间截点，否则将有无法登船的风险。因此，应当认为被告已经履行了《旅游法》第 59 条规定的提供旅游行程单的义务。

既然本案被告作为旅行社已经履行了法律规定的说明义务和提供旅游行程单的义务，两原告未能按时到达码头并办理登船手续，应当认为是其自身原因所致。根据双方签订的《团队出境旅游合同》，旅游者未按约定时间到达集合出发地点，也未能在中途加入旅游团队，视为旅游者解除合同。因此，本案的情形应当认定为旅游者解除合同。《团队出境旅游合同》同时约定了较为明确的费用扣除标准，旅游者在行程开始前 30 日以内提出解除合同，按照下列标准扣除必要费用：行程开始前 29 日至 15 日，按照旅游费用总额的 5%；行程开始前 14 日至 7 日，按照旅游费用总额的 20%；行程开始前 6 日至 4 日，按照旅游费用总额的 50%；行程开始前 3 日至 1 日，按照旅游费用总额的 60%；行程开始当日，按照旅游费用总额的 70%。如果按照约定比例扣除的必要费用低于实际发生的费用，旅游者应当按照实际发生的费用支付，但最高不应超过旅游费用总额。不少邮轮旅游服务合同的示范文本亦有类似规定，如《上海市邮轮旅游合同示范文本（2015 版）》第 7 条“甲方解除合同及承担必要费用”。[②] 许多旅行社甚至会将行程开始前 1～2 个月解除合同的旅游费用扣除比例填写为 100%。但是，《旅游法》第 65 条明确规定：“旅游行程结束前，旅游者解除合同的，组团社应当在扣除必要的费用后，将余款退还旅游者。”因此，旅游者在享

① 参见李飞、邵琪伟主编：《中华人民共和国旅游法释义》，法律出版社 2013 年版，第 150 页。

② 《上海市邮轮旅游合同示范文本（2015 版）》第 7 条“甲方解除合同及承担必要费用”规定：“甲方在行程前解除合同的，双方约定扣除必要费用的标准为：1. 行程前 ______ 日至 ______ 日，旅游费用 ______%；2. 行程前 ______ 日至 ______ 日，旅游费用 ______%；3. 行程前 ______ 日至 ______ 日，旅游费用 ______%；4. 行程前 ______ 日至 ______ 日，旅游费用 ______%；5. 行程开始当日，旅游费用 ______%。”

有任意解除权的同时，必要费用的扣除应当根据实际情况确定，而不能依照旅游服务合同事先约定的固定比例。合同的此类约定应属违反法律强制性规定的无效条款。

至于必要费用的具体范围，一般认为包括两个部分：一是组团社已向地接社或履行辅助人支付且不可退还的费用；二是旅游行程中已经实际发生的费用。①② 旅游者在行程开始前解除合同的情形，必要费用应当仅限前者。旅游者在与旅行社订立邮轮旅游服务合同时支付的旅游费用，一般涉及包括邮轮指定舱位、餐饮、游览娱乐项目和设施在内的船票费、船上服务费即小费、港务费、旅行社统一安排岸上游览景区景点的门票费、交通费、住宿费、餐费，对于不享受免签政策的情况还将涉及签证费、签注费。本案的判决书并未披露判令被告应当退还的旅游费用2941.8 元的具体构成。但是，如果旅客在邮轮行程开始前解除合同，除船票费用已由旅行社向邮轮旅游服务合同的履行辅助人即邮轮公司支付外，其他未实际发生的费用一般均可退还。

此外，旅游者行使任意解除权后应否向旅行社赔偿由此导致的损失，学理上存在不同观点。《旅游法》关于旅游服务合同的规定主要基于旅游者权益保护的立场，故而仅在第 66 条针对五种特定的严重情形规定了旅游者的损害赔偿责任。③ 但是，法律通过赋予旅游者任意解除权以对旅游者形成全面的利益保护，但也应当照顾到合同另一方当事人的合理利益，从而实现当事人之间的利益平衡。如果允许旅游者任意解除合同而不予赔偿，可能极大地增加旅游经营的风险，影响旅游产业的发展。④ 例如，旅行社与邮轮公司订立的邮轮船票包销合同时常约定“额定住宿金额”或类似事项，该金额是基于船上接待特定人数的旅游者计算而得。此类条款可能约定：“额定住宿金额基于邮轮至少接待 3000 名游客而定。如果本次巡游的游客人数不足 3000 人，邮轮公司将遭受船上收入损失，采购方应按缺少的人数向邮轮公司支付 160 美元 / 人，作为对于邮轮公司船上收入损失的补偿。”如果由于旅游者行使任

① 参见李飞、邵琪伟主编：《中华人民共和国旅游法释义》，法律出版社 2013 年版，第 162 页。

② 也有观点认为，旅行社与履行辅助人之间关于预订服务费用不予退还的约定，不能作为拒绝旅游者返还请求权的抗辩理由。主要理由在于：首先，旅行社只要不因旅游者解除合同而遭受损害即可，不能反而因此获得利益；其次，旅行社与履行辅助人之间的约定仅在二者之间具有约束力，不能向法律关系之外的旅游者主张；再次，旅行社与履行辅助人的约定是旅行社降低经营成本的手段，但不予退还的风险是固有的经营风险，旅行社不得将其经营风险全部转嫁给旅游者；最后，如果允许旅行社以此对抗旅游者，将会严重损害旅游者的合法权益，侵蚀旅游者任意解除权存在的价值和意义。参见杨富斌、苏号朋主编：《中华人民共和国旅游法释义》，中国法制出版社 2013 年版，第 200~201 页。

③ 《旅游法》第 66 条第 1 款规定：“旅游者有下列情形之一的，旅行社可以解除合同：（一）患有传染病等疾病，可能危害其他旅游者健康和安全的；（二）携带危害公共安全的物品且不同意交有关部门处理的；（三）从事违法或者违反社会公德的活动的；（四）从事严重影响其他旅游者权益的活动，且不听劝阻、不能制止的；（五）法律规定的其他情形。”第 2 款规定：“因前款规定情形解除合同的，组团社应当在扣除必要的费用后，将余款退还旅游者；给旅行社造成损失的，旅游者应当依法承担赔偿责任。”

④ 参见王利明：《合同法研究》（第 4 卷）（第 2 版），中国人民大学出版社 2017 年版，第 606~607 页。

意解除权导致旅行社无法达到额定住宿金额，旅行社因此须向邮轮公司支付的费用应由旅游者赔偿。因为旅游者可能妨碍了旅行社与其他旅游者洽谈从而尽量达到约定人数以避免惩罚的机会，此类额外支出的费用属于旅行社由于旅游者解除合同而遭受的损失。

邮轮旅游出团通知书示例如图 13 所示。

天海邮轮新世纪号

2017 年 8 月 30 日　上海—佐世保—上海　4 晚 5 天

1　集合时间地点

团号：途牛-15	领队：王某 186*****961　A 线
登船地址：	上海市宝山区宝杨路 1 号 吴淞口国际邮轮码头
邮轮名称	天海邮轮新世纪号
集合时间	2017 年 8 月 30 日　12:30 异地客人请妥善安排您的时间，建议提前一天抵达上海
集合地点	码头 2 号门帐篷（抵达后请联系领队）
登船截止时间	14:00 截止办理登船

2　登船流程

1. **找到领队：**2 号门帐篷内找到领队领取登船文件(护照,护照复印件 ,吊牌)，由领队告知登船手续及注意事项。
2. **托运行李：**请在行李上系好专用的行李标签。贵重物品、药物请随身携带。
3. **柜台办票：**办理登船手续，船卡（护照+房号）。
4. **离境手续：**领取到房卡后，凭房卡及护照通过海关及边检（请注意：对讲机、酒类、刀类、生鲜食品如蔬果、肉类、奶制品是不允许携带上船的）。
5. **登船拍摄房卡信息照：**拍照，登船，船方收取护照［请注意：在起航前船方会有紧急救生演习，根据《国际海上生命安全公约》(SOLAS) 的规定，每位客人必须参加,请您配合］。

特别提醒：

护照：请确保携带有效期在 6 个月以上的**护照原件**；并自带护照者**携带护照复印件 2 份或以上。(非常重要请务必注意！！！)**

持中国港澳台、外籍护照的游客必须确保已自行做好二次进入中国边防的签证、签注；中国港澳台地区游客需自备回乡证或有效的台胞证。如因未办理而造成不能入境者，一切后果自负。中国公民护照有效期必须超过半年。

若您的同行游客中有 18 周岁以下儿童的，请您遵照以下规定：请在说明会后向领队索取“**授权声明信**”及“**随行监护人承诺书**”，当场填写后交给领队或在与领队会合时交给领队，请您务必携带好该儿童的出生证复印件或电子版前往码头。

图 13　邮轮旅游出团通知书示例

四、出入境证照过期的责任承担

张某与捷途（深圳）旅游电子商务有限公司旅游合同纠纷。

（一）案例提要

本案是一起由于出入境证照过期导致无法出行引起的邮轮旅游服务合同纠纷。根据《旅游法》《消费者权益保护法》等我国现行法律的规定，旅行社并不负有提示旅客特定旅游行程所需的出入境证照的说明或告知义务。如果旅游服务合同未就出入境证照作出约定，旅客也不负有提供有效的出入境证照的义务，而旅行社仍然负有提供旅游服务的义务。此时即使旅客未能顺利出行的原因是缺少有效的出入境证照，旅行社由于未能依照合同约定提供邮轮旅游服务仍应承担违约责任。至于旅客未能提供有效出入境证照的行为是否造成损失扩大，应当根据个案的具体情况加以判断。部分邮轮旅游服务合同示范文本可能规定旅客应当使用有效身份证件签订合同。

（二）文书索引

广东省广州市南沙区人民法院（2019）粤 0115 民初 3017 号民事判决书。

（三）案情概要

原告：张某。

被告：捷途（深圳）旅游电子商务有限公司。

第三人：浙江飞猪网络技术有限公司。

2019 年 1 月 28 日，原告通过第三人管理的飞猪 App 网络平台，在被告经营的深圳捷途旅游专营店订购了出行日期为 2019 年 2 月 1 日的星梦邮轮旅游行程，并支付了旅游费用 5368 元以及补交港务费 480 元，合计 5848 元。该行程的商品详情页显示航线为“广州—香港—公海—香港—广州” 3 天 2 晚，目的地为香港。费用包含以下项目：（1）世界梦号 3 天 2 晚邮轮住宿；（2）船上每天指定餐厅午餐免费餐饮；（3）港务费及燃油附加费 360 元 / 人。费用不包含签证费、出发地往返登船码头的交通费。广州出发需要补交港务费 240 元 / 人。出发前 7 日至 1 日买家通知取消，收取订单 100% 的费用。预订须知包括以下内容：成功付款后，买家需提供准确的名字、出生日期、性别、联系人手机号、电子邮箱等信息给在线客服用于接收电子船票（PDF 格式）；登船地址：广州市南沙区龙穴大道南广州港南沙集装箱三期码头；邮轮旅游中，旅行社、邮轮公司的主要责任并不是将游客从一个港口运送至另一个港口，所有行程中途停靠港口仅是航行计划，需以实际航行线路为准；退改规则为平台标准条款，如退改规则与本预订须知及邮轮公司《乘客合约》约定不一致的，以本预订须知或邮轮公司

《乘客合约》为准。

原告下单后，被告要求原告提供港澳通行证首页的照片，原告承诺 2019 年 1 月 28 日晚发送。但是，2019 年 1 月 29 日 18 时许，原告准备向被告发送港澳通行证首页照片时，发现其港澳通行证在预订行程时已经过期。原告随后与被告电话沟通，被告告知其必须持有效的港澳通行证以及签注方能出行。2019 年 1 月 29 日 20 时 5 分，原告通过第三人的网络平台创建了退款申请，退款描述为“没有注明行程需要港澳通行证的签注，得知没有港澳通行证不能参加旅程后，我问商家在详情页是否标注一定需要港澳通行证后，商家自行修改了详情中的预订须知条款”。2019 年 1 月 31 日 14 时 11 分，捷途公司拒绝退款，拒绝说明显示的理由为“船票已出，无法退改”。原告随后申请网络平台客服介入。2019 年 3 月 4 日 18 时 4 分，客服处理结果为退还原告 536.8 元。

原告提交的星梦邮轮订单显示：预约编号 13904653；预订日期为 2019 年 1 月 28 日；订单日期为 2019 年 1 月 29 日 16:28；邮轮编号 WD02190201；船名 / 航次为世界梦号 / 两晚南沙—南沙；所有旅客均须确实持有有效旅游证件，并符合签证要求；按照所有停靠港的入境当局规定，星梦邮轮必须在启航日期的 5 天前呈交旅游的护照或身份证详细资料（全名、性别、出生日期、国籍、护照 / 身份证号码及有效日期）。

原告因此诉至法院请求判令被告返还旅游费用 5311.2 元，即旅游费用 5368 元以及补交港务费 480 元扣除已退还 536.8 元的剩余部分。被告辩称：

1. 被告在案涉商品详情页显示目的地为香港，费用不包含签证费、出发地往返登船码头的交通费，说明该行程默认需要签注；

2. 原告、被告的聊天记录显示，被告要求原告发送港澳通行证首页照片，原告也同意晚上发送，由此可以默认原告的港澳通行证有效；

3. 被告只是代为购买船票，没有义务告知港澳通行证的用途。

（四）裁判要旨

广东省广州市南沙区人民法院认为，原告、被告双方的争议焦点主要集中于两个方面：一是被告是否尽到合理的告知义务；二是被告应当承担何种责任。

1. 被告是否尽到合理的告知义务

原告通过第三人的网络平台订购了星梦邮轮旅游行程，与被告之间建立了旅游服务合同关系。该行程的商品详情内容系双方当事人的真实意思表示，没有违反法律法规的禁止性规定，故而旅游服务合同应属有效。本案旅游项目为邮轮出境游，对于旅游证照以及签注的要求属于出境游的重要事项，证照过期或无有效签注将会直接影响合同目的的实现。

旅游经营者在旅游服务中因掌握更多的旅游资源、旅游信息而具有较高的优势地位，如果旅游服务合同对于重要事项的约定不明，可能影响旅游者的选择权，旅游经营者应当尽到必要、合理的提示或告知义务。本案中被告作为旅游经营者，其在商品详情页面中并未针对旅游证照以及签注的要求进行必要、合理的提示，在合同履行过程中也未进行清晰、明确的告知。因此，被告未能按照诚实信用原则尽到合理的告知义务，应当承担违约责任。被告抗辩称商品详情页面显示的信息默认该行程需要签注，但未能提交证据证实，法院不予支持；至于被告抗辩称其只是代为购买船票，没有义务告知港澳通行证的用途，与事实不符，法院不予支持。

2. 被告应当承担何种责任

原告发起退款申请后，被告于 2019 年 3 月 4 日退还原告 536.8 元。据此可推定双方当事人对于解除合同事项本身已经达成一致，法院确认案涉旅游合同于 2019 年 3 月 4 日已经解除。同时，根据被告提交的星梦邮轮订单，邮轮订单已于 2019 年 1 月 29 日 16:28 预订成功，实际费用已经发生，相关损失已经产生。

被告未能尽到提示、告知义务，因而是导致合同解除的主要过错方，对于损失的发生应当承担 70% 的责任；原告在订立合同当晚未依承诺发送港澳通行证首页照片，也未能及时发现港澳通行证已经过期的事实，对于损失的扩大存在过错。而且，原告清楚知晓案涉邮轮旅游行程中途停靠香港，故而在订立旅游合同时应当预见可能需要有效香港签注，但由于疏忽大意未能预见，对于导致合同解除的结果负有次要责任，应当自负 30% 的损失。

法院依据原《合同法》第 60 条（严格履行与诚实信用原则）、第 97 条（合同解除的效力）、第 107 条（违约责任）、第 113 条（违约损害赔偿的范围）、[①] 第 120 条（双方违约的责任），[②]《民事诉讼法》原第 64 条第 1 款（举证责任），《最高人民法院关于适用〈中华人民共和国民事诉讼法〉的解释》第 90 条（举证责任），判令被告退还旅游费用 3556.8 元（5848 元 ×70%–536.8 元）。

① 原《合同法》第 113 条第 1 款规定：“当事人一方不履行合同义务或者履行合同义务不符合约定，给对方造成损失的，损失赔偿额应当相当于因违约所造成的损失，包括合同履行后可以获得的利益，但不得超过违反合同一方订立合同时预见到或者应当预见到的因违反合同可能造成的损失。”第 2 款规定：“经营者对消费者提供商品或者服务有欺诈行为的，依照《中华人民共和国消费者权益保护法》的规定承担损害赔偿责任。”《民法典》第 584 条规定：“当事人一方不履行合同义务或者履行合同义务不符合约定，造成对方损失的，损失赔偿额应当相当于因违约所造成的损失，包括合同履行后可以获得的利益；但是，不得超过违约一方订立合同时预见到或者应当预见到的因违约可能造成的损失。”

② 原《合同法》第 120 条规定：“当事人双方都违反合同的，应当各自承担相应的责任。”《民法典》第 592 条第 1 款规定：“当事人都违反合同的，应当各自承担相应的责任。”

（五）理论分析

本案是一起由于出入境证照过期导致无法出行引起的邮轮旅游服务合同纠纷。争议的核心在于旅客未能提供有效的港澳通行证而无法出行，导致旅游服务合同无法履行，此时责任应在旅行社和旅客之间如何分配及承担。

法院在本案判决中认为："旅游经营者在旅游服务中因掌握着更多的旅游资源、旅游信息而具有较高的优势地位，在旅游合同对重要事项约定不明或可能影响旅游者选择权的情形下，旅游经营者应当尽到必要、合理的提示或告知义务。"但是，此一观点在我国现行法上却难以找到充分的法律依据。《旅游法》第58条第2款规定："订立包价旅游合同时，旅行社应当向旅游者详细说明前款第二项至第八项所载内容。"但是，该条第2款第2项至第8项规定的内容包括旅游行程安排，旅游团成团的最低人数，交通、住宿、餐饮等旅游服务安排和标准，游览、娱乐等项目的具体内容和时间，自由活动时间安排，旅游费用及其交纳的期限和方式，违约责任和解决纠纷的方式，并未涉及出入境证照的相关事项。该法第62条第1款规定了旅行社在订立包价旅游合同时的告知义务："订立包价旅游合同时，旅行社应当向旅游者告知下列事项：（一）旅游者不适合参加旅游活动的情形；（二）旅游活动中的安全注意事项；（三）旅行社依法可以减免责任的信息；（四）旅游者应当注意的旅游目的地相关法律、法规和风俗习惯、宗教禁忌，依照中国法律不宜参加的活动等；（五）法律、法规规定的其他应当告知的事项。"同样，其未有涉及出入境证照的相关事项。《消费者权益保护法》也无相关规定可以适用。因此，旅行社依据我国现行法律并不负有提示旅游所需出入境证照的法定义务，此亦可以认为是《旅游法》的立法漏洞。

值得注意的是，《旅行社条例》第29条第2款第1句规定："旅行社和旅游者签订的旅游合同约定不明确或者对格式条款的理解发生争议的，应当按照通常理解予以解释。"作出此种规定的原因在于，旅游服务合同即使不是采用标准合同或格式条款，但往往也是在旅行社的主导下订立。旅行社作为旅游行业的专业机构，应有义务保证旅游服务合同的具体内容明确、清晰。[①] 但是，根据我国邮轮旅游实践的通常情况，虽然旅客基于中途停靠港港口国针对邮轮旅客的出入境免签政策往往不必办理签证，但绝大多数情况下仍须持有有效的出入境证件。例如，旅客如果乘坐邮轮停靠日本港口，必须提供有效护照的复印件，而后由入国审查官在复印件背面粘贴《船舶观光上陆许可书》，方可入境日本进行岸上观光。因此，即使将出入境证照的要求作为合同约定不明的事项按照通常理解进行解释，本案旅客参加停靠

① 参见赵晓光、张坚钟主编：《〈旅行社条例〉释义》，人民交通出版社2009年版，第127页。

香港的出境邮轮旅游，通常情况仍应认为需要港澳通行证作为出入境证照。

基于我国现行法律，似乎无法从说明或告知义务的角度对于旅行社进行规制。但是，正如法院在本案判决中所言，"旅游经营者在旅游服务中因掌握更多的旅游资源、旅游信息而具有较高的优势地位"，旅行社对于特定邮轮旅游航次所需的出入境证照远比旅客了解，因而不能要求旅客自行判断。此时可供考虑的角度应是合同的履行。本案中旅客在缴纳旅游费用并如实提供个人信息后，已经履行了基于邮轮旅游服务合同而负有的义务。但是，旅行社却未能履行自身基于邮轮旅游服务合同负有的最为主要的义务，即依照约定提供邮轮旅游服务。虽然个中原因在于旅客缺少有效的港澳通行证，但邮轮旅游服务合同对此并无明确约定，故而旅客并不负有提供出入境证照的义务。原《合同法》第 107 条规定："当事人一方不履行合同义务或者履行合同义务不符合约定的，应当承担继续履行、采取补救措施或者赔偿损失等违约责任。"《民法典》第 577 条也规定："当事人一方不履行合同义务或者履行合同义务不符合约定的，应当承担继续履行、采取补救措施或者赔偿损失等违约责任。"《旅游法》第 70 条第 1 款第 1 句也规定："旅行社不履行包价旅游合同义务或者履行合同义务不符合约定的，应当依法承担继续履行、采取补救措施或者赔偿损失等违约责任。"因此，旅行社由于未能提供约定的旅游服务，应当承担违约责任。

关于原告一方的责任，法院在本案判决中认为："（原告）在订立合同当天晚上未依承诺发送港澳通行证首页，未能及时发现其港澳通行证已经过期的事实，对损失的扩大存在过错，而且其清楚知道涉案邮轮旅游行程中途停靠香港，在订立旅游合同时应该预见到可能需要有效香港签注，但由于疏忽大意没有预见到，对导致合同解除的结果负次要责任，应自负 30% 的损失。"但是，本案邮轮旅游服务合同对于旅客提供出入境证照并无约定，故而即使认为旅客在订立合同时应当可以预见可能需要港澳通行证，也不因此增加旅客的合同义务。因此，法院援引原《合同法》第 120 条认为原告同样存在违约行为并不恰当。[①] 至于原告对于损失扩大是否存在过错，重点在于本案是否确实存在损失扩大的情形。首先，原《合同法》并未规定与有过失规则，但我国法院确有诸多判决依据法理适用了与有过失规则。《民法典》第 592 条第 2 款也规定："当事人一方违约造成对方损失，对方对损失的发生有过错的，可以减少相应的损失赔偿额。"但是，本案损失产生的主要原因在于船票已经出票而无法退改，导致旅游费用除旅行社赚取的差价外，已经构成已向履行辅助人即邮轮公司支付且不可退还的费用。根据旅行社与邮轮公司的往来邮件，旅行社为旅客完成舱位预订的时间为 2019 年

① 原《合同法》第 120 条规定："当事人双方都违反合同的，应当各自承担相应的责任。"《民法典》第 592 条第 1 款也规定："当事人都违反合同的，应当各自承担相应的责任。"

1月28日16:34，而旅客承诺发送港澳通行证首页照片的时间是1月28日晚，实际准备发送并发现证件过期的时间是1月29日18时许，均晚于舱位预订也即船票出票的时间。即使邮轮公司要求旅行社在航次出发72小时即1月29日前补充证件资料，但由于旅客本身并不持有有效的港澳通行证，故而只要船票已经出票，何时发现证件过期并无实际影响。因此，旅客未依承诺发送港澳通行证首页照片的行为并未导致损失扩大，本案旅客未能出行遭受的损失应当完全由旅行社基于违约责任进行赔偿。

此外，一些邮轮旅游服务合同的示范文本可能针对旅客提供的身份证件设有明确要求。例如，《上海市邮轮旅游合同示范文本（2015版）》第5条第1款第3项规定："甲方在签订合同或者填写材料时，应当使用有效身份证件，提供家属或其他紧急联络人的联系方式等，并对填写信息的真实性、有效性负责。"护照和港澳通行证均为身份证件。如果旅客与旅行社基于此类示范文本订立邮轮旅游服务合同，同时旅行社在旅客通过网络订购邮轮旅游产品时，要求旅客填写护照或港澳通行证的信息，而旅客填写的出入境证照已经过期，旅客便有可能因此承担违约责任。

五、挂靠经营邮轮旅游业务的责任承担

蒋某旗与上海昶兴国际旅行社有限公司、上海山川国际旅行社有限公司等其他合同纠纷一审民事判决书。

（一）案例提要

本案是邮轮旅客与旅游经营者之间的预订款项纠纷。旅游服务合同作为要式合同，应当采用书面形式订立。但是，当事人未采用书面形式，而一方已经履行主要义务且对方接受，合同仍然成立。除存在相反证据外，未签字合同书的记载事项可以在一定程度上固定合同的主要内容。挂靠人与被挂靠人之间的挂靠关系并不当然涵盖挂靠人的一切经营业务。特定旅游业务是否可以归入挂靠关系，判断标准在于挂靠人是否以被挂靠人的名义行事。

（二）文书索引

上海市闵行区人民法院（2017）沪0112民初6566号民事判决书。

（三）案情概要

原告：蒋某旗。

被告：惠某煌。

被告：上海昶兴国际旅行社有限公司（以下简称昶兴旅行社）。

被告：上海山川国际旅行社有限公司（以下简称山川旅行社）。

原告及其朋友欲于2016年12月25日参加歌诗达邮轮济州岛5天4夜行邮轮旅游项目。第一被告惠某煌承诺可以优惠价格购买该项目，并附赠一份旅游途中的人身保险。原告于2016年10月13日至11月24日，分批次将自己及其朋友的旅游费用转账至第一被告惠某煌的个人账户，并由第一被告惠某煌联系适合的旅行社。惠某煌提供了一份一方当事人为上海宏乾国际旅行社有限公司（以下简称宏乾旅行社）的《上海出境旅游合同》让原告签字，内容均已填妥，但原告始终未签。2016年12月8日，惠某煌通知原告，因为宏乾旅行社内部出现经济问题资金周转困难，本次行程取消，并退还了部分旅游费用。原告因此诉至法院请求判令三被告返还剩余旅游费用。

第二被告昶兴旅行社曾于2012年1月1日，聘任第一被告惠某煌为其业务部经理，期限为2012年1月至2020年1月，惠某煌定期向昶兴旅行社支付管理费。

第一被告惠某煌辩称：其是昶兴旅行社的工作人员，而且钱款已经转给宏乾旅行社，应由宏乾旅行社承担责任。

第二被告昶兴旅行社辩称:其从未替第一被告惠某煌缴纳社会保险，惠某煌并非其员工；昶兴旅行社不是案涉旅游服务合同的当事方，该合同的旅游经营者一方是宏乾旅行社，而服务的实际提供者是山川旅行社，故而与昶兴旅行社无关。

第三被告山川旅行社辩称：其从不认识原告和第一被告惠某煌、第二被告昶兴旅行社，其业务相对方只有宏乾旅行社。

（四）裁判要旨

上海市闵行区人民法院认为：合同当事人应当根据合同签字方或实际履行方确定。本案中第一被告惠某煌承诺向原告提供旅游服务，并收取了原告的旅游费用，惠某煌或其代表的公司应为合同的相对方；此后惠某煌虽向原告提供一方为宏乾旅行社的格式合同，但原告并未签字，故而原告与宏乾旅行社的合同并未成立。因此，原告要求惠某煌作为合同相对方承担义务的请求，法院予以准许。

当事人一方迟延履行主要债务，经催告后在合理期限内仍未履行，另一方当事人可以解除合同。第一被告惠某煌无法提供旅游服务，原告要求其返还相应价款之诉讼请求，法院予以支持。

旅游经营者准许他人挂靠其名下从事旅游业务，造成旅游者人身损害、财产损失，旅游者如果请求旅游经营者与挂靠人承担连带责任，法院应予支持。根据第一被告惠某煌提供的聘任书及缴纳管理费的情况，其应为挂靠在第二被告昶兴旅行社名下从事旅游业务，昶兴旅行社对于惠某煌的经营业务应当严格管理；同时，原告与惠某煌签订旅游服务合同，系基于对惠某煌挂靠的旅行社的信赖。因此，原告要求昶兴旅行社承担责任的诉讼请求，法院予以支持。

考虑到原告与第三被告山川旅行社并未发生合同关系，故其要求山川旅行社承担责任的诉讼请求，法院难以支持。

法院依据原《合同法》第60条（严格履行与诚实信用原则）、第94条第1款第3项（合同迟延履行的法定解除）、[①] 第97条（合同解除的效力）、《旅游纠纷司法解释》原第16条（挂靠经营旅游业务），[②] 判令第一被告惠某煌返还剩余旅游费用，第二被告昶兴旅行社与第一被告惠某煌就此承担连带责任。

（五）理论分析

本案是一起邮轮旅游预订款项纠纷。本案的争议焦点主要分为两个层次：首先，原告未在案涉邮轮旅游服务合同上签字，邮轮旅游服务合同是否成立；其次，第一被告惠某煌与第二被告昶兴旅行社之间存在挂靠关系，而案涉旅游服务合同的合同书记载的经营者一方是案外人宏乾旅行社，此时旅游服务合同的经营者一方如何认定。

1. 未签字邮轮旅游服务合同的成立条件

合同的书面形式本非必需，合同方式自由也是合同自由原则的题中之义。原《合同法》第10条第1句规定："当事人订立合同，有书面形式、口头形式和其他形式。"《民法典》第469条第1款也规定："当事人订立合同，可以采用书面形式、口头形式或者其他形式。"但是，旅游服务合同在我国立法上属于要式合同。《旅游法》第58条第1款明确规定包价旅游合同应当采用书面形式，案涉邮轮旅游服务合同即属包价旅游合同。《旅行社条例》第28条规定了旅游服务合同的记载事项，[③] 也要求旅行社负有与旅游者订立书面旅游合同

① 原《合同法》第94条第1款第3项规定："有下列情形之一的，当事人可以解除合同：……（三）当事人一方迟延履行主要债务，经催告后在合理期限内仍未履行。"《民法典》第563条第1款第3项规定："有下列情形之一的，当事人可以解除合同：……（三）当事人一方迟延履行主要债务，经催告后在合理期限内仍未履行。"

② 《旅游纠纷司法解释》原第16条规定："旅游经营者准许他人挂靠其名下从事旅游业务，造成旅游者人身损害、财产损失，旅游者请求旅游经营者与挂靠人承担连带责任的，人民法院应予支持。"现第14条规定："旅游经营者准许他人挂靠其名下从事旅游业务，造成旅游者人身损害、财产损失，旅游者依据民法典第一千一百六十八条的规定请求旅游经营者与挂靠人承担连带责任的，人民法院应予支持。"

③ 《旅行社条例》第28条规定："旅行社为旅游者提供服务，应当与旅游者签订旅游合同并载明下列事项：（一）旅行社的名称及其经营范围、地址、联系电话和旅行社业务经营许可证编号；（二）旅行社经办人的姓名、联系电话；（三）签约地点和日期；（四）旅游行程的出发地、途经地和目的地；（五）旅游行程中交通、住宿、餐饮服务安排及其标准；（六）旅行社统一安排的游览项目的具体内容及时间；（七）旅游者自由活动的时间和次数；（八）旅游者应当交纳的旅游费用及交纳方式；（九）旅行社安排的购物次数、停留时间及购物场所的名称；（十）需要旅游者另行付费的游览项目及价格；（十一）解除或者变更合同的条件和提前通知的期限；（十二）违反合同的纠纷解决机制及应当承担的责任；（十三）旅游服务监督、投诉电话；（十四）双方协商一致的其他内容。"

的义务。[①] 因此，旅游服务合同如果未具备书面形式则不能成立。作出此种规定的原因在于:旅游服务合同的内容较为复杂，涉及交通、住宿、餐饮、娱乐、购物和游览等不同环节，如果不采用书面形式加以载明，极易发生纠纷；同时，采用书面形式也有利于保护旅游者的利益，可以明确合同双方当事人之间的具体权利义务关系。[②]

但是，原《合同法》第36条规定："法律、行政法规规定或者当事人约定采用书面形式订立合同，当事人未采用书面形式但一方已经履行主要义务，对方接受的，该合同成立。"《民法典》第490条第2款也规定："法律、行政法规规定或者当事人约定合同应当采用书面形式订立，当事人未采用书面形式但是一方已经履行主要义务，对方接受时，该合同成立。"要求特定类型的合同采用书面形式，主要目的是将书面合同作为当事人之间建立合同关系的证据和裁判纠纷的依据，本质上是为保障当事人的利益。但是，对于形式上不尽完备的合同，尽量促使其继续存在，从而保持既有的经济秩序和交易安全，同样符合保障当事人利益的目的。因此，本条规定当事人一方已经履行主要义务而对方接受，表明双方当事人已就合同内容达成一致，合同实质上已经成立。[③] 本案中原告已经支付了旅游费用，从而履行了旅游者在邮轮旅游服务合同下的主要义务，而第一被告惠某煌也已接受，此时虽然原告未在合同上签字，仍应认为邮轮旅游服务合同已经成立。问题在于合同的经营者一方应是未签字合同书记载的宏乾旅行社，还是与惠某煌存在挂靠关系的昶兴旅行社。

2. 挂靠经营旅游业务的认定标准

本案中原告支付旅游费用在先，也即邮轮旅游服务合同成立在先，而第一被告惠某煌提供记载宏乾旅行社为经营者的合同书在后，故而不能当然认为原告在支付旅游费用时已确认惠某煌是代表宏乾旅行社与其订立合同。但是，原告收到合同书后虽未签字，但也未对合同书的记载事项表示反对，应当可以推定合同书仍然在一定程度上固定了此前成立的邮轮旅游服务合同的主要内容。除非存在相反的证据，否则即应认定宏乾旅行社是合同的当事人。

惠某煌虽与第二被告昶兴旅行社存在挂靠关系，但并不意味着惠某煌经营的一切旅游业务均属挂靠经营。旅行社业务经营许可属于行政许可。[④] 行政许可是行政主体根据行政相对人的申请，通过颁发许可证或执照等形式解除法律的一般禁止，依法赋予特定行政相对人

① 参见赵晓光、张坚钟主编:《〈旅行社条例〉释义》，人民交通出版社2009年版，第120页。

② 参见王利明:《合同法研究》(第4卷)(第2版)，中国人民大学出版社2017年版，第582~583页。

③ 参见全国人大法工委研究室编写组:《中华人民共和国合同法释义》，人民法院出版社1999年版，第53页。

④ 《旅行社条例》第7条规定:"申请经营国内旅游业务和入境旅游业务的，应当向所在地省、自治区、直辖市旅游行政管理部门或者其委托的设区的市级旅游行政管理部门提出申请，并提交符合本条例第六条规定的相关证明文件。受理申请的旅游行政管理部门应当自受理申请之日起20个工作日内作出许可或者不予许可的决定。予以许可的，向申请人颁发旅行社业务经营许可证；不予许可的，书面通知申请人并说明理由。"

从事某种活动的权利或者资格的行政处理行为。行政相对人的某些行为或者行为方式虽在本质上不属于国家法律或政策予以否定评价的事项，但法律为了维护国家、社会公共利益或预防在个案中发生违法的情况，对该行为预先进行一般性的禁止，相对人只有通过主管机关对其是否符合法定条件的事先审查，方可从事该行为或者选择该行为方式。此种许可规定的实质是禁止不经许可而从事某种行为。[①] 因此，被许可人如果可以任意转让或出借行政许可，便与行政许可制度的初衷背道而驰。[②]

《旅行社条例》第 47 条规定了旅行社转让、出租、出借旅行社业务经营许可证的法律责任："旅行社转让、出租、出借旅行社业务经营许可证的，由旅游行政管理部门责令停业整顿 1 个月至 3 个月，并没收违法所得；情节严重的，吊销旅行社业务经营许可证。受让或者租借旅行社业务经营许可证的，由旅游行政管理部门责令停止非法经营，没收违法所得，并处 10 万元以上 50 万元以下的罚款。"《旅行社条例实施细则》第 27 条除在第 1 款以正面形式规定旅行社业务经营许可证不得转让、出租或者出借外，还在第 2 款将转让、出租或者出借旅行社业务经营许可证的行为具体规定为两种情形：一是除招徕旅游者和符合规定接待旅游者的情形外，准许或者默许其他企业、团体或者个人，以自己的名义从事旅行社业务经营活动；二是准许其他企业、团体或者个人，以部门或者个人承包、挂靠的形式经营旅行社业务。《旅游法》第 30 条基本延续了上述规定。[③]

上述情形在本案中尤需着重关注的应是挂靠，这也是我国社会经济中的独特现象。改革开放之初，由于国家在法律和政策上存在许多针对私营经济、个体经济参与某些领域的经济活动的歧视性限制甚至禁止性规定，导致一些个体工商户、个人合伙、私营企业为了能够进入特定领域，便与国有企业或集体企业签订挂靠合同，依托在该企业之外以该企业的名义从事生产经营活动。[④] 挂靠经营的现象之所以存在于旅行社业务领域，主要原因在于旅游过程中的具体服务往往是由其他经营者提供，现实操作旅行社业务并不需要太多的资金和设施。但是，旅行社的设立却有包括资金在内多个方面的较高要求，[⑤] 从而阻却了部分主体进入旅游市场。[⑥] 一些难以获得经营许可或者无力缴纳保证金的单位或个人，为从日益壮大的

---

① 参见姜明安：《行政法》，北京大学出版社 2017 年版，第 325 页。

② 《行政许可法》第 9 条规定："依法取得的行政许可，除法律、法规规定依照法定条件和程序可以转让的外，不得转让。"

③ 《旅游法》第 30 条规定："旅行社不得出租、出借旅行社业务经营许可证，或者以其他形式非法转让旅行社业务经营许可。"

④ 参见程啸：《侵权责任法》（第 2 版），法律出版社 2015 年版，第 527 页。

⑤ 例如，《旅行社条例》第 13 条第 2 款规定："经营国内旅游业务和入境旅游业务的旅行社，应当存入质量保证金 20 万元；经营出境旅游业务的旅行社，应当增存质量保证金 120 万元。"

⑥ 参见杨富斌、苏号朋主编：《中华人民共和国旅游法释义》，中国法制出版社 2013 年版，第 97 页。

旅游市场获取利益，通过与取得旅行社业务经营许可证的旅行社“合作”，向其缴纳一定的管理费用，挂靠在其名下对外开展经营旅游业务。部分已经取得旅行社业务经营许可证的旅行社为了扩大经营规模、提升经营业绩、降低经营成本，往往也乐于开展此种“合作”。此种做法的本质是变相出租或出借旅行社业务经营许可证，不仅规避了国家对于旅游业的监管措施，扰乱了旅游市场的正常经营秩序，同时为广大旅游者的合法权益埋下隐患。挂靠经营者往往不具备专业的经营设施、技术人员和内部监管，更易在经营过程中发生侵害旅游者人身、财产权益的情况，同时又因其缺乏足够的资金保障，难以追究法律责任弥补旅游者的损失。[①]

本案中昶兴旅行社聘任惠某煌为其业务部经理，但又未为其缴纳社会保险，而惠某煌定期向昶兴旅行社支付管理费，应当认定二者之间存在挂靠经营关系。《旅游法》《旅行社条例》《旅行社条例实施细则》均未规定挂靠经营旅游业务造成旅游者损害的民事责任承担规则。《旅游纠纷司法解释》第 14 条规定：“旅游经营者准许他人挂靠其名下从事旅游业务，造成旅游者人身损害、财产损失，旅游者依据民法典第一千一百六十八条的规定请求旅游经营者与挂靠人承担连带责任的，人民法院应予支持。”但是，本案中能否判定第二被告昶兴旅行社与第一被告惠某煌向原告承担连带责任，要旨在于二者之间的挂靠关系能否涵盖惠某煌在本案中的经营行为，即与原告订立旅游服务合同的行为。挂靠经营的根本特征是挂靠人以被挂靠人的名义开展经营活动。《旅游纠纷司法解释》第 14 条的“准许他人挂靠其名下”一语即强调了此项特征。此时可资借鉴的应是以挂靠形式从事道路运输经营活动的情形。《最高人民法院关于审理道路交通事故损害赔偿案件适用法律若干问题的解释》原第 3 条规定：“以挂靠形式从事道路运输经营活动的机动车发生交通事故造成损害，属于该机动车一方责任，当事人请求由挂靠人和被挂靠人承担连带责任的，人民法院应予支持。”[②]《民法典》第 1211 条将此上升为法律规定：“以挂靠形式从事道路运输经营活动的机动车，发生交通事故造成损害，属于该机动车一方责任的，由挂靠人和被挂靠人承担连带责任。”司法解释的起草部门对此作出的释义也明确指出以挂靠形式从事运输经营活动的主要特征在于，挂靠人将自己出资购买的机动车挂靠于某个具有运输经营权的企业，由该企业为挂靠车主代办法律手续，并以该企业的名义对外进行运输经营。[③] 因此，判断特定经营行为是否属于挂靠经营的范围，

---

① 参见最高人民法院民事审判第一庭编著：《最高人民法院审理旅游纠纷案件司法解释理解与适用》，人民法院出版社 2010 年版，第 200~201 页。

② 本条已被《民法典》第 1211 条吸收。

③ 参见最高人民法院民事审判第一庭编著：《最高人民法院关于道路交通损害赔偿司法解释理解与适用》，人民法院出版社 2012 年版，第 13 页。

重点在于挂靠人是否以被挂靠人的名义行事。[①] 本案中惠某煌与原告订立邮轮旅游服务合同时并非以昶兴旅行社的名义，故而不应将此旅游业务归入惠某煌与昶兴旅行社的挂靠关系，进而要求二者承担连带责任。加之原告收到合同书后虽未签字，但也未对合同书的记载事项表示反对，案涉邮轮旅游服务合同的经营者一方仍应认定为合同书记载的宏乾旅行社。

① 此时亦可参考的是我国国内水路货物运输中普遍存在的挂靠情形。《最高人民法院关于国内水路货物运输纠纷案件法律问题的指导意见》第 8 条规定，“有运营资质的个体运输船舶的实际所有人，为了进入国内水路货物运输市场，规避国家有关水路运输经营资质的管理规定，将船舶所有权登记在具有水路运输经营资质的船舶运输企业名下，向该运输企业交纳管理费，并以该运输企业的名义从事国内水路货物运输活动，是国内水路货物运输中普遍存在的一种挂靠经营方式”。其中同样强调了“以该运输企业的名义”作为基本特征。

第五章

邮轮旅游的纠纷管辖与法律适用

【知识提要】

本章主要讲解邮轮旅游的纠纷管辖与法律适用：一是邮轮旅游的纠纷管辖，主要围绕邮轮旅游纠纷在地方法院与海事法院之间的管辖划分，包括邮轮旅游纠纷涉及的主要案由，邮轮旅游纠纷的管辖现状以及应有的管辖划分模式；二是邮轮旅游的法律适用，即邮轮旅游形成的涉外民事关系的法律适用，包括邮轮旅游服务合同、海上旅客运输合同、邮轮船票包销合同等合同的法律适用，以及邮轮旅客人身损害等侵权责任的法律适用。

第一节　邮轮旅游的纠纷管辖

民事诉讼中的管辖是指各级人民法院之间以及同级人民法院之间受理第一审民事案件的分工和权限。[①]科学、合理地划分民事纠纷的管辖，对于民事诉讼制度的有效运作具有重要意义，既有利于当事人依法行使诉权，又有利于法院依法行使审判权。[②]邮轮旅游涉及海上运输，而我国设有专门受理海事海商案件的海事法院，导致地方法院和海事法院对于邮轮旅游纠纷的管辖划分在理论与实践之中均不乏争议。邮轮旅游的纠纷管辖由此成为值得讨论的理论问题。

① 参见张卫平：《民事诉讼法》（第 4 版），法律出版社 2016 年版，第 99 页。
② 参见李浩：《民事诉讼法学》（第 3 版），法律出版社 2016 年版，第 52 页。

一、邮轮旅游纠纷涉及的主要案由

民事案件案由是民事案件名称的重要组成部分，反映案件涉及的民事法律关系的性质，是对当事人诉争的法律关系性质进行的概括，也是法院进行民事案件管理的重要手段。建立科学、完善的民事案件案由体系，有利于方便当事人进行民事诉讼，统一民事案件的法律适用标准，对受理案件进行分类管理，确定各民事审判业务庭的管辖分工，提高民事案件司法统计的准确性和科学性，从而更好地为创新和加强民事审判管理、为法院司法决策服务。①

根据《民事案件案由规定》，旅客与邮轮公司、旅行社等邮轮旅游经营者之间的邮轮旅游纠纷主要涉及以下案由：

1. 生命权、身体权、健康权纠纷，是指他人实施侵害生命权、身体权、健康权行为而引起的纠纷，② 属于人格权纠纷。

2. 服务合同纠纷，是指关于服务提供者与服务接受者之间约定的有关权利义务关系的协议的纠纷，③ 属于合同纠纷，其中邮轮旅游具体涉及旅游合同纠纷、旅店服务合同纠纷、餐饮服务合同纠纷、娱乐服务合同纠纷、网络服务合同纠纷四级案由。除旅游服务合同（或称旅游合同）外，根据最高人民法院的解释，旅店服务合同是指旅店向旅客和其他人员提供房屋住宿、设备和其他服务活动并向旅客或其他人员收取费用的协议；餐饮服务合同是指餐饮服务机构和人员与消费者约定的一方提供食品和饮料、消费场所和设施，另一方支付费用的合同；娱乐服务合同是指娱乐场所提供歌舞、游艺等娱乐活动，消费者支付费用的合同；网络服务合同是指网络服务商向消费者提供通路以使消费者与互联网连线的中介服务或者提供内容服务的合同。④

3. 违反安全保障义务责任纠纷，属于侵权责任纠纷，其中包括经营场所、公共场所的经营者、管理者责任纠纷，群众性活动组织者责任纠纷两个四级案由。安全保障义务是指宾馆、商场、银行、车站、机场、体育场馆、娱乐场所等经营场所、公共场所的经营者、管理者或者群众性活动的组织者负有的保障他人人身财产安全的注意义务，安全保障义务人未尽此项义务时，应当承担侵权责任。⑤

---

① 参见《最高人民法院关于印发修改后的〈民事案件案由规定〉的通知》（法〔2020〕347号）。

② 参见最高人民法院民事案件案由规定课题组编著：《最高人民法院民事案件案由规定理解与适用》（修订本），人民法院出版社 2011 年版，第 49 页。

③ 参见最高人民法院民事案件案由规定课题组编著：《最高人民法院民事案件案由规定理解与适用》（修订本），人民法院出版社 2011 年版，第 193 页。

④ 参见最高人民法院民事案件案由规定课题组编著：《最高人民法院民事案件案由规定理解与适用》（修订本），人民法院出版社 2011 年版，第 195 页。

⑤ 参见程啸：《侵权责任法》（第 3 版），法律出版社 2021 年版，第 518 页。

4. 海上、通海水域人身损害责任纠纷，是指因船舶航行或海上、通海水域进行的生产和作业造成人身伤害而产生的民事责任纠纷，[①] 属于海事海商纠纷。

5. 海上、通海水域旅客运输合同纠纷，属于海事海商纠纷。由于《民事案件案由规定》另行规定了“海上、通海水域行李运输合同纠纷”，此处海上、通海水域旅客运输合同应取狭义，是指承运人以适合运输的船舶经海路将旅客从起运地点运输至约定地点，而由旅客支付票款的合同，即不包括海上、通航水域旅客运输涉及的行李运输，故而不同于《海商法》第五章规定的海上旅客运输合同。

6. 海上、通海水域行李运输合同纠纷，属于海事海商纠纷。此处海上、通海水域行李运输合同是指承运人以适合运输的船舶经海路将旅客的行李从起运地点运输至约定地点，而由旅客支付票款的合同。

邮轮旅游纠纷涉及的民事案件案由如图 14 所示：

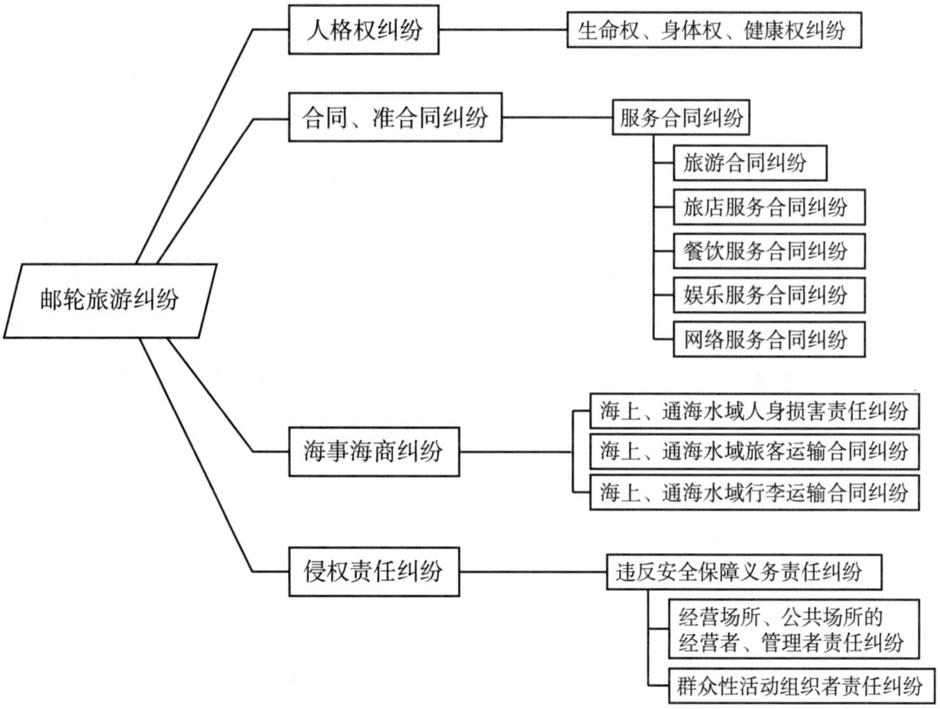

图 14　邮轮旅游纠纷涉及的民事案件案由

① 参见最高人民法院民事案件案由规定课题组编著：《最高人民法院民事案件案由规定理解与适用》（修订本），人民法院出版社 2011 年版，第 317 页。

二、邮轮旅游纠纷的管辖现状

关于邮轮旅游纠纷的管辖，目前实践中存在一种倾向，即地方法院认为邮轮旅游系以海上运输为基础，由此产生的纠纷应以海事法院管辖为主；海事法院则认为不少与海上运输无关的邮轮旅游纠纷，如船上销售免税商品引发的纠纷，应当由地方法院管辖。部分高级人民法院也在尝试实施邮轮旅游纠纷的集中管辖。

（一）合同纠纷

根据目前我国的司法实践情况，关于邮轮旅游的合同纠纷，其中航程变更纠纷一般作为旅游合同纠纷，由地方法院管辖，海事法院尚无管辖航程变更纠纷的实例。例如，上文列举的因天气原因导致航程变更的胡某、胡某杰等与上海携程国际旅行社有限公司旅游合同纠纷案由上海市长宁区人民法院管辖，因邮轮公司原因导致航程变更的吴某、张某峰等与中国国旅（福建）国际旅行社有限公司、中国国旅（武夷山）国际旅行社有限公司南平营业二部旅游合同纠纷案由福建省南平市延平区人民法院管辖，二者的管辖法院均为基层法院。

除旅游合同纠纷外，旅店服务合同纠纷、餐饮服务合同纠纷、娱乐服务合同纠纷、网络服务合同纠纷等其他服务合同纠纷在实践中尚未出现具体案例，主要原因应是此类服务引发纠纷的比例较小，即使产生纠纷大多也可由旅客与邮轮公司、旅行社等邮轮旅游经营者之间自行解决，纠纷的严重程度尚不至于诉至法院。此类纠纷理论上应由地方法院管辖。

海上、通海水域旅客运输合同纠纷和海上、通海水域行李运输合同纠纷目前在实践中同样尚未出现具体案例，主要原因分为两个方面：一是由于包船模式导致的船票隐形化现象，旅客与邮轮公司之间的海上旅客运输合同法律关系长期以来处于模糊状态；二是旅客作为消费者，通常只会选择起诉自己直接面对的经营者，即向其销售包价邮轮旅游产品的旅行社。此类纠纷理论上应由海事法院管辖，但海上、通海水域旅客运输合同纠纷和旅游合同纠纷至少在航程变更方面存在交叉。

（二）侵权纠纷

关于邮轮旅游的侵权纠纷，其中旅客人身损害纠纷既有作为生命权、身体权、健康权纠纷或者违反安全保障义务责任纠纷由地方法院管辖，也有作为海上、通海水域人身损害责任纠纷由海事法院，二者之间的划分标准不甚清晰。

地方法院管辖的旅客人身损害纠纷，如上文列举的广东省深圳市罗湖区人民法院一审、广东省深圳市中级人民法院二审的付某华与成都中国旅行社有限公司自贡南湖分社、自贡神州国际旅行社有限责任公司违反安全保障义务责任纠纷案，旅客在船上舞台踩空台阶摔伤，即为违反安全保障义务责任纠纷。

海事法院管辖的旅客人身损害纠纷，最为典型的即是上海海事法院管辖的羊某某与英国嘉年华邮轮有限公司海上、通海水域人身损害责任纠纷案即蓝宝石公主号案，具体情形为旅客在船上泳池溺水导致人身损害。

即使是基本相同的案情，也存在分别由地方法院和海事法院管辖的不同案例。例如，同为旅客在船期间摔倒，蒋某萍与皇家加勒比 RCL 游轮有限公司、浙江省国际合作旅行社有限公司上海分公司海上人身损害责任纠纷案即海洋量子号案是由上海海事法院管辖，而在王某瑾与歌诗达邮轮有限公司健康权纠纷案[①]中，旅客同样是由于船上积水导致滑倒摔伤，但该案是由上海市黄浦区人民法院管辖。

至于岸上观光环节的旅客人身损害纠纷，由于不涉及海上运输因素，目前的司法实践均由地方法院管辖。例如，上文列举的广东省深圳市福田区人民法院审理的刘某与芒果网有限公司、意大利歌诗达邮轮有限公司上海代表处旅游合同纠纷案，即为旅客在岸上观光环节摔伤。

三、邮轮旅游纠纷的管辖划分

（一）邮轮旅游纠纷管辖划分的学理观点

关于邮轮旅游纠纷管辖的划分标准，目前理论和实践中均存在不同观点。例如，谢振衔等在《邮轮旅游纠纷司法管辖问题探析》一文中指出，实践中主要存在合同关系、纠纷性质、适用法律等关于划分标准的不同观点：

> 邮轮游客维权案件的管辖问题。游客维权案件是目前涉邮轮民事纠纷中最为棘手的实践问题，其中所涉及的司法管辖问题无论是在理论上还是实践中均存有不小争议。对于划分海事法院与地方人民法院的管辖，实践中存在以下几种不同的建议思路：第一，按照原告所依据的合同关系划分，如原告依据旅游合同起诉旅行社的，则由地方人民法院管辖；如原告依据运输合同起诉邮轮公司的，则由海事法院管辖。第二，按照所涉纠纷的性质划分，若主要涉及航海事项的，由海事法院管辖；若主要涉及旅游事项的，由地方人民法院管辖。第三，按照可能适用的法律划分，如需要适用《海商法》相关规定，则由海事法院管辖；如仅需适用《合同法》等一般民事法律，则由地方人民法院管辖。上述几种思路在不同场合下各自具有合理性，且

① 参见上海市黄浦区人民法院（2017）沪 0101 民初 10592 号民事裁定书。

相互关联、相互影响。

本文认为现阶段可按如下标准确定海事法院的受案范围：首先，根据现行的《最高人民法院关于海事法院受理案件范围的若干规定》以及《民事案件案由规定》，海事法院明确能够受理的邮轮游客维权相关案件主要可归为海上旅客运输合同纠纷以及海上人身损害责任纠纷。其次，在识别具体的法律关系时，可以通过如下几个方面予以考虑：一是要看主体身份，如以海上旅客运输合同纠纷为案由，则被告只能是邮轮公司而非旅行社；二是要看纠纷属性，不具有海事特征的如在邮轮上发生的娱乐、购物等不应由海事法院管辖；三是要看法律适用，可能涉及海商法特殊制度如责任限额等的案件需由海事法院管辖。最后，从立法论的角度，也有建议认为，可设立海上旅游合同纠纷这一新案由，凡涉邮轮游客维权的案件均由海事法院统一管辖，该观点在理论上虽不失合理性，但从实践操作的层面恐怕还难以推行，至少目前为止多数涉邮轮诉讼案件还是以普通法院管辖为主。[①]

上述三种模式实则各有利弊：

第一种模式基本符合海事法院收案范围的现行规定，但无法妥善处理侵权纠纷的管辖划分，而目前邮轮旅游纠纷的管辖错位很大程度上正是集中于旅客人身损害的侵权纠纷。

第二种模式相对而言较为合理，最能体现海事法院作为专门法院受理案件的特殊性、专业性。但是，受限于海事因素的抽象性、语言文字的模糊性等现实因素，《民事案件案由规定》等关于案由设置的规范性文件无法较好地通过法条表述承载区分航海事项和旅游事项的功能，航海事项的概念界定也需要法律作出专门规定，故而该模式很难通过规范性文件的文字准确表达。

第三种模式的合理性相对较弱，原因在于《海商法》虽是我国最为主要的海事法律，但该法的适用范围毕竟有限，无法涵盖种类繁多的海事活动。仅以是否适用《海商法》作为划分海事纠纷与一般民事纠纷的标准，显然有欠妥当。目前《最高人民法院关于海事法院受理案件范围的规定》规定的108类案件，其中相当一部分在具体裁判过程中并不适用或主要不适用《海商法》，但属于海事法院的收案范围。最为典型的应是海上、通海可航水域货运代理合同纠纷，作为近年来海事法院受理较多的案件类型之一，此类案件大多主要适用《最高人民法院关于审理海上货运代理纠纷案件若干问题的规定》而不是《海商法》。

---

① 谢振衔、方懿、李元俊：《邮轮旅游纠纷司法管辖问题探析》，载《上海法治报》2015年6月24日，第B5版。

（二）海事纠纷与一般民事纠纷的划分标准

邮轮旅游纠纷目前在我国存在明显的管辖错位现象，即海事法院管辖的案件大多不具有海事因素，如旅客在船上摔倒等运输以外原因导致的人身损害纠纷；地方法院管辖的案件反而具有较为明显的海事因素，如台风等天气因素导致船舶航行计划变更引发的航程变更纠纷。

以比较法的角度考察，海事因素在美国法下被称为“海事联系”（maritime nexus），与船舶（vessel）、通航水域（navigable waters）共同构成确定美国法院海事管辖权的三项因素。但是，海事联系在美国法中也是难以完全准确界定的概念，一般被解释为“与传统的海事活动存在密切关联”（bear a significant relationship to traditional maritime activity）。美国联邦上诉法院第五巡回法庭曾经提出确定海事联系的四项标准：（1）当事人的职责和任务；（2）交通工具的种类；（3）损害的因果关系和种类；（4）海商法涉及的传统概念。

海事联系实际上为法院提供了相对灵活的判断标准，用于甄别虽然发生在通航水域但事实上不属于海事纠纷的例外情况，[①] 即主要是用于排除不应归入海事纠纷的情形。

海事诉讼是关于海事请求的诉讼活动，海事因素、海事请求乃至海事案件历来并无严格的边界与范围界定，但争议主要集中于船舶建造合同纠纷等与海上特殊风险、海事因素看似关联较小的案件类型。例如，英国受到客观标志说即合同场所化理论[②]的影响，一度认为船舶建造合同缔约于陆上且也在陆上履行，故而将其排除在海事案件的范围之外。[③] 但是，即使是船舶建造合同纠纷其实也存在明显的海事因素，除建造船舶的根本目的是用于航海活动外，船舶建造亦会包括试航阶段，其中大多涉及海上航行，原因在于是否符合船舶建造合同以及规格书的要求必须通过试航才能得到证实。[④] 据此，船舶建造合同纠纷在我国也属于海事法院的收案范围。2001 年《最高人民法院关于海事法院受理案件范围的若干规定》（已失效）、2016 年《最高人民法院关于海事法院受理案件范围的规定》分别规定船舶的建造、买卖、修理、改建和拆解合同纠纷案件，以及船舶工程合同纠纷案件属于海事法院的收案范围。

海事案件与其他民商事案件之间虽无绝对严格的边界划分，但仍有相对明晰的判断标

---

① 参见郁志轰：《美国海商法》，杭州大学出版社 1996 年版，第 17~20 页。

② 客观标志说（或称合同场所化理论）系确定合同准据法的一种学理观点，主张以合同缔结地、合同履行地、标的物所在地、当事人住所地、法院地等客观场所作为标志确定合同的准据法。

③ 参见［美］G. 吉尔摩、C. L. 布莱克：《海商法》，杨召南等译，中国大百科全书出版社 2000 年版，第 46 页。

④ 参见林源民：《船舶建造》，上海浦江教育出版社 2013 年版，第 366 页。

准可供依循，主要表现为纠纷的产生是否受到以海上特殊风险为典型的海事因素的影响。海商法以及海事请求、海事纠纷的特殊性均与海上特殊风险存在密切联系。

（三）邮轮旅游纠纷管辖的划分标准

民事诉讼的目的在于公正、迅速、经济地解决民事纠纷，而管辖制度的意义是便于当事人及时请求司法保护，以及法院正确行使审判权。确定民事诉讼管辖也应遵循便于当事人进行诉讼、便于法院审理案件的原则。我国设立海事法院是为了有效行使我国司法管辖权，及时审理海事海商案件。[①]海事纠纷往往与航海技术以及航运业务紧密相连，涉及航海技术、船舶构造、货物特性、货物积载等事项，具有突出的专业性和技术性。[②]海事法院的收案范围虽然未必以绝对严格的法理演绎为基础，但仍应尽量促使法院能够有效、专业地处理案件。

关于旅游合同纠纷等服务合同纠纷，只要旅客是以此类案由起诉，案件即应由地方法院管辖。原因在于此类案由本就不属于海事法院的收案范围，即使其中涉及航程变更等具有海事因素的事项亦不例外。反之，如果旅客是基于海上旅客运输合同提起诉讼，即使同样涉及航程变更，也应由海事法院管辖。但是，航程变更的发生主要是由于邮轮公司航行计划的变动，基于纠纷解决专业性、效率性的考量，仍应尽量通过邮轮船票管理制度的完善等途径，明确旅客与邮轮公司之间的海上旅客运输合同法律关系，引导旅客更多以此作为提起诉讼的依据，进而更多指向海事法院管辖。

容易引发争议的应是旅客人身损害纠纷，原因在于作为民事案件案由的生命权、身体权、健康权纠纷和海上、通海水域人身损害责任纠纷，本质上均为人身损害纠纷，只是作为普通民事纠纷和海事海商纠纷分别被赋予了不同的名称。因此，仅靠《民事案件案由规定》等规范性文件对于案由以文字表述形式作出的规定，无法实现邮轮旅客人身损害纠纷的管辖划分。特定个案究竟属于生命权、身体权、健康权纠纷，还是海上、通海水域人身损害责任纠纷，仍然需要依靠立案工作人员的个案判断。此时更为重要的是准确理解海上人身损害的内涵，即海上人身损害本质是指以海上特殊风险为典型的海事因素造成的人身损害，而无论损害发生的地点是陆地抑或海上。从目前的邮轮旅游实践和纠纷解决实践来看，旅客人身损害纠纷绝大多数仍是普通的民事纠纷，应由地方法院管辖，除非损失是由于船舶碰撞、搁浅、触礁、海盗等海事因素而发生。

---

① 参见全国人民代表大会常务委员会《关于在沿海港口城市设立海事法院的决定》引言部分。

② 参见韩立新、袁绍春、尹伟民编著：《海事诉讼与仲裁》（第2版），大连海事大学出版社2016年版，第4页。

第二节　邮轮旅游的法律适用

关于邮轮旅游形成的涉外民事关系的法律适用，我国法律目前可以适用的冲突规范共有 4 个条文，即《涉外民事关系法律适用法》第 41 条关于合同法律适用的规定，第 42 条关于消费者合同法律适用的规定，第 44 条关于侵权责任法律适用的规定，以及《海商法》第 269 条关于合同法律适用的规定。

一、合同的法律适用

（一）邮轮旅游服务合同的法律适用

邮轮旅游服务合同不属于《海商法》的适用范围，故而不能适用《海商法》第 269 条关于合同法律适用的规定。《涉外民事关系法律适用法》第 41 条是关于合同法律适用的一般规定，第 42 条是关于消费者合同法律适用的规定，二者属于一般法条与特别法条的关系。《涉外民事关系法律适用法》虽未给出消费者合同的定义，但邮轮旅游服务合同的旅游者一方是消费者，旅行社一方是经营者，具有消费者合同的性质，应当适用第 42 条的特别规定确定准据法。

《涉外民事关系法律适用法》第 42 条规定：

> 消费者合同，适用消费者经常居所地法律；消费者选择适用商品、服务提供地法律或者经营者在消费者经常居所地没有从事相关经营活动的，适用商品、服务提供地法律。

本条规定了以下两个系属：

1. 以适用消费者经常居所地法律为原则。对于邮轮旅游[①]而言，旅游者作为消费者的经常居所地通常即为中国，应当适用中国法。

2. 以商品、服务提供地法律为例外。这主要针对两种情形：一是消费者主动选择适用商品、服务提供地法律，即消费者享有单方意思自治的权利；二是经营者在消费者经常居所地未从事相关经营活动。由于外商投资旅行社原则上不得经营我国内地居民的出境旅游业务，故而经营邮轮旅游业务的旅行社通常均是在我国已有从事相关经营活动的中资旅行社。

上述规定本意应是为了贯彻消费者合同法律适用的弱者保护原则，但其中规定的消费

① 以下均指以我国港口为母港的出境邮轮旅游。

者经常居所地法律以及商品、服务提供地法律，实际较之通常是中国法的消费者经常居所地法律未必有利于消费者，即弱者保护原则的贯彻具有不确定性

《涉外民事关系法律适用法》第42条在司法实践中极少获得适用。根据2022年12月31日中国裁判文书网的检索结果，涉及本条的裁判文书网仅有13件，分别为买卖合同、保险合同、教育合同、网络购物合同等合同的纠纷，而未涉及旅游服务合同。实践中包括邮轮旅游服务合同在内，法院审理旅游合同纠纷大多不考虑合同关系的涉外性，而径直适用中国法。《上海市邮轮旅游合同示范文本(2015版)》和《上海市出境旅游合同示范文本(2013版)》均未设置法律适用条款规定法律适用。

司法实践

消费者合同的法律适用

广西壮族自治区桂林市中级人民法院一审、广西壮族自治区高级人民法院二审的李某群与蒋某芳、蒋某君买卖合同纠纷案：[①]

> 2011年12月11日，李某群因装修房屋需要安装木地板，在桂林市建材市场经过询价后，在蒋某芳经营的木地板建材店定购木地板。当日，由蒋某君之丈夫唐某写下定购单："李大姐180××××3553，定购顺源龙凤檀（红色）规格910×122，每平方米300元，地脚线（W502），除上楼费由主家负责，副件、龙骨材料手工全包。分三次付款（订金、板材到家、安装完后），送白蚁药、防潮膜、精油护理一次，订金（伍佰元）500元整。板材到家，付陆仟伍佰元整。按35.7个平方米结账。地址：碧水家园15栋7–1蒋某君189××××××30，2011.12.11"。李某群在定购单上签名并写下"三里店龙隐小学对面居然咖啡馆"字样。2015年1月15日，蒋某芳、蒋某君按"定购单"约定，为李某群安装了木地板，双方结算完毕并交付使用。2014年5月14日，李某群以对购买的木地板怀疑不是龙凤檀原木为由，向桂林市工商行政管理局观音阁工商所举报，要求商家退款，并负责消费者后续的相关赔偿。该工商所召集李某群和蒋某芳进行了调解，双方未达成协议，该工商所建议通过其他途径维权。李某群遂提起本案诉讼。

① 参见广西壮族自治区桂林市中级人民法院（2015）桂市民三初字第18号民事判决书；广西壮族自治区高级人民法院（2016）桂民终34号民事判决书。

…………

本院认为，本案为买卖合同纠纷，本案上诉人李某群为中国台湾地区居民，而台湾地区与大陆为同一国家之内的不同法域，其法律冲突问题应当参照我国涉外法律的相关规定进行审理。根据《中华人民共和国涉外民事关系法律适用法》第四十二条“消费者合同，适用消费者经常居所地法律；消费者选择适用商品、服务提供地法律或者经营者在消费者经常居所地没有从事相关经营活动的，适用商品、服务提供地法律”的规定，虽然本案消费者李某群的经常居所地在台湾地区，但商品的提供者蒋某君、蒋某芳在台湾地区并未从事相关经营活动，且李某群在商品提供者所在地桂林提起本案诉讼，根据大陆法律要求商品提供者蒋某君、蒋某芳承担赔偿责任，故本案的实体处理应当适用商品提供地法律即大陆法律。

理论探讨

邮轮旅游服务合同的服务提供地如何认定?

《涉外民事关系法律适用法》自 2010 年通过以来，我国理论研究对于第 42 条的关注极少，各类教材和理论著作仅有寥寥数语，而且大多采用重复法条内容甚至直接引用法条的方式解说消费者合同的法律适用。例如，韩德培主编的《国际私法》一书作为我国颇为通行的国际私法教科书，对于消费者合同法律适用的分析，只是穿插在特殊合同的法律适用中稍有分析，主要内容即为引用《涉外民事关系法律适用法》第 42 条：

《涉外民事关系法律适用法》和最高人民法院的司法解释，还对某些特殊类型的涉外合同的法律适用作出了不同于上述要求的规定。《涉外民事关系法律适用法》分别在第 42 条和第 43 条对消费者合同和劳动合同的法律适用作了规定。第 42 条规定：“消费者合同，适用消费者经常居所地法律；消费者选择适用商品、服务提供地法律或者经营者在消费者经常居所地没有从事相关经营活动的，适用商品、服务提供地法律。”第 43 条规定：“劳动合同，适用劳动者工作地法律；难以确定劳动者工作地的，适用用人单位主营业地法律。劳务派遣，可以适用劳务派出地法律。”上述规定的目的主要在于保护处于弱势的消费者和劳动者，以免交易对方强加的不合理的法律适用条款损害其利益。[①]

关于《涉外民事关系法律适用法》第42条规定的服务提供地的认定标准，目前我国国际私法的理论研究仍付阙如，几乎未见任何关于服务提供地具体内涵的学理解释。《最高人民法院关于适用〈中华人民共和国涉外民事关系法律适用法〉若干问题的解释（一）》同样未对此作出解释。以“服务提供地法律＋旅游”或“服务提供地法律＋旅行社”为关键词通过中国裁判文书网进行检索，尚无任何检索结果。[②]

关于包价旅游合同标的的不同认识，将会直接影响服务提供地的认定。如果认为旅行社的给付义务主要是中介服务，由于中介服务大多在旅游者出行前已经完成，服务提供地应当是指旅行社依据往取债务原则作为履行义务一方的所在地等合同履行地。[③]除导游、领队等延伸至行程中的服务外，服务提供地一般不会超出旅游者经常居所地和旅行社登记地或主营业地的范围。但是，如果认为旅行社的给付义务是负责提供各项具体的旅游服务，服务提供地便会覆盖旅游行程涉及的所有地域，必须根据引发纠纷的具体服务项目确定服务提供地。导致的结果是法律适用的不确定性明显增加，而且直接背离了《涉外民事关系法律适用法》第42条的立法目的，即通过限制消费者经常居所地的适用和消费者单方意思自治的范围，保护消费者权益的同时避免经营者负担过重的义务，尽量促使经营者能够预见可能适用的法律以及存在的法律风险，维护市场秩序稳定。

（二）海上旅客运输合同的法律适用

1. 海上旅客运输合同法律适用的法律规则

旅客与邮轮公司之间订立的合同具有混合合同的属性，其中涉及的旅店服务合同、餐饮服务合同、娱乐服务合同等内容如果发生纠纷，应当依据上述《涉外民事关系法律适用法》第42条，适用关于消费者合同法律适用的规定。但是，其中涉及的海上旅客运输合同的内容，属于《海商法》的适用范围，应当适用《海商法》第269条关于合同法律适用的规定确定准据法。

《海商法》第269条规定：

合同当事人可以选择合同适用的法律，法律另有规定的除外。合同当事人没有

① 韩德培主编：《国际私法》（第3版），高等教育出版社2014年版，第208页。

② 中国裁判文书网2022年12月31日检索结果。

③ 参见《民法典》第510条、第511条。

选择的，适用与合同有最密切联系的国家的法律。

上述规定以当事人意思自治为原则，仅在当事人未合意选择适用法律的情况下，规定适用最密切联系原则。此种规定主要基于海事海商合同作为商事合同的立场，并未考虑邮轮旅游涉及的消费者合同。对于邮轮旅游而言，与海上旅客运输合同具有最密切联系的法律通常即为中国法。

值得注意的是《海商法》第269条与《涉外民事关系法律适用法》第42条的关系。二者较之《涉外民事关系法律适用法》第41条均属特别规定。虽然《海商法》第十四章“涉外关系的法律适用”本身相较于《涉外民事关系法律适用法》属于特别法，应当优先适用，但后者同时又是新法，针对消费者合同作出了专门规定。而且，《海商法》第269条又有“法律另有规定的除外”的但书，《涉外民事关系法律适用法》第42条应属此种例外情形。如果邮轮旅游涉及的海上旅客运输合同适用《涉外民事关系法律适用法》第42条确定准据法，消费者经常居所地法律仍为中国法。对于以我国港口为母港的邮轮航线而言，邮轮公司作为经营者在我国通常均有从事相关经营活动。此时服务提供地需要根据引发纠纷的服务内容确定。例如，如果是开航前的航程变更纠纷，服务提供地应当即为中国；如果是船舶航行于公海期间的服务，如邮轮公司保管的行李在此期间损坏，可能由于公海没有对应的国内法律而导致服务提供地法律落空。

目前，我国司法实践中尚未出现依据海上旅客运输合同起诉的邮轮旅游纠纷案件，故而司法实践对于海上旅客运输合同法律适用的态度尚不明朗。即使是传统海上旅客运输合同，司法实践的实例也并不多见，而且几乎不曾涉及法律适用问题。

2. 邮轮船票条款的法律适用条款

《民法典》第496条第1款规定：“格式条款是当事人为了重复使用而预先拟定，并在订立合同时未与对方协商的条款。”据此，邮轮公司单方制定并公布在官方网站的船票条款，应当属于格式条款，需要受到法律关于格式条款的限制。

我国邮轮旅游实践中，船票条款的法律适用条款大多规定适用外国法律，且由外国法院管辖纠纷。例如，此前皇家加勒比国际游轮《乘客票据合同》第19条规定：“本乘客票据合同应当受美国佛罗里达州法律（包括在适用情况下的相关美国海事法律）管辖并依照其解释。”[①] 但是，随着我国邮轮旅游市场不断发展成熟，邮轮公司开始逐步在船票条款中规定适

① 皇家加勒比国际游轮：《乘客票据合同》，载皇家加勒比国际游轮官网，http://www.rcclchina.com.cn/content/brand/passenger/repeat，最后访问日期：2018年6月30日。

用中国法律。例如，目前皇家加勒比国际游轮《乘客票据合同》第 20 条规定："本乘客票据合同应当受中国法律管辖并依照其解释。"①

我国邮轮旅游市场其他主要邮轮公司的船票法律适用条款如下：

（1）歌诗达邮轮《乘客条款》第 25 条规定适用意大利法律："除包含本通用条款的合约另有特别约定外，包含本通用条款的合约受意大利法律管辖，并依据其进行解释。依据现有合约或与之相关的可能出现的任何争议（包括但不限于违约和侵权等）应完全交由热那亚法庭管辖。"②

（2）地中海邮轮《标准承运条款》第 25 条规定适用意大利法律："本承运条款的适用法律是意大利法律。"第 26 条规定："除非适用法律另有规定，对承运人的所有索赔都应提交到意大利那不勒斯法庭并受其排他性司法管辖。"③

（3）公主邮轮《航行合约》第 15 条第 C 款规定适用英国法律："由于本航行合约或您的邮轮旅行产生的、或与之相关的所有索赔均适用英国法律。如果法院或法庭适用除英国法律以外的其它法律，则承运人（在所有例外条款和责任限制方面）有权获得法律允许的最大保护，包括对于损害赔偿金额上限的法定保护。"第 15 条第 B 款规定："对由于本航行合约或已经由或拟由 Carnival plc 提供的运输和 / 或服务产生的或与之相关的、针对 Carnival plc 的任何争议，可将争议提交至中国国际经济贸易仲裁委员会在上海进行仲裁。"④

（4）丽星邮轮《预定航行合约》第 21 条规定适用中国香港特别行政区法律："本航行合约须由香港特别行政区的法律解释、诠释及规限，而所有旅客向承运人提出的申索必须仅由香港特别行政区的法院审理，其他法院并不适用。"⑤

（5）星旅远洋邮轮《旅客票据合同》第 19 条规定适用中国法律："本旅客票据合同受中华人民共和国法律管辖并依照其解释。本合同下或与本合同有关的一切争议，均应提交中华人民共和国境内有管辖权的海事法院管辖。"⑥

---

① 皇家加勒比国际游轮：《乘客票据合同》，载皇家加勒比国际游轮官网，https：//www.rcclchina.com.cn/content/brand/passenger/repeat，最后访问日期：2023 年 1 月 31 日。

② 歌诗达邮轮：《乘客条款》，载歌诗达邮轮官网，https：//www.costachina.com/faq/4，最后访问日期：2022 年 12 月 31 日。

③ 地中海邮轮：《标准承运条款》，载地中海邮轮官网，https：//www.msccruises.com.cn/contract/，最后访问日期：2022 年 12 月 31 日。

④ 公主邮轮：《航行合约》，载公主邮轮官网，https：//www.princesschina.com/bargain，最后访问日期：2022 年 12 月 31 日。

⑤ 丽星邮轮：《预定航行合约》，载丽星邮轮官网，https：//cn.starcruises.com/web/Clauses/Contract.aspx，最后访问日期：2022 年 12 月 31 日。

⑥ 星旅远洋邮轮：《旅客票据合同》，载星旅远洋邮轮官网，https：//www.aocruise.com/question/passengerticket，最后访问日期：2022 年 12 月 31 日。

关于格式条款的效力，《民法典》第496条第2款规定："采用格式条款订立合同的，提供格式条款的一方应当遵循公平原则确定当事人之间的权利和义务，并采取合理的方式提示对方注意免除或者减轻其责任等与对方有重大利害关系的条款，按照对方的要求，对该条款予以说明。提供格式条款的一方未履行提示或者说明义务，致使对方没有注意或者理解与其有重大利害关系的条款的，对方可以主张该条款不成为合同的内容。"不同于原《合同法》第39条，[①]《民法典》第496条第2款将格式条款规制的范围由免除或限制责任的条款，扩大至全部与对方有重大利害关系的条款。

《消费者权益保护法》第26条第1款也规定："经营者在经营活动中使用格式条款的，应当以显著方式提请消费者注意商品或者服务的数量和质量、价款或者费用、履行期限和方式、安全注意事项和风险警示、售后服务、民事责任等与消费者有重大利害关系的内容，并按照消费者的要求予以说明。"因此，邮轮船票条款的法律适用条款应属与旅客具有重大利害关系的条款，如果邮轮公司无法证明已尽提示或说明义务，导致旅客未能注意或理解此类条款，旅客可以主张法律适用条款不成为海上旅客运输合同的内容，即条款未订入合同。

更为值得注意的应是《民法典》第497条规定了格式条款无效的情形：

> 有下列情形之一的，该格式条款无效：
>
> （一）具有本法第一编第六章第三节和本法第五百零六条规定的无效情形；
>
> （二）提供格式条款一方不合理地免除或者减轻其责任、加重对方责任、限制对方主要权利；
>
> （三）提供格式条款一方排除对方主要权利。

法律适用条款如果约定适用外国法律，或由外国法院、仲裁机构管辖，是否构成排除旅客主要权利的条款，韩世远在《合同法总论》一书中对此持肯定态度：

> 一个身在西安的消费者在网上购买一件100余元的商品，如果受经营者所确定的到北京进行仲裁的纠纷解决条款的拘束，由于主张权利救济的成本过于高昂（预付仲裁费用、往返的交通费用、食宿费用、可能的律师费用等，耽误的时间等），就不会真正到北京仲裁。如此，该格式条款显然会起到实际剥夺消费者主张法律救

① 原《合同法》第39条第1款规定："采用格式条款订立合同的，提供格式条款的一方应当遵循公平原则确定当事人之间的权利和义务，并采取合理的方式提请对方注意免除或者限制其责任的条款，按照对方的要求，对该条款予以说明。"第2款规定："格式条款是当事人为了重复使用而预先拟定，并在订立合同时未与对方协商的条款。"

> 济的权利的效果。应该是出于相似的理由，欧盟指令将“排除或阻碍采取法律行动或者任何其他法律救济的权利，尤其是要求消费者将纠纷提交非法定的仲裁机构进行仲裁，或者强加其承担举证责任，而按照法律这种举证责任应当由合同对方承担”的条款作为不公平合同条款。在我国，这样的格式条款可以认定为《合同法》第40条规定的“加重对方责任、排除对方主要权利”情形，进而认定为无效条款。而该所谓排除“对方主要权利”不仅包括实体法上的权利，也可以包括程序法上的权利。[①]

因此，如果船票条款的法律适用条款规定适用外国法律，或由外国法院、仲裁机构管辖，可能由于构成排除旅客主要权利的格式条款而无效。目前，我国司法实践对于船票条款效力的态度尚不明朗，少有案例具体涉及此项问题。

（三）邮轮船票包销合同的法律适用

邮轮船票包销合同作为邮轮公司与旅行社之间的商事合同，应当适用《涉外民事关系法律适用法》第41条关于合同法律适用的一般规定：

> 当事人可以协议选择合同适用的法律。当事人没有选择的，适用履行义务最能体现该合同特征的一方当事人经常居所地法律或者其他与该合同有最密切联系的法律。

本条规定了以下两种系属：

1. 以当事人意思自治为原则；

2. 如果当事人未协议选择适用法律，适用履行义务最能体现合同特征的一方当事人经常居所地法律或者其他与合同具有最密切联系的法律，即采取特征性履行方法。

邮轮船票包销合同通常均会约定法律适用。例如：

> 本乘客票据合同应当受美国佛罗里达州法律管辖并依照其解释，如属相关，该等法律应当包括相关的美国海事法律。

二、侵权责任的法律适用

《海商法》第十四章“涉外关系的法律适用”未设侵权责任法律适用的一般规定，仅有

---

① 韩世远：《合同法总论》（第4版），法律出版社2018年版，第928页。

关于船舶碰撞等具体侵权行为类型的专门规定。[①] 因此，邮轮旅客人身损害的侵权责任仅能适用《涉外民事关系法律适用法》第 44 条关于侵权责任法律适用的规定：

侵权责任，适用侵权行为地法律，但当事人有共同经常居所地的，适用共同经常居所地法律。侵权行为发生后，当事人协议选择适用法律的，按照其协议。

本条规定了以下三个系属：

1. 以侵权行为地法律为原则；

2. 如果当事人之间存在共同经常居所地，适用共同经常居所地法律；

3. 如果当事人在侵权行为发生后，达成了法律适用协议，适用当事人协议选择的法律，即当事人享有一定程度的意思自治。

根据上述规定，以上三个系属的适用顺位如下：当事人在侵权行为发生后协议选择的法律→当事人共同经常居所地法律→侵权行为地法律。

（一）侵权行为地法律

原《最高人民法院关于贯彻执行〈中华人民共和国民法通则〉若干问题的意见（试行）》第 187 条规定："侵权行为地的法律包括侵权行为实施地法律和侵权结果发生地法律。如果两者不一致时，人民法院可以选择适用。"虽然《民法通则》现已废止，但侵权行为地法律依照学理通说仍然可以分为侵权行为实施地法律和侵权结果发生地法律。

邮轮旅客人身损害侵权行为地认定的争议，主要在于如果邮轮航行于公海期间发生人身损害，侵权行为地法律如何认定，特别是船旗国法律是否构成侵权行为地法律。以羊某某与英国嘉年华邮轮有限公司海上、通海水域人身损害责任纠纷案即蓝宝石公主号案为例，原告旅客一方提出了如下主张：

原告主张被告为英国公司，本案侵权行为实施地在邮轮上，侵权结果发生地也在邮轮上，涉案邮轮为英国籍，原告乘坐邮轮需办理出入境手续，原告登上邮轮已处于境外，且国际法认为船舶为浮动的领土，涉案事故发生在邮轮上应等同发生在英国领土内。

原告一方同时援引了布鲁山托 · K. 穆克吉的《冲突法：以海商法为视角》一文：

笔者认为："在侵权诉讼下，准据法通常指向的都是侵权行为发生地法。在船舶搁浅或者船舶漏油案件中，基于二者的侵权性，准据法初步指向的是侵权行为发

① 参见《海商法》第 273 条。

生地法，除非有其他适用的条约的相反规定。因此如果搁浅发生在一个国家的领海或者内水，领海国的法律将会适用。针对这个问题没有什么特别的国际公约进行规定。但是如果搁浅引发了漏油，那么公约法往往会得到适用……"

当侵权发生在船上时，如果船舶此时在公海航行，船旗国法将适用于该侵权行为；如果此时船舶位于一国的管辖水域，那么"内部与外部结果的区分"这一理念将很大程度影响法律的选择适用。在碰撞案件中，内部和外部结果往往同时具备。但是某些侵权行为例如纯粹由船上人员引起的侵权行为只能引发"内部结果"，往往被单独归类为船舶的"内部经济"问题。①

上海海事法院对于上述观点持否定态度："原告有关'船舶浮动领土说'及援引的文章只是学术的观点，非中国法律规定，本院不予采纳。"传统国际法上确有所谓的"虚拟领土说"，主张船舶是船旗国的浮动领土，船舶内发生的行为视为发生在该国领土。②但是，我国现行法律并未认可此种学说，学理观点无疑应当让位于法律的明文规定。而且，此种学说在理论和实践上均有欠妥之处，容易引起概念上的混乱，故而遭到诸多批评，③远未成为得到普遍认可的通说。例如，周鲠生在《国际法》一书中认为：

这种说法十分牵强附会，不是一般所能接受的。领土的一个特征是它本身的固定性，说有什么浮动的领土，观念上就是矛盾的。并且船舶如果作为所挂国旗国的领土，它的周围的一定宽度的海面就要成为该国的领海，而这也是不可能的。因此，国家的军舰和其他公船尽管在海外享受某种特权，但绝不能说成是国家领土的浮动部分。④

王铁崖教授主编的《国际法》一书也认为：

有一种说法，认为国家领土还有虚拟的部分。这个部分是在一切方面或为某些目的被视为国家领土。例如，在公海上以及在外国领水内的军舰和其他公有船舶，被视为国家的浮动领土；又如，用作使馆馆舍的房屋在许多方面被认为是使节本国的领土。但是，这是虚拟的说法，而不是真正的领土。这种说法是不足取的。⑤

① ［印］布鲁山托·K. 穆克吉、谢忱、张金蕾：《冲突法：以海商法为视角》，载《中国海商法研究》2017 年第 1 期，第 42 页。
② 参见杜涛：《涉外民事关系法律适用法释评》，中国法制出版社 2011 年版，第 353 页。
③ 参见白桂梅：《国际法》（第 3 版），北京大学出版社 2015 年版，第 334 页。
④ 周鲠生：《国际法》，武汉大学出版社 2007 年版，第 278 页。
⑤ 王铁崖主编：《国际法》，法律出版社 1995 年版，第 230~231 页。

因此，对于邮轮航行于公海期间发生的人身损害，虚拟领土说或浮动领土说在我国现行法律下无法成立，邮轮的船旗国法律不能等同于侵权行为地法律。此时应当认为侵权行为实施地不存在对应的国内法律。至于侵权结果发生地，虽然邮轮旅客人身损害可能存在渐进性损害的情形，如蓝宝石公主号受害人长期处于植物人状态，但多数情况下仍应认为侵权结果发生地即为邮轮，或者主要的侵权结果已在邮轮上发生。此时同样不存在侵权结果发生地法律。

（二）当事人共同经常居所地法律

对于以我国港口为母港的出境邮轮旅游而言，中国旅客的经常居所地通常即为中国；邮轮公司以外商投资为主，注册地多在外国。《涉外民事关系法律适用法》第 14 条第 2 款第 2 句规定："法人的经常居所地，为其主营业地。"因此，旅客与邮轮公司之间通常不存在共同经常居所地法律，但如果邮轮公司是星旅远洋邮轮等中资企业，中国法律可能成为共同经常居所地法律。

（三）当事人意思自治

根据《涉外民事关系法律适用法》第 44 条第 2 句的规定，当事人可以在侵权行为发生后协议选择适用法律，即将意思自治原则有限地引入侵权责任法律适用领域。一般认为当事人协议选择法律的时间，即"侵权行为发生后"的具体理解，应是侵权行为发生后至第一次法庭辩论结束前。实践中也确实存在当事人事后协议选择适用法律的情形，蒋某萍与皇家加勒比 RCL 游轮有限公司、浙江省国际合作旅行社有限公司上海分公司海上人身损害责任纠纷案即海洋量子号案应属此种情形。

司法实践

当事人协议选择侵权责任的准据法

上海海事法院一审、上海市高级人民法院二审的蒋某萍诉皇家加勒比 RCL 游轮有限公司、浙江省国际合作旅行社有限公司上海分公司海上人身损害责任纠纷案：[①]

本案系海上人身损害责任纠纷。因皇家加勒比游轮注册于境外，本案具有涉外因素。案件一审审理过程中，各方当事人一致选择适用中华人民共和国法律，

① 参见上海海事法院（2017）沪 72 民初 136 号民事判决书；上海市高级人民法院（2018）沪民终 85 号民事判决书。

> 根据《中华人民共和国涉外民事关系法律适用法》第四十四条的规定，本案适用中华人民共和国法律进行审理。

关于将当事人意思自治的时间限制为侵权行为发生后，既有的学理解释大多语焉不详。少数可见的观点认为，主要考虑在于侵权行为不同于合同行为，当事人通常不能预见侵权行为的发生，即便可以预见也不能事先达成合意；[①] 也有观点主张侵权行为发生前当事人协议选择准据法，属于合同的准据法问题，即因侵权责任与违约责任竞合而产生的法律适用问题。[②][③]《中国民法典适用大全·涉外商事海事卷》指出：

> 《涉外民事关系法律适用法》第 44 条将当事人意思自治确立为侵权行为地法的例外之一，且仅对意思自治施加了一项限制，即当事人只能在侵权发生之后进行法律选择。从法理上说，这种限制源自侵权与合同之债的不同性质，合同是意定之债，当事人可以在事前就可能发生的合同纠纷作出法律选择；而侵权是法定之债，当事人一般难以事先预料，何况就法律适用作出选择。司法实践中，若合同履行过程中发生了侵权，当事人将争议提交到法院，法院不能当然地将当事人在合同中约定适用的法律作为侵权的准据法，此时应根据《涉外民事关系法律适用法解释（一）》第 11 条的规定分别确定准据法，该条规定："案件涉及两个或者两个以上的涉外民事关系时，人民法院应当分别确定应当适用的法律。"[④]

上述解释稍显牵强。当事人事先约定侵权责任的法律适用，不等于必须事先预料侵权行为的发生，而仅需知晓存在发生侵权行为的可能性即可。尤其在邮轮旅游等接受服务的场合，违约责任与侵权责任的竞合实非鲜见，当事人完全可以清楚了解海上航行过程中可能发生人身损害等侵权行为，从而事先约定侵权责任的法律适用。部分学者对于此种法律规定提出了明确的反对意见：

> 《涉外民事关系法律适用法》引意思自治原则进入涉外侵权领域，这是有着深远意义的重大进步。该法第 44 条在规定"当事人协议选择适用法律的，按照其协议"

---

① 参见高宏贵：《中国涉外民事关系法律适用法研究》，法律出版社 2016 年版，第 369 页。

② 参见蒋新苗主编：《国际私法》，法律出版社 2022 年版，第 288 页。

③ 此种观点明显不妥，原因在于认定侵权行为发生前当事人协议选择适用法律的效力，多数情形下并不涉及违反合同的违约责任。

④ 最高人民法院民法典贯彻实施工作领导小组编著：《中国民法典适用大全·涉外商事海事卷》，人民法院出版社 2022 年版，第 462~463 页。

的同时对选择法律的时间作出限制，要求“侵权行为发生后”，则不尽合理。这是因为事前选择比事后选择更为科学，一旦当事人事前以协议方式确定了侵权准据法，会以“被选定的侵权准据法引导着采取最优注意、从事最优行为，从而达到社会最优。相反，事后选择方式显然并不具有该预防功能，无法创造财富，也不具有市场资源配置的功能，而只是原告和被告当事人之间实体和诉讼两大成本的财富再分配”。事后选择准据法难以达成协议，过错方同意选择准据法无疑等于同意受害人将自己送上法庭，过错方很难有这样的宽宏大量。放开当事人需要选择法律的时间，有利于选法协议的达成。[①]

几乎所有的邮轮船票条款均有关于准据法的条款。如果当事人之间确实在侵权行为发生前协议选择了准据法，而且符合合同条款具备法律效力的条件，似乎并无否定此种合意的充分理由。此时可以参考比较法上关于类似法律规则及合同条款的解释方法，将其理解为协议的生效是以侵权行为发生为条件。[②]

（四）最密切联系原则

如果侵权行为地为航行于公海的船舶，旅客与邮轮公司之间不存在共同经常居所地，双方事后又无法达成法律适用协议，此时将无法适用《涉外民事关系法律适用法》第 44 条关于侵权责任法律适用的规定确定准据法，该法第 2 条第 2 款规定的最密切联系原则应当作为兜底规定适用。蓝宝石公主号即属此种情形。

司法实践

最密切联系原则作为侵权责任法律适用的兜底规定

上海海事法院审理的羊某某与英国嘉年华邮轮有限公司海上、通海水域人身损害责任纠纷案：[③]

---

① 齐湘泉、齐宸、李旺:《涉外民事关系法律适用法实施研究·分论编》，中国政法大学出版社2020年版，第307页。

② 例如，日本《国际海上货物运输法》原第 14 条第 1 款规定：“承运人对货物的责任，在货物交付之日（全部灭失时，应交付之日）起一年之内没有被提起诉讼请求时消灭。”第 2 款规定：“前款规定的期间，仅在货物损害发生之后，可以通过合意延长。”关于其中“仅在货物损害发生之后”的时间限制，日本学者认为：“鉴于此，事先在运输合同或提单条款中就延长出诉期间所达成的合意的效力便成为需要探讨的问题。关于这一点，不应在形式上认定其无效，而应将其理解为该合意的生效是以货物发生损害为条件。”［日］中村真澄、箱井崇史：《日本海商法》，张秀娟、李刚、朴鑫译，法律出版社 2015 年版，第 251 页。

③ 参见上海海事法院（2016）沪 72 民初 2336 号民事判决书。

本院认为,《涉外民事关系法律适用法》第四十四条规定“侵权责任，适用侵权行为地法律，但当事人有共同经常居所地的，适用共同经常居所地法律。侵权行为发生后，当事人协议选择适用法律的，按照其协议”，该条款就侵权责任的法律适用分三种情况作出了明确的规定。首先当事人协议选择适用法律的,按照其协议，本案因当事人在侵权行为发生后没有协议选择适用的法律，故不适用；其次当事人有共同经常居住地的，适用共同经常居住地的法律，本案原告与被告之间不存在共同经常居住地，故也不适用；最后是适用侵权行为地法律。因本案情况的特殊性和复杂性，如何理解《涉外民事关系法律适用法》第四十四条规定的“侵权行为地”,《涉外民事关系法律适用法》及其相关的司法解释没有明确规定。《最高人民法院关于贯彻执行〈中华人民共和国民法通则〉若干问题的意见》第一百八十七条规定，“侵权行为地的法律包括侵权行为实施地法律和侵权结果发生地法律。如果两者不一致，人民法院可以选择适用”，本案的侵权行为实施地是明确的，即在“蓝宝石公主”号邮轮上；从侵权对象原告的健康权受到侵害的结果来看，本案的侵权结果发生地亦在“蓝宝石公主”号邮轮上，虽“蓝宝石公主”号邮轮的船旗国是英国，但由此认定本案的侵权行为地法律就是英国法没有法律依据。本院认为，在确定准据法的语境中，“侵权行为地”通常理解为与某一国家或特定法域直接相关的地理位置，而邮轮是用于海上旅行观光的特殊交通工具，通常处于海上航行的动态过程中，并不属于地理位置的范畴，因此发生在邮轮上的这类特殊侵权纠纷，通常不应将船舶本身确定为侵权行为地,而船舶的船旗国法律更不能等同于侵权行为地法律，需要指出的是船旗国依照有关国际公约对悬挂该国旗帜的船舶有效地行使行政、技术及社会事项上的管辖和控制，与本案平等主体之间发生民事纠纷后准据法的确定无关。在邮轮运输中，类似本案的侵权行为实施地有观点认为是船舶，也有观点认为是船舶当时所处的海域；而侵权行为结果地也可能涉及多个地点如船舶或船舶当时所处的海域或者被侵权人的医疗、护理地点等,因此在这种情况下,“侵权行为地”就失去了其明确、可预见的优势，简单的适用只能增加准据法的不稳定性，并不符合立法本意。原告有关“船舶浮动领土说”及援引的文章只是学术的观点，非中国法律规定，本院不予采纳。正是因为本案的侵权行为地的特殊性和非典型性，本案无法适用《涉外民事关系法律适用法》第四十四条来确定其准据法，应当适用最密切联系原则来确定本案复杂涉外侵权案件的准据法更为科学、公平，亦符合侵权损害赔偿的“填补原则”。

《涉外民事关系法律适用法》第2条第2款规定："本法和其他法律对涉外民事关系法律适用没有规定的，适用与该涉外民事关系有最密切联系的法律。"最密切联系原则对于邮轮旅客人身损害而言，通常至少需要考虑侵权行为实施地、侵权结果发生地、受害人住所地、受害人经常居住地、旅客国籍、邮轮船旗国、船舶所有人国籍、船舶经营人国籍、合同签订地、邮轮始发港、挂靠港、目的港、被告公司营业地等连结点。对于以我国港口为母港的出境邮轮旅游而言，具有最密切联系的法律通常即为中国法律。

司法实践

基于最密切联系原则确定侵权责任准据法的考虑因素

上海海事法院审理的羊某某与英国嘉年华邮轮有限公司海上、通海水域人身损害责任纠纷案：[①]

根据最密切联系原则，本案在确定所要适用的准据法时应综合考虑以下连结点：侵权行为发生地、侵权行为结果地、受害人的住所地和经常居住地、涉案船舶的船旗国、船舶所有人国籍、船舶经营人国籍、合同签订地、邮轮旅客运输的出发港和目的港、被告公司营业地。

侵权行为发生地：溺水事故发生在"蓝宝石公主"号邮轮上，该轮当时航行在公海海面。

侵权行为结果地：溺水事故发生后，原告始终处于昏迷状态，后被送往中国上海的医院救治；因原告为中国公民，其家庭在中国，原告至今及日后的护理、生活应在中国。

受害人的住所地、经常居住地：受害人的住所地为中国广东深圳，受害人的经常居住地目前在中国浙江省衢州市，出院后至今居住在中国浙江省衢州市。

"蓝宝石公主"号邮轮的船旗国：英国。

船舶所有人国籍："蓝宝石公主"号邮轮船舶所有人为公主邮轮有限公司，注册在英属百慕大。

船舶经营人国籍：被告嘉年华公司为"蓝宝石公主"号邮轮的经营人，注册在

① 参见上海海事法院（2016）沪72民初2336号民事判决书。

英国。

合同签订地：原告与第三人浙江中旅签订的出境旅游合同在中国浙江省杭州市。

邮轮旅客运输的出发港和目的港：中国上海港。

公司营业地：被告嘉年华公司为英国公司，但在中国上海港开展相关邮轮业务已有多年并设有办事处。“蓝宝石公主”号邮轮事故前后近三年有大部分时间以上海港为母港从事营运活动。

综上，本院认为从数量因素上看，上述较多的连结点集中于中国；从质量因素上看，“蓝宝石公主”号邮轮以上海港为母港，绝大部分游客为中国籍游客（包括原告）且在上海港上船和下船、原告受伤后在中国治疗并且日后在中国生活和被护理，上述因素都是与本案具有最直接、真实的联系因素，对维护受害人的合法权益影响最大，而这些因素均指向中国。反之，如因涉案船舶船旗国的不同或者船舶所有人或者经营人的国籍不同，本案的准据法而相应改变，则是随机性的，也是不公平的。因此，本案无论是从法律的公平、正义的本质要求考量，还是从连结点的质量、数量要求来考量，本案的准据法都应当确定为中华人民共和国法律。

但是，也有少数观点认为“蓝宝石公主”号案不应适用《涉外民事关系法律适用法》第 2 条第 2 款规定的最密切联系原则。例如，佘少峰在《法官释法抑或法官造法？——“蓝宝石公主”号邮轮女童泳池溺水案对我国涉外海上人身损害法律适用之拷问》一文中认为：

在我国现行法律制度下，涉外海上人身伤害的法律适用无疑是要适用《涉外民事关系法律适用法》有关侵权责任的法律适用规定，并没有适用最密切联系原则补缺的空间。在船舶缺乏作为侵权行为地的理论依据的情况下，如果公海上发生的侵权行为无法可依的窘境可以暂时以外国法无法查明转而适用中国法来解决的话，那么在一国管辖海域或公海上发生的不影响沿岸国或无关法院地利益的船舶内部的涉外海上人身伤害是否可以适用船旗国法是现行法律制度无法解决的。因此，承诺全面开放、尊重国际规则的我国实有必要对此种情形适用船旗国法的国际普遍做法予以明确回应，何况在涉外空中侵权行为和涉外道路交通侵权行为中也存在同样问题。为避免司法实践中再次出现“蓝宝石公主”号女童泳池溺水案审理法官面临的困境和法律适用的混乱，我国立法机构应该采取行动解决上述问题。[①]

《涉外民事关系法律适用法》第 2 条第 2 款对于适用最密切联系原则的情形规定为“本法和其他法律对涉外民事关系法律适用没有规定的”，我国现行法律对于该法第 44 条无法适用时侵权责任的法律适用确无规定，此时适用最密切联系原则应无不妥。而且，外国法查明的前提应是存在需要查明的域外法律，而公海没有对应的国内法律是众所周知的客观事实。因此，《涉外民事关系法律适用法》第 10 条第 2 款关于“不能查明外国法律或者该国法律没有规定的，适用中华人民共和国法律”的规定，不能用于解决本案的法律适用。

① 佘少峰：《法官释法抑或法官造法？——“蓝宝石公主”号邮轮女童泳池溺水案对我国涉外海上人身损害法律适用之拷问》，载《2018 年中国国际私法学会年会会议论文集》，第 1081 页。

参考文献

一、著作

1. 中国社会科学院语言研究所词典编辑室编:《现代汉语词典》(第7版),商务印书馆2016年版。

2. 薛波主编:《元照英美法词典》,北京大学出版社2017年版。

3. 北京大学法学百科全书编委会编:《北京大学法学百科全书·民法学 商法学》,北京大学出版社2004年版。

4. 何勤华、李秀清、陈颐编:《新中国民法典草案总览》,北京大学出版社2017年版。

5. 陈卫佐译注:《德国民法典》(第4版),法律出版社2015年版。

6. 杜景林、卢谌:《德国民法典全条文注释》,中国政法大学出版社2014年版。

7. 贺荣主编:《最高人民法院民法典总则编司法解释理解与适用》,人民法院出版社2022年版。

8. 马俊驹、余延满:《民法原论》(第4版),法律出版社2010年版。

9. 魏振瀛主编:《民法》(第7版),北京大学出版社、高等教育出版社2017年版。

10. 隋彭生:《律师民法业务思维》,中国政法大学出版社2015年版。

11. 梁慧星:《民法解释学》(第4版),法律出版社2015年版。

12. 王利明:《法律解释学导论:以民法为视角》(第2版),法律出版社2017年版。

13. 梁上上:《利益衡量论》(第2版),法律出版社2016年版。

14. 陈甦主编:《民法总则评注》,法律出版社2017年版。

15. 王泽鉴:《债法原理》,作者2021年自版。

16. 王利明:《债法总则研究》,中国人民大学出版社2015年版。

17. 王洪亮:《债法总论》,北京大学出版社2016年版。

18. 朱广新、谢鸿飞主编:《民法典评注·合同编 通则》(第2卷),中国法制出版社2020年版。

19. 谢鸿飞、朱广新主编：《民法典评注 · 合同编 典型合同与准合同》（第 3 册），中国法制出版社 2020 年版。

20. 谢鸿飞、朱广新主编：《民法典评注 · 合同编 典型合同与准合同》（第 4 册），中国法制出版社 2020 年版。

21. 全国人大法工委研究室编写组编：《中华人民共和国合同法释义》，人民法院出版社 1999 年版。

22. 梁慧星编：《中国民法典草案建议稿附理由 · 合同编》，法律出版社 2013 年版。

23. 韩世远：《合同法总论》（第 4 版），法律出版社 2018 年版。

24. 韩世远：《合同法总论》（第 3 版），法律出版社 2011 年版。

25. 韩玉灵主编：《旅游法教程》（第 5 版），高等教育出版社 2022 年版。

26. 韩玉灵主编：《旅游法教程》（第 4 版），高等教育出版社 2018 年版。

27. 韩世远：《合同法学》（第 2 版），高等教育出版社 2022 年版。

28. 韩世远：《合同法学》，高等教育出版社 2010 年版。

29. 崔建远：《合同法》（第 3 版），北京大学出版社 2016 年版。

30. 崔建远主编：《合同法》（第 6 版），法律出版社 2016 年版。

31. 隋彭生：《合同法要义》（第 4 版），中国人民大学出版社 2015 年版。

32. 余延满：《合同法原论》，武汉大学出版社 1999 年版。

33. 王利明：《合同法研究》（第 1 卷）（第 3 版），中国人民大学出版社 2015 年版。

34. 王利明：《合同法研究》（第 2 卷）（第 3 版），中国人民大学出版社 2015 年版。

35. 王利明：《合同法研究》（第 3 卷）（第 3 版），中国人民大学出版社 2015 年版。

36. 王利明：《合同法研究》（第 4 卷）（第 2 版），中国人民大学出版社 2017 年版。

37. 崔建远：《合同解释论：规范、学说与案例的交互思考》，中国人民大学出版社 2020 年版。

38. 姚明斌：《违约金论》，中国法制出版社 2018 年版。

39. 高圣平：《担保法论》，法律出版社 2009 年版。

40. 张新宝：《中国民法典释评 · 侵权责任编》，中国人民大学出版社 2020 年版。

41. 程啸：《侵权责任法》（第 3 版），法律出版社 2021 年版。

42. 程啸：《侵权责任法》（第 2 版），法律出版社 2015 年版。

43. 程啸：《侵权责任法教程》（第 3 版），中国人民大学出版社 2017 年版。

44. 王利明：《侵权责任法研究》（下卷）（第 2 版），中国人民大学出版社 2016 年版。

45.［美］小詹姆斯·A. 亨德森、理查德·N. 皮尔森、道格拉斯·A. 凯萨、约翰·A. 西里西艾诺：《美国侵权法：实体与程序》，王竹、丁海俊、董春华、周玉辉译，北京大学出版社 2014 年版。

46. 最高人民法院民事审判第一庭编著：《最高人民法院人身损害赔偿司法解释的理解与适用》，人民法院出版社 2015 年版。

47. 最高人民法院民事审判第一庭编著：《最高人民法院关于道路交通损害赔偿司法解释理解与适用》，人民法院出版社 2012 年版。

48. 曾世雄：《损害赔偿法原理》（第 3 版），詹森林续著，台北，新学林出版股份有限公司 2005 年版。

49. 杨立新：《侵权损害赔偿》（第 6 版），法律出版社 2016 年版。

50. 最高人民法院民事案件案由规定课题组编著：《最高人民法院民事案件案由规定理解与适用》（修订本），人民法院出版社 2011 年版。

51. 张卫平：《民事诉讼法》（第 4 版），法律出版社 2016 年版。

52. 李浩：《民事诉讼法学》（第 3 版），法律出版社 2016 年版。

53. 姜明安：《行政法》，北京大学出版社 2017 年版。

54. 王铁崖主编：《国际法》，法律出版社 1995 年版。

55. 周鲠生：《国际法》，武汉大学出版社 2007 年版。

56. 白桂梅：《国际法》（第 3 版），北京大学出版社 2015 年版。

57. 余劲松主编：《国际投资法》（第 3 版），法律出版社 2007 年版。

58. 韩德培主编：《国际私法》（第 3 版），高等教育出版社 2014 年版。

59. 蒋新苗主编：《国际私法》，法律出版社 2022 年版。

60. 最高人民法院民法典贯彻实施工作领导小组编著：《中国民法典适用大全·涉外商事海事卷》，人民法院出版社 2022 年版。

61. 杜涛：《涉外民事关系法律适用法释评》，中国法制出版社 2011 年版。

62. 齐湘泉、齐宸、李旺：《涉外民事关系法律适用法实施研究·分论编》，中国政法大学出版社 2020 年版。

63. 高宏贵：《中国涉外民事关系法律适用法研究》，法律出版社 2016 年版。

64. 邵琪伟主编：《中国旅游大辞典》，上海辞书出版社 2012 年版。

65. 谢彦君：《基础旅游学》（第 4 版），商务印书馆 2015 年版。

66. 戴斌、张杨主编：《旅行社管理》（第 4 版），高等教育出版社 2018 年版。

67. 李晓标、解程姬主编 :《旅行社经营与管理》，北京理工大学出版社 2015 年版。

68. 汪泓主编 :《中国邮轮产业发展报告（2016）》，社会科学文献出版社 2016 年版。

69. 汪泓主编 :《中国邮轮产业发展报告（2017）》，社会科学文献出版社 2017 年版。

70. 汪泓主编 :《中国邮轮产业发展报告（2018）》，社会科学文献出版社 2018 年版。

71. 汪泓主编 :《中国邮轮产业发展报告（2019）》，社会科学文献出版社 2019 年版。

72. 中国交通运输协会邮轮游艇分会、上海海事大学亚洲邮轮学院、中国港口协会邮轮游艇码头分会编 :《2019 中国邮轮发展报告》，旅游教育出版社 2019 年版。

73. 王学锋主编 :《国际邮轮》，中国商务出版社 2016 年版。

74. 程爵浩主编 :《邮轮旅游业概论》，上海浦江教育出版社 2015 年版。

75.“上海国际邮轮旅游人才培训基地”教材编委会编:《国际邮轮产品运营和服务规范》，中国旅游出版社 2017 年版。

76. 李飞、邵琪伟主编 :《中华人民共和国旅游法释义》，法律出版社 2013 年版。

77. 杨富斌、苏号朋主编 :《中华人民共和国旅游法释义》，中国法制出版社 2013 年版。

78. 最高人民法院民事审判第一庭编著 :《最高人民法院审理旅游纠纷案件司法解释理解与适用》，人民法院出版社 2010 年版。

79. 赵晓光、张坚钟主编 :《〈旅行社条例〉释义》，人民交通出版社 2009 年版。

80. 韩玉灵主编 :《旅游法教程》（第 4 版），高等教育出版社 2018 年版。

81. 王天星、杨富斌编著 :《旅游法教程》，中国人民大学出版社 2015 年版。

82. 孙思琪 :《邮轮旅游法律要论》，法律出版社 2018 年版。

83. 林江 :《邮轮经济法律规制研究 : 上海宝山实践分析》，复旦大学出版社 2019 年版。

84. 郭瑜 :《海商法的精神——中国的实践和理论》，北京大学出版社 2005 年版。

85. 初北平主编 :《新编海商海事法规精要》，大连海事大学出版社 2009 年版。

86. 司玉琢、张永坚、蒋跃川编著 :《中国海商法注释》，北京大学出版社 2019 年版。

87. 傅旭梅主编 :《中华人民共和国海商法诠释》，人民法院出版社 1995 年版。

88. 司玉琢、胡正良主编 :《〈中华人民共和国海商法〉修改建议稿条文、参考立法例、说明》，大连海事大学出版社 2003 年版。

89. 司玉琢主编 :《海商法》（第 4 版），法律出版社 2018 年版。

90.［日］中村真澄、箱井崇史 :《日本海商法》，张秀娟、李刚、朴鑫译，法律出版社 2015 年版。

91.［美］G. 吉尔摩、C. L. 布莱克 :《海商法》，杨召南等译，中国大百科全书出版社

2000年版。

92. 郁志轰：《美国海商法》，杭州大学出版社1996年版。

93. 刘功臣、赵晓光、何建中主编：《中华人民共和国船员条例释义》，人民交通出版社2007年版。

94. 上海海事法院：《上海海事法院涉船员权益保护海事审判情况通报》，上海海事法院2017年版。

95. 赵鹿军编著：《船舶船员法》，大连海事大学出版社2017年版。

96. 林源民：《船舶建造》，上海浦江教育出版社2013年版。

97. 张永坚：《国际海运公约》，法律出版社2018年版。

98. 吴焕宁主编：《国际海上运输三公约释义》，中国商务出版社2007年版。

99. 王肖卿：《租船业务与术语》，厦门大学出版社2013年版。

100. 黄裕凯：《2002年国际海上旅客及其行李运送雅典公约》，台北，五南图书出版股份有限公司2012年版。

101. 胡正良主编：《海事法》（第3版），北京大学出版社2016年版。

102. 魏文翰：《海上保险学》（第2版），中华书局1947年版。

103. 韩立新、袁绍春、尹伟民编著：《海事诉讼与仲裁》（第2版），大连海事大学出版社2016年版。

104. 赵晓光、何建中、宋德星主编：《国内水路运输管理条例释义》，人民交通出版社2012年版。

105. 李适时主编：《中华人民共和国消费者权益保护法释义》，法律出版社2013年版。

106. 中国消费者权益保护法学研究会：《消费者权益保护法学》，中国社会出版社2017年版。

107. 王兴运：《消费者权益保护法》，北京大学出版社2015年版。

108. Bryan A. Garner ed., *Black's Law Dictionary*, Thomson Reuters, 2014.

109. Yvonne Baatz ed., *Maritime Law*, Informa Law form Routledge, 2018.

110. Peter Brodie, *Dictionary of Shipping Terms*, Informa Law from Routledge, 2013.

二、文章

1. 郭锋、陈龙业、蒋家棣、刘婷：《〈关于适用民法典总则编若干问题的解释〉的理解与适用》，载《人民司法》2022年第10期。

2. 张忠野：《论私法自治下定金罚则的有限适用》，载《政治与法律》2012 年第 9 期。

3. 李科珍：《我国外资准入制度的现状、问题及其重构》，载《北方法学》2011 年第 1 期。

4. 杨海：《中国服务外包知识产权风险和适用法律研究》，载《现代管理科学》2010 年第 5 期。

5. 贾秀芬：《派遣与外包的法律性质与区分基准》，载《中国劳动》2016 年第 19 期。

6. 姚丹丽、柴勤芳：《现代邮轮休闲娱乐活动类型及发展前景探析》，载《世界海运》2016 年第 6 期。

7. 吕方园：《运输视角下邮轮法律问题研究》，大连海事大学海商法学专业 2015 年博士学位论文。

8. 孙思琪、戎逸：《邮轮旅游法律关系的立法范式与理论辨正》，载《中国海商法研究》2017 年第 3 期。

9. 陈琦：《邮轮旅游法律规制的理论困境与制度因应》，载《大连海事大学学报（社会科学版）》2018 年第 6 期。

10. 陈琦：《中国海上旅客运输法完善的动因、问题与建议——以〈海商法〉第五章的修改为核心》，载《大连海事大学学报（社会科学版）》2017 年第 5 期。

11. 吕方园、郭萍：《邮轮霸船之法律考量——以〈旅游法〉为分析进路》，载《旅游学刊》2014 年第 10 期。

12. 郭萍：《对邮轮合同法律性质的探究及思考》，载《中国海商法研究》2016 年第 1 期。

13. 郭萍：《邮轮合同法律适用研究——兼谈对我国〈海商法〉海上旅客运输合同的修改》，载《法学杂志》2018 年第 6 期。

14. 郭萍：《邮轮合同法律适用研究——兼谈对我国〈海商法〉海上旅客运输合同的修改》，载《法学杂志》2018 年第 6 期。

15. 谢振衔、方懿、李元俊：《邮轮旅游纠纷司法管辖问题探析》，载《上海法治报》2015 年 6 月 24 日，第 B5 版。

16. 佘少峰：《法官释法抑或法官造法？——“蓝宝石公主”号邮轮女童泳池溺水案对我国涉外海上人身损害法律适用之拷问》，载《2018 年中国国际私法学会年会会议论文集》，第 1081 页。

17. 司玉琢、单红军：《评述与反思：“海娜号”邮轮韩国被扣案之法律问题》，载《法学杂志》2013 年第 12 期。

18.［印］布鲁山托·K. 穆克吉、谢忱、张金蕾：《冲突法：以海商法为视角》，载《中国海商法研究》2017 年第 1 期。

三、网络资料

1. 交通运输部水运局 :《〈交通运输部　公安部　文化和旅游部　海关总署　移民局关于推广实施邮轮船票管理制度的通知〉政策解读》，载交通运输部官网，https ://www.mot.gov.cn/zhengcejiedu/ylcpglzd/。

2. 上海市旅游局政策法规处 :《〈上海市邮轮旅游经营规范〉解读》，载上海市文化和旅游局官网，http://whlyj.sh.gov.cn/zcjd/20181115/0022-34644.html。

3. 王冰 :《邮轮旅游法律关系各方主体身份认定及损害赔偿责任承担》，载上海海事法院官网，https ://shhsfy.gov.cn/hsfyytwx/hsfyytwx/spdy1358/jpal1435/2019/09/11/2c9380996cbfa7bd016d1bb2f288507f.html?tm=1625818016364。

4. 谢振衔、陆迪春 :《邮轮包船立约定金纠纷中定金罚则的适用问题》，载上海海事法院官网，https ://shhsfy.gov.cn/hsfyytwx/hsfyytwx/spdy1358/jpal1435/2019/11/11/09b080ba6e45e678016e49e244400014.html?tm=1588152925742。

5. 刘淄楠 :《邮轮的“邮”字可以休矣》，载 https ://mp.weixin.qq.com/s/J0qWoX2oJEWmAQAeSEDPGg。

6. 储静伟 :《29 岁女子溺亡豪华邮轮泳池》，载和讯新闻网，http://news.hexun.com/2014-08-11/167411270.html。

7. 皇家加勒比国际游轮 :《乘客票据合同》，载皇家加勒比国际游轮官网，https ://www.rcclchina.com.cn/content/brand/passenger/repeat。

8. 歌诗达邮轮 :《乘客条款》，载歌诗达邮轮官网，https ://www.costachina.com/faq/4。

9. 公主邮轮 :《航行合约》，载公主邮轮官网，https ://www.princesschina.com/bargain。

10. 地中海邮轮 :《标准承运条款》，载地中海邮轮官网，https ://www.msccruises.com.cn/contract/。

11. 丽星邮轮 :《预定航行合约》，载丽星邮轮官网，https ://cn.starcruises.com/web/Clauses/Contract.aspx。

12. 星旅远洋邮轮 :《旅客票据合同》，载星旅远洋邮轮官网，http://www.aocruise.com/question/passengerticket。

四、裁判文书

1. 邓某华诉上海永达鑫悦汽车销售服务有限公司买卖合同纠纷案，载《最高人民法院公报》2018 年第 11 期。

2. 最高人民法院（2020）最高法民申 2596 号民事裁定书。
3. 最高人民法院（2017）最高法民申 1838 号民事裁定书。
4. 最高人民法院（2010）民提字第 213 号民事裁定书。
5. 上海市高级人民法院（2018）沪民终 85 号民事判决书。
6. 浙江省高级人民法院（2020）浙民终 70 号民事判决书。
7. 广东省高级人民法院（2014）粤高法民申字第 498 号民事裁定书。
8. 江苏省高级人民法院（2019）苏民申 6060 号民事裁定书。
9. 江苏省高级人民法院（2018）苏民申 3464 号民事裁定书。
10. 山东省高级人民法院（2019）鲁民终 1649 号民事判决书。
11. 山东省高级人民法院（2016）鲁民终 1414 号民事判决书。
12. 陕西省高级人民法院（2016）陕民终 511 号民事判决书。
13. 云南省高级人民法院（2020）云民辖 71 号民事裁定书。
14. 辽宁省高级人民法院（2016）辽民终 693 号民事判决书。
15. 上海市第一中级人民法院（2021）沪 01 民终 13915 号民事判决书。
16. 上海市第一中级人民法院（2020）沪 01 民终 2977 号民事判决书。
17. 上海市第一中级人民法院（2018）沪 01 民终 3763 号民事判决书。
18. 北京市第一中级人民法院（2020）京 01 民终 4389 号民事判决书。
19. 上海市第二中级人民法院（2016）沪 02 民辖终 555 号民事裁定书。
20. 北京市第一中级人民法院（2016）京 01 民终 5800 号民事判决书。
21. 北京市第三中级人民法院（2022）京 03 民终 8935 号民事判决书。
22. 北京市第三中级人民法院（2022）京 03 民终 4684 号民事判决书。
23. 北京市第三中级人民法院（2021）京 03 民终 8845 号民事判决书。
24. 北京市第三中级人民法院（2021）京 03 民终 3796 号民事判决书。
25. 北京市第三中级人民法院（2018）京 03 民终 15079 号民事判决书。
26. 浙江省杭州市中级人民法院（2015）浙杭民终字第 3606 号民事判决书。
27. 浙江省舟山市中级人民法院（2020）浙 09 民终 548 号民事判决书。
28. 江苏省南京市中级人民法院（2020）苏 01 民终 5135 号民事判决书。
29. 江苏省南京市中级人民法院（2019）苏 01 民终 11133 号民事判决书。
30. 江苏省南京市中级人民法院（2019）苏 01 民终 1335 号民事判决书。
31. 江苏省南京市中级人民法院（2015）宁商终字第 124 号民事判决书。

32. 江苏省淮安市中级人民法院（2017）苏 08 民终 737 号民事判决书。
33. 广东省广州市中级人民法院（2018）粤 01 民终 12892 号民事判决书。
34. 广东省广州市中级人民法院（2014）穗中法民一终字第 3056 号民事判决书。
35. 广东省广州市中级人民法院（2013）穗中法民二终字第 238 号民事判决书
36. 广东省深圳市中级人民法院（2020）粤 03 民终 725 号民事判决书。
37. 广东省汕头市中级人民法院（2020）粤 05 民终 15 号民事判决书。
38. 湖南省长沙市中级人民法院（2017）湘 01 民终 5318 号民事判决书。
39. 山东省青岛市中级人民法院（2019）鲁 02 民终 11563 号民事判决书。
40. 山东省青岛市中级人民法院（2017）鲁 02 民终 8852 号民事判决书。
41. 山东省济南市中级人民法院（2019）鲁 01 民终 5685 号民事判决书。
42. 青海省西宁市中级人民法院（2020）青 01 民终 1372 号民事判决书。
43. 四川省成都市中级人民法院（2019）川 01 民终 14673 号民事判决书。
44. 四川省自贡市中级人民法院（2021）川 03 民终 257 号民事判决书。
45. 四川省绵阳市中级人民法院（2020）川 07 民终 1840 号民事判决书。
46. 重庆市第四中级人民法院（2020）渝 04 民终 1271 号民事判决书。
47. 广西壮族自治区高级人民法院（2016）桂民终 34 号民事判决书。
48. 甘肃省兰州市中级人民法院（2020）甘 01 民终 5207 号民事裁定书。
49. 陕西省西安市中级人民法院（2016）陕 01 民初 288 号民事判决书。
50. 安徽省马鞍山市中级人民法院（2018）皖 05 民终 887 号民事判决书。
51. 河南省漯河市中级人民法院（2020）豫 11 民终 2424 号民事判决书。
52. 河南省安阳市中级人民法院（2014）安中民一终字第 940 号民事判决书。
53. 湖北省武汉市中级人民法院（2021）鄂 01 民终 1710 号民事判决书。
54. 湖北省襄阳市中级人民法院（2019）鄂 06 民终 180 号民事判决书。
55. 福建省福州市中级人民法院（2018）闽 01 民终 858 号民事判决书。
56. 福建省三明市中级人民法院（2018）闽 04 民终 4 号民事判决书。
57. 辽宁省大连市中级人民法院（2021）辽 02 民终 2472 号民事判决书。
58. 辽宁省大连市中级人民法院（2019）辽 02 民终 8967 号民事判决书。
59. 辽宁省沈阳市中级人民法院（2021）辽 01 民终 18035 号民事判决书。
60. 辽宁省营口市中级人民法院（2018）辽 08 民终 798 号民事判决书。
61. 新疆维吾尔自治区克拉玛依市中级人民法院（2015）克中民二终字第 150 号民事判决书。

62. 上海海事法院（2017）沪 72 民初 136 号民事判决书。
63. 上海海事法院（2016）沪 72 民初 2336 号民事判决书。
64. 上海海事法院（2016）沪 72 民初 2620 号民事裁定书。
65. 宁波海事法院（2019）浙 72 民初 1422 号民事判决书。
66. 青岛海事法院（2020）鲁 72 民初 68 号民事判决书。
67. 青岛海事法院（2018）鲁 72 民初 1653 号民事判决书。
68. 青岛海事法院（2015）青海法海商初字第 1186 号民事判决书。
69. 青岛海事法院（2014）青海法海商初字第 382 号民事判决书。
70. 厦门海事法院（2014）厦海法商初字第 559 号民事判决书。
71. 成都铁路运输中级法院（2021）川 71 民终 82 号民事判决书。
72. 南昌铁路运输中级法院（2020）赣 71 民终 132 号民事判决书。
73. 上海市浦东新区人民法院（2021）沪 0115 民初 51333 号民事判决书。
74. 上海市宝山区人民法院（2018）沪 0113 民初 2685 号民事判决书。
75. 上海市闵行区人民法院（2018）沪 0112 民初 26011 号民事判决书。
76. 上海市徐汇区人民法院（2019）沪 0104 民初 13176 号民事判决书。
77. 上海市长宁区人民法院（2019）沪 0105 民初 24465 号民事判决书。
78. 上海市长宁区人民法院（2019）沪 0105 民初 22084 号民事判决书。
79. 上海市长宁区人民法院（2019）沪 0105 民初 16692 号民事判决书。
80. 上海市长宁区人民法院（2016）沪 0105 民初 22073 号民事判决书。
81. 上海市长宁区人民法院（2015）长民一（民）初字第 7689 号民事判决书。
82. 上海市长宁区人民法院（2014）长民一（民）初字第 6782 号民事判决书。
83. 上海市虹口区人民法院（2019）沪 0109 民初 10454 号民事判决书。
84. 上海市杨浦区人民法院（2018）沪 0110 民初 19239 号民事判决书。
85. 上海市黄浦区人民法院（2017）沪 0101 民初 10592 号民事裁定书。
86. 上海市黄浦区人民法院（2016）沪 0101 民初 1345 号民事裁定书。
87. 北京市海淀区人民法院（2019）京 0108 民初 56827 号民事判决书。
88. 北京市海淀区人民法院（2018）京 0108 民初 15059 号民事判决书。
89. 北京市朝阳区人民法院（2020）京 0105 民初 50688 号民事判决书。
90. 北京市朝阳区人民法院（2020）京 0105 民初 47192 号民事判决书。
91. 北京市朝阳区人民法院（2020）京 0105 民初 27535 号民事判决书。

92. 北京市朝阳区人民法院（2018）京 0105 民初 32658 号民事判决书。
93. 北京市顺义区人民法院（2022）京 0113 民初 4220 号民事判决书。
94. 北京市顺义区人民法院（2022）京 0113 民初 1296 号民事判决书。
95. 浙江省杭州市下城区人民法院（2016）浙 0103 民初 8357 号民事判决书。
96. 浙江省杭州市下城区人民法院（2015）杭下民初字第 965 号民事判决书。
97. 浙江省宁波市海曙区人民法院（2015）甬海民初字第 1408 号民事判决书。
98. 浙江省舟山市普陀区人民法院（2019）浙 0903 民初 2358 号民事判决书。
99. 江苏省南京市江宁区人民法院（2014）江宁民初字第 459 号民事判决书。
100. 江苏省南京市玄武区人民法院（2019）苏 0102 民初 7162 号民事判决书。
101. 江苏省南京市浦口区人民法院（2018）苏 0111 民初 8813 号民事判决书。
102. 江苏省淮安市清浦区人民法院（2016）苏 0811 民初 2554 号民事判决书。
103. 广东省广州市越秀区人民法院（2019）粤 0104 民初 37450 号、39135 号民事判决书。
104. 广东省广州市越秀区人民法院（2017）粤 0104 民初 23981 号民事判决书。
105. 广东省广州市越秀区人民法院（2013）穗越法民一初字第 3875 号民事判决书。
106. 广东省广州市海珠区人民法院（2017）粤 0105 民初 8824 号民事判决书。
107. 广东省深圳市罗湖区人民法院（2021）粤 0303 民初 2197 号民事判决书。
108. 广东省深圳市罗湖区人民法院（2019）粤 0303 民初 16479 号民事判决书。
109. 广东省深圳市福田区人民法院（2012）深福法民一初字第 1447 号民事判决书。
110. 广东省佛山市禅城区人民法院（2015）佛城法民二初字第 1253 号民事判决书。
111. 广东省汕头市龙湖区人民法院（2019）粤 0507 民初 611 号民事判决书。
112. 湖南省长沙市芙蓉区人民法院（2016）湘 0102 民初 163 号民事判决书。
113. 天津市南开区人民法院（2019）津 0104 民初 8530 号民事判决书。
114. 天津市河东区人民法院（2014）东民初字第 4193 号民事判决书。
115. 山东省青岛市市北区人民法院（2019）鲁 0203 民初 4906 号民事判决书。
116. 山东省青岛市市北区人民法院（2017）鲁 0203 民初 5429 号民事判决书。
117. 山东省济南市市中区人民法院（2018）鲁 0103 民初 910 号民事判决书。
118. 青海省湟中县人民法院（2020）青 0122 民初 719 号民事判决书。
119. 四川省成都市武侯区人民法院（2019）0107 民初 369 号民事判决书。
120. 四川省成都市高新技术产业开发区人民法院（2017）川 0191 民初 3680 号民事判决书。
121. 四川省成都市锦江区人民法院（2015）锦江民初字第 4962 号民事判决书。

122. 四川省自贡市自流井区人民法院（2020）川 0302 民初 1507 号民事判决书。

123. 四川省江油市人民法院（2019）川 0781 民初 3744 号民事判决书。

124. 重庆市黔江区人民法院（2019）渝 0114 民初 5993 号民事判决书。

125. 广西壮族自治区桂林市中级人民法院（2015）桂市民三初字第 18 号民事判决书。

126. 甘肃省兰州市城关区人民法院（2020）甘 0102 民初 8251 号民事裁定书。

127. 安徽省马鞍山市花山区人民法院（2017）皖 0503 民初 4873 号民事判决书。

128. 河南省漯河市源汇区人民法院（2019）豫 1102 民初 4371 号民事判决书。

129. 河南省林州市人民法院（2014）林民二初字第 15 号民事判决书。

130. 湖北省武汉市洪山区人民法院（2019）鄂 0111 民初 9976 号民事判决书。

131. 湖北省襄阳市樊城区人民法院（2017）鄂 0606 民初 4424 号民事判决书。

132. 福建省福州市晋安区人民法院（2019）闽 0111 民初 3753 号民事判决书。

133. 福建省福州市鼓楼区人民法院（2016）闽 0102 民初 3175 号民事判决书。

134. 福建省福州市鼓楼区人民法院（2016）闽 0102 民初 797 号民事判决书。

135. 福建省漳州市芗城区人民法院（2016）闽 0602 民初 6263 号民事判决书。

136. 福建省南平市延平区人民法院（2015）延民初字第 866 号民事判决书。

137. 福建省永安市人民法院（2016）闽 0481 民初 2580 号民事判决书。

138. 辽宁省大连市西岗区人民法院（2020）辽 0203 民初 2164 号民事判决书。

139. 辽宁省大连市西岗区人民法院（2019）辽 0203 民初 3004 号民事判决书。

140. 辽宁省沈阳市铁西区人民法院（2021）辽 0106 民初 5575 号民事判决书。

141. 辽宁省抚顺市新抚区人民法院（2019）辽 0402 民初 443 号民事判决书。

142. 辽宁省大石桥市人民法院（2017）辽 0882 民初 5958 号民事判决书。

143. 辽宁省朝阳市双塔区人民法院（2022）辽 1302 民初 3620 号民事判决书。

144. 新疆维吾尔自治区克拉玛依市独山子区人民法院（2015）独民二初字第 26 号民事判决书。

145. 江西省德兴市人民法院（2019）赣 1181 民初 191 号民事判决书。

146. 广州铁路运输法院（2022）粤 7101 民初 132 号民事判决书。

147. 成都铁路运输第一法院（2021）川 7101 民初 224 号民事判决书。

148. 南昌铁路运输法院（2020）赣 7101 民初 213 号民事判决书。